GISBERT GRESHAKE · JACOB KREMER

RESURRECTIO MORTUORUM

GISBERT GRESHAKE · JACOB KREMER

RESURRECTIO MORTUORUM

Zum theologischen Verständnis der leiblichen Auferstehung

1986
WISSENSCHAFTLICHE BUCHGESELLSCHAFT
DARMSTADT

CIP-Kurztitelaufnahme der Deutschen Bibliothek

Greshake, Gisbert:
Resurrectio mortuorum: zum theolog. Verständnis d. leibl. Auferstehung / Gisbert Greshake; Jacob Kremer. – Darmstadt: Wissenschaftliche Buchgesellschaft, 1986.
ISBN 3-534-07037-2
NE: Kremer, Jacob:

1 2 3 4 5

Bestellnummer 7037-2

Satz: Maschinensetzerei Janß, Pfungstadt
Druck und Einband: Wissenschaftliche Buchgesellschaft, Darmstadt
Printed in Germany
Schrift: Linotype Garamond, 10/11

ISBN 3-534-07037-2

INHALTSVERZEICHNIS

Zweiter Teil
Theologiegeschichtliche und systematische Untersuchungen zum Verständnis der Auferstehung
(Gisbert Greshake)

VORWORT

In den vergangenen 11 Jahren, da wir in Wien nicht nur an derselben Universität lehrten, sondern auch im Wiener Priesterseminar zusammen wohnten, haben wir oft miteinander über das Thema Auferstehung der Toten gesprochen, dem wir schon seit etwa 20 Jahren – zunächst völlig unabhängig voneinander – unsere besondere Aufmerksamkeit widmeten. Gern haben wir darum vor einigen Jahren die Anregung der Wissenschaftlichen Buchgesellschaft aufgegriffen, in einer gemeinsamen Studie das Thema „Leibliche Auferstehung der Toten“ zu behandeln.

Im vorliegenden Band legen wir die Ergebnisse eigener Untersuchungen vor, wissen uns aber auch den Arbeiten vieler anderer Autoren verpflichtet. Zugleich möchten wir damit Impulse für die weitere Forschung geben. Der exegetische und der dogmatische Teil wurden jeweils von dem angegebenen Autor allein abgefaßt. Es wird dem Leser aber nicht schwerfallen, die Hinordnung der beiden Teile aufeinander auch dort festzustellen, wo dies nicht ausdrücklich durch Verweise angemerkt wird.

Für mannigfaltige Hilfen sind die Verfasser ihren Assistenten in Wien und Freiburg großen Dank schuldig. Darüber hinaus möchten wir dankbar namentlich erwähnen Staatsbibliothekar Dr. A. Weyringer sowie die beiden Sekretärinnen R. Pfeiffer und M. Smeja.

Freiburg/Wien, 1. November 1985

Gisbert Greshake
Jacob Kremer

HINWEISE

Die *Abkürzungen* erfolgen entweder in üblicher Weise oder richten sich nach dem ergänzten Abkürzungsverzeichnis von S. Schwertner (TRE Ergänzungsbd., Berlin 1976).

Außerdem werden folgende Abkürzungen verwendet:

ALG I–VII	Sankt Augustinus. Der Lehrer der Gnade, Bd. I–VII, Würzburg 1955 ff.
BET	Beiträge zur biblischen Exegese und Theologie, Frankfurt a. M.
CGG I–XXX	Christlicher Glaube in moderner Gesellschaft, Bd. I–XXX, Freiburg 1980 ff.
GK	H. Görgemanns / H. Karpp (Hrsg.), Origenes. Vier Bücher von den Prinzipien, Darmstadt 1976.
JSOT.S	Journal for the Study of the Old Testament. Supplement Series.
Schr. I–XVI	K. Rahner, Schriften zur Theologie, Einsiedeln 1954 ff.
SKK	Stuttgarter Kleiner Kommentar.
SMBen.	Série Monographique de „Benedictina" (Section Biblico-Oecuménique), Rom.
Str. B.	H. L. Strack / P. Billerbeck, Kommentar zum Neuen Testament aus Talmud und Midrasch.

Die *Übersetzung* der biblischen Texte stammt, sofern sie nicht der Einheitsübersetzung folgt, vom jeweiligen Autor; dasselbe gilt für die Übertragung frühjüdischer, patristischer und scholastischer Texte, wenn nicht eine Übersetzung eigens erwähnt wird. Damit die Struktur der längeren Zitate besser zu erkennen ist, werden diese in Sinnzeilen gebracht.

Die *Anmerkungen* werden in den beiden Teilen *separat* durchgezählt und *separat* im Rahmen des jeweiligen Teiles aufeinander bezogen. Dabei werden die zitierten Werke immer nur das erstemal ausführlich angegeben, bei wiederholter Anführung wird jeweils auf die erste Erwähnung verwiesen.

ZUR EINFÜHRUNG

La seule excuse de vivre,
c'est d'attendre la résurrection
(Léon Bloy)

Das allen Christen gemeinsame Credo mündet in das Bekenntnis zur Auferstehung der Toten ein: „Et exspecto resurrectionem mortuorum". Wenngleich schon in der Vergangenheit diese Wahrheit verschiedentlich uminterpretiert wurde (Gnosis, Aufklärung), blieb es bis vor wenigen Jahrzehnten doch einhellige Überzeugung aller Christen, daß der Tod nicht das letzte Wort über den Menschen hat. Diese Einhelligkeit ist heute verlorengegangen. (Nach der Emnid-Umfrage „Was glauben die Deutschen?" [München 1968, 192] ist „der Glaube an das Leben nach dem Tode nur für 48% eine sichere Antwort auf die mit dem Tod aufgeworfene Frage".) Es fehlt nicht an Stimmen, die einen radikalen Abschied von der Hoffnung auf ein Leben über den Tod hinaus proklamieren; andere zögern zumindest, die traditionellen Aussagen über die leibliche Auferstehung jedes einzelnen zu einer neuen postmortalen Existenz noch weiter zu vermitteln, und fordern statt dessen dazu auf, sich auf die „Auferstehung" hier und heute zu konzentrieren; selbst diejenigen, welche die Hoffnung auf ein persönliches ewiges Leben betonen, stimmen vielfach nicht darin überein, wie die biblische und kirchliche Lehre heutzutage zu verstehen und zu verkündigen sei. Dies betrifft vor allem die überkommenen Sprechweisen von der unsterblichen Seele und von der leiblichen Auferstehung am Jüngsten Tag.

Die Gründe sowohl für die Leugnung der Auferstehung wie auch für die Forderung einer Neuinterpretation des alten Glaubenssatzes sind vielfältig. So lassen z. B. die sehr unterschiedlichen biblischen Aussagen die Auferstehung der Toten nicht als durchgehende, einheitliche Lehre der Heiligen Schrift erscheinen. Das Fehlen ausgeprägter Hoffnung auf ein Leben nach dem Tod in den frühesten Schichten des Alten Testaments auf der einen und die Betonung des schon gegenwärtigen Heils in jüngeren Schriften des Neuen Testaments auf der anderen Seite legen es nahe, die christliche Hoffnung ganz auf die Verwirklichung der Gottesherrschaft in dieser Welt, speziell in der Gemeinde, zu konzentrieren und demgegenüber die Erwartung einer jenseitigen Vollendung auszuklammern oder weniger hervorzuheben. Die enge Bindung der Auferstehungsbotschaft an das apokalyptische Weltbild wirft ferner die Frage auf, ob diese nicht ebenso wie andere Themen der Apokalyptik (z. B. ewiges Höllenfeuer, kosmische Endkatastrophen, allgemeines Weltgericht) neu zu interpretieren oder preiszugeben sei. Außerdem ist der Begriff „unsterbliche Seele", der in der frühen Kirche der Auferstehung zugeordnet wurde, weithin aus der griechischen Philosophie in das christliche Denken eingedrungen und scheint für das heutige Verständnis der biblischen Botschaft eher hinderlich zu sein.

Aber es gibt auch Gründe, die ihre Evidenz eher vom geistigen Klima der Neuzeit her beziehen. So steht die Hoffnung auf eine persönliche Auferstehung seit Feuerbach und Freud in dem Verdacht, Projektion oder Illusion zu sein, die das Leben in dieser Welt abwertet und Zeichen eines egoistischen Heilsindividualismus ist. Im Horizont einer exklusiv naturwissenschaftlichen Methodik hat zudem ein Leben über den Tod hinaus den Charakter des Absurden, vor allem dann, wenn es als „leibliches" erhofft wird. Schließlich läßt die Weitung des allgemeinen Erfahrungshorizonts (Begegnungen mit Menschen anderer Religionen und die als möglich angesehene Existenz extraterrestrer Wesen) die in der Bibel behauptete Bindung der Auferstehung aller an Jesus Christus sehr fragwürdig erscheinen.

Im Kontrast zu dieser Leugnung, Problematisierung oder Diskreditierung der traditionellen christlichen Botschaft steht gegenwärtig das vitale Interesse vieler Menschen, die nachdrücklich danach fragen: „Was ist nach dem Tod? Was ist mit den Toten?" Auch das Schaffen vieler Künstler kreist um das Thema Tod. Dies zeigt: Die uralte Menschheitsfrage nach dem, was ich hoffen darf, ist heute so lebendig wie früher und wartet darauf, in überzeugender Weise beantwortet zu werden.

In dieser Untersuchung können nicht alle mit dem Thema „Auferstehung der Toten" verbundenen Probleme behandelt werden. Die beiden vorliegenden Studien beschränken sich auf einzelne Aspekte des Fragenkomplexes, die besonders für den heutigen Glaubensvollzug bedeutsam sind. Im Hinblick auf die erwähnten Einwände und Bedenken leitete die Verfasser u. a. das Wort des Thomas von Aquin: „Multum autem nocet, talia quae ad pietatis doctrinam non spectant, vel asserere vel negare quasi pertinentia ad sacram doctrinam" (Opusc. varia IX). Gerade bei der Verkündigung des alten Glaubenssatzes von der Auferstehung der Toten ist darauf zu achten, daß sich dessen zentraler Gehalt, der jeweils in wandelbaren Vorstellungen und Begriffen begegnet, erfaßt und in heutigen Verstehenskategorien ausgelegt wird. Die Mühe des Verstehens und Übersetzens ist hier um so weniger zu scheuen, als es bei der Auferstehung der Toten nicht um einen Teilbereich, sondern um die Aufgipfelung und Summe des christlichen Glaubens überhaupt geht – so wie es der frühchristliche Schriftsteller Tertullian in der ihm eigenen Prägnanz formuliert hat:

Fiducia christianorum
resurrectio mortuorum;
illam credentes,
sumus.

Die Hoffnung der Christen
heißt Auferstehung der Toten;
alles, was wir sind,
sind wir im Glauben daran.

Erster Teil

AUFERSTEHUNG DER TOTEN IN BIBELTHEOLOGISCHER SICHT

Von Jacob Kremer

EINLEITUNG

Wie in letzter Zeit schon mehrfach ausführlich dargestellt wurde[1], finden sich in den Schriften der Bibel und ihrer Umwelt sehr unterschiedliche Aussagen über die Auferstehung der Toten. Diese brauchen hier nicht alle erneut behandelt zu werden. Statt dessen sollen nur einzelne Aspekte erörtert werden, die für unser Verständnis der biblischen Botschaft wichtig sind und einer weiteren Erhellung bzw. Sicherung bedürfen: 1. die bisher keineswegs hinreichend ausgewertete Vieldeutigkeit (Polysemie) des Ausdrucks „Auferstehung der Toten"; 2. die umstrittene biblische Begründung der Hoffnung auf die leibliche Auferstehung jedes einzelnen; 3. die oft kaum bedachte Sicht von Auferstehung der Toten als Errettung aus dem ewigen Tod dank Jesu Sterben und Auferstehung; 4. der neuerdings viel diskutierte zeitliche Aspekt der Auferstehung der Toten (bei der Parusie, im Tod, bei der Bekehrung).

Heutigen methodischen Einsichten entsprechend ist es ratsam, bei der Erörterung dieser Themen – abgesehen von den einführenden Beobachtungen im ersten Kapitel – zunächst jeweils synchron von den vorliegenden urkirchlichen Aussagen auszugehen[2]. Dabei verdienen die paulinischen Texte besondere Aufmerksamkeit, da diese die traditionelle kirchliche Verkündigung in Predigt und Liturgie wesentlich bestimmt haben. Die Botschaft Jesu soll erst im Anschluß daran, soweit wie möglich, erschlossen werden. In weiteren Schritten ist dann die urkirchliche und jesuanische Verkündigung jeweils durch eine Untersuchung der Auffassungen im frühen Judentum und Alten Testament diachron zu erhellen.

[1] Vgl. bes. die mit umfangreichen Literaturangaben versehenen Artikel ›Auferstehung I/2. Judentum‹ und ›II/3. Neues Testament‹ von G. Stemberger und P. Hoffmann: TRE IV (1979), 443–450; 450–467; außerdem H. C. Cavallin, Leben nach dem Tode im Spätjudentum und im frühen Christentum I. Spätjudentum: ANRW II 19/1 (1979), 240–345, und R. Martin-Achard, Résurrection (A. T., Judaïsme): DBS X (1985), 437–487.

[2] Zum Vorrang der Synchronie vgl. F. de Saussure, Grundfragen der allgemeinen Sprachwissenschaft (hrsg. v. C. Bally/A. Sechehaye), Berlin [2]1967, 106ff.; A. Hurtado, Syntax: A. Martinet (Hrsg.), Linguistik. Ein Handbuch, Stuttgart 1973, 272–274.

Erstes Kapitel

DIE POLYSEMIE VON „AUFERSTEHUNG DER TOTEN"

„Was heißt: von den Toten auferstehen?" Diese Frage stellten laut Mk 9,9f. schon die Jünger Jesu nach seiner Ankündigung der Auferstehung. Zur Zeit des Markus und wohl auch Jesu war also die Aussage „von den Toten auferstehen" nicht eindeutig und deshalb einer Klärung bedürftig. Dies bestätigt eine Durchsicht der Bibel und der Schriften aus ihrer Umwelt. Besondere Aufmerksamkeit verdient dabei die Unterscheidung zwischen der *Bezeichnung* (Bedeutung) eines Wortes und dem damit jeweils *Bezeichneten*, das sowohl von der Wortbedeutung (Semantik) als auch vom Kontext und dem Zweck der jeweiligen Aussage (Textpragmatik) her zu bestimmen ist[3].

I. Befund

1. Dem in der Bibel häufig verwendeten und gewöhnlich mit *„Auferstehung"* übersetzten Substantiv ἀνάστασις entspricht das verbum compositum ἀνίστημι (aufstellen, aufrichten) bzw. ἀνίσταμαι (aufstehen), das oft synonym mit ἐγείρω (aufwecken) bzw. ἐγείρομαι (aufwachen) verwendet wird[4]. Die genannten Verben werden in und außerhalb der Bibel häufig in einem allgemeinen Sinn verwendet (vom Boden aufrichten bzw. aufstehen [z. B. Mt 12,17; Apg 10,26], vom Schlaf aufwecken bzw. aufwachen [z. B. Mk 4,38par] oder einfach auftreten [z. B. Mk 14,57; Lk 4,16; 7,15; 10,25; Apg 1,15]).

Sehr oft stehen diese Verben sowohl aktivisch als auch passivisch bzw. medial in Aussagen über Tote und bezeichnen dann in einem übertragenen, metaphorischen Sinn das Ende des Todeszustandes

[3] Vgl. die Unterscheidung zwischen signifiant und signifié bei F. de Saussure (Anm. 2), 76–79; außerdem G. Kassai, Sinn: A. Martinet (Hrsg.), Linguistik. Ein Handbuch, Stuttgart 1973, 254–255. – Diese Unterscheidung entspricht im Grunde der alten zwischen „Wort" und „Sache".

[4] Vgl. J. Kremer, ἀνάστασις und ἐγείρω: EWNT I (1980), 210–221. 899–910. Zu den entsprechenden fünf hebräischen Wörtern קוּם, עוּד, קִיץ, הָיָה und עָמַד vgl. J. Chmiel, Semantics of the Resurrection. Studia Biblica: JSOT. S 11 (1978), 59–64.

als aufwecken, aufgeweckt werden oder aufstehen. (In der deutschen Sprache werden die griechischen Wörter mit der dazu eigens gebildeten Form auf*er*wecken bzw. auf*er*stehen wiedergegeben [5].) Das Substantiv ἀνάστασις bezeichnet, abgesehen von Lk 2,34 (Aufrichten bzw. Auf[er]stehen zum „Heil" im Unterschied zum „Fall"), immer die Auferstehung bzw. Auferweckung eines oder mehrerer Toten. (Das Substantiv ἔγερσις steht im Neuen Testament nur Mt 27,53 und meint dort ebenfalls die Auferstehung der Toten.) Dabei ist zu beachten: Die „Auferstehung" eines Toten ist für Juden immer das Werk Gottes (vgl. Röm 4,17; 2 Kön 5,7); dementsprechend besagen sowohl das Substantiv ἀνάστασις als auch die Verben ἀνίστημι und ἐγείρω (selbst bei intransitiver Verwendung wie in den Formen ἀνέστη und ἠγέρθη = „er stand auf") durchwegs eine Tat Gottes, also „Auferweckung". Der heute in Darlegungen über die Auferstehung Jesu oft betonte Unterschied zwischen „Auferweckung" (aus der Macht Gottes) und „Auferstehung" (aus eigener Kraft) kann aus den Wörtern ἀνάστασις, ἀνέστη nicht abgelesen werden; denn diese bezeichnen gewöhnlich zunächst rein deskriptiv das „Auf[er]stehen" eines Toten, das erst vom Kontext her als Tat Gottes aufzufassen ist [6].

Als Tat Gottes, die in enger Beziehung zur Erschaffung des Menschen steht, wird die Auferweckung eines Toten auch oft mit dem Verbum ζῳοποιέω (lebendig machen) ausgesprochen (z. B. Röm 4,17; 8,11; 1 Kor 15,22.45; 1 Petr 3,18; Joh 5,21; 6,63); ohne jede Andeutung der Schöpferkraft Gottes wird eine Totenerwekkung vereinzelt durch ἀναζάω (Offb 20,5; [Röm 14,9 v. l.]; vgl. Lk 15,24.32) bzw. ζάω (z. B. Röm 14,9; 2 Kor 13,4) bezeichnet [7].

[5] Vgl. E. Fascher, Anastasis – Resurrectio – Auferstehung. Eine programmatische Studie zum Thema „Sprache und Offenbarung": ZNW 40 (1941), 166–229.

[6] Vgl. J. Kremer, Auferstanden – auferweckt: BZ NS 23 (1979), 97–98. Wie wenig ἀνέστη immer eine aus eigener Kraft vollbrachte Auferstehung meint, lehrt das Nebeneinander in Mk 9,27: Jesus . . . „weckte ihn auf und er stand auf" (ἤγειρεν αὐτὸν καὶ ἀνέστη). S. u. Anm. 13.

[7] Vgl. zu den Synonymen G. Kegel, Auferstehung Jesu und Auferstehung der Toten. Eine traditionsgeschichtliche Untersuchung zum Neuen Testament, Gütersloh 1970, 16–25. Das in der profanen Literatur (z. B. Artem. 2, 62; 4, 82) und bei den Kirchenvätern (z. B. Eusebius, H. E. VI/37) belegte Wort ἀναβιόω bzw. ἀναβίωσις wird im Neuen Testament niemals verwendet. Es findet sich in der Bibel nur noch 2 Makk 7, 9 LXX.

2. Die *Auferstehung eines Toten* wird in der Bibel (wie auch in der profanen Literatur) mahrfach *als Wiederbelebung* und Rückkehr in das frühere Leben (z. B. 1 Kön 17,17–24; 2 Kön 4,18–37; Mk 5,21–43par; Lk 7,11–16; Joh 11,1–46; Apg 9,36–41; 20,9–12) erwähnt oder geschildert. Für die Menschen der damaligen Zeit war eine solche Auferweckung zwar ganz außergewöhnlich und vielen unglaublich; sie lag aber durchaus im Bereich dessen, was als wirklich vorstellbar und für Gott als möglich galt[8]. Als Rückkehr in das Leben, wenn auch auf eine erneuerte Erde, ist auch die Auferstehung der Toten zu verstehen, wie sie in den späteren Schriften des Alten Testaments und im frühen Judentum den Gerechten in Aussicht gestellt wird; vereinzelt wird dort jedoch das Leben der Auferstandenen im Sinne einer ganz neuartigen Existenzweise aufgefaßt, die nicht mehr den Bedingungen dieser Welt unterliegt (s. u. 2. Kap. IV, 1).

3. Von den Angaben über die bloße Aufhebung des Todeszustandes sind die über die *Auferstehung Jesu* klar zu unterscheiden, obwohl sie mit denselben Wörtern ausgesagt werden; denn bei Jesus handelt es sich nicht um die Rückkehr eines Toten in diese Welt (er wäre dann erneut dem Gesetz des Todes ausgeliefert), sondern um die endgültige Überwindung des Todes (vgl. Röm 6,9; Apg 13,34)[9]. Der von den Toten auferweckte Gekreuzigte ist ein für allemal der Macht des Todes entrissen und unterliegt nicht mehr den Bedingungen dieser Welt. Dem Gekreuzigten wird damit schon zu Ostern die Befreiung aus dem Bereich der Toten zuteil, wie bestimmte jüdische Kreise sie zum Ende der Welt für sich erhofften (s.u. S. 146f.). „Auferstehung" bzw. „Auferweckung" wird dabei noch mehr als bei den oben angeführten Totenerweckungen in einem übertragenen metaphorischen Sinn verwendet; denn mit Worten, die der irdischen Welt entnommen sind, wird ein Geschehen ausgedrückt, das unseren innerweltlichen Erfahrungshorizont übersteigt[10].

[8] Zur Interpretation der biblischen Angaben über die Totenerweckungen Jesu vgl. J. Kremer, Lazarus. Die Geschichte einer Auferstehung. Text, Wirkungsgeschichte und Botschaft von Joh 11,1–46, Stuttgart 1985, 95–108, 333–336.

[9] Thomas von Aquin nennt die Auferstehung Jesu darum mit Recht eine resurrectio perfecta, während er die des Lazarus als resurrectio imperfecta bezeichnet (STh III, 53,3).

[10] Zur biblischen Botschaft von der Auferstehung Jesu vgl. J. Kremer,

Für unsere Fragestellung ist es nicht unerheblich, daß dieses Geschehen innerhalb des Neuen Testaments nicht bloß mit „auferstehen“/„auferwecken“ bzw. „lebendig machen“ (1 Petr 3,18) und „leben“ (Röm 14,9; 2 Kor 13,4; Offb 1,18; 2,8; vgl. Apg 1,3; 9,41) ausgedrückt wird. In frühester Zeit sind dafür auch die Verben „erhöhen“ (Apg 2,33; 5,31; vgl. Phil 2,9 ὑπερύψωσεν), „rechtfertigen“ (1 Tim 3,15) und „heraufführen“ (Röm 10,7; Hebr 13,20)[11] belegt, später auch „verherrlichen“ (Joh 7,39; 12,16.23.28; 17,1.5)[12].

Mittels dieser Verben wird die Auferstehung Jesu meist als Tat Gottes (vgl. Röm 10,9; 1 Thess 1,10 u. ö.) bzw. seines Geistes (vgl. Röm 8,11f.; 1 Petr 3,18) bezeichnet[13]. Außerdem wird dadurch ausgesagt, daß der Auferstandene eine einzigartige Stellung erhielt: er wurde zum „Sohn Gottes“ bestellt (Röm 1,4), „zum Christus

Die Osterevangelien – Geschichte um Geschichte, Stuttgart ^{2}1981; ders., Das Evangelium von Jesu Tod und Auferstehung, Stuttgart 1985 (Lit.); neuerdings auch H. Kessler, Sucht den Lebenden nicht bei den Toten. Die Auferstehung Jesu Christi in biblischer, fundamentaltheologischer und systematischer Sicht, Düsseldorf 1985, 108–208 (Lit.).

[11] D. Müller, Geisterfahrung – Totenerweckung. Untersuchungen zur Totenerweckung bei Paulus und in den ihm vorgegebenen Überlieferungen, theol. Diss. Kiel 1980, 54f., findet diese Ausdrucksweise auch in der Formulierung ἄξει in 1 Thess 4,14.

[12] Vgl. bes. X. Léon-Dufour, Résurrection de Jésus et message pascal (Parole de Dieu), Paris 1971, 57–79.

[13] Aus diesen Angaben darf aber nicht gefolgert werden, die Osterbotschaft sei ursprünglich bloß eine theologische Aussage gewesen und erst später zu einer christologischen weiterentwickelt worden. Die Behauptung von J. Becker, Auferstehung der Toten im Urchristentum (SBS 82), Stuttgart 1976, 33–38, und P. Hoffmann (Anm. 1), 479–481, die urkirchliche Osterverkündigung sei zunächst eine rein theologische und erst sekundär eine christologische Aussage gewesen, wird dem Textbefund nicht gerecht; vgl. Kremer, Evangelium (Anm. 10), 35, Anm. 31; dies betont neuestens mit Recht auch G. Klein, Aspekte ewigen Lebens im Neuen Testament: EvTh 82 (1985), 48–70; ders., Eschatologie IV/5. Paulus und seine Schule: TRE X (1982), 276–288. – Die verbreitete Deutung von ἠγέρθη als theologisches Passiv ist nicht zuletzt deshalb unhaltbar, weil es für ein solches Passiv in der hebräischen bzw. aramäischen Sprache kein Äquivalent gibt. J. Jeremias, der mich persönlich darauf aufmerksam machte, zählt darum in seinen Ausführungen über das theologische Passiv ἠγέρθη nicht dazu: Neutestamentliche Theologie I. Die Verkündigung Jesu, Gütersloh 1971, 20–24.

und Kyrios gemacht" (Apg 2,36), „erhöht zur Rechten Gottes" (Apg 2,33; vgl. Mk 16,19), zur „Erstlingsgabe" der Auferstandenen (1 Kor 15,20) und zum „lebenspendenden Geist" (1 Kor 15,45).

Über den Hergang der Auferstehung Jesu gibt das Neue Testament – im Unterschied zum apokryphen Petrusevangelium – keine Auskunft. Nach den jüngeren Grabesgeschichten impliziert diese Auferweckung die Tatsache des leeren Grabes (Mk 16,1–8 par; vgl. Apg 2,29–31; 13,34–37)[14]. Im Johannesevangelium wird schließlich gesagt, daß Jesus diese Auferstehung in eigener, ihm vom Vater verliehener Kraft vollbracht hat (Joh 2,22; vgl. 11,25; 10,18)[15]. (Daß die Seele des Gekreuzigten sich am dritten Tag wieder mit dem Leichnam vereinigte, wie dies bis vor kurzem noch oft als kirchliche Lehre ausgegeben wurde[16], steht nirgendwo im Neuen Testament.)

4. „Auferstehung" bzw. „von den Toten auferstehen" oder „auferweckt werden" bezeichnet innerhalb des Neuen Testaments auch *die Auferstehung der verstorbenen Christen*. Mit der Auferstehung Jesu hat sie gemeinsam, daß sie die Wende vom Tod zu einem neuen leiblichen Leben bezeichnet, das nicht mehr den Gesetzen dieser Welt unterliegt; für die Aussagen im Alten Testament und im Judentum gilt das nicht in gleicher Weise. Wie das, was zu Ostern mit Jesus geschehen ist, wird auch die Auferstehung der Christen oft mit dem Verb „lebendig machen" benannt (z. B. 1 Kor 15,22; Röm 14,9). Von der Auferstehung Jesu unterscheidet sich jedoch diese für die Zukunft erhoffte Auferstehung der Toten vor allem dadurch, daß sie in strikter Abhängigkeit von der Auferstehung Jesu erfolgen wird (nach den meisten Texten in Verbindung mit der Parusie) und daß ihr nicht wie bei Jesus der Charakter der „Inthronisation" zukommt.

Von der „Auferstehung aller Toten", auf die Paulus nicht ein-

[14] Zur Diskussion darüber vgl. Kremer, Osterevangelien (Anm. 10), 49–50; neuestens W. L. Craig, The Histority of the Empty Tomb of Jesus: NTS 21 (1984/85), 39–67.

[15] Zu Unrecht behauptet Kessler (Anm. 10), 299, unter Berufung auf K. Barth: „Von einer Selbstauferstehung weiß das Neue Testament hingegen nichts". Vgl. allerdings seine Einschränkung 438 hinsichtlich Joh 10,28.

[16] Katholischer Katechismus der Bistümer Deutschlands, Freiburg 1955, 60–62.

geht[17], ist mehrfach in den späteren Texten des Neuen Testaments (z. B. Apg 24, 15) wie auch in manchen jüdischen Schriften (s. u. 2. Kap. IV, 1) die Rede. Sie wird als ein alle Menschen betreffendes Geschehen aufgefaßt, das einem universalen Gericht vorausgeht (z. B. Apg 10,42; 17,31; Lk 14,14). Ohne Verwendung des Ausdrucks „Auferstehung“ wird eine solche in Offb 20, 13 mit folgenden Worten geschildert: „Und das Meer gab die Toten heraus, die in ihm waren; und der Tod und die Unterwelt gaben ihre Toten heraus, die in ihnen waren; und sie wurden gerichtet – ein jeder – nach ihren Werken.“

Jüdischem Sprachgebrauch entsprechend meint die nur selten genannte „Auferstehung zum Gericht“ den Ausschluß von der Teilnahme an der „Auferstehung zum Leben“ (vgl. Joh 5,29). Bezeichnenderweise nennt Offb 20,5f. daher nur eine „erste Auferstehung“ (zum Leben); die in diesem Kapitel zu erwartende Formulierung „zweite Auferstehung“ fehlt. Offensichtlich trifft der Terminus „Auferstehung“ für den Verfasser nur auf die Erweckung derer zu, die Anteil am Leben erhalten. Dementsprechend bezeichnet „Auferstehung“ in der Selbstoffenbarung Jesu „ich bin die Auferstehung und das Leben“ (Joh 11,25) einzig die Auferstehung zum Leben, falls dort mit „Auferstehung“ nicht so sehr der Prozeß als vielmehr dessen Wirkung gemeint ist, d. h. die Gabe der Auferstehung (= ewiges Leben)[18].

5. „Auferstehung der Toten“ bezieht sich im Neuen Testament schließlich mehrmals auf *die in der Bekehrung (Taufe) erfolgende Auferweckung*. So heißt es in dem alten Tauflied Eph 5, 14: „Wach auf, der du schläfst, steh auf von den Toten, und Christus wird dich erleuchten.“ Derselbe metaphorische Sprachgebrauch, der an zeitgenössische jüdische Formulierungen anknüpft (vgl. Lk 15,24.32), findet sich auch in Ausführungen über die präsentische Eschatologie Eph 2,5f.; Kol 2,12f.; 3,1. Eine präsentische Auffassung der Auferstehung liegt ferner den Aussagen von Joh 5,24f. und 1 Joh

[17] Zur Problematik einer „Auferstehung aller Toten“ bei Paulus vgl. F. Guntermann, Die Eschatologie des hl. Paulus (NTA 13/4–5), Münster 1932, bes. 197–199.

[18] In diesem Sinn interpretieren Joh 11,25 R. Bultmann, Das Evangelium des Johannes (KEK 2), Göttingen [13]1953, 307, und N. Walter, Die Auslegung der Wundererzählungen im Johannes-Evangelium: Theol. Versuche 2, Berlin 1980, 93–107. Allerdings gibt es für diese Verwendung von ἀνάστασις = ζωὴ αἰώνιος im Neuen Testament sonst keinen Beleg.

3, 14 zugrunde, wonach die an Christus Glaubenden schon vom Tod zum Leben „hinübergegangen" sind. Jesu Selbstoffenbarung „ich bin die Auferstehung und das Leben" (Joh 11, 25) ist ebenfalls zunächst auf die schon bei der Glaubensannahme geschehende Auferstehung bezogen (vgl. 11, 26 f.). Von dieser im einzelnen noch näher zu bestimmenden „präsentischen Eschatologie" ist jene Irrlehre zu unterscheiden, die 2 Tim 2, 18 getadelt wird: „daß die Auferstehung schon geschehen sei". Anders nämlich als diese wohl gnostische Ansicht wertet die kirchliche Betonung einer schon gegenwärtig erfolgenden Auferstehung den futurischen Aspekt nicht ab (s. u. 4. Kap. III, 1).

II. Auswertung des Befundes

Auferstehung bzw. Auferweckung der Toten bedeutet vom Wort her das Aufstehen oder Aufwachen bzw. das Aufrichten oder Aufwecken der Toten, die wie Schlafende im Bereich des Todes (Grab) weilen. Im einzelnen kann dieser Begriff im Neuen Testament sehr unterschiedliche Inhalte bezeichnen bzw. umfassen: 1. das Zurückrufen oder Zurückkehren eines Toten in das Leben dieser Welt; 2. die einzigartige und endgültige Errettung Jesu aus dem Tod; 3. die endzeitliche, durch Christus vermittelte Auferstehung der verstorbenen Christen (Auferstehung zum Leben); 4. die endzeitliche Auferstehung aller Toten, und 5. die Errettung aus dem Tod der Sünde in der Bekehrung (Taufe).

Wer die vielfältige Verwendung von „Auferstehung der Toten" im Neuen Testament bedenkt, stößt auf weitere Beobachtungen und Fragen:

Erstens werden nach 1 Kor 15, 21 f. „alle" durch Christus „lebendig gemacht" („durch einen Menschen die Auferstehung der Toten"); nach 1 Kor 15, 51 rechnet jedoch Paulus damit, daß nicht alle vor der Parusie sterben, wohl aber alle verwandelt werden (s. u. 2. Kap. I, 2). Folgt daraus nicht, daß „Auferstehung der Toten" nach Ansicht des Apostels nicht bloß die Errettung der Verstorbenen aus dem Tod bezeichnet, sondern auch die „Umwandlung" der noch Lebenden und deren „Anziehen" der Unsterblichkeit umfaßt? Dabei ist jedoch nicht zu übersehen, daß Paulus diese Vorgänge niemals ausdrücklich „Auferstehung" nennt.

Zweitens verteidigt Jesus nach Mk 12, 6 f. im Streitgespräch mit den Sadduzäern (s. u. 2. Kap. III, 2) die Auferstehung der Toten mit dem Hinweis auf Ex 3,6, indem er aus der Selbstvorstellung Jahwes als „Gott Abrahams, Isaaks und Jakobs“ ableitet, daß die Toten „leben“. Im Kontext dieses Gespräches ist offensichtlich vorausgesetzt, daß die Patriarchen schon „auferstanden“ sind. Die „Auferstehung der Toten“ scheint also nicht immer so eng an die Parusie geknüpft zu sein, wie es meist den Anschein hat. Dies legt auch die Verwendung von „Auferstehung der Toten“ als Bezeichnung für das Taufgeschehen nahe.

Drittens sind die biblischen Aussagen über die Auferstehung der Toten an geschichtlich bedingte Vorstellungen (etwa die der Apokalyptik [19]) gebunden. Damit stellen sich aber für den heute in einer anderen geschichtlichen Epoche lebenden Leser die Fragen: Inwieweit ist das mit „Auferstehung der Toten“ Gemeinte von Vorstellungen ablösbar, mittels derer sich der Begriff einbürgerte? Bezeichnet „Auferstehung der Toten“ in den Texten, die von der Zukunft der Toten sprechen, letztlich nicht mehr als das Befreitwerden aus einem „Tod“ genannten Zustand hin zu einem neuen leiblichen Leben? Was aber meint dann genau diese Errettung aus dem Tod, und wie ist das neue „Leben“ bzw. die Rede von einem „Leib“ der Auferstandenen zu verstehen? Inwiefern ist diese Auferstehung an Christus und an eine bestimmte Zeit gebunden? Unter diesen Aspekten sollen im folgenden die biblischen und außerbiblischen Texte untersucht werden.

[19] „Apokalyptik“ wird hier und im folgenden als Bezeichnung für die Anschauung verwendet, die unter Berufung auf „Offenbarungen“ (Apokalypsen) eine vom Himmel her in diese Welt hereinbrechende Wende erwartet (mit Auferstehung und Rechtfertigung der Toten, neuer Schöpfung), und deren Vertreter diese Zukunftserwartung den bedrängten Zeitgenossen in oft sehr detaillierten Bildern vor Augen stellen. Zur näheren Bestimmung des keineswegs immer einheitlich aufgefaßten Begriffs Apokalyptik vgl. K. Koch/J. M. Schmidt (Hrsg.), Apokalyptik (WdF 165), Darmstadt 1982; K. Müller, Apokalyptik/Apokalypsen III. Die jüdische Apokalyptik. Anfänge und Merkmale: TRE III (1978), 202–251.

Zweites Kapitel

DIE HOFFNUNG AUF EINE LEIBLICHE AUFERSTEHUNG

I. Briefe des Apostels Paulus

Im Blick auf unsere bibeltheologische Fragestellung brauchen hier nicht alle Probleme der paulinischen Eschatologie[20] und alle Einzelfragen der herangezogenen Stellen erörtert zu werden. Hingegen kommt es darauf an, den Gedankengang der wichtigsten Ausführungen zum Thema und die in den Texten selbst erkennbare Aussageabsicht des Apostels zu erheben[21].

1. 1 Thess 4, 13–17

Paulus geht in seinem ersten Brief – um das Jahr 50 – auf das Thema Tod und Auferstehung der Christen ein, da die junge Christengemeinde offensichtlich darüber trauerte, daß einige aus ihrer Mitte gestorben waren: „Wir wollen euch, Brüder, nicht in Unkenntnis lassen hinsichtlich der Entschlafenen, damit ihr nicht der Trauer verfallt wie die übrigen, die keine Hoffnung haben" (1 Thess 4, 13). Oft wird daraus gefolgert, der Apostel sei durch Todesfälle in Thessalonich überhaupt erst mit diesem Problem konfrontiert worden; bislang habe er sein ganzes Augenmerk nur auf die für die nächste Zukunft erwartete Wiederkunft Christi gelenkt[22]. Als Beleg wird dafür neuestens auf 1 Thess 1, 9f. verwiesen:

[20] Vgl. dazu jetzt Klein, Eschatologie (Anm. 13), 276–288 (Lit.).

[21] Aus der kaum mehr zu übersehenden Fülle an Fachliteratur werden daher außer den neueren Kommentaren einzig die wichtigsten Arbeiten zu den besprochenen Stellen herangezogen.

[22] Vgl. Becker (Anm. 13), 46, 150f.; H. Schade, Apokalyptische Christologie bei Paulus. Studien zum Zusammenhang von Christologie und Eschatologie in den Paulusbriefen (GTA 18), Göttingen ^{2}1984, bes. 162–164; kritisch demgegenüber I. H. Marshall, 1 and 2 Thessalonians (NCB), London 1983, 120; dort auch zu dem Versuch von G. Lüdemann, Paulus der Heidenapostel, Göttingen 1980, 220–230, dieses Problem durch eine Frühdatierung von 1 Thess (9–14 Jahre nach Jesu Tod) zu lösen.

„... und seinen Sohn vom Himmel her zu erwarten, ... der uns aus dem kommenden Zorn erretten wird". Diese Stelle scheint noch eine rein apokalyptische Erwartung (die Errettung aus dem bevorstehenden Zorngericht) widerzuspiegeln und wird mitunter einem früheren Brief zugeordnet[23]. Abgesehen von der Schwierigkeit, angesichts der schmalen Textbasis innerhalb von 1 Thess scharfsinnig verschiedene Brieffragmente zu unterscheiden[24], spricht gegen eine solche Hypothese, daß der Apostel bei seiner mehrjährigen Tätigkeit als Missionar (zwischen den Jahren 35–50) auch bei seinem Aufenthalt in Thessalonich und Korinth wohl kaum von Todesnachrichten verschont blieb (vgl. 1 Kor 11, 30), zumal der Tod infolge der durchschnittlich geringen Lebenserwartung damals mehr als heute das Leben prägte[25]. Außerdem ist Paulus als ehemaliger Pharisäer mit dem Thema Auferstehung der Toten vertraut und führt (als Christ) diese in seinen frühen Briefen schon als eine bekannte, engstens mit Jesu Auferstehung verknüpfte Wahrheit an (vgl. 1 Kor 15, 20f.; Röm 6, 4–8; 8, 11; Phil 3, 10f.).

Wenn sich in Thessalonich – veranlaßt durch konkrete Sterbefälle

[23] Vgl. K. G. Eckart, Der zweite echte Brief des Apostels Paulus an die Thessalonicher: ZThK 58 (1961), 30–44, bes. 40f.

[24] Zur Diskussion darüber vgl. W. G. Kümmel, Das literarische und geschichtliche Problem des 1. Thessalonicherbriefes: Neotestamentica et Patristica (FS O. Cullmann), Leiden 1962, 213–227; E. Best, The First and Second Epistle to the Thessalonians (BNTC), London 1972, 29–34. Gegen eine Verteilung von 1 Thess 1, 9f. und 4, 13–17 auf zwei Brieffragmente wendet sich auch W. Marxsen, Auslegung von 1 Thess 4, 13–18: ZThK 66 (1969), 22–37, bes. 23–25. Nach den Teilungshypothesen von W. Schmithals, Paulus und die Gnostiker. Untersuchungen zu den Kleinen Paulusbriefen (ThF 35), Hamburg 1965, 89–157, bes. 97, 116–119, und nach R. Pesch, Die Entdeckung des ältesten Paulusbriefes. Paulus – neu gelesen, Freiburg 1984, 65, gehören jedenfalls 1 Thess 1, 9f. und 4, 13c zu ein und demselben Briefteil.

[25] Nach E. Brandenburger, Die Auferstehung der Glaubenden als historisches und theologisches Problem: WuD 9 (1967), 16–33, bes. 20, dürfte schon das von Paulus 1 Thess 4, 15 zitierte „Herrenwort" auf dem Hintergrund von Todesfällen entstanden sein. – W. Marxsen, Der erste Thessalonicherbrief (ZBK NT 11, 1), Zürich 1979, 21f., rechnet ebenfalls mit vorherigen Todesfällen, vermutet aber dann, daß Paulus im Widerstand gegen seine Predigt (in Verbindung mit dem Konflikt zu Antiochien [Gal 2, 11–21]) Anzeichen des bevorstehenden Endes erkannt habe und erneut mit einer enthusiastischen Parusieerwartung erfüllt worden sei, die ihn wie die Thessalonicher nicht mit einem vorherigen Tod rechnen ließ.

(„die Entschlafenen")[26] – eine Traurigkeit wie bei den „übrigen"[27] breitzumachen drohte (V. 13), lassen sich dafür verschiedene Gründe angeben: 1. Wie heute, so konnte auch damals die konkrete Erfahrung des Todes Christen erneut vor die Frage nach der Überwindung des Todes stellen, und zwar nicht bloß im Sinne irgendeines Fortlebens, sondern der erfüllten Lebensgemeinschaft mit dem Herrn. Diese Frage mußte die Thessalonicher vor allem dann beschäftigen, wenn Paulus selbst während seiner kurzen Tätigkeit bei ihnen nicht sehr ausführlich darüber gesprochen hatte[28]. 2. Vermutlich hegten aber auch viele in Thessalonich mit Paulus die Hoffnung, die Parusie selbst zu erleben und so – jüdischen Erwartungen gemäß – einer im Vergleich zu den Verstorbenen bevorzugten Generation anzugehören. Eine solche Erwartung und die damit gegebene Benachteiligung der Toten scheint die folgende Argumentation vorauszusetzen[29].

[26] Die Bezeichnung der Verstorbenen als „Entschlafene" entspricht einem weitverbreiteten Gebrauch sowohl in der heidnischen wie jüdischen Antike. Die Verwendung dieser Metapher deutet hier also nicht eine Vorläufigkeit des Todeszustandes an. Vgl. Best (Anm. 24), z. St. (Lit.). – Daß es sich bei den Entschlafenen in Thessalonich um „Märtyrer" handelt, kann durch den Zusatz διὰ τοῦ Ἰησοῦ (V. 14) und den Verweis auf 2,14f. nicht belegt werden.

[27] Bei οἱ λοιποί denkt der Apostel ganz allgemein an die Einstellung vieler damaliger „Heiden", ohne diesen im einzelnen jegliche Hoffnung abzusprechen. F. Laub, 1. und 2. Thessalonicherbrief (Neue Echter Bibel NT 13), Würzburg 1985, z. St.

[28] Vgl. D. Müller (Anm. 11), 83. Daß Paulus die Auferstehung der Toten bei seiner Predigt in Thessalonich „nicht übergangen haben kann", betont mit Recht R. Bultmann, Theologie des Neuen Testaments (NTG), Tübingen ^{5}1965, 80. Vgl. auch W. Harnisch, Eschatologische Existenz. Ein exegetischer Beitrag zum Sachanliegen von 1 Thessalonicher 4,13–5,11 (FRLANT 110), Göttingen 1973, 21f.

[29] Vgl. P. Hoffmann, Die Toten in Christus. Eine religionsgeschichtliche und exegetische Untersuchung zur präsentischen Eschatologie (NTA NS 2), Münster ^{3}1978, 231–234; vgl. auch U. Luz, Das Geschichtsverständnis des Paulus (BEvTh 49), München 1968, 318–331, bes. 318–322. Er sieht hingegen den Grund für die Trauer darin, daß der apokalyptische Gedanke einer zukünftigen Auferstehung den ehemals heidnischen Thessalonichern (mit griechischen Zukunftsvorstellungen) Schwierigkeiten bereitete. Zum apokalyptischen Hintergrund vgl. A. F. Klijn, 1 Thessalonians 4,13–18 and its Background in Apocalyptic Literature: M. D. Hooker/S. G. Wilson (Hrsg.), Paul and Paulinism (FS C. K. Barrett), London 1982, 67–73. – Schmithals (Anm. 24), 117–119, vermutet, die Traurigkeit

Paulus geht es hier nämlich vor allem um den Nachweis, daß auch die vor der Parusie „Entschlafenen“ volle Gemeinschaft mit Christus erhalten. Dies läßt sehr gut die Text und Kontext bestimmende dreimalige Betonung von „mit ihm“ (σὺν αὐτῷ 4,14; 5,10) bzw. „mit dem Herrn“ (σὺν κυρίῳ 4,17) erkennen. Um die Thessalonicher davon zu überzeugen, erinnert er sie zunächst an das ihnen anvertraute Glaubensbekenntnis und leitet daraus eine Folgerung ab:

Denn wenn wir glauben,
daß Jesus starb und auferstand,
so wird Gott auch die Entschlafenen durch Jesus mit ihm führen (V. 14).

Der stilistisch überladene (διὰ τοῦ Ἰησοῦ,[30] ἄξει σὺν αὐτῷ) und nicht ganz eindeutige Nachsatz kann auf eine doppelte Weise ausgelegt werden: 1. Gott wird die Verstorbenen (dank Jesu Tod) mit ihm aus dem Tod heraufführen (ἄξει ist dann im Sinn von ἐκ νεκρῶν ἀναγαγεῖν [heraufführen aus den Toten; vgl. Röm 10,7; Hebr 2,10; 13,20 sowie Jes 63,11; Ez 37,12] als eine Deutung des Ostergeschehens unter Rückgriff auf das Herausführen [Erretten] Israels aus Ägypten aufzufassen, an dem die verstorbenen Christen durch Jesus Anteil erhalten). 2. Gott wird die Verstorbenen dank Jesu Werk an dem Triumphzug des wiederkehrenden Herrn teilnehmen lassen („mit ihm [Jesus] führen“; vgl. V. 17). Wenn auch die erste Erklärung einer alten Deutung der Auferstehung Jesu im Licht von Ex 12 entspricht und durch die Gegenüberstellung von Tod und Auferstehung besser zu der zitierten alten Glaubensformel paßt[31], ist doch die zweite, fast allgemein vertretene Auslegung wegen der einfachen Form ἄξει (statt ἀνάξει) und des Bezugs auf V. 17 vorzuziehen. Nach beiden Erklärungen aber sagt Paulus hier unmißverständlich, daß die Verstorbenen die Gemeinschaft mit dem aufer-

der Thessalonicher sei durch das Eindringen gnostischer Irrlehrer entstanden. Vgl. dazu Best (Anm. 24), 182 (Lit.), und Harnisch (Anm. 28), 22–29.

[30] Worauf sich διὰ τοῦ Ἰησοῦ bezieht, ist umstritten; vgl. Marshall (Anm. 22), z. St. (Lit.). Anstatt darin eine nur schwer verständliche oder sprachlich nicht belegte (= ἐν Χριστῷ) Näherbestimmung von κοιμηθέντας zu sehen, empfiehlt es sich, diese Wendung ebenso wie σὺν αὐτῷ mit ἄξει zu verbinden. H. Schlier, Der Apostel und seine Gemeinde. Auslegung des ersten Briefes an die Thessalonicher, Freiburg 1972, 77, sieht darin eine Zusammenziehung zweier Gedanken, etwa derart: οὕτως καὶ ὁ θεὸς τοὺς κοιμηθέντας (ἐγερεῖ) διὰ τοῦ Ἰησοῦ καὶ ἄξει σὺν αὐτῷ.

[31] D. Müller (Anm. 11), 54f.

standenen Jesus Christus finden werden, und zwar nicht aus eigener Kraft (etwa aufgrund der Unsterblichkeit ihrer Seele oder ihres vorbildlichen Lebens), sondern dank des besonderen Handelns Gottes durch Jesus.

Daß auch die bereits Entschlafenen nicht im Tod bleiben, sondern die Gemeinschaft mit Jesus Christus finden werden, begründet (γάϱ) Paulus anschließend, indem er unter Berufung auf ein „Wort des Herrn" wie in einer These versichert, daß die bei der Parusie noch Lebenden, zu denen sich Paulus zählt, den Entschlafenen nichts voraushaben:

> Denn dies sagen wir euch mit einem Wort des Herrn,
> daß wir, die Lebenden,
> die Übriggebliebenen bei der Parusie des Herrn,
> den Entschlafenen nichts voraushaben (V. 15).

Wie Paulus und die übrigen Christen hoffen, bei der Parusie Christus persönlich zu begegnen und durch ihn „vor dem Zorn gerettet" zu werden (1,10), so gilt dies ebenso für die Entschlafenen. Das zur Begründung dieser Zuversicht erwähnte „Wort des Herrn" kann (wie vermutlich 1 Kor 7,10; 9,14) ein dem Apostel bekannter Ausspruch Jesu sein (etwa Mt 24,30; Joh 6,39f. oder ein Agraphon)[32]. Es ist aber wohl eher das Wort eines urkirchlichen Propheten (vgl. Apg 21,11) oder sogar des Apostels selbst (vgl. Gal 2,2; 2 Kor 12,1f.), das als ein vom auferstandenen Herrn empfangenes Wort in dessen Namen verkündet wurde (vgl. die Berufung auf ein „Mysterium" in 1 Kor 15,51)[33]. Die Formulierung in der 1. Pers. Pl. („daß wir... nichts voraushaben" V. 15b) zeigt an, daß dieser Halbvers nicht wörtliches Zitat eines solchen Wortes, sondern allenfalls eine paulinische Zusammenfassung von dessen Inhalt ist (vgl. 1 Kor 15,51b)[34].

[32] B. Rigaux, Les épîtres aux Thessaloniciens (EtB), Paris 1956, 539 bis 551. J. Jeremias, Unbekannte Jesusworte, Gütersloh ^{3}1963, 77, bezeichnet VV. 16.17a: „Das älteste der außerhalb unserer Evangelien überlieferten Herrenworte". Vgl. L. Hartmann, Prophecy Interpreted (CB.NT 1), Lund 1966, 178–205; Marshall (Anm. 22), 125f.; neuestens R. N. Longenecker, The Nature of Paul's Early Eschatology: NTS 31 (1985), 85–95, bes. 90f.

[33] Vgl. P. Siber, Mit Christus leben. Eine Studie zur paulinischen Auferstehungshoffnung (AThANT 61), Zürich 1971, 39–42.

[34] Nach Luz (Anm. 29), 330, zeigt diese paulinische Zusammenfassung (V. 15b) im Vergleich zu dem folgenden Prophetenspruch „eine deutliche

In den beiden folgenden Versen greift Paulus dieses „Wort des Herrn“ auf, indem er es offensichtlich teils frei zitiert (V. 16, der mit dem „Mysterium“ von 1 Kor 15,51f. verwandt ist), teils im Blick auf die konkrete Situation hin paraphrasierend auslegt (V. 17a, 1. Pers. Pl.)[35]:

> Denn der Herr selbst wird auf Befehl,
> bei einer Stimme des Erzengels und einer Posaune Gottes
> vom Himmel herabsteigen,
> und die Toten in Christus werden zuerst auferstehen,
> dann werden wir, die Lebenden, die Übriggebliebenen,
> zugleich mit ihnen auf den Wolken weggerissen werden
> zur Einholung des Herrn in die Luft (VV. 16f.).

Nach dieser apokalyptischen Schilderung wird also der erwartete Herr zu dem von Gott selbst bestimmten Zeitpunkt („Befehl“, „Stimme“, „Posaune“ [vgl. 1 Kor 15,52a]), dem damaligen Weltbild gemäß, aus der Höhe herabsteigen. Bei diesem anschaulich vorgestellten Wiederkommen Christi werden als erstes (πρῶτον) die dann schon verstorbenen Christen („die Toten in Christus“)[36] „auferstehen“ (ἀναστήσονται). Wie das geschehen wird, bleibt unausgesprochen. Es liegt zwar nahe, jüdisch-apokalyptischen Vorstellungen gemäß (s. u. IV, 1–2) an ein Auferstehen aus den Gräbern und eine Rückkehr auf die Erde zu denken. Das von Paulus sonst niemals in bezug auf die Auferstehung der Toten verwendete Verb ἀνίσταμαι deutet aber an, daß dieses Geschehen vor allem analog zu der vorher angeführten Auferstehung Jesu (ἀνέστη) aufzufassen ist. Wesentlich ist dabei das, worauf die bildhafte Aussage hinzielt: Erst „darauf“ (ἔπειτα) werden die noch Lebenden zu-

Reduktion apokalyptischer Einzelheiten. Hinsichtlich der hier ausgesprochenen Naherwartung des Apostels ist immer noch bedenkenswert, was Rigaux (Anm. 32), 541, dazu bemerkt hat: «On peut éviter également toute difficulté en recourant à une distinction, d'ailleurs fondée entre l'expression de la vérité et l'expression d'un sentiment.»

[35] Zu den verschiedenen Versuchen, den ursprünglichen Wortlaut dieses λόγος τοῦ κυρίου zu bestimmen vgl. auch die zitierten Kommentare von Best (Anm. 24), 193f., und Marshall (Anm. 22), 125–127, sowie Siber (Anm. 33), 35–39; Harnisch (Anm. 28), 39–46; G. Löhr, Das Herrenwort 1 Thess 4,15–17; ZNW 71 (1980), 269–273; Marxsen (Anm. 25), 67f.

[36] 'Εν Χριστῷ bezeichnet die Entschlafenen als solche, die dank ihrer Taufe zu Christus gehören. Aus dieser Näherbestimmung kann hier keine Folgerung hinsichtlich eines Zwischenzustandes abgeleitet werden: vgl. Best (Anm. 24), 197; anders Hoffmann (Anm. 29), 234–238.

gleich „mit ihnen" (ἅμα σὺν αὐτοῖς), den eben Auferstandenen, zum triumphalen Einholen (εἰς ἀπάντησιν) des vom Himmel herabkommenden Herrn „in die Luft" weggerafft werden[37]. Die Verstorbenen werden also mit den noch Lebenden an diesem Empfang des vom Himmel herabkommenden Herrn teilnehmen. Wohin schließlich der feierliche Zug führt – auf eine neue Erde? –, wird nicht gesagt.

Wenn Paulus das skizzierte Bild nicht weiter ausführt, zeigt dies, daß er am Hergang nicht interessiert ist. (Für die Erfassung der theologischen Aussage ist es daher auch unergiebig, inwieweit VV. 16f. Zitat des Herrenwortes sind oder nicht.) Ausschlaggebend ist hingegen, was der Apostel als Schlußfolgerung schreibt: „und so werden wir immer mit dem Herrn sein" (V. 17b). Die Formulierung σὺν κυρίῳ (mit dem Herrn) greift nach Art einer inclusio die Aussage σὺν αὐτῷ (mit ihm [V. 14]) auf (im Unterschied zu dem sprachlich näherliegenden μετὰ κυρίου[38]). Paulus setzt voraus, daß die Leser das damit Gemeinte verstehen. In den anderen Briefen spricht er durch die Wortverbindung σὺν Χριστῷ und die mit σύν gebildeten Verben den Gedanken der Gemeinschaft mit dem Gekreuzigten und Auferstandenen aus (Gal 2,19; Röm 6,4–6; 8,17; 2 Kor 4,14; vgl. auch die formelartige Wendung 2 Tim 2,11–13). Die hier gemeinte bleibende Gemeinschaft ist demnach in enger Verbindung mit der in der Taufe begründeten Christusgemeinschaft zu sehen, letztlich als deren Vollendung: Wie im irdischen Leben so werden auch die Toten in Christus „mit ihm [Christus] leben" (1 Thess 5,10)[39].

Daß es die Absicht Pauli war, die Leser von 1 Thess 4,14–17 in der Hoffnung auf eine auch den Toten persönlich zukommende Gemeinschaft mit Christus zu bestärken, bestätigt nicht zuletzt die abschließende Aufforderung: „So nun tröstet einander mit diesen Worten" (V. 18; vgl. 5,11). Der Trauer über den Tod sollen die

[37] Das Bild der Einholung greift wohl kaum die Vorstellung von Ex 19,10–18 auf, sondern eher Vorstellungen aus dem politischen Leben der hellenistischen Welt. Das Verb ἁρπάζειν (vgl. 2 Kor 12,2.4) deutet das Plötzliche und Gewaltsame dieser wohl von Gott gewirkten Entrückung an. Vgl. Best (Anm. 24), 199f.

[38] Vgl. Best (Anm. 24).

[39] Zu der Bedeutung des σὺν Χριστῷ in der gesamten Theologie des Paulus und den damit verbundenen vieldiskutierten Einzelfragen vgl. den Exkurs Σὺν Χριστῷ εἶναι von J. Gnilka, Der Philipperbrief (HThK 10/3), Freiburg 1968, 76–93, bes. 76–85.

Christen (anders als „die übrigen“ [4,13]) die Hoffnung auf die persönliche und immerwährende Gemeinschaft mit Christus entgegenstellen. Nicht zu übersehen ist aber: Die VV. 16f. ausdrücklich erwähnte und im einzelnen nicht näher beschriebene Auferstehung bei der Parusie steht im Kontext einer bildhaften, apokalyptischen Schilderung; diese hat gegenüber der Zusicherung der bleibenden Gemeinschaft mit Christus nur eine untergeordnete Funktion.

2. 1 Kor 15,1–58

Nachdem Paulus von Korinth aus (vgl. 1 Thess 3,6; vgl. Apg 18, 1–6) die Thessalonicher in ihrer Hoffnung bestärkt hatte, geht er etwa vier bis sechs Jahre später in 1 Kor 15,1–58 noch einmal und zudem ausführlicher auf dieses Thema ein[40]. Die Gedankenführung entspricht im ganzen der Anlage von 1 Thess 4,14–17: Paulus geht auch hier vom Bekenntnis zu Jesu Tod und Auferstehung aus (VV. 1–11) und leitet daraus weitere Folgerungen ab, nicht zuletzt unter Berufung auf ein „Mysterium“ (VV. 51f.) und eine anschauliche apokalyptische Schilderung. Allerdings überbietet diese jüngere Darlegung in mancher Hinsicht die frühere Ausführung, vor allem durch die VV. 35–57 ausführlich behandelte Problematik des „Leibes“ der Auferstandenen. Dies ist wesentlich dadurch bedingt, daß der Apostel in 1 Kor nicht den durch Todesfälle bedrängten Christen Trost spenden, sondern die Auferstehung gegenüber Leugnern verteidigen muß (vgl. V. 12). Welche Auffassung die Leugner in Korinth im einzelnen vertreten haben, ist aus dem Brief nicht klar zu entnehmen und bis heute umstritten[41]. Am nächsten

[40] Es ist kaum wahrscheinlich, daß Paulus in Korinth, wo er den 1 Thess schrieb, nicht über die Auferstehung der Toten gesprochen hat oder dies dort „kein Topos der anfänglichen Missionspredigt“ war, wie H. J. Klauck, 1. Korintherbrief (Neue Echter Bibel NT 7), Würzburg 1984, 112, aus der Leugnung der Auferstehung der Toten in Korinth folgert.

[41] Vgl. dazu B. Spörlein, Die Leugnung der Auferstehung. Eine historisch-kritische Untersuchung zu 1 Kor 15 (BU 7), Regensburg 1971; R. A. Horsley, “How can some of you say that there is no resurrection of the dead?” Spiritual Elitism in Corinth: NT 20 (1978), 203–231; eine übersichtliche Zusammenstellung bietet M. Bünker, Briefformular und rhetorische Disposition im 1. Korintherbrief (GTA 28), Göttingen 1984, 60–62 (Lit.); zu der Frage, inwieweit Paulus bewußt gegen eine enthusiastische (gnostische) präsentische Eschatologie Stellung bezogen hat, vgl. G. Sellin,

liegt, daß es sich um „Enthusiasten“ handelte, die aufgrund der Predigt über die Bedeutung der Taufe für das gegenwärtige Leben (vgl. Röm 6,4f.) und über den Besitz des πνεῦμα, der göttlichen Lebenskraft, eine noch ausstehende Auferstehung des Leibes abwerteten oder gar bestritten, zumal dem griechisch-hellenistischen Denken überhaupt der Gedanke an eine Auferstehung des Leibes fernlag oder töricht erschien. Wenn auch die korinthische Irrlehre im einzelnen nicht exakt eruiert werden kann, lassen die Ausführungen des Apostels dennoch das Ziel seiner Argumentation klar genug erkennen[42].

Paulus erinnert zu Beginn des Abschnitts VV. 1–34 an die bekannte alte Überlieferung von Jesu Tod und Begräbnis, Auferstehen und Erscheinen (VV. 3–7), worin er (VV. 8–10) sich mit den übrigen Aposteln und mit den Korinthern einig weiß (V. 11). Darauf weist er die Meinung derer, die die Auferstehung der Toten leugnen (V. 12a), zunächst dadurch zurück, daß er die enge Verbindung zwischen Jesu Auferstehung und der Auferstehung der Toten betont (VV. 12–20). Dieser mehr rhetorisch und weniger logisch dargebotene Abschnitt[43] geht von der Voraussetzung aus, daß die Leugnung der Auferstehung von den Toten einer Leugnung der Auferstehung Jesu gleichkommt. Warum dies so ist, führt der Apostel hier nicht aus (vgl. dazu V. 20f.); er stellt vielmehr den Lesern eindringlich die Konsequenzen vor Augen, die eine Leugnung der Auferstehung Jesu hat: Der apostolischen Verkündigung und dem christlichen Glauben fehlte dann der Inhalt (VV. 14. 17b), die Apostel wären Falschzeugen Gottes (V. 15); die Leser wären noch in ihren Sünden (V. 17c) und die verstorbenen Christen gingen verloren (V. 18). Die zuletzt genannte Konsequenz einer Leugnung von Jesu Auferstehung als Implikation der Leugnung der Auferste-

„Die Auferstehung ist schon geschehen“. Zur Spiritualisierung apokalyptischer Terminologie im Neuen Testament: NT 25 (1983), 220–237.

[42] Dies betont mit Recht K. Müller, Die Leiblichkeit des Heils 1 Kor 15,35–58: L. De Lorenzi (Hrsg.), Résurrection du Christ et des Chrétiens (1 Cor 15) (SMBen. 8), Rom 1985, 171–280, bes. 175f.

[43] Vgl. Bünker (Anm. 41), 68, bes. Anm. 126, gegen T. G. Bucher, Die logische Argumentation in 1 Kor 15,12–20: Bib. 55 (1974), 465–486; vgl. auch M. Bachmann, Zur Gedankenführung in 1 Kor 15, 12ff.: ThZ 34 (1978), 265–276; J.-N. Aletti, L'argumentation de Paul et la position des Corinthiens. 1 Co 15, 12–34: De Lorenzi (Anm. 42), 63–81.

hung der Toten zieht Paulus auch im Blick auf sich selbst (ἐσμέν [V. 19] im Unterschied zu ἐστέ [V. 17]): „Wenn wir bloß in diesem Leben unsere Hoffnung auf Christus setzen, sind wir elender dran als alle [übrigen] Menschen" (V. 19). Paulus schließt damit – im Unterschied zu den im Alten Testament oft geäußerten Erwartungen – für sich und seine Leser aus, volles Heil in diesem Leben, also ohne Auferstehung, zu erlangen. Diese Folgerung ist im Hinblick auf unsere Fragestellung um so bedeutsamer, als der Apostel nach V. 52 damit rechnet, noch bei der Parusie zu leben. Was er hier (VV. 16–19) über den Wert der Auferstehung von den Toten schreibt, gilt offensichtlich nicht bloß für die, die gestorben sind oder sterben werden, sondern auch für diejenigen, die bei der Parusie nicht zu den Toten zählen. Bei „Auferstehung der Toten" scheint also Paulus nach Aussage dieser Stelle nicht einzig an ein Auferstehen von (biologisch) Verstorbenen, d. h. ein Herauskommen aus den Gräbern zu denken. In den anschließenden Versen wird dies klar vorausgesetzt.

Die VV. 20–28 vorliegende Explikation unterstreicht die rhetorische Argumentation von VV. 12–19. Dabei zeigt schon der erste Satz, wie Paulus die Verbindung zwischen Auferstehung Jesu und Auferstehung der Toten versteht: „Jetzt aber ist Christus von den Toten auferstanden als Erstlingsgabe (ἀπαρχή) der Entschlafenen" (V. 20). Zwischen der Auferstehung Jesu und der Auferstehung der Toten besteht also eine Beziehung wie zwischen der „Erstlingsgabe" bei einem Opfer und der ganzen Ernte[44]. Darin kommt ein Doppeltes zum Ausdruck: Zum einen ist die Auferstehung Jesu als „Erstlingsgabe" ein Teil des ganzen eschatologischen Geschehens der Auferweckung aller und hat im Hinblick darauf eine heiligende Bedeutung; zum anderen ist sie schon eine Vorwegnahme eines endzeitlichen Geschehens. Diese grundlegende und anfanghafte Bedeutung der Auferstehung Jesu spricht Paulus Röm 8,29 dadurch aus, daß er Christus den „Erstgeborenen unter vielen Brüdern" nennt[45].

[44] Zu ἀπαρχή vgl. G. Delling, ἀρχή: ThWNT I, 476–488, bes. 483f.; Spörlein (Anm. 41), 70f. 75; A. Sand, ἀπαρχή: EWNT I (1980), 278–280; C. Wolff, Der erste Brief des Paulus an die Korinther. Zweiter Teil: Auslegung der Kapitel 8–16 (ThHK 7/2), Berlin 1982, 176.

[45] Vgl. dazu die Parallele zwischen πρωτότοκος und ἀπαρχή in Ps 77 (78), 51; 104 (105), 36. Kol 1,18 wird dieser Gedanke durch „Erstgeborener von den Toten" ausgedrückt; vgl. auch Apg 26,23: „der Erste aus der Auferstehung der Toten". In haggadischer Weise wird dies Mt 27,51–53 durch

Die enge Verbindung zwischen Auferstehung Jesu und Auferstehung der Toten begründet Paulus anschließend durch den Rückgriff auf die ihm (und vermutlich auch schon den Korinthern) geläufige Parallele zwischen Adam und Christus[46]. Der Apostel stellt hier zunächst thesenhaft (ohne Verb) beide gegenüber (V. 21) und erläutert diese Gegenüberstellung in einem parallel dazu formulierten doppelgliedrigen Vergleichssatz (V. 22):

> Denn da durch einen Menschen der Tod,
> auch durch einen Menschen die Auferstehung der Toten,
> so wie nämlich in [durch] Adam alle sterben,
> so werden auch in [durch] Christus alle lebendig gemacht werden.

Diese Aussage knüpft an die jüdische Deutung von Gen 2,17; 3, 19 an (vgl. Weish 2, 24; syrBar 54, 15), nach welcher der Tod durch die Sünde Adams in die Welt gekommen ist (s. u. 3. Kap. I,2 und Röm 5,13). Der Auswirkung des Todes Adams auf die ganze Menschheit entspricht die Auswirkung der Auferstehung Jesu auf alle. (Paulus aber denkt wohl nur an die, die „in Christus" sind. Wie hier, so zählt Paulus sich auch 1 Kor 6,14 – anders als 1 Thess 4,15 und 1 Kor 15,52 – zu denen, die „sterben" und „auferstehen".) Dies expliziert der Apostel in dem Vergleichssatz, indem er der präsentischen Aussage („wie nämlich in Adam alle sterben" [ἀποθνῄσκουσιν]) eine futurische gegenüberstellt („so werden auch in Christus alle lebendig gemacht werden" [ζῳοποιηθήσονται]). Durch die Wahl des Verbs „lebendig machen" parallel zu „Auferstehung der Toten" deutet Paulus an, daß er die Auferstehung der Toten als ein schöpferisches Handeln Gottes versteht, das Gott durch Christus vollziehen wird. Im Blick auf die Leugner der Auferstehung heißt dies: Alle unterliegen durch Adam dem Gesetz des Todes – das gilt auch für die, die hoffen, bei der Parusie noch zu leben (zu dem hier

die Schilderung der Auferstehung der Toten in der Todesstunde Jesu angedeutet. Vgl. M. Riebl, Auferstehung Jesu in der Stunde seines Todes? Zur Botschaft von Mt 27,51b–53 (SBB), Stuttgart 1978; I. Maisch, Die österliche Dimension des Todes Jesu. Zur Osterverkündigung in Mt 27, 51–54: I. Broer u. a. (Hrsg.), Auferstehung Jesu und Auferstehung der Christen. Deutungen des Osterglaubens (QD 105), Freiburg 1986, 96–123 (Lit.).

[46] Zur bis heute umstrittenen Herkunft dieser Parallele vgl. K. Müller (Anm. 42), 217–219, Anm. 159–163. Zu ihrer Verwendung durch Paulus vgl. C. K. Barrett, The significance of the Adam-Christ typology for the Resurrection of the dead: 1 Co 15, 20–22.45–49: De Lorenzi (Anm. 42), 99–122.

vorausgesetzten Verständnis von Tod s. u. 3. Kap. I); ebenso ist aber auch allen – den Verstorbenen wie den bei der Parusie noch Lebenden – durch Christus die Möglichkeit gegeben, Anteil an der Auferstehung und neues Leben zu erhalten.

In den folgenden Versen geht Paulus auf die schon angeklungene Diastase zwischen der bereits erfolgten Auferstehung Jesu und der erst für die Zukunft erhofften Auferstehung der Toten näher ein (VV. 23–28). Er tut dies hier – anders als 1 Thess 4, 14–17 – wohl im Hinblick auf die Bestreitung gerade der zukünftigen Auferstehung in Korinth. Jedenfalls zeigt er: Es gibt eine bestimmte „Ordnung" (ἐν τῷ ἰδίῳ τάγματι); als „Erstlingsgabe" bewirkt die Auferstehung Jesu noch nicht sofort die Auferstehung aller; diese geschieht erst, wie hier gesagt wird, „bei seiner Parusie", und zwar in Verbindung mit der Unterwerfung aller Mächte, besonders auch des Todes. Erst dann wird das Werk Jesu vollendet und „Gott alles in allem" sein. Die hier entworfene Szene des Endes entspricht in vieler Hinsicht (etwa durch Angaben über die Unterwerfung der bösen Mächte und des Todes) den apokalyptischen Bildern, wie sie aus anderen Schriften bekannt sind[47]. Sie weicht aber im einzelnen von diesen ab, besonders auch von den Schilderungen in 1 Thess 4, 16f. (dort keine Andeutung eines solchen Kampfes) und in 1 Kor 15, 52ff. (zusätzliche Angaben über die Verwandlung der noch Lebenden). Das zeigt: Wie in anderen Schilderungen haben hier die übernommenen apokalyptischen Motive letztlich nur eine veranschaulichende und dienende Funktion; sie sollen erläutern, daß zwischen der schon erfolgten Auferstehung Jesu und der noch ausstehenden Auferweckung aller eine Zwischenzeit liegt. Was Paulus vorher als Konsequenz der Botschaft von Jesu Auferstehung angegeben hat (daß alle „lebendig gemacht werden"), findet also erst in Zukunft seine Verwirklichung: wenn Gott alles durchdringt (V. 28), bei seiner vollendeten Herrschaft über alle und alles (vgl. V. 50)[48].

[47] Vgl. z. B. die mannigfaltigen Bilder in der Offb (bes. 20, 1–15) und in der jüdischen Literatur (s. u. S. 63f.). Hinsichtlich der Frage, inwieweit an unserer Stelle der Gedanke eines Zwischenreiches ausgesprochen ist, vgl. die Kommentare z. St.; außerdem M. Carrez, Résurrection et Seigneurie du Christ. 1 Co 15, 23–28: De Lorenzi (Anm. 42), 127–140 (Lit.).

[48] Die hier ausgesprochene Unterordnung selbst des Sohnes dient nicht der Abwehr einer falschen Überschätzung Christi, sondern der Hinordnung seines ganzen Sohnseins und Wirkens auf das Wirken des Vaters. (Vgl. die Ergänzung der Aussagen über göttliche Hoheit des Erniedrigten und Erhöhten durch die Worte „zur Ehre Gottes des Vaters" Phil 2, 6–11.)

Der Hinweis auf diese noch ausstehende Gemeinschaft mit Gott ist – im Unterschied zur apokalyptischen Szenerie – für Paulus keineswegs nur die Veranschaulichung eines neuen Existenzverständnisses oder einer neuen Sicht der Gemeinde[49]. Wie nämlich die beiden angefügten argumenta ad hominem zeigen, geht es dabei gerade um jene Wirklichkeit, auf die es dem Apostel in seiner Argumentation ankommt. Ohne diese wäre sowohl das gegenwärtige Handeln der Korinther (ihre Praxis der Taufe „für die Toten" V. 29)[50] und vor allem der missionarische Einsatz des Apostels nutzlos (VV. 30–32b). Paulus scheut dabei nicht davor zurück, seinem von der Hoffnung auf Auferstehung getragenen Leben ein rein diesseitsorientiertes „carpe diem" (Lebenseinstellung der Heiden nach der Bewertung jüdischer Kreise; vgl. 1 Thess 4,13; Weish 2,5f. u. a.) als einzig mögliche Alternative gegenüberzustellen.

Vor einer solchen Konsequenz warnt der Apostel seine Leser eindringlich und schreibt im Blick auf die Leugner der Auferstehung: „Einige haben keine Kenntnis von Gott" (V. 34c). Diese Bemerkung kann dem damaligen Sprachgebrauch entsprechend entweder auf praktische Atheisten abzielen, die in ihrem Alltag gottlos dahinleben[51], oder auf theoretische Atheisten, die Gottes Existenz bestreiten[52]. Letztlich ist aus der Sicht der Bibel beides eng miteinander verknüpft; denn das Kennen und Anerkennen Gottes ist ohne ein entsprechendes Leben nicht möglich.

Durch diese Warnung am Ende des ersten Teils seiner Argumentation (VV. 1–34) zeigt Paulus, daß die Leugnung der Auferstehung

[49] So etwa J. Blenkinsopp, Theologische Synthese und hermeneutische Folgerung: Conc. 6 (1970), 725–731, bes. 730f.: „Daher muß betont werden, daß Auferstehung von den Toten *nicht* Gewähr für ein persönliches Fortleben nach dem Tod ist ... Die Auferstehung des Leibes 'meint' in erster Linie das Geschick der neuen Gemeinde, des eucharistischen Leibes, des Leibes des auferstandenen Christus, der das Zentrum einer weltweiten Gemeinschaft ist" (730).

[50] Zur Diskussion der vielen Vorschläge, die Bezugnahme auf eine „Taufe für die Toten" mit dem sonstigen Taufverständnis des Paulus in Einklang zu bringen, vgl. den Exkurs „Deutungsvorschläge zu 1 Kor 15, 29" sowie die weitere Ausführung von Wolff (Anm. 44), 185–191, und J. Murphy-O'Connor, "Baptized for the Dead" (1 Cor., XV, 29). A Corinthian Slogan?: RB 88 (1981), 532–543.

[51] Vgl. W. Schmithals, ἀγνοέω κτλ.: EWNT I (1980), 49–51.

[52] K. Barth, Die Auferstehung der Toten. Eine akademische Vorlesung über 1 Kor 15, München [2]1926, 107f.; Wolff (Anm. 44), 194.

der Toten im größeren Zusammenhang des Glaubens an Gott steht, der Tote lebendig machen kann (vgl. Röm 4,17; Apg 26,8). (Ähnlich verweist Paulus am Ende seiner Argumentation gegen die Parteiungen in Korinth darauf, daß letztlich alles Gott gehört [3,23].) Die erhoffte Auferstehung der Toten hängt also engstens mit „Gott" bzw. Gottes Herrschen zusammen (vgl. V. 28 und V. 50). Mit Recht kann daher gesagt werden, daß „Auferstehung der Toten" nach Paulus im Grunde ein Wort für Gott ist[53], das heißt für Jahwe, der für den Glaubenden nicht ein in sich ruhendes höheres Wesen ist, sondern derjenige, der da ist und da sein wird als der Kommende und Handelnde.

Nach den Ausführungen von 1 Kor 15,1–34 hat also die Hoffnung Pauli und aller, die zu Christus gehören, ihren Grund erstens in der Auferstehung Jesu, der die „Erstlingsgabe der Entschlafenen" ist und eine „Adam" entsprechende Stellung in der Menschheitsgeschichte einnimmt. Diese Hoffnung ist zweitens in Gott selbst begründet, der alles Christus unterstellt hat und auf dessen Herrschaft alles Wirken des Sohnes hinzielt.

Die für unsere Fragestellung besonders wichtige und darum eingehender zu untersuchende Abhandlung über den Leib der Auferstandenen (VV. 35–58)[54] läßt sehr gut erkennen, daß es dem Apostel wesentlich um die Errettung des einzelnen Christen aus der Macht des Todes geht. Dies zeigt im ersten Teil *(VV. 35–44ab)* die Antwort auf die Doppelfrage, mit der Paulus im Diatriben-Stil mögliche Einwände nennt (V. 35), um die eigene Argumentation aufzulockern oder um von den Lesern zu erwartende bzw. von den Leugnern in Korinth vorgebrachte Fragen aufzugreifen[55]:

[53] K. Barth (Anm. 52), 57–64, bes. 64.

[54] Zur Einzelexegese dieses Abschnittes vgl. außer den Kommentaren bes. C. Farina, Die Leiblichkeit der Auferstandenen. Ein Beitrag zur Analyse des paulinischen Gedankenganges in 1 Kor 15,35–58, theol. Diss. Würzburg 1971, und vor allem den weitausholenden Beitrag von K. Müller (Anm. 42). Müller bemerkt (ebd. 172), daß „die Leiblichkeit der Auferstehung" auch schon den voraufgehenden Ausführungen zugrunde liege und verweist dafür auf L. Schottroff, Der Glaubende und die feindliche Welt (WMANT 37), Neukirchen 1970, 136.

[55] Zu der vieldiskutierten Frage, inwieweit Paulus hier auf konkrete Einwände oder Anfragen eingeht, vgl. die Kommentare z. St. und K. Müller (Anm. 42), Anm. 3, 4, 5, 18–26.

Wie stehen die Toten auf?[56]
Mit welchem Leib aber kommen sie?

Die zweite Frage verdeutlicht – in Form eines synthetischen Parallelismus – die erste nach dem „Wie" der Auferstehung (bzw. Auferweckung), indem sie nach dem „Leib" fragt, „mit welchem" die Auferstandenen (Auferweckten) „kommen" sollen. Dabei greift „kommen" die Vorstellung vom Auferstehen der Toten als dem Hervorkommen aus dem Grab bzw. der Unterwelt auf, wie es auch die folgende Bezugnahme auf das in die Erde gesenkte Samenkorn zeigt[57].

Die Formulierung „mit welchem Leib" verrät erstens: Nach Ansicht des Fragenden gehört zur Überwindung des Todeszustandes wesentlich ein σῶμα (Leib). Eine leiblose Existenz (etwa nach Art einer vom Leib getrennten Seele, wie dies griechische Kreise ersehnten) liegt hier außerhalb des Gesichtskreises und steht deshalb nicht zur Debatte. Vorausgesetzt ist also die im Alten Testament und weithin im frühen Judentum verbreitete Anthropologie, nach welcher der Mensch, selbst der Tote, nicht ohne Leib existieren kann[58]. Dementsprechend kann im Blick auf viele Aussagen Pauli

[56] Grammatikalisch ist auch die Übersetzung möglich: „Wie werden die Toten auferweckt?" Dem sonstigen Sprachgebrauch von ἐγείρομαι in ähnlichen Zusammenhängen und der Satzkonstruktion (Parallele zu ἔρχονται V. 35c) entspricht jedoch mehr das mediale Verständnis der Passivform. Vgl. Kremer, ἐγείρω (Anm. 4), 900–902; ders. (Anm. 6), 97f. Für die Interpretation des Gedankengangs ist die Entscheidung, ob medial oder passivisch, nicht ausschlaggebend. – R. J. Sider, The Pauline Conception of the Resurrection Body in I Corinthians XV. 35–54: NTS 21 (1974/75), 428–439, deutet πῶς nur als Einleitung zu einer rhetorischen Frage: "Is it possible for the dead to be raised?" (429).

[57] Vgl. Wolff (Anm. 44), z. St., unter bes. Hinweis auf syrBar 50, 3. – K. Müller (Anm. 42), 182, deutet ἐγείρονται und ἔρχονται als praesentia futuri und bezieht dann das ἔρχονται wegen seiner sonstigen Prägnanz in den Paulusbriefen auf das „Kommen" der Toten bei der Parusie (vgl. V. 23b).

[58] Vgl. dazu J. A. T. Robinson, The Body. A Study in Pauline Theology (SBT 5), London 1966, 11–16; K.-A. Bauer, Leiblichkeit, das Ende aller Werke Gottes. Die Bedeutung der Leiblichkeit des Menschen bei Paulus (StNT 4), Gütersloh 1971, bes. 89–105; E. Schweizer, σῶμα: ThWNT VII (1965), 1025–1091, bes. 1045f., 1057–1060; ders., σῶμα: EWNT III (1983), 770–779, und die dort angegebene Literatur. – Zur biblischen Bedeutung von ψυχή (mitunter auch πνεῦμα) als Synonym von nefesch (Kehle, Lebensprinzip, Lebewesen, Person) im Unterschied zur jüngeren griechischen

– aber nicht auf alle! – gesagt werden: „Der Mensch *hat* nicht ein σῶμα, sondern er *ist* σῶμα“ [59]. Allerdings steht hier und im folgenden „Leib“ nicht einfach für „Ich“. Das semantisch vieldeutige und von Paulus nicht immer ganz einheitlich verwendete Wort σῶμα bezeichnet in diesem Zusammenhang sicher nicht den „Leib“ im Unterschied zu „Seele“ oder „Geist“ (vgl. 1 Thess 5,23), erst recht nicht den „Leichnam“ (wie Mk 15,43). Gemeint ist vielmehr, wie es die Parallele „wie“ // „mit welchem Leib“ andeutet, eine Befindlichkeit des Menschen, kraft welcher der einzelne „kommen“ kann, sich als personales Subjekt („Leib“) erfahrbar macht und so zu anderen in Kommunikation tritt, die ihn sehen und berühren können, so daß er sogar mit dem Geschlechtspartner „ein Leib“ zu werden vermag (1 Kor 6,16) [60]. Auf der Linie dieser Bedeutung von σῶμα liegt auch die Verwendung dieses Wortes für die Kirche als „ein Leib“ mit vielen Gliedern (1 Kor 12,12–17; Röm 12,4 f.) [61]. Was für den „Leib“ der Lebenden gilt, setzt Paulus hier ebenso für den der Toten und Auferweckten voraus. Analog zum „Leib“ der Menschen

Bedeutung (ψυχή als körperloses Prinzip der Unvergänglichkeit) vgl. die zusammenfassende Darlegung von A. Sand, ψυχή: EWNT III (1983), 1197–1203; G. Dautzenberg, Seele (naephaesch – psyche) im biblischen Denken sowie das Verhältnis von Unsterblichkeit und Auferstehung: K. Kremer (Hrsg.), Seele. Ihre Wirklichkeit, ihr Verhältnis zum Leib und zur menschlichen Person (SPGAP 10), Leiden 1984, 186–203 (Lit.).

59 R. Bultmann, Theologie des Neuen Testaments (UTB 630), Tübingen [7]1977, 195. Zur Kritik an der Definition Bultmanns vgl. G. Schunack, Das hermeneutische Problem des Todes. Im Horizont von Röm 5 untersucht, Tübingen 1967, 22–28. – Leider wird meistens (auch von K. Müller [Anm. 42], Anm. 39) übersehen, daß Bultmann diese Aussage nur im Blick auf eine „Reihe dieser Stellen“ (ebd.) macht und er im Lauf seiner Darlegungen mit Recht differenziert, ja sogar für 1 Kor 15 ein solches Verständnis von σῶμα ausdrücklich bestreitet; denn durch die Anknüpfung an „eine mythologische Auferstehungslehre (1 Kor 15)“ müsse dort „wohl oder übel σῶμα als ein stoffliches Körperding, bzw. als dessen ‘Form’ erscheinen“ (ebd. 199).

60 Vgl. bes. E. Schweizer, Die Leiblichkeit des Menschen. Leben – Tod – Auferstehung: ders., Beiträge zur Theologie des Neuen Testaments, Zürich 1970, 165–182.

61 Auf die Bedeutung von „Leib“ in den Aussagen über die Kirche braucht hier nicht näher eingegangen zu werden. Robinson (Anm. 58), 76–81, sieht auch die Aussagen von 1 Kor 15 sehr stark unter diesem Aspekt und wendet sich gegen die gewöhnliche, individualistische Auslegung von 1 Kor 15.

werden im folgenden auch Aussagen über einen „Leib" des Samenkorns (V. 37) und „die überirdischen Leiber" (V. 40) gemacht.

Die Frage „Mit welchem Leib aber ...?" spricht zweitens aus, daß die verkündete Auferstehung der Toten mit der landläufigen Vorstellung vom „Leib" des Menschen unvereinbar scheint; denn der Tote wird doch mit und in seinem „Leib" begraben, so daß er als solcher dem Bereich des Todes angehört[62]. Wie kann er dann mit diesem Leib (d. h. in dieser nunmehr schattenhaften, durch Verwesung geprägten Existenzweise) aus dem Grab und dem Totenreich wieder heraustreten?

Dieser Frage liegt, wie die folgende Anrede „Du Tor!" (V. 36a; vgl. Mk 12,24) zeigt, ein Unverständnis, eine törichte Ansicht von leibhaftiger Auferstehung zugrunde, die letztlich in einer falschen Einstellung zu Gott und zur Welt gründet (vgl. V. 34 und Weish 3,1–3 u. ö.). Der Apostel stellt dieser Unvernunft zunächst zwei allgemein einsichtige und dem Leser bekannte Erfahrungswahrheiten gegenüber: 1. das Zugrundegehen des Samenkorns als Voraussetzung für das daraus entstehende neue Leben (V. 36b); dabei fließt in das Bild vom Vergehen und Aufkeimen des Saatkorns, wie die Wortwahl zeigt, schon das damit verglichene „Sterben" (ἀποθάνῃ) und „Lebendig-Werden" (ζῳοποιεῖται) des Menschen ein[63]; 2. den Unterschied zwischen dem gesäten „nackten Korn" und dem künftigen, davon unterschiedenen „Leib" (V. 37f.); die Verwendung von „Leib" (σῶμα) für das Samenkorn weist hier ebenfalls schon auf den damit verglichenen „Leib" des gestorbenen und auferweckten Menschen hin. Jedes ausgesäte „nackte Korn"[64] erhält

[62] Die Toten sind nach alttestamentlicher sowie jüdischer Auffassung und sicher auch nach Paulus nicht ohne jede Existenz. Sie führen allerdings in der scheol ein Schattendasein (s. u. S. 98). Vgl. H. W. Wolff, Anthropologie des Alten Testaments, München [2]1974, 150–166. Warum die nefesch (Person) des Toten fern von Jahwe überhaupt weiterexistieren kann, darüber wurde in Israel – anders als in Griechenland – nicht reflektiert. – Zu der in letzter Zeit oft unkritisch nachgesprochenen falschen Ansicht von einem „Ganztod" s. u. S. 248–250.

[63] Viele Ausleger finden in der Betonung des Todes als Voraussetzung für die Lebendigmachung eine der theologia crucis entsprechende Abwehr enthusiastischer Stimmen in Korinth. So Bünker (Anm. 41), 70, Anm. 172, unter Hinweis auf H. Braun, Das „Stirb und werde" in der Antike und im Neuen Testament: ders., Gesammelte Studien zum Neuen Testament und seiner Umwelt, Tübingen [2]1967, 136–158.

[64] Die Rede vom „nackten Korn" hebt hier vor allem den Unterschied

einen eigenen Leib von Gott, jeweils nach seinem schon vorher gefaßten Entschluß, wie der Unterschied zwischen dem Präsens δίδωσιν und dem Aorist ἠθέλησεν (V. 38) andeutet[65]. Die VV. 36b–38 nahegelegte Betrachtung der Natur öffnet den Blick dafür, daß den Auferweckten von Gott her ein „eigener Leib" zukommt, der von dem begrabenen verschieden ist.

Zur Erläuterung der Bemerkung über den jeweils „eigenen Leib" verweist Paulus anschließend VV. 39–41 zunächst (V. 39) auf die bestehende Verschiedenheit der σάρξ von Menschen, Tieren, Vögeln und Fischen – analog zu der Aufzählung im Schöpfungsbericht (Gen 1,20) – und dann (V. 40) auf die himmlischen und irdischen σώματα, die je eine unterschiedliche δόξα besitzen. Der Ausdruck πᾶσα σάρξ (V. 39) steht hier nach alttestamentlichem Sprachgebrauch parallel zu σῶμα (V. 38.40; ähnlich auch 6,16f. und 2 Kor 4,11) und bezeichnet die konkrete Existenzweise von Menschen und Tieren, der „irdischen σώματα" (V. 40)[66]. Von diesen unterscheiden sich die wiederum in freier Anlehnung an den Schöpfungsbericht (Gen 1,16) aufgezählten „himmlischen σώματα" Sonne, Mond und Sterne (V. 41) durch ihre δόξα, das heißt ihre unterschiedliche Teilhabe an dem Lichtglanz der Herrlichkeit Gottes (vgl. dazu Sir 43,1–10; Dan 12,3)[67]. Gerade diese unterschiedliche

zwischen dem „Leib" der aufgekeimten Saat und dem des Korns, das in die Erde gesenkt wurde, hervor. Inwieweit „nackt" hier einen Mangel und die Hinordnung auf einen neuen Leib andeutet (vgl. 2 Kor 5,3), ist umstritten. Jedenfalls ist hier nicht, wie früher oft vermutet wurde, an die vom Leib entäußerte Seele gedacht. Vgl. K. Müller (Anm. 42), 189–191, Anm. 75–78. Allerdings läßt sich aus diesen Versen auch nicht die neuzeitliche Lehre von einer völligen Neuschöpfung der Auferweckten ableiten, wie dies K. Müller (ebd. 194, Anm. 78 u. 89) versucht.

[65] Sider (Anm. 56), 432: "in accordance with his past decision at creation".

[66] Vgl. Bauer (Anm. 58), 94f.; A. Sand, Der Begriff „Fleisch" in den paulinischen Hauptbriefen (BU 2), Regensburg 1967, 128–130.

[67] Zu den verschiedenen Erklärungen dieser δόξα der „himmlischen Leiber" (sind die Gestirne als belebte Wesen vorgestellt?) vgl. Wolff (Anm. 44), z. St., und ausführlich K. Müller (Anm. 42), 202, Anm. 114–115. Wenn Paulus hier auf die unterschiedliche δόξα der Himmelskörper hinweist und nicht auf die der irdischen Leiber, hängt dies wohl damit zusammen, daß er vorher schon von der Verschiedenheit der σάρξ gesprochen hat und außerdem bei den irdischen Lebewesen, abgesehen vom Menschen, weniger von einer unterschiedlichen δόξα die Rede sein kann.

δόξα der einzelnen Himmelskörper und ihre Verschiedenheit von den irdischen Leibern zeigen: es gibt verschiedene σώματα! Die unverkennbare Anlehnung an den priesterlichen Schöpfungsbericht legt den Gedanken nahe, daß die unterschiedlichen „Leiber“ letztlich in einer Schöpfungstat Gottes gründen, die allerdings nicht als creatio ex nihilo, sondern als Überwindung des Chaos durch den Kosmos aufgefaßt wird[68].

Nach der Schlußfolgerung und Überleitung, „so auch die Auferstehung der Toten“ (V. 42a)[69], greift Paulus „in den stilistisch höchst ausgefeilten“ VV. 42b–44a[70] das Bild von der Saat sowie die vorher verwendeten Wörter (säen, Samen, lebendig machen, Leib, Herrlichkeit) wieder auf und legt in vier Gegensatzpaaren den Unterschied zwischen „gesät“ (begraben) und „erweckt“ (auferstanden) dar:

ἐν φθορᾷ (in Vergänglichkeit) – ἐν ἀφθαρσίᾳ (in Unvergänglichkeit)
ἐν ἀτιμίᾳ (in Unehre) – ἐν δόξῃ (in Herrlichkeit)
ἐν ἀσθενείᾳ (in Schwäche) – ἐν δυνάμει (in Macht)
σῶμα ψυχικόν (irdischer Leib) – σῶμα πνευματικόν (überirdischer Leib)

Höhepunkt ist die an letzter Stelle und in abweichender Konstruktion formulierte Gegenüberstellung „gesät wird ein irdischer Leib, auferweckt wird ein überirdischer Leib“. σῶμα ψυχικόν meint paulinischem Sprachgebrauch gemäß (vgl. auch Gen 2,7 LXX) den „irdischen Leib“, d. h. die der Vergänglichkeit preisgegebene Existenzweise des Menschen (τὸ ψυχικόν [V. 47] und ψυχικὸς δὲ ἄνθρωπος [2,14]; vgl. σαρκινοί bzw. σαρκικοί [3,1–3])[71]. Demgegenüber bezeichnet σῶμα πνευματικόν nicht bloß eine der himm-

[68] Vgl. G. v. Rad, Das erste Buch Mose. Genesis, Kapitel 1–12,9 (ATD 2), Göttingen [9]1972, 31: „... das theologische Denken von 1. Mose 1 bewegt sich nicht so zwischen der Polarität: Nichts–Geschaffenes als vielmehr zwischen der Polarität: Chaos–Kosmos“. Zurückhaltender C. Westermann, Genesis I. Genesis 1–11 (BK. AT 1/1), Neukirchen 1974, 150–152.

[69] Sie entspricht dem Übergang von der Bild- zur Sachhälfte. Vgl. R. Bultmann, Die Geschichte der synoptischen Tradition (FRLANT 29), Göttingen [7]1967, 184.

[70] Bünker (Anm. 41), 71.

[71] Zu dem vieldiskutierten ψυχικός vgl. neben Wolff (Anm. 44), z. St., bes. E. Schweizer, ψυχικός: ThWNT IX (1973), 662–664; M. Winter, Pneumatiker und Psychiker in Korinth (MThSt 12), Marburg 1975; A. Sand, ψυχικός: EWNT III (1983), 1203f.

lischen Welt (σῶμα ἐπουράνιον), sondern dem Bereich Gottes entsprechende Existenzweise, die eine Teilhabe an dem πνεῦμα Gottes einschließt[72]. σῶμα πνευματικόν kann daher sinngemäß mit „überirdischer Leib“ (Einheitsübersetzung) oder sogar mit „göttlicher Leib“ übersetzt werden. Paulus gibt hier mit dieser Gegenüberstellung, deren Schärfe durch das Fehlen der Artikel noch unterstrichen wird[73], eine Antwort auf die V. 35 gestellte Doppelfrage: Die „Toten“ werden auferweckt, indem ihnen statt des bisherigen „irdischen Leibes“ von Gott „ein überirdischer Leib“ gegeben wird; mit diesem Leib „kommen“ sie, das heißt leben sie und bewegen sie sich auf eine neue Weise. Deshalb ist ihr σῶμα – ihre leibhaftige, personale Existenz, welche die Relation zu Gott und zur Welt einschließt – nicht mehr der Vergänglichkeit, der Schmach (der Sünde) und der Schwäche irdischer Existenz (der ersten Schöpfung) unterworfen.

Über die V. 35 gestellte Frage hinausgehend, begründet Paulus *VV. 44cd–49*, daß es einen „pneumatischen Leib“ ebenso wie einen „irdischen Leib“ gibt. Er greift dazu offensichtlich eine damals bekannte Auslegung der doppelten Angaben über die Erschaffung des Menschen in Gen 1,26f.; 2,7 auf und modifiziert sie: „Wenn es einen irdischen Leib gibt, gibt es auch einen pneumatischen. So steht auch geschrieben: Es wurde der erste Mensch Adam zu einem irdischen Wesen, der letzte Adam zu einem lebenspendenden pneuma“ (VV. 44cd. 45). Wesentlich an dieser Beweisführung ist[74]: Dem „ersten Adam“ als einem geschaffenen „irdischen Lebewesen“

[72] Vgl. J. Kremer, πνευματικός: EWNT III (1983), 291–293 (Lit.). Für unsere Fragestellung kann es offenbleiben, ob Paulus mit der Gegenüberstellung πνευματικός – ψυχικός zwei Begriffe der korinthischen Gnostiker aufgreift, wie Winter (Anm. 71), 229, annimmt. Kritisch dazu mit Recht K. Müller (Anm. 42), Anm. 136; vgl. auch die ebd. Anm. 152–153 angeführte Literatur.

[73] K. Müller (Anm. 42), 211.

[74] Vgl. dazu außer den Kommentaren bes. J. D. G. Dunn, 1 Corinthians 15,45 – Last Adam, Lifegiving Spirit: B. Lindars/S. S. Smalley (Hrsg.), Christ and Spirit in the New Testament (FS C. F. D. Moule), Cambridge 1973, 127–141; U. Wilckens, Christus, der ‘letzte Adam’, und der Menschensohn. Theologische Überlegungen zum überlieferungsgeschichtlichen Problem der Adam-Christus-Antithese: R. Pesch/R. Schnackenburg (Hrsg.), Jesus der Menschensohn (FS A. Vögtle), Freiburg 1975, 389; ferner K. Müller (Anm. 42), Anm. 161–176 (Lit.).

– ψυχὴ ζῶσα [vgl. Gen 2, 7]) steht der „letzte Adam" als „lebenspendender Odem" (πνεῦμα ζῳοποιοῦν) gegenüber. Paulus sieht also die beiden alttestamentlichen Aussagen über den „Adam" („aus Erde vom Ackerboden" [Gen 2,7] – „als Abbild Gottes" [Gen 1,27]) im Licht der schon oben herangezogenen Parallele zwischen Adam und Christus. Indem er den vorher verwendeten Begriff πνευματικός aufgreift, verdeutlicht er durch die Wortprägung πνεῦμα ζῳοποιοῦν[75] die Aussage von V. 22: „in Christus werden alle lebendig gemacht werden (ζῳοποιηθήσονται)": Ist der erste „Adam" derjenige, der als lebendiges Geschöpf das irdische Leben weitergibt, so der letzte „Adam" derjenige, der dank der ihm in der Auferstehung verliehenen pneumatischen Existenz (vgl. Röm 1,4; 1 Petr 3,18) selbst pneumatisches Leben verleiht. Wohl in Abwehr von Tendenzen, die unter Berufung auf Gen 1,27 die irdische Existenz abwerten, betont Paulus dann VV. 46–49 noch, daß der pneumatischen Existenz die irdische geschichtlich vorausgeht und wir nur, nachdem wir das Bild des Irdischen getragen haben (Gen 2,7), auch das des Überirdischen tragen werden.

Für unsere Fragestellung ist an dieser Argumentation besonders beachtenswert, daß dasselbe Subjekt Träger des irdischen Leibes und des himmlischen ist (V. 49: ἐφορέσαμεν – φορέσομεν). Paulus erhofft also für sich und seine Leser, daß sie ebenso wie das irdische auch das überirdische Leben erlangen. Der Text bietet außerdem keinen Anhaltspunkt dafür, daß die durch den letzten Adam vermittelte neue, pneumatische Existenz eine Erschaffung aus dem Nichts ohne jede Kontinuität zum früheren Leib sein wird; denn die Bezugnahme auf die biblischen Schöpfungserzählungen verbietet es, wie oben schon dargelegt, die Erschaffung des Menschen unter dem philosophischen Aspekt einer creatio ex nihilo zu sehen. Dies belegt auch die folgende Ausführung des Apostels.

Der Unterschied zwischen irdischem Leib und dem Auferstehungsleib bestimmt auch die abschließende Darlegung der *VV. 50–57*, die – nach dem Schema der antiken Rhetorik – als „peroratio" aufzufassen ist[76]. Paulus wendet sich in einem neuen Ansatz an die Leser („Dies aber sage ich euch, Brüder") und schreibt zunächst dezidiert: „Fleisch und Blut kann die Gottesherrschaft nicht er-

[75] Zu πνεῦμα ζῳοποιοῦν vgl. Dunn (Anm. 74), 131–134; J. Kremer, πνεῦμα: EWNT III (1983), 279–291, bes. 286f. (Lit.).

[76] Bünker (Anm. 42), 71f.

ben" (V. 50). Wie vor allem die Formulierung „die Gottesherrschaft erben" erkennen läßt, greift der Apostel hier eine ihm vorgegebene Terminologie auf (vgl. 6,9; Gal 5,21; aber auch Mk 10,14; Joh 3,3.5). Die parallele Fortführung „und die Vergänglichkeit kann die Unsterblichkeit nicht erben" zeigt, wie der Apostel die traditionelle Verkündigung versteht: Mit seinem irdischen Leib und in seiner sterblichen Existenz – dies meint „Fleisch und Blut" – kann der Mensch nicht das erreichen, was er als verheißenes Erbe erhofft[77]. (1 Kor 6,13f. unterscheidet Paulus dementsprechend zwischen dem „Bauch", der der Vernichtung anheimfällt, und dem „Leib", der für die Auferstehung bestimmt ist.) Als „Fleisch und Blut" fällt er wie der „Bauch" (1 Kor 6,13f.) der Vernichtung anheim. Wer in einer materialistischen Lebensauffassung seine Hoffnung einzig darauf setzt (vgl. V. 34), ist verloren. (Ob Paulus damit zugleich eine materialistisch vorgestellte Auferstehung, wie pharisäische Kreise sie erhofften, bewußt zurückweist [vgl. Mk 12,24f.], kann offenbleiben.)

Paulus ergänzt diese Feststellung unter Berufung auf „ein Mysterium", womit offensichtlich eine urkirchliche, vielleicht dem Apostel selbst geschenkte Prophetie gemeint ist (vgl. Röm 11,25 und den Hinweis auf ein „Wort des Herrn" 1 Thess 4,15)[78]. Als erstes erklärt er: „Wir werden zwar nicht alle entschlafen, wohl aber alle verwandelt werden" (V. 51b; vgl. die entsprechende Aussage in 1 Thess 4,15b)[79]. Demnach zählt der Apostel sich – ähnlich wie

[77] Vgl. Jeremias (Anm. 13), 24–30; Bauer (Anm. 58); Wolff (Anm. 44) z. St. (Lit.).

[78] Vgl. G. Dautzenberg, Urchristliche Prophetie. Ihre Erforschung, ihre Voraussetzungen im Judentum und ihre Struktur im 1. Korintherbrief (BWANT 104), Stuttgart 1975, 152–156, 165f., 234ff.; U. B. Müller, Prophetie und Predigt im Neuen Testament. Formgeschichtliche Untersuchungen zur urchristlichen Prophetie (StNT 10), Gütersloh 1975, 131.

[79] Inwieweit Paulus hier das „Mysterium" wörtlich zitiert oder bloß dessen Inhalt zusammenfaßt, kann hier ebensowenig wie 1 Thess 4,15 mit Sicherheit bestimmt werden. – Auf die spätere Auslegung wirkte sich vor allem die von der Vulgata übernommene Textvariante aus: πάντες μὲν ἀναστησόμεθα, οὐ πάντες δὲ ἀλλαγησόμεθα (omnes quidem resurgemus, sed non omnes immutabimur). Diese setzt die Auferstehung aller voraus, räumt aber unter Voraussetzung des nach der Auferstehung erfolgenden Gerichts ein, daß nicht alle verwandelt werden, d. h. an dem neuen Leben Anteil erhalten werden. Vgl. zu dieser „neutralen" Sicht von Auferstehung u. S. 47f. (zu Apg 10,42; 17,31), 179f., 327.

1 Thess 4, 15. 17 – zu denen, die die Parusie noch erleben werden[80]. Als zweites folgt dann (wie 1 Thess 4, 16) eine apokalyptische Schilderung, die in bildhafter Weise zunächst andeutet, daß die Zeit noch nicht da ist, aber mit Sicherheit kommen wird: „Plötzlich, in einem Augenblick, bei der letzten Posaune; denn es wird posaunen" (V. 52 ab). Ohne etwa die Parusie zu erwähnen (wie 1 Thess 4, 16 f.), wird ein doppeltes Geschehen angekündigt: „Und die Toten werden als Unvergängliche auferstehen, und wir werden verwandelt werden" (V. 52 cd). Das heißt: Entsprechend dem vorher (V. 44) Ausgeführten werden die Toten mit einem σῶμα auferstehen, das nicht mehr der Vergänglichkeit unterworfen ist; die Lebenden werden „verwandelt" (V. 52), also auch einen anderen Leib erhalten[81]. Beides – nicht bloß die Verwandlung – begründet (γάϱ) Paulus, indem er, eindeutig über das „Mysterium" hinausgehend (wie der Wechsel in der Person zeigt), auf eine Gesetzmäßigkeit (δεῖ) hinweist: „Denn dieses Vergängliche muß Unvergänglichkeit und dieses Sterbliche Unsterblichkeit anziehen" (V. 53). Die Gegenüberstellung „vergänglich" – „Unvergänglichkeit" hat Paulus schon V. 42 angeführt („gesät wird in Vergänglichkeit, auferweckt in Unvergänglichkeit"); sie wird hier erweitert durch die Entsprechung „sterblich" – „Unsterblichkeit". Außerdem veranschaulicht er die Verwandlung durch das Bild des Bekleidens, das er auch sonst verwendet, ob allgemein (1 Thess 5, 8; Röm 13, 12) oder im Blick auf das Anziehen Christi in der Taufe (Gal 3, 27), im christlichen Lebensvollzug (Röm 13, 14) bzw. im christlichen Sterben (2 Kor 5, 3; s. u. 4. Kap. II, 1)[82].

Die Rede von „Verwandlung" bzw. „Bekleidung" belegt abermals, daß für Paulus das mit „Auferstehung der Toten" bezeichnete

[80] Nach V. 52c („die Toten werden unvergänglich auferstehen und wir werden verwandelt werden") scheint allerdings – anders als 1 Thess 4, 15 – das Sterben vor der Parusie eher der Normalfall zu sein. Ob daraus allerdings eine Entwicklung abgeleitet werden kann (Becker [Anm. 13], 99 bis 103; Hoffmann [Anm. 1], 454 f.; Schade [Anm. 23], 208), ist m. E. fraglich. Hängt diese unterschiedliche Formulierung nicht mit der unterschiedlichen Argumentation zusammen? Vgl. dazu auch Schade (Anm. 23), 208 f. und bes. 350–352.

[81] Zu der Verwandlung der Toten in jüdischen Schriften s. u. IV, 1. – Nach 1 Kor 6, 14 und 15, 22 setzt Paulus für sich wie für alle Menschen den Tod voraus (s. o. S. 26).

[82] Zu dem Bild des Anziehens vgl. H. Paulsen, ἐνδύω: EWNT I (1980), 1103–1105; A. Oepke, δύω κτλ.: ThWNT II (1935), 318–321.

Geschehen ein schöpferisches Wirken Gottes an den Menschen bedeutet, die zwar als „Fleisch und Blut" der Vergänglichkeit bzw. dem Tod unterworfen sind, die aber durch Gott bzw. Christus ein neues σῶμα und somit eine neue personale Existenz erhalten[83]. Dasselbe spricht Paulus auch Phil 3,20f. aus, wenn er dort erklärt (ohne von „Auferstehung" zu sprechen), daß der Herr Jesus Christus bei seiner Parusie „den Leib unserer Niedrigkeit umgestalten wird, damit er gleichförmig sei dem Leib seiner Herrlichkeit"[84]. Auferstehung der Toten bzw. Verwandlung der Lebenden sind also letztlich hingeordnet auf die leibhaftige Teilhabe an der Herrlichkeit des Herrn (1 Thess 4,17 wird dieses Ziel mit den Worten „immer mit dem Herrn sein" ausgesprochen). Aus dieser Darlegung folgt aber auch, daß die Teilhabe an der Herrlichkeit des erhöhten Herrn in einem neuen pneumatischen „Leib" für Paulus nicht wesentlich an den klinischen bzw. biologischen Tod und an eine „Auferstehung" im Sinne von Erweckung des Begrabenen aus dem Grab gebunden ist. Dieser Vorstellung, die aus apokalyptischen Erwartungen stammt, kommt daher letztlich nur eine dienende Funktion zu.

Wie aus den folgenden Worten (VV. 54f.) hervorgeht, vollzieht sich in der Verwandlung der Noch-Lebenden wie bei der Auferstehung der Toten die Überwindung und die Entmachtung des Todes, von der Paulus vorher in einem anderen apokalyptischen Bild gesprochen hat (V. 26). In diesem „Sieg" Christi sieht der Apostel die Worte Jes 25,8 und Hos 13,14 erfüllt, die er gemäß einer ihm offensichtlich vertrauten Interpretation in freier Weise anführt: „Verschlungen wurde der Tod im Sieg, wo ist, Tod, dein Sieg? Wo ist, Tod, dein Stachel?"[85]. Daß Paulus in einem kommentierenden Nachsatz die Sünde „als Stachel des Todes" bezeichnet (V. 56),

[83] K. Müller (Anm. 42), 248, versucht dieses Bild abzuschwächen, damit es nicht als Argument gegen die von ihm vertretene creatio ex nihilo geltend gemacht werden kann.

[84] Es besteht kein stichhaltiger Grund, diesen Text, der wohl nur wenige Jahre nach der Abfassung von 1 Kor geschrieben wurde, Paulus abzusprechen, wie dies z. B. Becker (Anm. 13), 109f., und D. Müller (Anm. 11), 171–173, tun.

[85] Vgl. dazu außer den Kommentaren bes. noch L. Goppelt, καταπίνω: ThWNT VI (1959), 158f., und R. Morisette, Un midrash sur la mort (1 Cor., XV 54c à 57): RB 79 (1978), 161–188, bes. 164–176 (mit vielen Belegen für eine ähnliche Verwendung der Zitate in der jüdischen Literatur).

wirkt zunächst wie ein Fremdkörper in seiner Gedankenführung. Die Beziehung zwischen Tod und Sünde klang aber schon an in der Gegenüberstellung „in Unehre" – „in Herrlichkeit" (V. 44) sowie in der Rückführung des Todes auf Adam (V. 21) und der Bezeichnung des Todes als „Feind" (V. 26) (zur Interpretation von V. 56 s. u. 3. Kap. I, 1). Für den durch Jesus Christus geschenkten „Sieg" (über den Tod) gebührt Gott Dank (V. 57).

Am Ende des Kapitels fordert Paulus die Korinther auf, sich nicht vom Glauben abbringen zu lassen, am „Werk des Herrn" hingegen „allezeit" in überreichem Maß mitzutun, wissend, daß ihre Mühe im Herrn nicht umsonst ist (V. 58; vgl. die verwandte Paränese 1 Thess 4, 18). Hier kommt erneut zum Ausdruck: Die Angesprochenen dürfen persönlich darauf hoffen, daß ihre Bemühungen in diesem Leben nicht umsonst sind, daß sich vielmehr ihr Einsatz für die Gemeinde und auch für ihren „Leib" (vgl. 1 Kor 6, 14) auf die neue leibliche Existenz in irgendeiner Weise auswirkt.

3. Weitere Texte

Die 1 Thess 4, 14–18 und 1 Kor 15 vertretene bzw. ausdrücklich verteidigte Hoffnung auf die personale Auferstehung der Toten liegt auch weiteren Texten des Apostels Paulus zugrunde. So führt er die Entsprechung zwischen Auferweckung Jesu und Auferwekkung der Toten noch mehrfach in prägnanten, formelhaften Wendungen kurz an[86]. Er schreibt z. B.: „Gott aber, der den Herrn auferweckte, wird auch uns durch seine Kraft auferwecken" (1 Kor 6, 14). Der Apostel schreibt dies übrigens als Begründung dafür, daß der „Leib" des Menschen nicht wie der „Bauch" für die Vernichtung bestimmt, sondern „für den Herrn" (6, 13) da ist. Ähnlich betont Paulus 2 Kor 4, 14 die enge Beziehung zwischen der Auferstehung Jesu und unserer Auferstehung: „Wir wissen, daß derjenige, der den Herrn auferweckt hat, auch uns mit Jesus auferwekken und mit euch [ihm] vorstellen wird". Wie 1 Thess 4, 14–17 sieht der Apostel diese zukünftige Auferstehung zugleich in ihrer Hinordnung auf seine zukünftige Gemeinschaft mit Christus und den Lesern[87].

[86] Vgl. D. Müller (Anm. 11), 53.

[87] N. Baumert, Täglich sterben und auferstehen. Der Literalsinn von 2 Kor 4, 12–5, 10 (StANT 34), München 1973, 96–99, versucht in einer eigenwilligen Auslegung nachzuweisen, daß hier einzig von der präsenti-

In eigentümlich ausgeprägter Form betont Paulus den Zusammenhang zwischen Auferstehung Jesu und der Toten Röm 8,11:

> Wenn aber der Geist dessen, der Jesus von den Toten auferweckte,
> in euch wohnt,
> wird der, der Christus von den Toten auferweckte,
> auch eure toten Leiber lebendigmachen
> durch seinen Geist, der in euch wohnt[88].

Analog zu den Ausführungen in 1 Kor 15,35ff ist „eure toten Leiber" als Bezeichnung für die personale Existenz der Adressaten zu interpretieren. Das Verb „lebendigmachen" meint hier ebenso wie im Vordersatz „auferwecken" die endgültige Befreiung aus der Macht des Todes. Über die bisher untersuchten Stellen hinausgehend, schreibt Paulus hier, daß die jetzige Teilhabe am Geist Gottes Voraussetzung und Ermöglichung jener Neubelebung ist, wie sie Christus durch Gottes Geist zuteil wurde[89].

Bei seiner Erörterung über die Schwachen und die Starken in Röm 14 erinnert Paulus daran, daß alle Christus gehören: „Denn keiner von uns lebt für sich und keiner stirbt für sich, denn wenn immer wir leben, leben wir dem Herrn, und wenn immer wir sterben, sterben wir dem Herrn. Ob wir nun leben oder sterben, wir gehören dem Herrn" (V. 7f.). Wenn der Apostel betont, daß auch der Sterbende noch Christus gehört, deutet er damit an – ausdrücklicher als mit der bloßen Rede von den „Toten in Christus" (1 Thess 4,16) –, daß die in der Taufe begründete Christuszugehörigkeit im Tod nicht abbricht[90]. Wie die Fortführung zeigt, schreibt Paulus dies im Hinblick auf die Überwindung des Todes in der Auferstehung: „Denn dazu ist Christus gestorben und aufgelebt, damit er Herr sei der Lebenden und der Toten" (14,9). Paulus

schen Eschatologie die Rede sei. Vgl. dazu meine Kritik in ThRv 72 (1976), 190–194, und D. Müller (Anm. 11), 50, Anm. 49.

[88] Die gut bezeugte Lesart διὰ τὸ ἐνοικοῦν αὐτοῦ πνεῦμα B D F u. a. (wegen seines einwohnenden Geistes) läßt die Mitwirkung des πνεῦμα bei der Auferweckung unberücksichtigt, falls der Akkusativ hier nicht einfach (wie mehrfach im späten Griechisch) anstelle des Genitivs steht. Vgl. U. Wilckens, Der Brief an die Römer II. Röm 6–11 (EKK 6/2), Zürich 1980, 134, Anm. 551.

[89] Zur Einzelauslegung vgl. außer den Kommentaren bes. D. Müller (Anm. 11), 42–46.

[90] Vgl. U. Wilckens, Der Brief an die Römer III. Röm 12–16 (EKK 6/3), Zürich 1982, 84, 88.

ruft damit seinen Lesern als Motiv ihres rechten Verhaltens in Erinnerung, daß die Getauften aus dem Tod errettet werden. Das setzt voraus, daß Auferweckung nicht eine radikale Neuschöpfung, sondern das erneuerte Leben derer ist, die selbst im Tod noch Christus angehören. Der abschließende Hinweis auf das Gericht aller (VV. 10–12) läßt außerdem klar erkennen, daß die Auferstehung nach Paulus als Auferstehung jedes einzelnen zu verstehen ist, der persönlich für sein Tun zur Rechenschaft gezogen wird: „Also wird jeder von uns vor Gott Rechenschaft über sich selbst ablegen" (V. 12). Nach der verwandten Formulierung in 2 Kor 5, 10 muß jeder vor dem Richterstuhl Christi erscheinen, um dort den Lohn zu empfangen für „das, was er durch den (bzw. ‚in dem') Leib getan hat" (zu der Gesamtaussage von 2 Kor 5, 1–10 s. u. 4. Kap. II, 1). Paulus bedient sich hier wie auch anderswo (vgl. 1 Kor 3, 13–15) der traditionellen Vorstellungen von einem Endgericht. Er könnte sich dieser aber nicht bedienen, wenn er nicht selbst davon überzeugt wäre und seinen Lesern als verbindliche Lehre einschärfen wollte, daß zwischen dem Wirken in diesem irdischen Leib (im irdischen Leben) und der erhofften neuen Existenz bei aller Diskontinuität doch zugleich eine Kontinuität besteht.

Die analysierten Texte, die noch durch eine Interpretation vieler anderer Aussagen über die Hoffnung auf die Auferstehung der Toten (z. B. 2 Kor 1, 9) und das „ewige Leben" (z. B. Röm 2, 7; 5, 21; 6, 22; 11, 15; Gal 6, 8; Phil 4, 3) ergänzt werden können[91], zeigen zur Genüge: Paulus erhoffte, predigte und verteidigte eine persönliche „Auferstehung von den Toten" nicht als radikale Neuschöpfung aus dem Nichts, sondern als Lebendigmachung und Verwandlung des verstorbenen irdischen „Leibes", d. h. der personalen, leibhaftigen Existenz.

Bei dieser Hoffnung und Predigt kommt der Vorstellung „Auferstehung" und den damit verknüpften apokalyptischen Schilderungen immer nur eine dienende Funktion zu. Wesentlich ist hingegen die den Toten (in Christus) durch den Auferstandenen von Gott her neugeschenkte personale Existenz dank der Teilhabe an dem göttlichen Lebensodem (πνεῦμα) und der Herrlichkeit (δόξα) Gottes. Von dieser Sicht her stellt sich die Frage, ob die Aussagen Pauli über die Erwartung einer solchen Christusgemeinschaft in Verbindung mit dem Tod (Phil 1, 23; 2 Kor 5, 1–10) nicht dasselbe meinen, also letztlich keine andere, etwa abgewandelte Hoffnung belegen.

[91] Vgl. auch Klein, Aspekte (Anm. 13), passim.

II. Übrige Schriften des Neuen Testaments

1. Spätere Briefe

Die späteren Briefe[92] des Neuen Testaments sprechen auffallenderweise nur sehr selten von „Auferstehung der Toten". Die Wörter ἀνάστασις, ἀνίστημι, ἐγείρω und ζῳοποιέω bezeichnen nur vereinzelt die endzeitliche Totenerweckung (2 Tim 2, 18; Hebr 6, 2; 11, 19). Daraus darf aber nicht gefolgert werden, den Verfassern und Lesern dieser Briefe sei die Hoffnung auf die Auferstehung der Toten nicht wichtig gewesen. Denn nach Hebr 6, 2 gehört die „Auferstehung der Toten" zu den Fundamenten (θεμέλιον) christlicher Unterweisung[93]. Mit einer traditionellen Formulierung wird Hebr 11, 19 erklärt, daß Gott „mächtig ist, Tote lebendig zu machen" (vgl. Röm 4, 17). Entschieden wird schließlich 2 Tim 2, 18 eine gnostisierende Einschränkung der Auferstehungsaussagen auf die Gegenwart („die Auferstehung ist schon geschehen") als Irrlehre zurückgewiesen[94]. Es besteht also kein Grund zum Zweifel daran, daß auch diese Briefe Hoffnung auf die Auferstehung der Toten, wie Paulus sie gepredigt hat, grundsätzlich voraussetzen, zumal die Verfasser der Deuteropaulinen bestrebt waren, ihren Lesern die Botschaft des Apostels zu vermitteln[95].

Außerdem ist zu bedenken, daß die vielen Aussagen über das

[92] Zur Frage ihrer Verfasser und der Abfassungszeit vgl. W. G. Kümmel, Einleitung in das Neue Testament, Heidelberg [21]1983, 294–398.

[93] Vgl. W. Thüsing, „Milch" und „feste Speise" (1 Kor 3, 1 f. und Hebr 5, 11–6, 3). Elementarkatechese und theologische Vertiefung in neutestamentlicher Sicht: TThZ 76 (1967), 233–246, 261–279, bes. 246.

[94] Zur Diskussion über die Irrlehre vgl. N. Brox, Die Pastoralbriefe (RNT 7/2), Regensburg 1969, 248 f.; V. Hasler, Die Briefe an Timotheus und Titus (Pastoralbriefe) (ZBK NT 12), Zürich 1978, 68 f.; G. Holtz, Die Pastoralbriefe (ThHK 13), Berlin [3]1980, 172 f. – Brandenburger (Anm. 25), 17, zitiert als Aussage der Gegenseite aus dem gnostischen Philippusevangelium: „Diejenigen, die behaupten: 'Man wird zuerst sterben und [dann] auferstehen', irren sich. Wenn man nicht zuerst die Auferstehung empfängt, während man noch lebt, wird man beim Tod nichts empfangen" (21, 90). S. auch u. S. 141 sowie 175 f., 188.

[95] Vgl. Brox (Anm. 94), bes. 66–77; P. Trummer, Die Paulustradition der Pastoralbriefe (BET 8), Frankfurt 1978; H. Merklein, Paulinische Theologie in der Rezeption des Kolosser- und Epheserbriefes: K. Kertelge (Hrsg.), Paulus in den neutestamentlichen Spätschriften. Zur Paulusrezeption im Neuen Testament (QD 89), Freiburg 1981, 25–69.

„ewige" oder „unvergängliche Leben" – wenn auch mit anderen Worten und einer Akzentverschiebung – sachlich dieselbe Hoffnung wiedergeben, die in den frühen Paulusbriefen als „Auferstehung der Toten" bezeichnet wird. Zwar wird über die paulinischen Ansätze zu einer präsentischen Eschatologie hinausgehend der gegenwärtige Besitz des neuen Lebens betont (z. B. Kol 2,12; 3,1; Eph 2, 6; s. u. S. 139ff.), aber ebenfalls die Vollendung des neuen Lebens bei der noch erwarteten Offenbarung Christi: „dann werdet auch ihr mit ihm offenbar werden in Herrlichkeit" (Kol 3,3)[96].

Während nach den Pastoralbriefen „die körperliche Übung" (σωματικὴ γυμνασία) nur wenig einträgt, ist der „Frömmigkeit" (εὐσέβεια) „das gegenwärtige und das zukünftige Leben" verheißen (1 Tim 4,8; vgl. 6,12.19; Tit 1,2; 3,7). Der als Verfasser geltende Apostel Paulus, der zur Verkündigung der Überwindung des Todes bestellt ist, vertraut in den Mühsalen darauf, daß ihm das anvertraute Gut „bis zu jenem Tag" aufbewahrt bleibt (2 Tim 1,10–12). Angesichts des Todes kann er – aus der Sicht seines Schülers – in einer relecture von Phil 1,23 erklären: „Fortan liegt mir der Kranz der Gerechtigkeit bereit, den mir der Herr an jenem Tag geben wird, der gerechte Richter, nicht bloß mir, sondern allen, die seine Offenbarung geliebt haben" (2 Tim 4,8; vgl. Jak 1,12).

Die in diesem Bild ausgesprochene Teilhabe an der Herrlichkeit Christi nennt der Verfasser des 1. Petrusbriefes „das unzerstörbare, makellose und unvergängliche Erbe, das für euch im Himmel aufbewahrt ist, die [ihr] in der Kraft Gottes durch den Glauben behütet werdet im Blick auf das Heil (σωτηρία), das bereitliegt, um an jenem Tag geoffenbart zu werden" (1 Petr 1,4f.; vgl. 5,10; 2 Petr 1,3f.). Näherhin wird dieses „Ziel eures Glaubens" als „die Rettung eures Lebens" (σωτηρία ψυχῶν [hier wie auch sonst oft nicht die Bezeichnung von „Seele" im Unterschied zu „Leib"]) bestimmt (1 Petr 1, 9), auf welche „Gnade" auch die früheren Propheten verwiesen haben (1 Petr 1, 10–12)[97]. Nach Jud 21 ist es Aufgabe

[96] F. J. Steinmetz, Protologische Heils-Zuversicht. Die Strukturen des soteriologischen und christologischen Denkens im Kolosser- und Epheserbrief (FTS 2), Frankfurt 1969, 29–35.

[97] Vgl. G. Dautzenberg, Σωτηρία ψυχῶν (1 Petr 1, 9): BZ NS 8 (1964), 262–276; L. Goppelt, Der Erste Petrusbrief (KEK 12/1), Göttingen 1978, 104–110; N. Brox, Der erste Petrusbrief (EKK 21), Zürich 1979, 66–72; K. M. Woschitz, Elpis. Hoffnung. Geschichte, Philosophie, Exegese, Theologie eines Schlüsselbegriffs, Wien 1979, 649–651.

der Christen, „das Erbarmen unseres Herrn Jesus Christus zu erwarten im Hinblick auf das ewige Leben“.

In Anlehnung an alttestamentlich-jüdische, nicht aber an gnostische Vorstellungen[98], ermutigt der Verfasser des Hebräerbriefes seine angefochtenen Leser zum Ausharren im Ausblick auf die verheißene endzeitliche „Ruhe“ (κατάπαυσις 3,7 – 4,13) und die Teilnahme an einer ewigen „Sabbatfeier“ (σαββατισμός 4,9) als Vollendung des Heils, das sie jetzt schon durch ihre Gemeinschaft mit Christus besitzen[99].

Auch im 1. Johannesbrief, der so ausgeprägt betont, daß die Getauften und Liebenden schon vom Tod zum Leben hinübergegangen sind (1 Joh 3,14f.), werden die Leser ermutigt, auf die noch ausstehende Vollendung zu hoffen:

> Geliebte, jetzt sind wir Kinder Gottes,
> und es [er] ist noch nicht sichtbar geworden, was wir sein werden.
> Wir wissen aber,
> wenn er offenbar wird, werden wir ihm ähnlich sein;
> denn wir werden ihn sehen, wie er ist (1 Joh 3,2).

Aus dem Text geht zwar nicht eindeutig hervor, ob hier von Gottähnlichkeit oder von Christusähnlichkeit die Rede ist – für den Verfasser ist wohl Christus mit Gott eins (vgl. 3,1b) –, jedenfalls lenkt er die Aufmerksamkeit auf eine noch ausstehende neue Existenzweise, die durch Christus und den Vater ermöglicht wird[100].

Die angeführten Textbeispiele stehen alle innerhalb von Ermahnungen, Ermutigungen und Warnungen. Solche würden sich erübrigen, wären ihre Schreiber und Leser nicht von der Hoffnung auf das Erlangen der Vollendung erfüllt. Wenn dabei die apokalyptischen Vorstellungen vom Ende und selbst die aus der Apokalyptik

[98] Vgl. O. Hofius, Katapausis. Die Vorstellung vom endzeitlichen Ruheort im Hebräerbrief (WUNT 11), Tübingen 1970, 116–151; Woschitz (Anm. 97), 623.

[99] Woschitz (Anm. 97), 622–624; E. Lohse, σαββατισμός: ThWNT VII (1964), 34f.; Hofius (Anm. 98), passim; ders., σαββατισμός: EWNT III (1983), 521–523; A. Vanhoye, Longue marche ou accès tout proche? Le contexte biblique de Hebreux 3,7–4,11: Bib. 49 (1968), 9–26.

[100] Vgl. R. Bultmann, Die drei Johannesbriefe (KEK 14), Göttingen 1967, 53f.; R. Schnackenburg, Die Johannesbriefe (HThK 13/3), Freiburg ⁶1979, 169–174; K. Wengst, Der erste, zweite und dritte Brief des Johannes (ÖTK 16), Gütersloh 1978; R. E. Brown, The Epistles of John (AncB 30), Garden City 1982, 392–396.

stammende Rede von der „Auferstehung" zurücktreten, so kann das durch ein Zurücktreten der Naherwartung bedingt sein. Die Begriffe „ewiges Leben" und „unvergängliches Leben" waren zudem in der jüdisch-hellenistischen Umwelt schon sehr verbreitet (s. u. S. 74)[101] und konnten daher als Ansatz für die Verkündigung dienen. Unmißverständlich lassen aber auch diese jüngeren Aussagen erkennen, daß das für die Zukunft in seiner Fülle erhoffte ewige und unvergängliche Leben wesentlich ein durch Christus vermitteltes Heil (σωτηρία) ist.

2. Evangelien

Verwandt mit den Worten der späteren Briefe über „das ewige Leben" sind auch viele Worte Jesu in den Evangelien, die heute alle oder größtenteils als nachösterlich geprägte „Herrenworte" bewertet werden, da sie ganz auf der Linie urkirchlicher und jüdisch-hellenistischer Anschauungen liegen[102]. Dazu zählen z. B. die Frage des jungen Mannes: „Was muß ich tun, um das ewige Leben zu erlangen?" (Mk 10,17par) und der redaktionelle Zusatz zur Antwort Jesu: „und im kommenden Äon das ewige Leben" (Mk 10,30par; vgl. auch die fast gleichlautende Frage des Gesetzlehrers nach Lk 10,25; ferner Apg 3,15; 11,18; 13,46.48). Belege für diese urkirchliche Wiedergabe der Predigt Jesu von der Gottesherrschaft als Predigt vom ewigen Leben – Gottesherrschaft und ewiges Leben stehen in diesen Texten nämlich fast synonym – sind außerdem die Worte: „Eng ist der Weg, der zum Leben führt" (Mt 7,14) und „... die Gerechten aber ins ewige Leben" (Mt 25,46). Vielleicht muß auch die Wendung „ins Leben eingehen" (Mk 9,43.45) dazugerechnet werden (s. u. III,1). Da diese Worte ganz „im Dienst einer Ethik" stehen[103], belegen sie ebenso wie die Aussagen der oben zitierten Briefe die Erwartung eines personalen ewigen Lebens,

[101] Vgl. F. Mußner, ΖΩΗ. Die Anschauungen vom „Leben" im vierten Evangelium unter Berücksichtigung der Johannes-Briefe (MThS I 5), München 1952; R. Bultmann, ζάω κτλ.: ThWNT II (1935), 856–874; L. Schottroff, ζῶ, ζωή: EWNT II (1981), 261–271; R. Schnackenburg, Das Johannesevangelium II (HThK 4/2), Freiburg ^{2}1977, 434–445 (Exkurs: Der Gedanke des Lebens im Johannes-Evangelium).

[102] Vgl. z. B. H. Merklein, Jesu Botschaft von der Gottesherrschaft. Eine Skizze (SBS 111), Stuttgart 1983, 24.

[103] Schottroff (Anm. 101), 269.

dessen Subjekt die angesprochenen Leser sind. Mit dem Wort „heute noch wirst du bei mir im Paradies sein" (Lk 23,43) verheißt Jesus nach der Darstellung des Lukas dem Schächer die Teilhabe an einem Leben, das nach Art des Verweilens im Paradies aufgefaßt ist (s. u. 4. Kap. II, 1). Die Art und Weise, wie der Übergang vom irdischen zum ewigen Leben erfolgt, wird in diesen Worten nicht ausgesprochen. Der Verfasser des lukanischen Doppelwerkes schreibt darüber mehrfach, ohne den ihm bekannten Begriff „Auferstehung" (vgl. 14, 14) zu erwähnen, z. B. mit den Wendungen „in die Herrlichkeit eingehen" (Lk 24,26; vgl. Apg 22, 14); „in die Gottesherrschaft eingehen" (Lk 18,24f.); „in den Schoß Abrahams tragen" (Lk 16,22; s. dazu u. 4. Kap. II, 1).

Im Johannesevangelium werden die Worte über „das ewige Leben", das die schon gegenwärtige Teilhabe an dem Leben Christi bezeichnet, zumindest vom Endredaktor in Beziehung zur Auferstehung gesehen. Dieser johanneischen Sicht gemäß ermöglicht aber die Auferstehung nicht erst „das ewige Leben", sondern ist sie dessen Folge: „hat ewiges Leben und ich werde ihn auferwecken am Jüngsten Tage" (Joh 6,40. 54; vgl. 39. 44)[104].

3. Worte über das Gericht

Besondere Beachtung verdienen die Aussagen über das Gericht, mit denen das Thema Auferstehung der Toten in den jüngeren Schriften des Alten Testaments oft auf verschiedene Weise verbunden ist[105]. (Paulus verknüpft beide Themen niemals ausdrücklich miteinander, auch nicht Röm 14, 9f. [vgl. 2 Kor 5, 10], wo zwar beide erwähnt, aber nicht aufeinander bezogen werden.) In allgemeiner Form deutet die Verheißung einer Belohnung „bei der Auferstehung der Gerechten" (Lk 14, 14) eine Zusammengehörigkeit von Gericht und Auferstehung an. Nach Apg 10,42 haben die Zeugen des Auferstandenen den Auftrag, diesen als „den von Gott bestimmten Richter der Lebenden und der Toten" zu verkünden (vgl. den Höhepunkt der Areopagrede 17,31). Aus der Sicht des Lukas ist dabei offensichtlich an ein Gericht über die vom Tod Auferweckten ge-

104 S. u. 4. Kap. III, 1 und bes. Schnackenburg (Anm. 101), 435–439.

105 Zur Vielfalt der Aussagen im AT, Judentum und NT vgl. K. Seybold, R. D. Ans u. E. Brandenburger, Gericht Gottes I–III: TRE 12 (1984), 460–483.

dacht; denn er schreibt ausdrücklich – anders als Paulus – über die „Auferstehung der Gerechten und der Ungerechten" (Apg 24,15; dasselbe ist auch Lk 14,14 vorausgesetzt). Der Gedanke an eine Auferstehung, die mit einem Gericht verknüpft ist, wird auch in der vorliegenden Fassung des Johannesevangeliums ausgesprochen: „Wundert euch nicht darüber; denn es kommt die Stunde, in der alle, die in den Gräbern sind, seine [des Menschensohnes] Stimme hören werden; und es werden diejenigen, die Gutes getan haben, herauskommen zur Auferstehung des Lebens, die aber Schlechtes getan haben, zur Auferstehung des Gerichts" (Joh 5,28f.). Nach dieser (vielleicht verkürzten) Ausdrucksweise richtet der Menschensohn nicht in einer eigenen Gerichtshandlung nach der Auferstehung, sondern durch eine unterschiedliche Auferweckung.

In eigentümlicher Weise verbindet der Seher von Patmos das Thema Auferstehung zum Leben oder zum Gericht mit dem Weltgericht. Nach der Entmachtung Satans im Himmel (Offb 12,7–12) und seiner Ausschaltung auf der Erde (vgl. die zusammenfassende Schau 20, 1–3) werden zu Beginn des 1000jährigen Reiches einzig die Christus treu Gebliebenen auferweckt, während alle anderen Toten nicht aufleben bis zum Ende der 1000 Jahre. Diese „erste Auferstehung" bedeutet für die, die daran Anteil erhalten, die Gemeinschaft mit Christus: „Sie lebten auf und herrschten mit Christus 1000 Jahre" (Offb 20, 4–6). In der Sprache jüdischer Apokalyptik ist damit dasselbe wie 1 Thess 4,16f.; 1 Kor 15,23 ausgesprochen[106]. In einem neuen Bild schaut der Seher dann, wie nach den 1000 Jahren das Meer und der Hades die Toten herausgeben – hier wird bewußt das Wort „Auferstehung" vermieden! – und diese dann nach ihren Werken, wie sie in den Büchern aufgeschrieben sind, gerichtet werden (VV. 11–13). Dieses Gericht betrifft aber offenbar nur diejenigen, „deren Namen nicht im Buch des Lebens" stehen (V. 15), die also nicht zu den durch das Lamm Erlösten zählen (vgl. 3,5; 13,8; 17,8). Jedenfalls fallen diese dann wie auch Tod und Hades dem „zweiten Tod" anheim (V. 15)[107]. Wie diese Bilder im einzelnen auch zu interpretieren sind, unverkennbar ist die darin ausgesprochene Hoffnung auf eine personale Auferstehung

[106] Vgl. L. Goppelt, Theologie des Neuen Testaments. II. Vielfalt und Einheit des apostolischen Christuszeugnisses, Göttingen 1976, 525.

[107] Zur Frage, wer zu den Auferweckten gehört, vgl. H. Kraft, Die Offenbarung des Johannes (HNT 16a), Tübingen 1974, 253–261, bes. 257,

und die dadurch ermöglichte bleibende Gemeinschaft derer, die auf Erden zu Christus gehören, mit ihrem Herrn.

In der bekannten Schilderung des Weltgerichts von Mt 25,21–46, die wesentlich vom Evangelisten gestaltet ist[108] und nachhaltig die spätere kirchliche Verkündigung geprägt hat, fehlt jeder Hinweis auf eine dem Gericht voraufgehende Auferstehung (im Unterschied zu vielen bildnerischen Darstellungen dieser Perikope). Während der König denen zu seiner Rechten das „Reich" zuspricht (V. 35) und sie das „ewige Leben" erhalten (V. 46), verweist er die zu seiner Linken in das ewige Feuer (VV. 41.46). In dem ganz anderen Gerichtsbild von Mt 19,28, das der Evangelist aus der Logienquelle übernommen hat (vgl. Lk 22,30), setzt Jesus voraus, daß die Zwölf bei der Erneuerung der Welt (ἐν τῇ παλιγγενεσίᾳ) zusammen mit dem Menschensohn auf zwölf Thronen sitzen und über die zwölf Stämme Israels urteilen werden[109]. Der Evangelist Matthäus kennt außerdem noch das gleichfalls in der Logienquelle belegte Bild vom Gericht durch Scheidung bei der endzeitlichen Sammlung der Aus-

260f.; E. Schüssler-Fiorenza, Die 1000-jährige Herrschaft der Auferstandenen (Apk. 20,4–6): BiLe 13 (1972), 107–124; O. Böcher, Das tausendjährige Reich: ders., Kirche in Zeit und Endzeit. Aufsätze zur Offenbarung des Johannes, Neukirchen 1983, 133–143; E. Lohse, Die Offenbarung des Johannes (NTD 11), Göttingen [5]1979, 106; G. Rochais, Le règne des mille ans et la seconde mort; origines et sens, Ap 19, 11–20, 6: NRTh 103 (1981), 831–836.

[108] Vgl. P. Christian, Jesus und seine geringsten Brüder. Mt 25,31–46 redaktionsgeschichtlich untersucht (EThS 12), Leipzig 1975; J. Friedrich, Gott im Bruder? Eine methodenkritische Untersuchung von Redaktion, Überlieferung und Traditionen in Mt 25,31–46 (CThM A. 7), Stuttgart 1977; E. Schweizer, Das Evangelium nach Matthäus (NTD 2), Göttingen [3]1981, 310f.; U. Wilckens, Gottes geringste Brüder – zu Mt 25,31–46: E. E. Ellis/E. Gräßer (Hrsg.), Jesus und Paulus (FS W. G. Kümmel), Göttingen 1975, 363–383. – Eher bzw. überwiegend für Überlieferung sprechen sich aus: W. Grundmann, Das Evangelium nach Matthäus (ThHK 1), Berlin [2]1971, 524f.; E. Brandenburger, Das Recht des Weltenrichters. Untersuchung zu Matthäus 25,31–46 (SBS 99), Stuttgart 1980.

[109] Vgl. I. Broer, Das Ringen der Gemeinde um Israel. Exegetischer Versuch über Mt 19,28: R. Pesch/R. Schnackenburg (Hrsg.), Jesus und der Menschensohn (FS A. Vögtle), Freiburg 1975, 148–165; J. Dupont, Le logion des douze trônes (Mt 19,28; Lc 22,28–30): Bib. 45 (1964), 355–392; W. Trilling, Zur Entstehung des Zwölferkreises. Eine geschichtskritische Überlegung: R. Pesch/J. Ernst (Hrsg.), Die Kirche des Anfangs (FS H. Schürmann) (EThSt 38), Leipzig 1977, 201–222, bes. 213–220.

erwählten[110], wo ebenfalls jeder Hinweis auf eine Auferstehung fehlt (Mt 24,31.40f.; vgl. Lk 17,34). Ohne ausdrücklichen Bezug auf eine Auferstehung wird auch Hebr 9, 27 ein „Gericht" erwähnt, dem nach dem Tod jeder Mensch sich stellen muß. Nach der dunklen Stelle von 1 Petr 4, 6 wird das Gericht mit der Predigt bei den Toten verknüpft.

Die zuletzt angeführten Texte belegen eindeutig, auf wie vielfältige Weise in der Urkirche über die Auferstehung und das ewige Leben gesprochen werden konnte. Gerade diese Mannigfaltigkeit lehrt, daß die aus der Apokalyptik stammenden Vorstellungen – dazu zählen außer der Auferstehung auch die unterschiedlichen Bilder vom künftigen Gericht – immer nur eine dienende Funktion haben. Wie der paränetische Kontext belegen aber auch die Hinweise auf das Gericht die urkirchliche Hoffnung auf ein ewiges Leben, das dem einzelnen durch Christus zuteil wird.

III. Verkündigung Jesu

In letzter Zeit wurde mehrfach behauptet, die Auferstehung der Toten sei kein zentrales Thema der Predigt Jesu gewesen[111]. Jesus wie auch Johannes der Täufer hätten die zu ihrer Zeit von vielen gehegte Hoffnung auf eine allgemeine Auferstehung der Toten „in ihren Botschaften nicht verarbeitet"[112]. Als Grund dafür wird die Naherwartung angegeben, gemäß welcher nur die Lebenden vom Unheil bzw. Heil betroffen werden[113]. Diese Urteile bedürfen jedoch angesichts der Betonung von Auferstehung bzw. ewigem Le-

[110] Vgl. A. Strobl, In dieser Nacht (Luk. 17,34). Zu einer älteren Form der Erwartung in Luk. 17,20–37: ZThK NS 58 (1961), 16–29; D. Lührmann, Die Redaktion der Logienquelle (WMANT 33), Neukirchen 1969, 71–75; R. Schnackenburg, Der eschatologische Abschnitt Lk 17,20–37: A. Descamps/A. de Halleux (Hrsg.), Mélanges bibliques (FS B. Rigaux), Gembloux 1970, 213–234; J. Zmijewski, Die Eschatologiereden des Lukas-Evangeliums. Eine traditions- und redaktionsgeschichtliche Untersuchung zu Lk 21,5–36 und Lk 17,20–37 (BBB 40), Bonn 1972, 490–505; A. Polag, Die Christologie der Logienquelle (WMANT 45), Neukirchen 1977, 95–97.

[111] So z. B. Hoffmann (Anm. 1), 450.

[112] Becker (Anm. 13), 149, vgl. 13.

[113] Becker (Anm. 13), 13; vgl. J. Schlosser, Le Règne de Dieu dans le dits de Jesus I/II (EtB), Paris 1980, bes. 633.

ben in der urkirchlichen Verkündigung einer Überprüfung. Dabei ist im einzelnen zu fragen, ob Jesus die Lehre von einer Auferstehung der Toten selbst geteilt hat und inwieweit er sie verkündet hat. Im Hinblick darauf sollen hier zuerst (1) einzelne Logien, dann (2) das in seiner Authentizität umstrittene Streitgespräch mit den Sadduzäern und schließlich (3) die Basileiapredigt untersucht werden.

1. Einzellogien

Auffallenderweise fehlt in der synoptischen Apokalypse (Mk 13par) tatsächlich jeder Hinweis auf die Auferstehung der Toten. Außerdem findet sich eine Formulierung wie „Auferstehung Toter" abgesehen von dem Streitgespräch mit den Sadduzäern nur in dem schon zitierten Wort, das aber nicht mit Sicherheit als ureigenes Wort Jesu ausgewiesen werden kann: „Es wird dir vergolten werden bei der Auferstehung der Gerechten" (Lk 14, 14).

Zumindest ist aber in einzelnen Logien, die mit Recht als direkte Wiedergabe der Predigt Jesu gelten, das vorausgesetzt, was „Auferstehung von den Toten" meint, nämlich die leibhaftige Befreiung aus dem Tod bzw. Totenreich. Dies gilt z. B. für die Worte über das Auftreten der Königin von Saba und der Niniviten beim Endgericht: „Die Königin des Südens wird beim Gericht gegen die Männer dieser Generation auftreten und sie richten... Die Männer von Ninive werden beim Gericht aufstehen gegen diese Generation und sie richten" (Lk 11,31 f. // Mt 12,41 f.)[114]. Nur als nicht mehr zu den Toten Gehörende und persönlich aus dem Tod Errettete können nämlich diese längst Verstorbenen die jetzt noch Lebenden „richten". Dasselbe ist noch deutlicher in der Verheißung des eschatologischen Freudenmahles vorausgesetzt: „Ich sage aber, viele werden vom Aufgang und Niedergang [Osten und Westen] kommen und mit Abraham, Isaak und Jakob in dem Königreich der Himmel zu Tische sitzen" (Mt 8, 11 // Lk 13, 28)[115]. Jesu Auffassung von einer leiblich-personalen Existenz der Verstorbenen belegt auch der alte

[114] Vgl. Polag (Anm. 110), 74,90; Lührmann (Anm. 110), 34–43; P. Hoffmann, Studien zur Theologie der Logienquelle (NTA NS 8), Münster ²1975, 181.

[115] Dieser Spruch (vermutlich aus Q) kann in seinem Grundbestand trotz mehrfach geäußerter Bedenken Jesus nicht abgesprochen werden. Vgl. dazu J. Dupont, Beaucoup viendront du levant et du cauchant (Matthieu 8, 1–12; Luc 13, 28–29): ScEc 19 (1967), 153–167; D. Zeller, Das Lo-

Spruch: „Wenn deine Hand dir Ärgernis gibt, so haue sie ab; denn es ist besser, verstümmelt in das Leben einzugehen, als zwei Hände zu haben und in die Gehenna zu kommen, in das unauslöschliche Feuer" (Mk 9,43.45; Mt 18,9)[116]. Wie vertraut Jesus die Vorstellung war, daß die aus dem Tod Erretteten wie auch die in der Unterwelt Bleibenden über einen „Leib" verfügen und als „Ich" leben, lehrt nicht zuletzt das Gleichnis vom reichen Prasser und armen Lazarus (Lk 16,19–31). Von dem in Abrahams Schoß Weilenden heißt es, daß er gesehen und um eine materielle Hilfe gebeten werden kann[117]. Die gleiche Auffassung liegt auch der Warnung Jesu zugrunde, den zu fürchten, „der die Macht hat, Seele und Leib in der Gehenna zu vernichten" (Mt 10,28)[118]. Die hier erwähnte „Vernichtung" von „Leib und Seele" in der Hölle – Lk 12,4f. fehlt dies (s.u. Anm. 225) – meint nicht eine völlige Auslöschung, sondern die Beraubung einer Existenzweise, die den Namen „Leben" verdient. Ob Jesus dabei an eine Bestrafung gedacht hat, die erst nach einer allgemeinen Auferstehung erfolgt (vgl. Offb 20), ist unwahrscheinlich und kann offenbleiben. Aus den angeführten Texten geht zumindest hervor, daß Jesus mit einer leiblichen Existenz derer gerechnet hat, die dem Bereich des Todes entrissen wurden. Wenn er in diesen Zusammenhängen nicht ausdrücklich von einer „Auferstehung der Toten" spricht, zeigt dies, daß die Verwendung dieses Begriffs für Jesus nicht das Ausschlaggebende war.

gion Mt 8,11/Lk 13,28f. und das Motiv der Völkerwallfahrt: BZ NS 15 (1971), 222–237; 16 (1972), 84–93.

[116] Wenn in der Q-Fassung dieses Logions (Mt 5,29), die ebenso wie Mk 9,43 nicht von Lk übernommen wurde, die Worte „ins Leben eingehen" fehlen, so fordert dort jedenfalls der Hinweis auf eine ewige Strafe als positive Entsprechung ein „Leben", das das dieser Welt übersteigt.

[117] Wenn das Gleichnis in der vorliegenden Fassung auch eindeutig Anzeichen lk Redaktion aufweist, so kann kaum bestritten werden, daß dessen Kern – dazu gehörte auch der Hinweis auf das unterschiedliche Geschick des Reichen und Armen – auf Jesus selbst zurückgeht. Zur umfangreichen Literatur dazu vgl. bes. J. A. Fitzmyer, The Gospel According to Luke (X–XXIV). Introduction, Translation and Notes (AncB 28A), Garden City 1985, z. St.; J. Kremer, Der arme Lazarus – Lazarus der Freund Jesu. Beobachtungen zur Beziehung zwischen Lk 16,19–31 und Joh 11, 1–46: R. Gantoy/P.-M. Bogaert/B. Standaert (Hrsg.), A cause de l'Évangile. Études sur les Synoptiques et les Actes (FS J. Dupont), Paris 1985, 571–584.

[118] Vgl. außer den Kommentaren E. Schweizer, ψυχή: ThWNT VII (1964), 635–666, bes. 645.

2. Streitgespräch mit den Sadduzäern

Problematisiert wird die Auferstehung der Toten ausdrücklich in dem Streitgespräch Jesu mit den Sadduzäern (Mk 12,18–27). Abgesehen von der Authentizität ist hier die bisher kaum hinreichend berücksichtigte Auffassung von „Auferstehung der Toten" zu klären.

Dem Evangelisten Markus war die Perikope Mk 12,18–27 offensichtlich schon in einer Zusammenstellung der Jerusalemer Streitgespräche vorgegeben (vgl. die im vorliegenden Kontext nicht zutreffende Bemerkung V. 34 „und keiner wagte es mehr, ihn zu fragen"). Inwieweit Markus seine Vorlage abgeändert hat, ist umstritten[119]. In der vorliegenden Fassung sind zwei Fragen miteinander verbunden, die sehr gut in ein jüdisch-hellenistisches Milieu hineinpassen: 1. Gibt es überhaupt eine Auferstehung? 2. Wie ist die Auferstehung zu verstehen? Daher ist die Vermutung berechtigt, hier werde eine ursprünglich jüdische Diskussion von Christen aufgegriffen und als Antwort Jesu auf ihre eigenen Fragen wiedergegeben.

Allerdings sprechen mehrere Indizien dafür, zumindest den Kern dieses Gesprächs auf Jesus selbst zurückzuführen: 1. Eine Auseinandersetzung Jesu mit den Sadduzäern liegt auf der Linie seiner gesamten Verkündigung, in der er den Pharisäern näherstand als den Sadduzäern. Außerdem zeigen die oben angeführten Logien, daß Jesus zumindest grundsätzlich die pharisäische Hoffnung auf Auferstehung der Toten teilte und die Anschauung der Sadduzäer ablehnte, für die der jüdische Auferstehungsglaube „eine monströse Verirrung"[120] darstellte. 2. Die Begründung der Auferstehungshoffnung mit dem Rückverweis auf Ex 3,6 entspricht ganz einer vorösterlichen Diskussion mit den Sadduzäern, die (nur?) die fünf Bücher des Mose als maßgebliche Autorität anerkannten[121].

[119] Vgl. dazu die unterschiedlichen Auffassungen von R. Pesch, Das Markusevangelium II. Kommentar zu Kap. 8,27–16,20 (HThK 2/2), Freiburg ²1980, 235; J. Gnilka, Das Evangelium nach Markus. II. Mk 8,27–16,20 (EKK 2/2), Zürich 1979, 156f., und J. Ernst, Das Evangelium nach Markus (RNT), Regensburg 1981, 348.

[120] Ernst (Anm. 119), 349; vgl. R. Meyer, Σαδδουκαῖος: ThWNT VII (1964), 35–54; K. Müller, Jesus und die Sadduzäer: H. Merklein u. a. (Hrsg.), Biblische Randbemerkungen (Schülerfestschrift R. Schnackenburg), Würzburg 1974, 1–24.

[121] Allerdings bedarf dieses Argument noch einer Überprüfung, da die

Würde es sich bei dieser Diskussion um eine christliche Übernahme aus jüdischen Kreisen handeln, wäre diese vermutlich durch den Hinweis auf Jesu Auferstehung ergänzt und erhellt worden (vgl. 1 Kor 15,12ff.). 3. Der zur Erläuterung angeführte Hinweis auf die Existenzweise der Engel verweist ebenfalls auf eine vorösterliche Situation, da er in der urkirchlichen Predigt nicht belegt ist[122]. Es besteht also kein Grund, den Kern dieses Streitgesprächs Jesus abzusprechen. Die Verwandtschaft mit jüdischen Diskussionen schließt zudem nicht aus, daß Jesus selbst sich diese als Mensch seiner Zeit zu eigen machen konnte.

Der ironische Einwand gegen die Auferstehung unter Hinweis auf das Los der Frau, die nacheinander sieben Männer hatte, beruht nach Jesu Antwort auf einem Irrtum der Sadduzäer, da sie weder die Schrift noch die Macht Gottes kennen (V. 24)[123]. In seiner Argumentation zugunsten der Auferstehung verweist Jesus erstens auf die Andersartigkeit des Lebens der Auferstandenen, in deutlicher Distanzierung von pharisäischen, sehr dinghaften Vorstellungen, die Anlaß zu dem Einwand der Sadduzäer gaben: „Wenn sie nämlich von den Toten auferstehen, heiraten sie weder noch werden sie

Sadduzäer außer der Tora doch wohl auch den im Tempelkult verwendeten Psalmen eine besondere Autorität zuschrieben. Vgl. J. Le Moyne, Les Sadducéens (EtB), Paris 1972, 357–360.

122 Hingegen findet sich ein Vergleich der Auferweckten mit den Engeln häufiger in der apokalyptischen Literatur, z. B. äthHen 104,6: „. . . ihr sollt Gemeinschaft mit den Guten des Himmels haben". Vgl. 51,4; syrBar 51,10; das hohe Alter dieses Vergleichs bezeugt u. a. die Angabe Philos über die engelsgleiche Existenz des Abraham nach seinem Tod (Sacr 5,4. 5. 6). Verwandt damit ist der schon Dan 12,3 anklingende Vergleich mit dem Glanz der Sterne. Vgl. H. C. Cavallin, Life after Death. Paul's Argument for the Resurrection of the Dead in 1 Cor 15 (CB.NT 7/1), Lund 1974, 203f. – Nach Pesch (Anm. 119), z. St., gibt dieser Vergleich dem Streitgespräch eine polemische Zuspitzung, da ja die Sadduzäer die Existenz der Engel bestritten (Apg 23,8).

123 J. H. Petuchowski, Das Achtzehngebet: H. Henrix (Hrsg.), Jüdische Liturgie. Geschichte – Struktur – Wesen (QD 86), Freiburg 1979, 77–88, bes. 87, erwägt, ob Jesus dabei nicht auf die 2. Benediktion des Achtzehngebets anspielte, die von den „mächtigen Taten" Gottes im Blick auf die Auferstehung spricht. Allerdings rechnet Petuchowski auch mit der Möglichkeit, daß die Sadduzäer dieses Gebet wohl nicht in dieser Form gekannt oder verstanden hätten.

verheiratet, sondern sie sind wie Engel in den Himmeln" (V. 25). Ihre Existenzweise ist also verschieden von der irdischen und der von Engeln zu vergleichen, aber nicht etwa wegen einer Leiblosigkeit – darauf wird hier nicht Bezug genommen [124] –, sondern wegen ihres himmlischen Daseins, das nicht mehr dem Gesetz des Todes unterliegt [125]. Dadurch entfällt nämlich für sie die Sorge um den Fortbestand der Sippe und des Volkes. Diesem Zweck diente ja die in der Anfrage herangezogene Pflicht der Leviratsehe (Dtn 25, 5–10) [126]. Ihr neues Leben ist also nicht, wie viele Pharisäer es sich ausmalten, eine Extrapolation der irdischen Existenz ins Jenseits, sondern hat eine ganz neue Qualifikation, und zwar dank des schöpferischen Wirkens Gottes, das die Bestreiter der Auferstehung verkennen.

Jesus begründet dann zweitens aus der Schrift, daß Gott die Toten auferweckt. Dazu erinnert er an die Selbstvorstellung Jahwes in Ex 3, 6: „Ich bin der Gott Abrahams und der Gott Isaaks und der Gott Jakobs" (V. 26) und kommentiert diese mit den Worten: „Gott ist nicht ein Gott von Toten, sondern von Lebenden" (V. 27) [127]. Für unsere Überlegungen ist dieser Verweis höchst bedeutsam. Die Formel von Ex 3, 6 wird nämlich im Judentum häufig zitiert, um Gottes rettende Macht ins Gedächtnis zu rufen [128]; nach Apg 3, 13–15 (vgl. 5, 30) wird sie auch in einer Predigt des Petrus über die Auferweckung Jesu angeführt. Im Streitgespräch Jesu lehrt das Zitat, daß der Glaube an die Auferstehung der Toten wesentlich

[124] In der Bibel fehlt jede Reflexion über die Körperlosigkeit der Engel, wenn diese auch vereinzelt „Geister" genannt werden (z. B. Num 16, 22 LXX; 2 Makk 3, 24; Apg 23, 8f.; Hebr 1, 14; 12, 9; πνεύματα bezeichnet hingegen oft die bösen Geister). Angedeutet wird die Leiblosigkeit Tob 12, 19 (vgl. äthHen 15, 6; Philon, De sacr. 5). S. auch u. S. 75.

[125] Vgl. äthHen 15, 4–7. Lk 20, 36 verdeutlicht dies: „Denn sie können nicht sterben; sie sind nämlich den Engeln gleich, da sie als Söhne der Auferstehung Söhne Gottes sind"; d. h. durch die Auferstehung sind sie sozusagen als Söhne Gottes geboren. Vgl. Fitzmyer (Anm. 117), z. St.

[126] Vgl. W. Kornfeld, Parenté. Effets juridiques. Le go'el: DBS VI (1960), 1276–1281; ders., Schwagerehe: BL (^{2}1968), 1561–1562.

[127] Auffallenderweise verweist Jesus bzw. der urkirchliche Redaktor nicht auf andere Stellen aus der Tora (etwa Dtn 32, 39), die im Judentum häufiger als Beleg für die Macht Gottes, Tote lebendig zu machen, herangezogen wurden.

[128] So z. B. in der 1. Benediktion des Achtzehngebets; Jub 45, 3; AssMos 3, 9; vgl. Pesch (Anm. 119), z. St.

an den rechten Gottesglauben gebunden ist. Jahwe ist nicht ein Gott, der sich der Väter einzig im Blick auf ihr kurzes Erdenleben angenommen hat. Dies geht auch aus dem Zusatz „ihr irrt sehr" hervor, der die Antwort Jesu (VV. 24.27) nach Art einer inclusio umfaßt[129].

Wenn Jesus diese Selbstvorstellung Jahwes hier zitiert, setzt er außerdem voraus, daß die Patriarchen schon vor dem Weltende nicht mehr zu den Toten gehören. Dies entspricht einer jüdischen Annahme (s. u. 4. Kap. II, 2), die im Neuen Testament auch sonst noch aufgegriffen wird (Mt 8, 11par; vgl. Luk 16, 22ff. sowie Joh 8, 56)[130]. Da in der Bibel von einem Begräbnis der Patriarchen (z. B. Gen 25, 7–11; 35, 28f.; 49, 33 – 50, 13) die Rede ist, kann ihnen dieses Leben nicht wie Henoch und Elija durch eine Entrükkung (vgl. Gen 5, 24; 2 Kön 2, 11f.; Sir 48, 9), sondern nur durch eine Befreiung aus dem Tod zuteil geworden sein, die hier als Beweis für Gottes Macht, Tote zu erwecken, dienen kann. Jesu Argumentation zeigt uns abermals: Was „Auferstehung der Toten" letztlich meint, ist nicht an die apokalyptische Vorstellung einer endzeitlichen Auferweckung gebunden, sondern ist – unabhängig von räumlichen und zeitlichen Vorstellungen – eine Errettung der Toten durch den Gott, der sich im Alten Bund als Herr über Leben und Tod geoffenbart hat und der den Verstorbenen ewige persönliche Lebensgemeinschaft gewährt.

3. Proklamation der Gottesherrschaft

Daß es Jesus in seiner Predigt zwar nicht erstrangig um „die Auferstehung der Toten" gemäß den jüdisch-apokalyptischen Vorstellungen ging, wohl aber um das durch Jahwe neu geschenkte Leben, zeigt nicht zuletzt seine Verkündigung der Gottesherrschaft.

Jesus knüpfte an die Verheißung von Jes 52, 7 „dein Gott ist [wird] König" an und proklamierte in frühjüdischer Diktion „na-

[129] „Der Auferstehungsleugner irrt, weil er nicht von Gottes Selbstbekundung, sondern von menschlichen Projektionen her denkt". Pesch (Anm. 119), 234.

[130] Der lk Zusatz „denn alle leben ihm" (Lk 20, 38) zeigt die Nähe zu der jüdischen Tradition noch deutlicher an, da er auffallend mit 4 Makk 7, 19 übereinstimmt. S. u. S. 128, 130.

hegekommen ist die Gottesherrschaft" (Mk 1,15)[131]. Damit verkündete er, daß mit seinem Auftreten die Zeit des Wartens „erfüllt" ist und Gott sich nunmehr als der erwartete König und Herr erweist. Entgegen damals geläufigen Vorstellungen geht es Jesus dabei aber nicht um Herrschaft über den politischen Oppressor Rom, sondern um die Überwindung der bösen Mächte, die den Menschen versklaven, ihn knechten, krank machen und ihm das wahre Leben rauben[132]. Dies lehren unmißverständlich Jesu Worte (etwa: „Ich sah den Satan wie einen Blitz vom Himmel fallen" [Lk 10,18])[133] und seine Taten, besonders die Exorzismen, die er selbst als Zeichenhandlungen für den Anbruch der Gottesherrschaft interpretierte: „Wenn ich aber im Finger Gottes die Dämonen austreibe, ist die Gottesherrschaft zu euch gekommen" (Lk 11,20; vgl. Mt 12,28). Dasselbe gilt von Jesu Krankenheilungen, die zum Teil als Totenerweckungen gedeutet und vielleicht auch von ihm selbst als solche aufgefaßt wurden (vgl. die Antwort auf die Anfrage des Täufers „... und Tote stehen auf", Lk 7,22 // Mt 11,5)[134].

Sicherlich richtete sich Jesu Verkündigung in Wort und Tat ganz an die gegenwärtige Generation und weckte die Hoffnung, daß die jetzt schon anhebende Gottesherrschaft (vgl. Lk 11,20) in baldiger Zukunft ihre volle Verwirklichung finden werde (vgl. Lk 17,20; Apg 1,6). Allerdings hat Jesus selbst weder einen Termin angegeben noch die Beschreibung einer solchen Realisierung geboten. Hingegen lassen mehrere Texte unmißverständlich erkennen, daß die Gottesherrschaft ein „Leben" ermöglicht, das den Bereich dieser Welt übersteigt und eine eschatologische Qualität aufweist: „Es ist unüberbietbar, endgültig und nicht einfach aus der bisherigen Heilssetzung Gottes, Schöpfung und Gesetz, ableitbar"[135]. Dies lehren z. B. die Verheißungen der Seligpreisungen (Mt 5, 3–12par) und die Sprüche, die von den Hörern als Antwort auf den Anbruch der Gottesherrschaft Umkehr und Glauben fordern (z. B. Mk

[131] Merklein (Anm. 102), 56–58; Schlosser (Anm. 113) I, 91–126.

[132] Vgl. U. Luz, βασιλεία: EWNT I (1980), 486; bes. auch Merklein (Anm. 102), 54.

[133] Merklein (Anm. 102), 60–62, sieht darin sogar die Anspielung auf eine für Jesu Wirken grundlegende Vision.

[134] Zur Authentizität und Interpretation dieses Logions vgl. Merklein (Anm. 102), 67f.; zur Bewertung der Jesus zugeschriebenen Totenerwekkungen vgl. Kremer (Anm. 8).

[135] Luz (Anm. 132), 486; vgl. Klein, Eschatologie (Anm. 13), 271–274.

1,15)[136]; denn diese bedingten den Verzicht auf Selbstverwirklichung in dieser Welt und die Hoffnung auf eine von Gott geschenkte endgültige Erfüllung menschlicher Sehnsucht. Dem entspricht auch die Forderung, zur Preisgabe des irdischen Lebens bereit zu sein:

> Denn wer sein Leben retten will,
> wird es verlieren,
> und wer sein Leben wegen mir und des Evangeliums verliert,
> der wird es retten (Mk 8,35par)[137].

Als Beleg dafür, daß die Überwindung der Satansherrschaft ein Leben ermöglicht, das diese Welt übersteigt, kann auch das Wort dienen: „Aber freut euch nicht darüber, daß euch die Geister unterworfen sind, sondern freut euch darüber, daß eure Namen in den Himmeln eingeschrieben sind" (Lk 10,20).

In der schon erwähnten Warnung vor dem Ärgernis wird die Wendung „ins Leben eingehen" (Mk 9,43.45par; Mt 18,8.9) in dem anschließenden, parallel dazu formulierten Spruch wiedergegeben: „Es ist besser, einäugig in das Gottesreich einzugehen, als mit zwei Augen in die Hölle geworfen zu werden" (V. 47). Hier ist wie an anderen Stellen – entsprechend der Wortbedeutung von βασιλεία – die Basileia Gottes als ein Bereich aufgefaßt, der den Hörern der Predigt durch ihr Anbrechen erschlossen wird, in den sie „hineinkommen" (Mk 9,47; 10,25; 12,34) und in dem sie „sein" (Mt 8,11f.; 11,11) können[138]. Daß die Erwartung dieser „Gottesherrschaft" nicht durch den Tod hinfällig, sondern erst nach ihm ihre volle Erfüllung finden wird, lehrt das Logion, das in seinem Kernbestand Jesus kaum abgesprochen werden kann: „Wahrlich ich sage euch, ich werde nicht mehr von dem Gewächs des Weinstocks trinken bis zu jenem Tage, da ich es neu trinken werde in der Königsherrschaft Gottes" (Mk 14,25)[139].

Daß Jesu Basileia-Predigt die Verheißung eines die Bedingungen von Raum und Zeit sprengenden Heilsgutes implizierte, zeigt nicht

[136] Vgl. H. Merklein, Die Gottesherrschaft als Handlungsprinzip. Untersuchung zur Ethik Jesu (fzb 34), Würzburg ²1981.

[137] Zur Authentizität vgl. Dautzenberg (Anm. 118), 51–53.

[138] Vgl. Luz (Anm. 132), 485f.

[139] Zum Alter dieses Spruches vgl. außer den Kommentaren bes. H. Merklein, Erwägungen zur Überlieferungsgeschichte der neutestamentlichen Abendmahlstraditionen: BZ NS 21 (1977), 235f.

zuletzt die Wirkungsgeschichte dieses Begriffs. Wie Mk 9,47 „Herrschaft Gottes“ als Synonym für „Leben“ stehen kann, so entspricht Mk 10, 17 „das ewige Leben erben“ den Formulierungen „einen Schatz im Himmel haben“ (10,21) und „in die Gottesherrschaft eingehen“ (10,23–25; 10,30 ist sicherlich sekundäre Ergänzung). Hierher gehören wohl auch die im Lauf der Überlieferungsgeschichte angewachsenen Aussagen über „das ewige Leben“ (z. B. Mt 7,14; 25,46; Apg 3,15; 5,20; Tit 3,7; Kol 3,24; vgl. 1 Petr 3,7.9) und die johanneische Rede vom „Leben“ bzw. dem „Leben in Fülle“ (Joh 10,10) als dem zentralen Thema der Predigt Jesu.

Zusammenfassend kann also festgehalten werden: 1. Jesus war die jüdische Erwartung einer „Auferstehung der Toten“ bekannt, vor allem die Auffassung, daß Tote durch göttliche Macht dem Bereich des Todes entrissen werden können und auf eine neue leibhaftige Weise Leben erlangen; 2. Jesus teilte und verteidigte diese Zukunftserwartung, allerdings nicht die damit verbundenen Vorstellungen pharisäischer Kreise; denn ausschlaggebend war für Jesus nicht die apokalyptische Vorstellung als solche – diese war in der Tat nicht sein zentrales Thema –, sondern die darin ausgesprochene Hoffnung auf die Errettung des einzelnen aus der Macht des Todes; 3. insofern Jesu Predigt von der Gottesherrschaft die Überwindung der Satansherrschaft und damit der Macht des Todes zum Inhalt hat, gehört das, was „Auferstehung der Toten“ letztlich meint, wesentlich zum Evangelium Jesu.

IV. Texte des frühen Judentums und Altisraels

Vereinzelt wurde schon auf Texte aus dem Judentum und dem Alten Testament verwiesen. Ihre nähere Betrachtung erhellt sowohl die Eigenart wie den Inhalt der neutestamentlichen Angaben[140]. Dabei ist es ratsam, von den Schriften des frühen Judentums (einschließlich 1–2 Makk und Weish[141]) auszugehen, die Auskunft

140 Hier (wie auch in den entsprechenden Abschnitten des 3. und 4. Kapitels) können natürlich nur in zusammenfassender Weise die Forschungsergebnisse der Judaistik und atl. Exegese wiedergegeben werden. Für eine Durchsicht dieses Überblicks und manche Anregungen ist der Verfasser G. Stemberger zu Dank verpflichtet.

141 Die Frage der Zugehörigkeit von 1–2 Makk und Weish zum Kanon bleibt hier außer Betracht. Sie wird in neuerer Zeit auch von evangelischen

über die Auffassungen geben, die zur Zeit Jesu und der Apostel verbreitet waren.

1. Frühes Judentum

Eine Durchsicht der wichtigsten jüdischen Texte aus der Zeit zwischen 150 v. Chr. bis ca. 100 n. Chr.[142] zeigt sowohl die Verbreitung der Hoffnung auf eine Überwindung des Todes (1) als auch die Vielfalt der Vorstellungen von Auferstehung und ewigem Leben (2).

(1) Hinsichtlich der Verbreitung der Hoffnung auf Auferstehung ist zunächst festzuhalten, daß in vielen Schriften dieser Epoche aus dem palästinensischen Raum und der jüdischen Diaspora jeglicher Hinweis darauf fehlt, und zwar auch dort, wo ein Hinweis zu erwarten wäre (z. B. Sir, Tob, Bar, 1 Makk, AssMos, MartJes)[143]. Diese Fehlanzeige mag das Urteil nahelegen, in weiten Schichten der Bevölkerung Palästinas und der Diaspora sei damals einzig die alte Vorstellung von einem Schattendasein der Toten in der scheol verbreitet gewesen[144]. Jedoch konnte die Hoffnung auf Auferstehung bzw. ewiges Leben den Frommen auch so selbstverständlich sein, daß sie nicht eigens darüber sprachen. Außerdem ist damit zu

Autoren positiver als früher beantwortet. Vgl. H. Gese, Das biblische Schriftverständnis: ders., Zur biblischen Theologie. Alttestamentliche Beiträge, München 1977, 9–30, bes. 13, 27. – Um Mißverständnisse zu vermeiden, wird für die Epoche der älteren Schriften des Alten Testaments die Bezeichnung „Altisrael" verwendet. Dies ist nicht zuletzt deshalb berechtigt, da diese Schriften hier nicht theologisch als „Wort Gottes", sondern historisch als Erhellung der neutestamentlichen Texte herangezogen werden.

[142] Zu den vielen literarkritischen und traditionsgeschichtlichen Einzelproblemen vgl. bes. K. Schubert, Die Entwicklung der Auferstehungslehre von der nachexilischen bis zur frührabbinischen Zeit: BZ NS 6 (1962), 177–214; Hoffmann (Anm. 29), 81–174; G. Stemberger, Der Leib der Auferstehung. Studien zur Anthropologie und Eschatologie des palästinischen Judentums im neutestamentlichen Zeitalter (ca. 170 v. Chr.–100 n. Chr.) (AnBib 56), Rom 1972; ders. (Anm. 1), 443–450; G. W. E. Nikkelsburg, Resurrection, London 1972; Cavallin (Anm. 122), passim; ders. (Anm. 1), passim; U. Fischer, Eschatologie und Jenseitserwartung im hellenistischen Diasporajudentum (BZNW 44), Berlin 1978; Martin-Achard (Anm. 1), 472–487.

[143] Vgl. Cavallin (Anm. 1), 245; Fischer (Anm. 142), 13–35.

[144] Cavallin (Anm. 1), 245.

rechnen, daß jüdische Darlegungen zu diesem Thema deshalb so gering sind, weil sie infolge einer christlichen Überarbeitung nicht mehr als solche erkennbar sind[145].

Eine Leugnung der Auferstehung Toter wird in dem vorliegenden Text von 2 Makk 12,43–45 (1. Jh. v. Chr.) zurückgewiesen, der die Anordnung eines Sühneopfers für die Gefallenen ausdrücklich rechtfertigt: „Hätte er nicht erwartet, daß die Gefallenen auferstehen werden, wäre es nämlich überflüssig und sinnlos gewesen, für sie zu beten" (V. 44)[146]. Als Leugner der Auferstehung galten zur Zeit Jesu die Sadduzäer (vgl. Mk 12,18par; Apg 23,8). Sie sahen in dem Auferstehungsglauben offensichtlich eine modernistische Entstellung des Jahwe-Glaubens, der in den Büchern der Tora keinen Anhaltspunkt hat. Flavius Josephus deutet die sadduzäische Auffassung – im Blick auf seine griechischen Leser – als Bestreitung der Unsterblichkeit der Seele: „Die Fortdauer der Seele (ψυχῆς τε τὴν διαμονήν) und die Strafen und Belohnungen im Hades lehnen sie ab."[147] Die negative Einstellung der Sadduzäer zu einem Leben nach dem Tod resultierte wohl nicht zuletzt aus ihrer sozialen Stellung: Für sie als die Wohlhabenderen war nämlich die Frage nach der Gerechtigkeit Gottes, die den Auferstehungsglauben wesentlich motivierte, kein so dringliches Problem[148]. Der sadduzäischen Leugnung der Auferstehung scheint auch die Auffassung der „Gottlosen" (hellenisierten Juden) zu entsprechen, gegen die Weish 1, 16 – 2,9 und äthHen 102–103 polemisieren. –

Inwieweit die Angehörigen der Gemeinde von Qumran die Auferstehung der Toten erwarteten, ist umstritten. Aus den Texten selbst läßt sich ihr Glaube an eine zukünftige Auferstehung nicht mit Sicherheit belegen[149]. Doch sprechen dafür die Sorge um die

[145] Fischer (Anm. 142), 34.

[146] Vgl. Stemberger (Anm. 1), 445.

[147] Bell. Jud. II,165 (Übersetzung – hier und im folgenden – nach der Ausgabe von O. Michel/O. Bauernfeind, De Bello Judaico. Der jüdische Krieg. Griechisch und Deutsch. I: Buch I–III, München 1959); vgl. auch Ant. XVIII, 1,4: „Die Lehre der Sadduzäer läßt die Seelen mit den Körpern sterben und erkennt keine anderen Vorschriften an, als das Gesetz". (Zählung und Übersetzung nach F. Kaulen, Flavius Josephus' Jüdische Altertümer, Köln ³1891, 615.) – Zur Leugnung der Auferstehung durch die Sadduzäer vgl. bes. Le Moyne (Anm. 121), 167–175.

[148] Cavallin (Anm. 1), 246f.; vgl. ebd. zu den Angaben der Rabbinen über die Sadduzäer.

[149] Die dafür mehrfach herangezogenen Texte (1 QH VI,29f.34; VII,31

Bestattung[150] und die in Qumran verbreiteten Schriften, die eine Auferstehung der Toten lehren (z. B. Dan, äthHen [mit Ausnahme der Bilderreden 37–71])[151]. Wenn die Hoffnung auf eine zukünftige Auferstehung in den Schriftrollen von Qumran nicht so klar ausgesprochen wird, hängt dies vermutlich mit der Ausrichtung dieser Sekte auf die Gegenwart als Zeit des Heils zusammen (s. u. S. 153f.), wenn auch die Spannung zwischen dem „Schon jetzt" und dem „Noch nicht" empfunden wurde[152]. Nach Flavius Josephus waren die Essener bereit, für ihre Überzeugung ihr Leben freudig hinzugeben, weil sie die Zuversicht hegten, „es wiederzuerlangen"; denn ihrer Ansicht nach seien zwar die Leiber vergänglich, die Seelen aber unsterblich (φϑαρτά μεν εἶναι τὰ σώματα . . ., τὰς δὲ ψυχὰς ἀϑανάτους ἀεὶ διαμένειν)[153].

Im Gegensatz zu dieser ganz aus griechisch-hellenistischer Sicht gegebenen Darstellung steht die spätere Aussage von Hippolyt († 235 n. Chr.), wonach die Essener auf eine leibliche Auferstehung

und XI, 12–14) scheinen nur von einer Errettung aus Todesgefahr zu sprechen. Auch 1 Q IV, 7–8. 12–14 ist kein eindeutiger Beleg. Vgl. Stemberger (Anm. 1), 445; Martin-Achard (Anm. 1), 478–481 (Lit.).

[150] Stemberger (Anm. 1), 445.

[151] K. Schubert, Lebensbild der Gemeinde: J. Maier/K. Schubert, Die Qumran-Essener. Texte der Schriftrollen und Lebensbild der Gemeinde (UTB 224), München 1973, 94–98. Vgl. H. Lichtenberger, Studien zum Menschenbild in den Texten der Qumrangemeinde, Göttingen 1980, 219–224.

[152] Stemberger (Anm. 1), 445 (Lit.).

[153] „Unter Schmerzen lächelnd und der Folterknechte spottend gaben sie freudig ihr Leben dahin in der Zuversicht, es wieder zu empfangen. Denn kräftig lebt bei ihnen die Überzeugung: vergänglich seien zwar die Leiber und ihr Stoff sei nichts Bleibendes, die Seelen aber seien unsterblich und würden immer bestehen; sie seien zwar, nachdem sie, aus feinstem Äther bestehend, in einem Schwebezustand waren, mit den Leibern wie mit Gefängnissen verbunden, durch einen sinnlichen Liebeszauber herabgezogen; wenn sie aber aus den fleischlichen Fesseln befreit seien, wie aus langer Knechtschaft erlöst, dann würden sie Freude haben und sich in die Höhe schwingen. In Übereinstimmung mit den Söhnen der Griechen tun sie dar, daß den guten Seelen ein Leben jenseits des Ozeans beschieden sei und ein Ort, der von Regen und Schnee und Hitze nicht belästigt wird, dem vielmehr vom Ozean her ein ständig sanft wehender Zephir Frische spendet. Den schlechten dagegen sprechen sie eine dunkle und winterliche Schlucht zu, voll von unablässigen Strafen" (Bell.Jud. II, 153–156; vgl. Ant. XVIII, 1, 5).

hofften (Refutatio omnium haer. IX, 27)[154]. Beachtenswert ist dabei, wie Hippolyt offensichtlich die für Hellenisten bestimmte Zeichnung des Flavius Josephus im Interesse seiner antignostischen Polemik als Zeugnis für die leibliche Auferstehung auswertet. –

Deutlicher als in den Rollen von Qumran ist die Hoffnung auf die Auferstehung der Toten in den apokalyptischen Schriften belegt. So heißt es z. B. in den frühen Teilen des äth. Henoch, die schon in Qumran bekannt waren, bei den Aussagen über die Unterwelt, daß die „Geister" von Sündern „nicht von hier mitauferweckt werden" (22,13)[155], während an anderer Stelle von den Gerechten ausdrücklich gesagt wird: „Und der Gerechte wird auferstehen von seinem Schlaf" (91,10)[156]. Sehr klare Auferstehungszeugnisse liegen in den apokalyptischen Schriften vor, die Ende des 1. Jh. n. Chr. geschrieben wurden, z. B. in dem aus dieser Zeit stammenden Kap. 51 des äthHen:

> Und in jenen Tagen wird die Erde zurückgeben,
> was ihr anvertraut ist,
> und die Unterwelt wird das zurückgeben,
> was sie empfangen hat,
> und die Hölle (oder Vernichtung) wird zurückgeben,
> wozu sie verpflichtet ist (51,1)[157].

Wenn hier (wie an anderen Stellen) das Wort „Auferweckung" auch nicht genannt wird, so ist doch mit „Zurückgeben" der Erde bzw. scheol sachlich das gemeint, was sonst mit Auferweckung

154 „Festgehalten wird bei ihnen an der Lehre von der Auferstehung; sie bekennen, daß auch das Fleisch nach der Auferstehung unsterblich sein werde, wie es die Seele schon jetzt sei (καὶ τὴν σάρκα ἀναστήσεσθαι καὶ ἔσεσθαι ἀθάνατον, ὃν τρόπον ἤδη ἀθάνατός ἐστιν ἡ ψυχή); von ihr behaupten sie, daß sie nach der Trennung vom Leibe an einem luftigen hellen Ort bis zum Gericht ausruhe; . . ." (Übersetzung nach K. Preysing: BKV, München 1922, 261.) Zur Abhängigkeit von Flavius Josephus und zur christlich apologetischen Interpretation vgl. Cavallin (Anm. 1), 273.

155 Zur Übersetzung von μετεγερθῶσιν vgl. Cavallin (Anm. 1), 253 (Lit.); als Beleg kann nach Stemberger (Anm. 142), 36, auch äthHen 20,8 gewertet werden, wenn dieser Text auch nur in der griechischen Übersetzung vorliegt: „Remiel, einer von den heiligen Engeln, den Gott über die gesetzt hat, die sich erheben (ἐπὶ τῶν ἀνισταμένων). (Das sind) sieben Namen (der) Erzengel". Übersetzung nach S. Uhlig, Apokalypsen. Das äthiopische Henochbuch (Jüdische Schriften aus hellenistisch-römischer Zeit V/6), Gütersloh 1984, 552f.

156 Übersetzung nach Uhlig (Anm. 155), 707.

157 Übersetzung nach Uhlig (Anm. 155), 593f.

bezeichnet wird[158]. Ähnliche Angaben finden sich in den damit verwandten Texten, z. B. 4 Esra 7,32; syrBar 21,23f.; 42,7; 50,2; LibAnt 3,10 (vgl. Offb 20,12)[159] sowie auch in den zeitlich schwer einzuordnenden Stellen TestJud 25,1; TestBen 10,6f. (über die zukünftige Auferstehung der Patriarchen) und Jub 23,31 (s. u. 4. Kap. II,2). –

Unbestritten ist, daß die Pharisäer die Auferstehung der Toten vertraten (vgl. Apg 23,8). Seit der Zerstörung Jerusalems, als die pharisäische Richtung für das ganze Judentum maßgeblich wurde, galt die Lehre von der Auferstehung der Toten als jüdisches Dogma, wie das Anathema über die Leugner der Auferstehung zeigt: „Wer da sagt, es gibt keine Auferstehung der Toten [von der Tora aus]...“ (MSanh 10,1a)[160]. Diese Auffassung hatte eine feste Verankerung in der alten jüdischen Liturgie. Bezeichnend dafür ist die 2. Benediktion im Achtzehngebet, die im wesentlichen aus dem ersten vorchristlichen Jahrhundert stammt und in den verschiedenen, nur leicht voneinander abweichenden Fassungen die pharisäische Überzeugung wiedergibt:

> Du bist mächtig in Ewigkeit, Herr.
> Du belebst die Toten, du bist reich an Hilfe.
> Du erhältst alles Lebende in Liebe,
> belebst die Toten mit großer Barmherzigkeit.
> Du unterstützt die Fallenden,
> heilst die Kranken und befreist die Gefesselten.
> Du bewahrst deine Treue denen, die im Staub schlummern.
> Wer ist dir gleich, ein König, der tötet
> und belebt und das Heil erblühen läßt?
> Getreu bist du, die Toten wieder zu beleben.
> Gelobt seist du, Herr, der die Toten belebt[161].

[158] Ob in diesen Texten der Terminus „Auferstehung“ bewußt vermieden wird, weil er einseitig mit „Auferstehung zum Leben“ belegt ist (so wohl Offb 20,1ff.), kann hier offenbleiben.

[159] Stemberger (Anm. 142), passim, und ders. (Anm. 1), 446.

[160] Der Zusatz „von der Tora her“ ist vermutlich jüngeren Datums, wie die Gemara in Sanh 90b und Parallelen zeigen. Vgl. Cavallin (Anm. 122), 175; ders. (Anm. 1), 312f.; D. Müller (Anm. 11), 62–65.

[161] Übersetzung von Petuchowski (Anm. 123), 77; ebd. 84f. auch zum hohen Alter dieses Gebetes, das die Rabbinen sogar auf Abraham, Isaak und Jakob zurückführten, dessen Wortlaut ursprünglich nicht fixiert und später in zwei verschiedenen Versionen (Palästina, Babylon) überliefert wurde. Vgl. dazu bes. P. Schäfer, Der synagogale Gottesdienst: J. Maier/

Die totenerweckende Macht Gottes wird hier in Verbindung mit der Wiederbelebung in der Natur gepriesen („alles Lebende"; „das Heil erblühen läßt"). In einer anderen Textfassung steht sogar: „Du... läßt Tote auferstehen, den Wind wehen und den Tau herabfallen, du ernährst die Lebenden und machst die Toten lebendig" [162] – vermutlich ein Fortleben ältester Wurzeln des Auferstehungsglaubens [163].

Daß die Pharisäer schon vor dem Jahre 70 die Auferstehung der Toten vertreten haben, belegt indirekt die Diskussion über deren Art und Weise in den Schulen von Schammai und Hillel. Indirekt bezeugt schließlich auch Flavius Josephus, der selbst ein Pharisäer war (Vita 12), ihre Hoffnung auf Auferstehung, wenn er diese – ein wenig anders als bei seinen Angaben über die Essener – so beschreibt: „Zwar sei jede Seele unsterblich (ψυχήν τε πᾶσαν ἄφθαρτον), es gehen aber nur die der Guten in einen anderen Leib über (μεταβαίνειν δέ εἰς ἕτερον σῶμα), die Schlechten jedoch würden durch ewige Bestrafung gezüchtigt" (Bell.Jud. II, 165) [164]. Für das hohe Alter der pharisäischen Hoffnung auf eine Auferstehung der Toten spricht auch, daß Paulus wie Jesus höchstwahrscheinlich darauf Bezug nehmen, wenn nicht gar indirekt daran anknüpfen [165].

J. Schreiner (Hrsg.), Literatur und Religion des Frühjudentums, Würzburg 1973, 391–413, bes. 404–409, und D. Müller (Anm. 11), 28, Anm. 15.

162 Schäfer (Anm. 161), 404; vgl. D. Müller (Anm. 11), 25.

163 Vgl. Stemberger (Anm. 1), 446f., der u. a. auf das von diesem Bild her zu verstehende rabbinische Gleichnis vom Weizenkorn (bSanh 90b u. ö.) und auf die Aussagen über das „Hervorblühen" der Toten aus der Erde (bKet 111b; BerR 28,3; vgl. TestSim 6,2) verweist.

164 Nach Ant. XVIII, 1, 3 interpretiert Flavius Josephus diese Lehre der Pharisäer in dem Sinn, daß die Tugendhaften die Freiheit erhalten, ins Leben zurückzukehren: „Sie glauben auch, daß die Seelen eine unsterbliche Dauer haben, und dieselben je nachdem ein Mensch tugendhaft oder lasterhaft gewesen, unter der Erde Lohn oder Strafe erhalten; die Lasterhaften werden nach ihrer Lehre in immerwährender Gefangenschaft gehalten, während die Tugendhaften die Freiheit behalten, ins Leben zurückzukehren" (Übersetzung nach F. Kaulen [Anm. 147], 615). Vgl. Cavallin (Anm. 1), 306f.

165 Betreffs der Anklänge an die 2. Benediktion in 1 Kor 15,51f. vgl. D. Müller (Anm. 11), 25–30. Zur Bezugnahme in Jesu Streitgespräch mit den Sadduzäern auf die 1. Benediktion s. o. Petuchowski (Anm. 123), 87,

Wie verbreitet bei den Juden zumindest generell eine Jenseitshoffnung war, zeigt die Angabe des Historikers Tacitus (Hist. V, 5), daß die Juden – aus seiner Sicht – die Seelen der im Krieg Gefallenen oder Hingerichteten für unsterblich hielten und den ägyptischen Unterweltsglauben teilten [166].

(2) Die in den angeführten Texten mehrfach anzutreffende Identifizierung von Auferstehung der Toten und Unsterblichkeit der Seele ist für unsere Untersuchung höchst aufschlußreich. Sie wird uns besser verständlich und gewinnt an Gewicht, wenn wir die Vielfalt an Vorstellungen von Auferstehung und ewigem Leben in den jüdischen Schriften berücksichtigen. Darauf wurde zwar in den letzten Jahren häufig aufmerksam gemacht, doch fand sie bei der Auslegung neutestamentlicher Texte keineswegs immer hinlängliche Beachtung.

a) Oft ist in frühjüdischen Schriften nur von einer Auferstehung der Gerechten die Rede. Diese Auffassung findet sich z. B. in den oben zitierten älteren Kapiteln des äth. Henoch (22,13; 91,10; 92,3). In diesen und ähnlichen Texten bezeichnet „auferstehen" bzw. „aufwachen" einzig die Befreiung der Gerechten aus dem Todesbereich, während es für die Bösen keine solche Errettung gibt, sie verbleiben in der scheol. 2 Makk 7, 14 wird diese allein den Guten zukommende Befreiung „Auferstehung zum Leben" genannt: „Gott hat uns die Hoffnung gegeben, daß er uns auferweckt... Für dich aber gibt es keine Auferstehung zum Leben".

In den jüngeren Kapiteln des äth. Henoch (37 – 71), den sog. Bilderreden aus der zweiten Hälfte des 1. Jh. v. Chr., steht die Auffassung von einer einzig den Gerechten zuteil werdenden Auferstehung (etwa 46,6) unvermittelt neben der Schilderung einer Auferstehung für Gute und Böse am Tage des Gerichts (51,1), wenn für

sowie Jeremias (Anm. 13), 180, Anm. 28, und D. Müller (Anm. 11), 260, Anm. 88.

[166] Tacitus schreibt dies im Zusammenhang seiner Angaben über die Besonderheiten des jüdischen Volkes: augendae tamen multitudini consulitur; nam et necare quemquam ex agnatis nefas, animosque proelio aut suppliciis peremptorum aeternos putant: hinc generandi amor et moriendi contemptus. corpora condere quam cremare e more Aegyptio, eademque cura et de infernis persuasio, caelestium contra. (E. Wolff/G. Andresen, P. Cornelii Taciti Historiarum libri qui supersunt, Berlin 1926, 238 f.) Vgl. P. Cornelius Tacitus, Die Historien V: Fünftes Buch. Kommentar von H. Heubner und W. Fauth, Heidelberg 1982, 74–79.

die Gerechten ein neues Leben auf der Erde anbricht (50,5; vgl. auch LibAnt 3,10). Mitunter wird in den jüngeren Schriften auch ein anschauliches Bild von Auferstehung und Gericht über Gute und Böse entworfen, wie etwa in der syr. Baruch-Apokalypse:

> Höre, Baruch, dieses Wort
> und schreibe ins Gedächtnis deines Herzens alles,
> was immer du erfährst!
> Denn sicher gibt die Erde ihre Toten dann zurück,
> die sie jetzt empfängt, um sie aufzubewahren;
> dabei wird sich an ihrem Aussehen nichts verändern.
> Denn wie sie sie empfangen hat,
> so wird sie sie auch wiedergeben,
> und wie ich sie ihr übergab,
> so wird sie sie auch auferstehen lassen.
> Denn dann wird's nötig sein, den Lebenden zu zeigen,
> daß die Toten wieder aufgelebt sind
> und daß die zurückgekommen sind, die einstmals weggegangen sind.
> Und haben dann die einander erkannt, die jetzt sich kennen,
> wird kräftig sein mein (göttliches) Gericht.
> Und kommen wird, was vorher ist gesagt.
>
> Wenn dieser festgesetzte Tag vorüber ist,
> (dann) wird sich die Gestalt derer verändern,
> die schuldig erfunden sind,
> und auch die Herrlichkeit von denen,
> die als Rechtschaffene gelten können.
> Das Aussehen derer, die hier frevelhaft gehandelt haben,
> wird schlimmer gemacht werden, als jetzt es ist,
> weil sie Martern erleiden müssen.
> Die Herrlichkeit von denen,
> die sich jetzt rechtschaffen gezeigt haben, wie mein Gesetz es will,
> und die in ihrem Leben Einsicht hatten
> und die in ihrem Herzen hier der Weisheit Wurzel pflanzten –
> ihr Glanz wird dann verherrlicht sein in unterschiedlicher Gestalt.
> Ins Licht ihrer Schönheit
> wird verwandelt sein das Ansehen ihres Angesichts.
> So können sie die Welt bekommen und empfangen, die nicht vergeht,
> so wie sie ihnen versprochen wurde (syrBar 50, 1 – 51,3)[167].

[167] Übersetzung nach A. F. J. Klijn, Apokalypsen. Die syrische Baruch-Apokalypse (Jüdische Schriften aus hellenistisch-römischer Zeit V/2), Gütersloh 1976, 155f. – Vgl. das davon abweichende Bild 4 Esr 7,32–36: „Die Erde gibt die heraus, die in ihr schlafen, der Staub die, die still in ihm ruhen, und die Kammern geben die Seelen heraus, die ihnen anvertraut

Nach diesem Bild stehen die Toten einerseits so auf, wie sie gelebt haben, und werden einander wiedererkennen (vgl. das Wiedererkennen des Auferstandenen an seinen Wundmalen nach Joh 20); andererseits werden dann die Verdammten zum Schlechteren und die Gerechten „zum Glanz der Engel" verwandelt werden (51,5).

Einige der jüngeren (z. T. christlich überarbeiteten) Apokalypsen sprechen in diesem Zusammenhang von einem „Zwischenreich", nach dem die endgültige Scheidung erfolgt (z. B. 4 Esra 7,28–30 über ein solches Reich von 400 Jahren; vgl. die Schilderung vom 1000jährigen Reich Offb 20,2–7)[168]. Das unterschiedliche Los der Guten und der Bösen wird oft sehr anschaulich ausgemalt und dabei meist eine ganz verschiedenartige Existenzweise (auf dieser Erde oder im überirdischen Bereich) vorausgesetzt.

b) Die Leiblichkeit der Auferweckten wird in all diesen Schriften sehr unterschiedlich aufgefaßt. Nach Art einer Wiederaufnahme des irdischen Lebens, wie dies die Sadduzäer im Streitgespräch mit Jesus voraussetzen, wurde die Auferstehung tatsächlich in den Schulen des Schammai und Hillel vertreten, aber verschieden gedeutet (aufgrund einer Wiederbelebung bzw. einer Neuschöpfung)[169]. Die Identität des auferweckten Leibes mit dem irdischen wurde mitunter durch den Hinweis auf einen unverweslichen Teil

sind. Der Höchste offenbart sich auf dem Richterthron (dann kommt das Ende); das Erbarmen vergeht (die Barmherzigkeit entfernt sich), die Langmut verschwindet, nur das Gericht bleibt. Die Wahrheit besteht, der Glaube erstarkt, das Werk folgt nach, der Lohn zeigt sich, die gerechten Taten erwachen, die ungerechten schlafen nicht mehr. Dann erscheint die Grube der Pein und gegenüber der Ort der Ruhe. Der Ofen der Hölle zeigt sich und gegenüber das Paradies der Wonne. Dann wird der Höchste zu den auferweckten Völkern sagen: Seht und erkennt den, den ihr geleugnet, dem ihr nicht gedient, dessen Gebot ihr verachtet habt. Schaut nun hinüber und herüber: Hier Wonne und Ruhe, dort Feuer und Pein". (Übersetzung nach J. Schreiner, Das 4. Buch Esra [Jüdische Schriften aus hellenistisch-römischer Zeit V/4], Gütersloh 1981, 346–347.) Cavallin (Anm. 1), 262f., stellt die Gerichtsbilder von Lib.Ant. 3,10; 4 Esr 7,29ff.; syrBar 45,50f. und äthHen 51,1–4 synoptisch nebeneinander.

168 Darin wird heute meist eine Kombination verschiedener Zukunftsentwürfe gesehen: einerseits die Hoffnung auf ein messianisches, irdisches Reich, andererseits die apokalyptischen Erwartungen einer universalen Auferstehung zum Gericht. Vgl. Cavallin (Anm. 1), 266; Lohse (Anm. 107), 104f.

169 Vgl. Cavallin (Anm. 1), 311f.

(z. B. den untersten Wirbel, BerR 28, 3) erklärt[170]. In jüngeren rabbinischen Erörterungen wird die Auferstehung und das Leben der Auferstandenen oft sehr massiv und phantasievoll ausgemalt[171].

Eine handgreifliche Form von Auferstehung scheint auch den Aussagen in 2 Makk zugrunde zu liegen. Bei der Schilderung von Razis Selbstmord heißt es, daß er die Wiederherstellung seiner Eingeweide erwartete:

> Fast schon verblutet, riß er sich die Eingeweide aus dem Leib,
> packte sie mit beiden Händen
> und schleuderte sie auf die Leute hinunter;
> dabei rief er den Herrn über Leben und Tod an,
> er möge sie ihm wiedergeben (14,46).

Mit Recht muß allerdings vor einer Überinterpretation dieser Texte gewarnt werden: Es geht 2 Makk nicht um die materielle Wiederherstellung eben dieses irdischen Leibes (etwa als Vereinigung von Leib und Seele), sondern um die präzise Vergeltung, und zwar durch eine Neubildung in Analogie zur Erschaffung des Menschen bzw. zu seinem Werden im Mutterschoß[172]. Dies zeigen die Worte, mit denen die Mutter ihren sechsten Sohn zum Martyrium ermutigt:

> Ich weiß nicht, wie ihr in meinem Leib entstanden seid,
> noch habe ich euch Atem und Leben geschenkt;
> auch habe ich keinen von euch aus den Grundstoffen zusammengesetzt.
> Nein, der Schöpfer der Welt hat den werdenden Menschen geformt,
> als er entstand;
> er kennt die Entstehung aller Dinge.
> Er gibt euch gnädig Atem und Leben wieder,
> weil ihr jetzt um seiner Gesetze willen nicht auf euch achtet (7, 22–23)[173].

[170] G. Stemberger, Zur Auferstehungslehre in der rabbinischen Literatur: Kairos 15 (1973), 238–266, bes. 255; vgl. Cavallin (Anm. 1), 317.

[171] Nach Sanh 91b sollen (unter Berufung auf Dtn 32,3 in Verbindung mit Jes 35,6 und Jer 31,8) die Toten zuerst mit ihren leiblichen Gebrechen auferstehen, um danach geheilt zu werden. Vgl. Stemberger (Anm. 170), 239f.; Cavallin (Anm. 1), 315f.; dort auch über die Diskussion, ob die Toten nackt oder in Kleidern auferstehen (Sanh 90b). In Fortführung von syrBar 73,7 („Die Weiber werden keine Schmerzen mehr leiden, wenn sie gebären ...“) wird sogar erzählt, daß eine Frau in der Endzeit vier- bis fünfmal im Jahr (MidrHld I/14), ja sogar jeden Tag (Schab 30b) gebären werde. Vgl. Cavallin (Anm. 1), 268, Anm. 177.

[172] Stemberger (Anm. 1), 445.

[173] Zur Frage nach dem Zeitpunkt dieser Erweckung s. u. 4 Kap. II, 2.

Verwandt mit diesen Erwartungen sind die Schilderungen des Endgerichts, wo die Auferweckten vor dem Gericht ihren Leib wiedererhalten und dadurch in ihrer Identität erkennbar werden (z. B. syrBar 50, 3 f.). Schließlich setzen auch – allerdings ohne ausdrücklichen Bezug auf eine Auferstehung – die oben angeführten Worte Jesu über das Gastmahl mit Abraham, Isaak und Jakob (Mt 8, 11) und das Gleichnis vom reichen Prasser und armen Lazarus (Lk 16, 19–31) eine Leiblichkeit nach Art der irdischen Existenz als selbstverständlich voraus.

Schon früh ist aber auch die Vorstellung einer ganz neuartigen, verklärten Existenzweise der auferweckten Gerechten belegt, die analog zur Herrlichkeit der Engel und Sterne gedacht wird:

> Und weiter wird die Zeit sie nicht mehr altern lassen.
> Denn in den Höhen jener Welt wird ihre Wohnung sein;
> sie werden Engeln gleichen und den Sternen ähnlich sein.
> Sie werden sich wandeln in jegliche Gestalt, die sie nur wünschen
> – von Schönheit bis zur Lieblichkeit,
> vom Licht zum Glanz der Herrlichkeit.
> Des Paradieses weite Räume werden für sie ausgebreitet;
> gezeigt wird ihnen die hoheitsvolle Schönheit
> der lebendigen Wesen werden, die unter meinem Throne sind,
> und aller Engel Heere, die nun durch meine Worte festgehalten werden,
> so daß sie sich nicht sehen lassen;
> von meinem Befehl sind sie zurückgehalten,
> so daß sie stehen an ihren Orten,
> bis die Zeit ihrer Ankunft einst angebrochen ist.
> Dann wird Vortrefflichkeit bei den Gerechten noch größer sein
> als bei den Engeln (syrBar 51, 9–12)[174].

Solche Schilderungen schließen allerdings oft sehr irdisch vorgestellte Existenzbedingungen keineswegs aus (etwa Überfluß an Wein und Speise)[175]. Das gilt auch für das Los der Verdammten, die in eine gräßliche Gestalt verwandelt werden (syrBar 51, 4 f.).

– Das Traumgesicht mit der leibhaftigen Erscheinung des Propheten Jeremias (15, 11–16) kann wegen der literarischen Gattung nur bedingt als Beleg herangezogen werden.

[174] Übersetzung nach Klijn (Anm. 167), 156 f. Weitere Stellen bei Cavallin (Anm. 122), 203–205.

[175] Dazu gehört auch die Verheißung: „An einem Weinstock werden tausend Reben sein, und eine Rebe trägt dann tausend Trauben, und eine

c) Von größter Bedeutung für unsere Fragestellung ist, daß im frühen Judentum sehr oft eine griechisch-dualistische Sicht von Leib und Seele mit der älteren jüdischen Anthropologie verbunden wird, und das meist ohne jeden Versuch einer Vermittlung. So kann im Buch der Weisheit über die verstorbenen Gerechten gesagt werden:

> Die Seelen der Gerechten sind in Gottes Hand,
> und keine Qual kann sie berühren...
> in den Augen der Menschen wurden sie gestraft;
> doch ihre Hoffnung ist voller Unsterblichkeit (Weish 3, 1.4).

Die Übernahme der griechisch-hellenistischen Terminologie besagt allerdings noch nicht, daß damit auch die griechische, vor allem die platonische Anthropologie einer von Natur aus geistigen und unsterblichen Seele übernommen wurde [176]. Dies trifft nicht einmal ganz auf Philo von Alexandrien zu; denn nach seiner Darlegung kommt die Unsterblichkeit des νοῦς als der ψυχῆς ψυχή (Opif. 66; 69) nicht automatisch jedem Menschen zu, sondern nur insoweit er sich vom Geist und nicht von der Leidenschaft des Leibes lenken läßt [177]. Dabei fällt auf, daß Philo, dem die Auferstehungsaussagen aus Dan und 2 Makk wohl bekannt waren, weder positiv noch negativ dazu Stellung nimmt [178]. Deshalb stellt sich die Frage, ob Paulus und die Pharisäer seiner Zeit die von hellenistischen Juden gemachten Aussagen über eine unsterbliche Seele als Widerspruch zur Lehre von der Auferstehung empfunden haben.

Daß beides damals nicht als Gegensatz empfunden wurde, zeigt das schon erwähnte Vorgehen des Flavius Josephus, der die Auferstehungshoffnung der Pharisäer – ähnlich wie die der Essener – mit den Anschauungen einer unsterblichen Seele verbindet. Charakteristisch dafür ist, daß Flavius Josephus auch an anderen Stellen die Hoffnung auf einen neuen Leib nicht deutlich von der Erwartung

Traube tausend Beeren, und eine Beere gibt ein Kor voll Wein" (syrBar 29,5), die später Papias (nach Irenaeus, Adv. h. V,33) als ein Wort des Herrn überliefert. Vgl. Cavallin (Anm. 1), 267f.

[176] Vgl. D. Winston, The Wisdom of Solomon (AncB 43), Garden City 1979, 125–127.

[177] Cavallin (Anm. 1), 288–293, bes. 289; D. Winston, Philo's Ethical Theory: ANRW II 21/1 (1984), 372–416, bes. 405ff. Zu Philos Gleichsetzung von Philosophie und Unsterblichkeit, also einer Form verwirklichter Eschatologie, s. u. S. 152f.

[178] Cavallin (Anm. 1), 291f.

einer Befreiung der Seele aus den Fesseln des Leibes abgrenzt. In der Jotapatarede (Bell. Jud. III, 362–382) versucht er nämlich einen geplanten Selbstmord seiner Kameraden dadurch zu verhindern, indem er daran erinnert, daß einzig die Seelen derer, die dem Willen Gottes gemäß aus dem Leben scheiden, einen Platz im Himmel erhalten und später (im Umlauf der Zeiten) wieder heilige Leiber beziehen (ἁγνοῖς πάλιν ἀντενοικίζονται σώμασιν):

> Oder wißt ihr nicht, daß diejenigen,
> die nach dem Gesetz der Natur aus dem Leben scheiden
> und so das von Gott empfangene Leben zurückbezahlen,
> wenn sein Geber es wieder will,
> ewigen Ruhm und langen Bestand für Haus und Geschlecht erlangen?
> Und ihre Seelen bleiben rein und gehorsam,
> sie erhalten den heiligsten Platz im Himmel,
> von wo sie im Umlauf der Zeiten wieder heilige Leiber beziehen dürfen.
> Wer aber im Wahn selbst Hand an sich legt,
> dessen Seele nimmt ein besonders finsterer Ort in der Unterwelt auf,
> Gott aber, ihr Vater, straft auch noch an den Nachkommen
> die Frevler unter den Vätern (Bell. Jud. III, 374f.).

Hier wie auch in der oben angeführten Bemerkung über die Hoffnung der Pharisäer (Ant. XVIII) und in Contra Apionem II, 218f.[179] gibt er deutlich zu erkennen, daß die Zukunftserwartung der Pharisäer trotz der übernommenen griechischen Dichotomie von Leib und Seele nicht dem platonischen Ideal einer leibfreien Existenz entspricht. An anderen Stellen hingegen schreibt er darüber ganz entsprechend der griechischen Hochschätzung einer leibfreien Existenz (z. B. über die Hoffnung der Essener s. o. S. 62; vgl. Bell. Jud. I, 650). Dabei setzt allerdings die Schilderung des Glücks bzw. der Strafe voraus, daß diese Seelen keineswegs rein geistige Wesen sind; denn sie sind gleichsam Regen, Kälte und Hitze bzw. dem frischen Zephyrwind ausgesetzt. Sehr ausgeprägt

[179] „Diejenigen hingegen, welche das Gesetz in allen Punkten befolgen, erhalten zur Belohnung nicht Silber und Gold . . ., sondern ein jeder von ihnen begnügt sich mit dem Zeugnis, das sein eigenes Gewissen ihm ausstellt, und glaubt auf die durch Gott als wahr bekräftigten Verheißungen des Gesetzgebers hin, daß denen, die das Gesetz treu beobachten und, wenn es sein muß, mit Freuden für dasselbe in den Tod gehen, von Gott immer wieder ein neues Dasein und ein besseres Leben beschert wird" (Contra Apionem II,218; zitiert nach der Übersetzung von H. Clementz, Des Flavius Josephus kleinere Schriften (Selbstbiographie – Gegen Apion – Über die Makkabäer), Halle a. d. S. [1901], 183f.).

legt Flavius Josephus dieses griechische Ideal in der Rede des Eleazar ben Jair dar, mit der dieser die letzten Überlebenden auf Massada durch seine Ausführungen „über die Unsterblichkeit der Seele“ (περὶ ψυχῆς ἀθανασίας) zum Selbstmord ermutigt (Bell. Jud. VII, 341–388, bes. 344–347)[180]. Mag der Pharisäer Flavius Josephus diese Auffassung auch selbst nicht geteilt haben, so setzt er doch voraus, daß die angesprochenen Juden diese in der Sprache griechisch-platonischer Philosophie vorgetragenen Ansichten kaum von ihren bisherigen, ererbten Anschauungen unterschieden haben[181]. –

Ein gutes Beispiel für die nicht immer konsequent durchgeführte Übernahme griechischer Vorstellungen sind die Beschreibungen der Unterwelt mit den verschiedenen Aufenthaltsräumen der „Geister“. Nach der noch an die ältere Sicht der scheol anklingenden Schilderung in äthHen 21–36 finden sich dort neben dem Gefängnis für die gefallenen Engel (21) sowohl die Kammern, wo die „Geister“ der Ungerechten auf das Gericht warten (22,3–7.11–14; 27,2–4), als auch die besonderen Räume für die der Gerechten (22,9). Auffallend ist dabei, daß alle diese Räume so ganz in den Farben der Erde gemalt werden, als verfügten die „Geister“ über einen Körper. Hingegen belegt die Vorstellung von den „Vorratshäusern“ oder „Schatzkammern“ der „Seelen“ in den jüngeren Texten sehr deutlich, wie die jüdische Auffassung von der Schattenexistenz der Toten in der scheol mit den griechischen Anschauungen von der Unsterblichkeit der Seele vermengt wurde. Manchmal sind sie nämlich nur als Aufenthaltsort der Seelen der Gerechten verstanden (z. B. LibAnt 32,13; syrBar 21,23; 30,2 – laut 21,24 gehören dazu

[180] „Der Tod nämlich schenkt den Seelen Freiheit und entläßt sie in die heimatlichen und reinen Gefilde. Erlöst von allem Unglück können sie dann ohne Leid sein. Solange die Seelen aber in sterbliche Körper gefesselt sind und auch von allem Übel mit erfüllt werden, sind sie in Wahrheit tot, ist doch die Gemeinschaft mit Göttlichem dem Sterblichen unziemlich. Nun vermag die Seele zwar auch schon viel, solange sie noch im Körper gefesselt ist. Denn sie macht sich diesen zu einem wahrnehmenden Werkzeug: Unsichtbar bewegt sie ihn und treibt ihn zu Taten an, die weit über die sterbliche Natur hinausgehen. Aber sobald die Seele sich gelöst hat von allem, was sie schwer zur Erde hinabzieht und an ihr lastet, erhält sie ihren heimatlichen Ort zurück“ (344; zitiert nach der Ausgabe von O. Michel/ O. Bauernfeind, De Bello Judaico. Der jüdische Krieg. Griechisch und Deutsch. II/2: Buch VI–VII, München 1969, 137).

[181] Vgl. Cavallin (Anm. 1), 308–310.

auch Abraham, Isaak und Jakob). Nach den Schilderungen von 4 Esra 4,40–42 sind diese Seelenkammern „schwangeren Mutterleibern" zu vergleichen, welche die ihnen anvertrauten Seelen gebären sollen, und wo die Seelen der Gerechten voller Ungeduld rufen: „Wie lange sollen wir hier noch bleiben? Wann erscheint die Frucht auf der Tenne unseres Lohnes?" (4,35; vgl. das Rufen der Seelen der Märtyrer unter dem Altar Offb 6,9–11). Nach einer anderen Darstellung sind diese Kammern eine Art Ruhestätte während des Zwischenzustandes, zu dem aber die Seelen der Bösen, die im Tod vom Körper getrennt werden, noch nicht sofort zugelassen werden:

> Über den Tod aber will ich dir sagen:
> Wenn der Urteilsspruch vom Höchsten ausgegangen ist,
> daß ein Mensch sterben soll,
> wenn sich der Geist vom Körper trennt,
> damit er wieder zu dem gesandt werde, der ihn gegeben hat,
> dann bete er zuerst die Herrlichkeit des Höchsten an (4 Esr 7,78).

Dann gehen die „Seelen" der Bösen „nicht in die Kammern ein, sondern müssen sogleich unter Qualen umherschweifen, immer klagend und traurig auf sieben Arten" (4 Esra 7,78.80; vgl. auch 7,100). Hier ist die Unterscheidung zwischen Leib und Seele deutlich ausgesprochen. Inwieweit das Los derer in diesen „Ruhekammern" schon der ewigen Herrlichkeit entspricht, ist nicht immer klar zu ersehen; der Gedanke an eine Auferstehung tritt ganz in den Hintergrund[182]. Jedenfalls besteht ein Unterschied zwischen den Guten und Bösen[183]. –

Für die jüdisch-hellenistische Interpretation der Hoffnung auf die Auferstehung ist auch die Wiedergabe der Aussagen von 2 Makk 7 in dem kurz vor Christus entstandenen 4 Makk charakteristisch; denn diese hellenistische relecture vermeidet konsequent alle Auferstehungsaussagen von 2 Makk und spricht statt dessen von „Unsterblichkeit" (15,5 ἀϑανασία); „Unvergänglichkeit" (9,22 ἀφϑαρσία); „ewigem Leben" (15,3 ζωὴ αἰώνιος) und „Leben für Gott" (7,18 f. ζῆν τῷ ϑεῷ). Im abschließenden 18. Kapitel dieses Buches werden außerdem mehrere alttestamentliche Texte zitiert und über den ursprünglichen Sinn hinausgehend als Verheißungen des ewigen Lebens interpretiert (z. B. Jes 43,2; Ps 33/

[182] Vgl. Cavallin (Anm. 1), 264–265; Stemberger (Anm. 1), 445.

[183] Zu der verschiedenen Existenzweise der Guten und Bösen in den Seelenkammern vgl. bes. Hoffmann (Anm. 29), 144–149; Martin-Achard (Anm. 1).

34,20; Spr 3,18). Dabei werden auch Ez 37,3 und Dtn 32,39 als Belege angeführt, ohne daß der Schreiber in diesen Auferstehungsworten einen Gegensatz zu den vorherigen Angaben über die Unsterblichkeit und „die unsterblichen Seelen" (18,20) bemerkt[184]. Dasselbe gilt auch für die griechischen Übersetzer des AT (LXX); denn in der Septuaginta werden einige Stellen, über den hebräischen Text hinausgehend, eindeutig als Aussagen über eine allgemeine Auferstehung bzw. ein ewiges Leben wiedergegeben (z. B. Dtn 32,39; Ijob 19,26)[185]. Als ein (allerdings nicht ganz eindeutiges) Beispiel dafür, wie leicht die griechische Rede von einer unsterblichen Seele, die im Tod vom Leib getrennt wird, neben der jüdisch-apokalyptischen Erwartung einer Auferstehung erwähnt werden konnte, gelten auch die Angaben im TestIjob über die leibliche Aufnahme der Kinder Ijobs (39,12f.) und das Wegführen der Seele Ijobs (52,2. 10–12; s. u. 4. Kap. II,2)[186].

Die verbreitete Ineinssetzung von Auferstehung und Unsterblichkeit (der Seele) ist nicht zuletzt dadurch bedingt, daß die Juden – wie wohl auch manche Griechen – die „Seelen" bzw. „Geister" nicht als völlig leiblos und ihren Aufenthalt räumlich auffaßten[187], wie die angeführten Texte erkennen lassen, besonders die Schilderungen über das unterschiedliche Los in den Seelenkammern.

Bei all diesen Vermischungen ursprünglich jüdischer Auferstehungshoffnung mit griechischen Erwägungen über Unsterblichkeit und unsterbliche Seele ist aber zu beachten, daß für Juden das Weiterleben über den Tod hinaus niemals auf einer inhärenten Qualität der Menschenseele beruht, sondern eine göttliche Gabe ist[188]. Die Hoffnung auf die Auferstehung der Toten bzw. auf das ewige Leben wird darum in jüdischen Schriften immer mit dem Hinweis auf

184 Cavallin (Anm. 1), 285; dort auch zu dem Problem einer eventuellen späteren Anfügung von 18, 6–19. – Die bekannte Wiedergabe der Vision von Ez 37, 1–14 in der Synagoge von Dura-Europos verrät auch eine hellenistische Anthropologie (Darstellung der Seelen als geflügelte Wesen), die aber wohl kaum als Widerspruch zur traditionellen Auffassung empfunden wurde. Vgl. Stemberger (Anm. 1), 447.

185 Vgl. Cavallin (Anm. 1), 279.

186 Cavallin (Anm. 1), 299; s. u. Anm. 316.

187 Stemberger (Anm. 142), 36; ders. (Anm. 1), 445. S. auch u. S. 169, 196f., 204f., 210.

188 Vgl. U. Kellermann, Überwindung des Todesgeschicks in der alttestamentlichen Frömmigkeit vor und neben dem Auferstehungsglauben: ZThK 73 (1976), 259–282.

Gottes Macht, Bundestreue und Gerechtigkeit begründet, vor allem im Hinblick auf diejenigen, die aus ihrer Treue zu Gott das Martyrium erleiden. Charakteristisch dafür ist, daß in den Testamenten der XII Patriarchen die Auferstehungsvorstellungen zwar sehr verschieden sind, aber ein Gedanke alle Darlegungen durchzieht: der Glaube an eine jenseitige und endgültige Vergeltung [189].

Die Vielfalt der Vorstellungen von Auferstehung und ihre häufige Vermengung mit der Annahme einer unsterblichen Seele, die aber nicht leiblos gedacht ist, erlaubt die Folgerung: Maßgeblich für die Verfasser dieser Texte ist die Botschaft von einer neuen, ganz Gott zu verdankenden Existenz der Toten. Der jüdisch-apokalyptische Gedanke einer „Auferstehung" wie auch der griechisch-dualistische Begriff „unsterbliche Seele" haben dieser Botschaft gegenüber nur eine erläuternde, veranschaulichende Funktion [190]. Diese Schlußfolgerung aus der Analyse vieler Texte des frühen Judentums bestätigt nicht zuletzt die schon bei Paulus, den anderen urkirchlichen Autoren und selbst bei Jesus gemachte Beobachtung, daß der Vorstellung von der Auferstehung der Toten immer nur eine dienende Funktion zukommt.

2. Altisrael

(1) In dem allgemein als kanonisch bewerteten Text *Dan 12* (geschrieben um 168–164 v. Chr.) wird erstmals im Alten Testament unmißverständlich die Hoffnung auf eine persönliche Auferstehung ausgesprochen [191]. Der Verfasser (Daniel) erhält die Zusage „Du aber geh nun den Weg zum Ende zu! Du wirst ruhen, und am Ende der Tage wirst du auferstehen, um dein Erbteil zu empfan-

[189] Zum Gedanken der Vergeltung, bes. in 2 Makk 7,7, vgl. Stemberger (Anm. 142), 17–23; Cavallin (Anm. 1), 260, und U. Kellermann, Auferstanden in den Himmel. 2 Makkabäer 7 und die Auferstehung der Märtyrer (SBS 95), Stuttgart 1979; vgl. die abschließende Bemerkung von Martin-Achard (Anm. 1), 478.

[190] Cavallin (Anm. 122), 199; ders. (Anm. 1), 323 f.; vgl. Martin-Achard (Anm. 1), 473.

[191] Zu den Fragen der Datierung vgl. Martin-Achard (Anm. 1), 452 f. Er bietet in seinem Artikel (443–458) eine ausführliche Diskussion der neuesten Untersuchungen zu den alttestamentlichen Auferstehungsaussagen, die dem Folgenden als Grundlage dienen.

gen" (12,13). Die nach seinem Tod und am Ende der Tage erfolgende Auferstehung wird in Hinordnung auf das ihm verheißene Heil (Erbteil) gesehen. Wie diese Auferstehung des Gerechten näher zu verstehen ist, lehrt die Verheißung zu Beginn des Kapitels, die an die Ankündigung einer großen Not „wie noch keine da war, seit es Völker gibt" anschließt:

Doch dein Volk wird in jener Zeit gerettet,
jeder, der im Buch geschrieben steht.
Und viele von denen, die im Land des Staubes schlafen, werden erwachen,
die einen zum ewigen Leben,
die anderen zur Schmach, zu ewigem Abscheu.
Die Verständigen werden strahlen, wie der Himmel strahlt,
und die Männer, die viele zum rechten Tun geführt haben,
werden immer und ewig wie die Sterne leuchten (12,2–3).

Dieser Text spricht sicher nicht von einer universalen Auferstehung aller Menschen, sondern nur über die Rettung des auserwählten Volkes. Die Gegenüberstellung „die einen... die anderen" legt es nahe, auf eine Auferstehung von Gerechten und Ungerechten in Israel zu schließen. Vom gesamten Kontext her und unter Berücksichtigung der gewählten Diktion wird hier aber wohl nur den Getreuen Israels, die in der Notzeit der Makkabäer den Tod gefunden haben, ein Erwachen verheißen. Die Wendung „die anderen zur Schmach" scheint nämlich grammatikalisch nicht von „erwachen" abzuhängen, sondern wie „die einen zum ewigen Leben" von der allgemeinen Aussage über die Völker in V. 1 [192]: Der einen Gruppe wird demnach (durch die Auferstehung) ewiges Leben zuteil, der anderen aber Schmach und Verderben (unabhängig von einer Auferstehung) im Sinn von Jes 66,24: Ihre Leichen bleiben in einem Zustand der Schmach und des Abscheus.

Den Gerechten wird also das „Erwachen" (Auferstehen) [193] „aus dem Land des Staubes", d. h. des Grabes und Totenreiches, und damit „das ewige Leben" als „Anteil" (vgl. 12,13) zugesagt. Diese Verheißung steht, wie der Hinweis auf die „Schmach" der anderen

[192] Zur Einzelbegründung und Diskussion dieser von B. J. Alfrink, L'idée de résurrection d'après Dan., XII,1.2: Bib. 40 (1959), 355–371, vorgetragenen Erklärung vgl. Martin-Achard (Anm. 1), 454f.; ferner M. Delcor, Le Livre de Daniel (SBi), Paris 1971, 251–257; etwas zögernder Stemberger (Anm. 1), 444.

[193] Stemberger (Anm. 1), 444, sieht in der bildhaften Rede vom „Erwachen" derer, die in der Erde schlafen, einen Nachhall der Aussage von Jes 26,19.

zeigt, ganz im Dienste der Vergeltung. Welcher Art das „ewige Leben" der auferweckten Gerechten sein wird, wird nicht ausgeführt. Die anschließende Verheißung für „die Weisen", welche andere zum Ausharren in der Verfolgung bestärkt haben, kann zwar in einem gewissen Sinn auch auf die Auferweckten bezogen werden. Allerdings ist dann nicht sicher, ob der Vergleich mit den strahlenden Himmelskörpern das „ewige Leben" bloß auf eine symbolische Weise (ohne die Rückkehr auf diese Erde in Frage zu stellen)[194] oder als ein mit der Herrlichkeit der Sterne vergleichbares Leben beschreibt, das die irdischen Bedingungen übersteigt (vgl. die späteren apokalyptischen Texte o. S. 67f.[195]. Die hier auf jeden Fall eindeutig ausgesprochene Hoffnung auf die Auferweckung der Gerechten hat ihre Vorgeschichte in älteren Texten Israels und kann als deren relecture in der Zeit der Verfolgung bewertet werden.

(2) Die Zusage von Dan 12,2f. ist nämlich verwandt mit *Jes 53,10–12*, wonach Jahwe den „zerschlagenen" Knecht „rettet", dieser „Nachkommen sehen und lange leben wird". Ob Jes 53,10–12 regelrecht eine Totenerweckung des „Knechtes" ankündet, ist allerdings umstritten, zumal auch nicht eindeutig feststeht, wer „der Knecht" ist. Möglicherweise wird hier bloß bildhaft die Wiedererlangung der verlorenen Freiheit des Knechtes und damit die Erfüllung des göttlichen Planes ausgesprochen[196]. Offensichtlich greift aber Dan 12 dieses Prophetenwort auf und wendet es als Auferstehungsaussage auf das Schicksal derer an, die in den makkabäischen Kriegen ihr Leben verloren haben[197].

Unverkennbar ist auch die Verwandtschaft von Dan 12,2f. mit *Jes 26,19*:

> Deine Toten werden leben, die Leichen stehen wieder auf;
> wer in der Erde liegt, wird erwachen und jubeln.
> Denn der Tau, den du sendest, ist ein Tau des Lichts;
> die Erde gibt die Toten heraus.

[194] So z. B. G. Stemberger, Das Problem der Auferstehung der Toten im Alten Testament: Kairos 14 (1972), 273–290, bes. 277f.; vgl. ders. (Anm. 1), 444.

[195] So Cavallin (Anm. 122), 27,203; nach Delcor (Anm. 192), 256, liegt hier überhaupt keine nähere Angabe über die Art des ewigen Lebens vor.

[196] Vgl. dazu Martin-Achard (Anm. 1), 447f. (Lit.).

[197] Martin-Achard (Anm. 1), 457, spricht sogar von einer «exégèse ‹democratique›» des letzten Gottesknechtsliedes in der Zeit der Makkabäerkriege.

Während einzelne Autoren darin ein Echo von Dan 12,2f. vermuten[198], sehen die meisten darin einen älteren Text, mag dessen ursprüngliche Zugehörigkeit zur Jesaja-Apokalypse, die eine Überwindung des Todes in Aussicht stellt (z. B. 25,8f.), auch unsicher sein[199]. Jedenfalls handelt es sich hier um eine Zusage Jahwes, die die Toten Israels betrifft. Beachtenswert ist, daß an dieser Stelle das Aufleben der Toten in Verbindung mit dem von Gott gesandten „Tau" betrachtet wird (wohl unter Einfluß des kanaäischen Vegetationsglaubens)[200]. Aus dem Text selbst geht allerdings nicht eindeutig hervor, ob hier die individuelle Auferstehung der Toten verheißen wird oder ob es sich nur um eine bildhafte Wiederherstellung des Volkes Israel handelt[201].

Dasselbe Problem besteht bekanntlich hinsichtlich der exilischen Vision einer Wiederbelebung der Totengebeine durch den Geist Jahwes nach *Ez 37,1–14*, wo die Totenerweckung in enger Anlehnung an die Erschaffung des Menschen in Gen 2,7 dargestellt wurde[202]. Ein Bild für das Wiedererwachen des Volkes ist sicher der sehr alte Text (8. Jh.) *Hos 6,1–3*:

[198] Vgl. O. Kaiser, Der Prophet Jesaja. Kapitel 13–39 (ATD 18), Göttingen 1973, 174f.; Martin-Achard (Anm. 1), 449.

[199] Zur Diskussion darüber vgl. Martin-Achard (Anm. 1), 448f., und H. Wildberger, Jesaja. II. Jesaja 13–27 (BK.AT 10/2), Neukirchen 1978, 994–998; P. Welten, Die Vernichtung des Todes und die Königsherrschaft Gottes. Eine traditionsgeschichtliche Studie zu Jes 25,6–8; 24,21–23 und Ex 24,9–11: ThZ 38 (1983), 129–146.

[200] Vgl. Stemberger (Anm. 1), 444.

[201] Vgl. die bei Martin-Achard (Anm. 1), 449f., angeführte Diskussion. Stemberger (Anm. 1), 444, vertritt die Auffassung, daß es sich dabei um „eine falsche Alternative" handelt: „Beides gehört zusammen; erstehen doch nur Mitglieder des Volkes auf. Jes 26 spricht von einer konkreten Auferstehung zu einem neuen Leben auf dieser Erde".

[202] Vgl. dazu außer den Kommentaren bes. E. Haag, Ez 37 und der Glaube an die Auferstehung der Toten: TThZ 82 (1973), 78–92; C. Barth, Ezechiel 37 als Einheit: H. Donner/R. Hanhart/R. Smend (Hrsg.), Beiträge zur alttestamentlichen Theologie (FS W. Zimmerli), Göttingen 1977, 39–52. – Später wurde diese Stelle eindeutig als Verheißung zukünftiger Auferweckung einzelner aufgefaßt, wie die Bilder in der Synagoge von Dura-Europos zeigen. Vgl. dazu bes. W. Zimmerli, Ezechiel (BKAT XIII, 2), Neukirchen ²1979, 898–900. S. auch o. Anm. 184. (Ez 37, 1–14 wurde von Rabbinen allerdings auch als Vision einer schon erfolgten Auferstehung verteidigt [bSanh 92b]; Zimmerli, ebd. 899.)

Kommt, wir kehren zum Herrn zurück!
Denn er hat [Wunden] gerissen, er wird uns auch heilen;
er hat verwundet, er wird auch verbinden.
Nach zwei Tagen gibt er uns das Leben zurück,
am dritten Tag richtet er uns wieder auf,
und wir leben vor seinem Angesicht...
er kommt so sicher wie das Morgenrot,
er kommt zu uns wie der Regen,
wie der Frühjahrsregen, der die Erde tränkt.

Im Hintergrund dieses Bußliedes steht einmal das Bild der Krankenheilung (vgl. auch Dtn 32,39; 1 Sam 2,6), die schon als Totenerweckung gewertet werden konnte[203], und zum anderen (wie Jes 26,19) das des Regens, der die erstorbene Erde wieder aufleben läßt. Letzteres verweist auf die kanaanäischen Fruchtbarkeitskulte, deren Sprache hier aufgegriffen wird und die – wie oben schon dargelegt – bis in die Texte des frühen Judentums nachwirkten[204].

Wenn Hos 6,1–3 und Ez 37,1–14 auch nicht als eindeutige Belege für die Hoffnung auf eine individuelle Auferstehung ausgewertet werden können, so setzen sie doch zumindest die Vorstellung einer solchen Gott möglichen Überwindung des Todes voraus.

(3) Bekannt ist, daß in den frühesten Schichten des Alten Testaments die Hoffnung auf ein Leben über den Tod hinaus kaum einmal, wenn überhaupt, ausgesprochen wird. Mehrfach werden als Beleg zwei Psalmverse herangezogen:

Doch Gott wird mich loskaufen aus dem Reich des Todes,
ja, er nimmt mich auf *(Ps 49,16)*.
Ich aber bleibe immer bei dir,
du hältst mich an meiner Rechten.
Du leitest mich nach deinem Ratschluß
und nimmst mich am Ende auf in Herrlichkeit *(Ps 73,23f.)*.

[203] Vgl. M. L. Barré, New Light on the Interpretation of Hosea VI,2: VT 28 (1978), 129–141. – Martin-Achard (Anm. 1), 444f., kritisiert bei Barré eine zu starke Unterscheidung zwischen Krankheit und Auferwekkung unter Hinweis auf die Totenerweckungen durch Elija und Elischa, die nach Art von Krankenheilungen geschildert werden (1 Kön 17, 17–24; 2 Kön 4,31–37).

[204] Vgl. außer den Kommentaren bes. E. Jacob, L'héritage cananéen dans le livre du prophète Osée: RHPhR 43 (1963), 250–259; Stemberger (Anm. 1), 444, 447.

Während viele Autoren hier die Hoffnung auf eine Errettung aus dem Tod ausgesprochen finden[205], wird dies von anderen bestritten[206]. Jedenfalls fehlt es nicht an Texten, nach denen für die Toten offensichtlich keine echte Hoffnung mehr besteht:

Ja, in der Unterwelt dankt man dir nicht,
die Toten loben dich nicht;
wer ins Grab gesunken ist,
hat nichts mehr von deiner Güte zu erhoffen (Jes 38, 18).

Ich bin zu den Toten hinweggerafft,
wie Erschlagene, die im Grabe ruhen;
an sie denkst du nicht mehr;
denn sie sind deiner Hand entzogen (Ps 88, 5f.; vgl. VV. 11–13; Ps 6, 6).

Allgemein ist bekannt, daß noch in späterer Zeit die aufkeimende Erwartung eines Lebens über den Tod hinaus regelrecht als nichtig hingestellt und somit abgewehrt wird:

... Denn jeder Mensch unterliegt dem Geschick,
und auch die Tiere unterliegen dem Geschick.
Sie haben ein und dasselbe Geschick.
Wie diese sterben, so sterben jene.
Beide haben ein und denselben Atem.
Einen Vorteil des Menschen gegenüber dem Tier gibt es da nicht.
Beide sind Windhauch.

[205] So z. B. H.-J. Kraus, Psalmen I.II (BK.AT 15/1–2), Neukirchen ^{5}1978, zu Ps 49, 16 und 73, 24; H. Irsigler, Psalm 73 – Monolog eines Weisen. Text, Programm, Struktur (Arbeiten zu Text und Sprache im AT 20), St. Ottilien 1984, bes. 272. M. Dahood, Psalms III: 101–150 (AncB 17A), Garden City 1970, XLI–LXII, versucht unter Berufung auf ugaritische Parallelen an 40 Psalmstellen eine Auferstehungsvorstellung nachzuweisen. N. Füglister, Die Entwicklung der universalen und individuellen biblischen Eschatologie in religionshistorischer Sicht: F. Dexinger (Hrsg.), Tod – Hoffnung – Jenseits. Dimensionen und Konsequenzen biblisch verantworteter Eschatologie, Wien 1983, 17–35, führt noch als umstrittenen Text Ps 16, 10f. (vgl. Apg 2, 31; 13, 35) an: „Du gibst mich nicht der Unterwelt preis, du läßt deinen Frommen das Grab (LXX „das Verderben") nicht schauen. Du zeigst mir den Pfad zum Leben. Vor deinem Angesicht herrscht Freude in Fülle, zu deiner Rechten Wonne für alle Zeit". Füglister bemerkt dazu: „Ein jedenfalls offener Text, der, was immer ursprünglich damit gemeint gewesen sein mag, todüberwindendes Vertrauen freizusetzen und zum Sprechen zu bringen vermag" (ebd. 31).

[206] Vgl. L. Wächter, Der Tod im Alten Testament (AzTh II/8), Stuttgart 1967, 196; P. Casetti, Gibt es ein Leben vor dem Tod? Eine Auslegung von Psalm 49 (OBO 44), Freiburg/Schw. 1982, passim.

Beide gehen an ein und denselben Ort.
Beide sind aus Staub entstanden,
beide kehren zum Staub zurück.
Wer weiß, ob der Atem der einzelnen Menschen wirklich nach oben steigt, während der Atem der Tiere ins Erdreich hinabsinkt (Koh 3,19–21; vgl. 6,6f.).

Für diesen, angesichts der verbreiteten Jenseitserwartung in der damaligen Umwelt sehr erstaunlichen Befund lassen sich folgende Gründe anführen: 1. die Frontstellung gegen den Totenkult in der damaligen Umwelt, der als Konkurrenz zum Glauben an Jahwe als einzigen Herrn des Lebens bewertet wurde[207]; 2. das geringe Interesse am individuellen Schicksal angesichts der Konzentrierung auf die Zukunft des Volkes und damit auf das Sehen von Nachkommenschaft und den Fortbestand des Namens[208].

Bei der Beurteilung der ältesten Belege darf allerdings folgendes nicht übersehen werden: Erstens gestatten die wenigen Angaben in der Bibel keinen Rückschluß auf die allgemeine Erwartung, zumal auch „das Sprachspiel" der Zeugnisse zu beachten ist (z. B. die Klage, besonders über die Ferne Gottes in der scheol). Zweitens ist der Glaube der frühen Israeliten wesentlich bestimmt durch den Glauben an Jahwe, der Herr über Leben und Tod ist (Dtn 32,39; 1 Sam 2,6; vgl. Ps 68,21), also auch über die scheol (Am 9,2; Ps 139,8; Ijob 26,6; Spr 15,11)[209]. Dieser Glaube schließt letztlich ein, daß selbst die Toten bei ihm aufgehoben sind, wenn dies auch nicht immer reflektiert und ausgesprochen wird. Die in den jüngeren Schichten des Alten Testaments und in den frühjüdischen Apokalypsen ausgesprochene Hoffnung auf eine Errettung aus dem Tod dank der Macht Gottes ist daher – auch da, wo sie in griechisch-hellenistischer Sprache vorgetragen wird – im Grunde immer die konsequente und legitime Explikation des alten Jahweglaubens.

[207] Vgl. Wächter (Anm. 206), 187f.

[208] Vgl. N. K. Gottwald, The Tribes of Jahweh. A Sociology of the Religion of Liberated Israel. 1250–1050 B.C.E., Maryknoll 1979, bes. 694; Kellermann (Anm. 188), 261; C. Duquoc, Le salut des corps: de l'immortalité à la resurrection: LV(L) 33 (1984), 85–94.

[209] Vgl. N. Füglister, Die biblische Anthropologie und die postmortale Existenz des Individuums: Kairos 22 (1980), 129–145; ders. (Anm. 205), 34f.

Drittes Kapitel

DIE AUFERSTEHUNG ALS ERRETTUNG AUS DEM EWIGEN TOD DURCH JESUS CHRISTUS

Zum Kern der neutestamentlichen Botschaft gehört, daß die Errettung aller Toten an den Sieg Jesu über den Tod gebunden ist. Um diese christliche Sicht zu verstehen, ist zunächst die biblische Auffassung vom Tod als Auswirkung der Sünde zu klären.

I. Verbindung zwischen Tod und Sünde

1. Neues Testament

(1) *Paulus*, von dessen Darlegung wir hier wiederum am besten ausgehen, schreibt zwar mehrfach über Sterben und Tod schlicht als Ende menschlichen Lebens (z. B. 1 Kor 11,30; 15,6; 2 Kor 1,9), erklärt jedoch niemals, wie es heute meist geschieht, das Sterben als bloßes Naturphänomen, als biologisches Ende menschlichen Lebens infolge der Zerstörung oder des Erlöschens der körperlichen Kräfte. (Eine solche Sicht klingt allenfalls 1 Kor 15,45 an: „Der erste Adam wurde zu einem lebenden Wesen [ψυχὴν ζῶσαν]".) Er deutet es an keiner Stelle als Trennung von Leib und Seele[210], wie etwa griechische Philosophen, Philo und 4 Esra.

In Zusammenhängen, die theologische Reflexion verraten, betrachtet Paulus den Tod hingegen als eine Macht, über die er in personifizierender Weise sprechen kann: Durch einen Menschen „kam" er zu allen Menschen (Röm 5,12; vgl. 1 Kor 15,21), von Adam an „herrschte" er (Röm 5,14; vgl. Röm 6,9) und als „der letzte Feind" wird er besiegt werden (1 Kor 15,26; vgl. 15,54f.). Als „Macht" führt der Apostel den Tod auch in der Aufzählung der Gewalten an, die ihn nicht von der Liebe Gottes trennen können: „Weder Tod noch Leben, weder Engel noch Mächte, Widergöttliches noch Zukünftiges... kann uns trennen von der Liebe Gottes

[210] Die Gegenüberstellung von σάρξ und πνεῦμα in 1 Kor 5,5 darf damit nicht verwechselt werden. Zu der verbreiteten Auslegung von Phil 1,23 unter Einfluß der lateinischen Übersetzung „dissolvi" s. u. Anm. 283.

in Christus Jesus unserem Herrn" (Röm 8,38f.; vgl. 1 Kor 3,22). Falls in der Exkommunikationsforderung für den Inzestsünder mit „Verderben des Fleisches" (1 Kor 5,5) der irdische Tod (vgl. Apg 5,4–10) bzw. dessen Vorwegnahme in Krankheit u. ä. (vgl. 1 Kor 11,30) gemeint ist[211], wird dabei der Tod ausdrücklich mit Satan in Verbindung gebracht.

Der Grund, warum jeder Mensch dieser Todesmacht unterworfen ist, liegt für Paulus nicht in einer natürlichen Anlage, sondern in der ebenfalls als Macht vorgestellten „Sünde": Diese trat durch einen Menschen (Adam) in die Welt ein (εἰσῆλθεν), und durch sie schritt (διῆλθεν) der Tod zu allen Menschen (Röm 5,12.18; vgl. 1 Kor 15,21f.); im Tod gelangte die Sünde schließlich zur Herrschaft (Röm 5,21). Dies geschah aber nicht ohne Mitschuld der Menschen, wie der Nachsatz betont: „da alle sündigten" (ἐφ' ᾧ πάντες ἥμαρτον, Röm 5, 12d)[212]. Deshalb ist für den einzelnen der Tod auch die Folge und Frucht seines Sündigens (Röm 6,21f.; vgl. 7,5.13) und kann er mit einem Bild aus dem Militärleben „der Sold der Sünde" (τὰ ὀψώνια τῆς ἁμαρτίας, Röm 6,23) genannt werden. Durch die Sünde befindet sich der Mensch in einem „Leib des Todes" (σῶμα τοῦ θανάτου, Röm 7,24); als solcher unterliegt er dem „Gesetz der Sünde und des Todes" (νόμος τῆς ἁμαρτίας καὶ θανάτου, Röm 8,2).

Diese Verbindung zwischen Tod und Sünde vertritt Paulus – ohne jeden Bezug auf Adam – in seinem Kommentar zu den alttestamentlichen Texten: „Verschlungen wurde der Tod im Sieg. Wo [ist], Tod, dein Sieg? Wo, Tod, dein Stachel?" (1 Kor 15,54f.; vgl. Jes 25,8; Hos 13,14). Der Apostel ergänzt nämlich diese Zitate mit der Erklärung: „Der Stachel des Todes ist die Sünde" (τὸ δὲ κέντρον τοῦ θανάτου ἡ ἁμαρτία, 1 Kor 15,56). Was dem Tod in Wahrheit seine furchterregende Macht gibt (wie der Stachel eines Tieres oder eines Treibers), ist also die Sünde[213]. Gäbe es nicht die Sünde, wäre der Tod harmlos und ungefährlich wie ein Insekt ohne Stachel. Der erläuternde Zusatz „die Macht der Sünde aber ist das Ge-

[211] Vgl. außer den Kommentaren bes. Sand (Anm. 66), 143f.

[212] Zur Übersetzung von ἐφ' ᾧ, das in der Vulgata mit „in quo" (Adam) wiedergegeben wurde und so wesentlich die Lehre vom peccatum originale beeinflußte, vgl. O. Kuss, Der Römerbrief. 1. Lieferung (Röm 1,1 bis 6,11), Regensburg 1957, 228–230; Schunack (Anm. 59), 255f.; H. Schlier, Der Römerbrief (HThK 6), Freiburg 1977, 161f. In der Nova Vulgata Editio, Rom 1979, heißt es jetzt: „eo quod (omnes peccaverunt)".

[213] Vgl. L. Schmid, κέντρον: ThWNT III (1938), 662–668, bes. 667.

setz" verweist noch darauf, daß das dem Volk Israel gegebene Gesetz in der konkreten Geschichte nicht, wie es eigentlich hätte sein sollen, das Leben vermittelte; infolge der menschlichen σάρξ „mehrte" es hingegen noch die Sünde (Röm 6,20; vgl. 7,13) und bewirkte den Tod, insofern es den Menschen zum Sündigen provozierte (Röm 7,5–13; vgl. „der Buchstabe tötet" 2 Kor 3,6)[214]. Die kurze Bemerkung über den „Stachel des Todes" lehrt unmißverständlich: Paulus denkt bei „Tod" an ein Geschick des Menschen, das wesentlich durch die Sünde geprägt ist und von dort seinen Unheilscharakter hat.

Diese Schau des Todes als Auswirkung der Sünde deuten auch die schon oben besprochenen Worte an, mit denen Paulus die Todesverfallenheit dem Leben der Auferstandenen gegenüberstellt: „Gesät wird in Vergänglichkeit... in Schmach... in Schwachheit... ein rein irdischer Leib" (1 Kor 15,42f.). Es fehlt also dem Sterblichem das, was ihm einzig durch Gott und in Gemeinschaft mit Gott zu eigen wird und was er dank seiner Berufung besitzen soll: „Unvergänglichkeit... Herrlichkeit... Kraft... ein überirdischer Leib" (vgl. die Angabe über die Sünder: „sie ermangeln der Herrlichkeit Gottes" [ὑστεροῦνται τῆς δόξης τοῦ θεοῦ], Röm 3,23). Dies besagt auch die Rede über den „Leib der Niedrigkeit" im Unterschied zum „Leib seiner [Christi] Herrlichkeit" (Phil 3,21). Gerade diese Gegenüberstellung läßt erkennen, daß die paulinische Sicht des Todes wesentlich ein Gegenbild dessen ist, wozu Christus den Sünder durch seinen Tod errettet hat: ewiges Leben, Unsterblichkeit, Herrlichkeit. Für den Apostel ist darum selbst das gegenwärtige Leben des Getauften noch ein Warten „auf die Sohnschaft, die Erlösung des Leibes" (Röm 8,22). Daraus darf gefolgert werden, daß die paulinische Sicht der Sündenverflochtenheit und Todesverfallenheit vornehmlich in der urkirchlichen Christusverkündigung und nicht in Gen 2–3 gründet[215].

Schließlich ist zu beachten, daß Paulus den Tod Jesu vor allem mit „Kreuz" (bzw. „gekreuzigt") bezeichnet. Das ist nicht bloß ein

[214] Vgl. J. Kremer, „Denn der Buchstabe tötet, der Geist aber macht lebendig". Methodologische und hermeneutische Erwägungen zu 2 Kor 3,6b: J. Zmijewski/E. Nellessen (Hrsg.), Begegnung mit dem Wort (FS H. Zimmermann) (BBB 53), Bonn 1979, 219–250, bes. 226.

[215] Vgl. J. Kremer, Erlösung von Sünde und Tod: StZ 202 (1984), 239–252, bes. 240; unter einem anderen Gesichtspunkt ähnlich E. Lohse: O. Kaiser/E. Lohse, Tod und Leben (Bibl. Konfrontationen), Stuttgart 1977, 88–91.

Hinweis auf die äußere Form des Todes. Zu dem „Ärgernis des Kreuzes“ (vgl. 1 Kor 1,18.23) gehören nämlich für den ehemaligen Rabbinenschüler Schwäche (2 Kor 13,4), Knechtschaft und äußerste Erniedrigung (Phil 2,7–8), ja sogar „Fluch“ (Gal 3,21) und „Sünde“ (2 Kor 5,21)[216]. Durch einen solchen Tod hat Jesus denen, die daran durch Taufe und Glaube Anteil erhalten, die Möglichkeit geschaffen, aus dem eigenen Tod der Sünde befreit zu werden. Weil es bei der Errettung aus dem Tod letztlich um die Errettung aus diesem Tod der Sünde geht, kann Paulus die Situation des Sünders (noch während des Erdenlebens) mit „Tod“ bezeichnen, wie der Ausruf am Ende der Ausführungen über die Versklavung unter die Sünde eindrucksvoll lehrt: „O, ich armseliger Mensch! Wer wird mich retten aus dem Leib dieses Todes?“ (Röm 7,24; vgl. 2 Kor 2,16 „aus Tod zum Tod“). Die herangezogenen Texte zeigen: Der durch die Sünde bedingte Tod meint für Paulus jene Verlorenheit des Menschen, die tiefer reicht als das biologische Ende. Der medizinisch feststellbare Tod hat nur den Charakter eines Symbols, das auf diese Verlorenheit verweist und sie zugleich zeichenhaft vorwegnimmt[217].

(2) Wesentliche Aspekte der skizzierten paulinischen Sicht finden sich im Neuen Testament vor allem noch *in den johanneischen Schriften*. (Auf die entsprechenden, aber weniger ausgeprägten Aussagen der übrigen Autoren wird nur kurz verwiesen.)

„Tod“ bezeichnet im Johannesevangelium zwar häufig bloß das Ende des irdischen Lebens (so z. B. 6,58; 8,52f.; 11,14.21.32; 19,33). Etliche Male ist aber mit Tod mehr gemeint. Dies geht klar aus Jesu Antwort auf die Nachricht von der Erkrankung des Lazarus hervor: „Diese Krankheit ist nicht zum Tod...“ (Joh 11,4)[218].

[216] Aus der Fülle der Literatur dazu vgl. bes. M. Hengel, Mors turpissima crucis. Die Kreuzigung in der antiken Welt und die „Torheit“ des „Wortes vom Kreuz“: J. Friedrich/W. Pöhlmann/P. Stuhlmacher (Hrsg.), Rechtfertigung (FS E. Käsemann), Tübingen 1976, 125–184; H. W. Kuhn, σταυρός u. σταυρόω: EWNT III (1983), 639–646, 646–649 (Lit.).

[217] Vgl. Kuss (Anm. 212), 249f.; X. Léon-Dufour, Face à la mort. Jésus et Paul (Parole de Dieu), Paris 1979, 58 – 61; s. u. S. 327.

[218] Vgl. außer den Kommentaren Kremer (Anm. 8). Der Verfasser gesteht gern, daß ihm die jahrelange Beschäftigung mit Joh 11 den Blick für diese heute oft verdrängte Tiefendimension des Todes öffnete; vgl. auch S. Kierkegaard, Die Krankheit zum Tode: Philosophisch-Theologische Schriften I/2, hrsg. v. H. Diem/W. Rest, Köln 1956, bes. 41.

Denn aus der Sicht des Evangelisten bezieht sich diese Feststellung nicht auf das Sterben seines Freundes, das Jesus nicht verborgen blieb („Lazarus ist gestorben", 11,14), sondern auf den ewigen Tod: „... wird nicht sterben in Ewigkeit" (11,26). Dieser Tod steht in Gegensatz zum ewigen Leben, das Jesus vermittelt und selbst ist: „Ich bin die Auferstehung und das Leben" (11,25).

Das Wissen um einen Tod, der tiefer reicht als das irdische Lebensende, steht auch im Hintergrund vieler Worte über „das Leben", „das ewige Leben" (bzw. „Leben in Fülle"), wie z. B. in der Zusicherung: „Und ich gebe ihnen ewiges Leben und sie werden in Ewigkeit nicht verlorengehen" (10,28; vgl. 10,10; 12,25). Der Gegensatz von Tod und ewigem Leben liegt ferner den Worten des vierten Evangeliums zugrunde, in denen Jesus als „Licht" und „Leben" der todbringenden Macht der Finsternis gegenübergestellt wird: „und das Licht leuchtet in der Finsternis" (1,5): „ich bin als das Licht in die Welt gekommen, damit jeder, der an mich glaubt, nicht in der Finsternis bleibt" (12,46; vgl. 12,35; 8,12; ferner 1 Joh 1,5; 2,8–11)[219].

(Die Unterscheidung zwischen irdischem Tod und ewigem Tod spricht der Verfasser der Apokalypse dadurch aus, daß er die jüdische Rede von einem „zweiten Tod" aufnimmt: Dieser trifft die Toten, die vorher schon einmal gestorben waren und nach der 1000jährigen Herrschaft vor Gericht gestellt werden, als höllisches Schicksal [Offb 2,11; 20,6.14; 21,8].)

Verursacher dieser Verfallenheit an den ewigen Tod ist der „Herrscher dieser Welt", den Jesus durch seinen Tod überwindet: „Jetzt ergeht das Gericht dieser Welt, jetzt wird der Herrscher dieser Welt hinausgeworfen" (12,31; vgl. 14,30; 16,11). Ausdrücklich wird Satan als der „Menschenmörder von Anfang an" (ἀνθρωποκτόνος... ἀπ' ἀρχῆς, 8,44) bezeichnet. Er ist es, der von Judas' Herz Besitz ergreift, um den Tod Jesu zu betreiben (13,2.27). Vom Wissen um diese satanische Macht des Todes ist wohl auch das doppelte „Ergrimmen" Jesu in der Lazarusgeschichte getragen (ἐνεβριμήσατο, ἐμβριμώμενος, 11,33.38), das als Reflex der älteren Getsemani-Überlieferung (bes. in einer mit Lk 22,44 verwandten Fassung: vgl. Joh 12,27f.) gedeutet werden darf[220]. (Auch Hebr 2,14 wird „der Teufel" als der bezeichnet, „der die Macht des Todes

[219] Vgl. P. Hoffmann, Tod I. Biblisch: HThG IV (1970), 669.
[220] Kremer (Anm. 8), 72f.

hat". In der Sprache jüdischer Apokalyptik werden Offb 20, 13 f. [vgl. 1, 18] Tod und Hades als personifizierte Herrscher bezeichnet: „und der Tod und der Hades gaben die Toten heraus... und der Tod und der Hades wurden in den Feuerpfuhl geworfen".)

Wie Paulus kennt aber auch der Verfasser des Johannesevangeliums die Verknüpfung des Todes mit der Sünde. Unverkennbar deutet darauf das Wort Jesu hin: „Ich habe euch gesagt: Ihr werdet in euren Sünden sterben; denn wenn ihr nicht glaubt, daß Ich es bin, werdet ihr in euren Sünden sterben" (8, 24; vgl. 8, 21). Ohne Glauben an den Überwinder der Todesmacht sind die Menschen also infolge ihrer Verstrickung in die Sünde dem Tod verfallen. Diese Beziehung zwischen Tod und Sünde liegt auch dem Spruch zugrunde, in dem die von der Sünde geknechteten Menschen einfach als „die Toten" bezeichnet werden: „Amen, amen, ich sage euch: Es kommt die Stunde und sie ist jetzt da, da werden die Toten die Stimme des Sohnes Gottes hören, und die sie hören, werden leben" (5, 25). Unmittelbar vorher wird ihre Situation ausdrücklich „Tod" genannt, von dem die Glaubenden schon zum Leben hinübergegangen sind: „Amen, amen, ich sage euch: Wer mein Wort hört und an den glaubt, der mich gesandt hat, hat schon ewiges Leben und kommt nicht ins Gericht, sondern ist schon vom Tod zum Leben hinübergegangen" (5, 24; vgl. auch 1 Joh 3, 14; zu der hier vorliegenden präsentischen Eschatologie s. u. 4. Kap. III, 1). Die Verstrickung in die todbringende Sünde wird in den johanneischen Schriften niemals ausdrücklich mit der Sünde der Stammeltern in Verbindung gebracht (indirekt vielleicht Joh 8, 44). Das Wissen um die Sünde ist hingegen für den Verfasser von 1 Joh 1, 10 engstens mit dem um das Erlösungswerk Christi verknüpft: „Wenn wir sagen, daß wir nicht gesündigt haben, machen wir ihn [Christus] zum Lügner, und sein Wort ist nicht in uns". –

Die Relation zwischen Sünde und Tod ist allerdings nicht so einfach, wie sie aufgrund dieser Worte erscheinen könnte und damals oft gesehen wurde. In Joh 5, 14 setzt Jesu Wort zum Geheilten (ähnlich wie Mk 2, 5par) einen kausalen Zusammenhang zwischen Sünde und Krankheit voraus: „Siehe, du bist gesund geworden; sündige nicht mehr, damit dir nicht Schlimmeres widerfährt." Seine Antwort auf die Frage, ob der Blindgeborene oder seine Eltern gesündigt haben, lehrt demgegenüber, daß Menschen diesen Zusammenhang im einzelnen niemals aufrechnen können: „Weder dieser hat gesündigt, noch seine Eltern" (9, 3). Eine differenzierende Beziehung zwischen Sünde und Tod artikuliert auch die Unterscheidung zwischen „Sünde zum Tod" und „Sünde, die nicht zum Tod führt" (1 Joh 5,16)[221]. (Das Wissen um den Zusammenhang zwischen Sünde und Tod spiegeln hingegen auch die Schilderungen von Krankenheilungen in den Evangelien, wie oben schon dargelegt wurde. Nach dem Jakobusbrief bringt die zur Vollendung gelangte Sünde den Tod hervor [1,15]; wer dagegen einen Sünder zur Umkehr führt, „wird dessen Leben [ψυχή] aus dem Tod erretten und eine Fülle von Sünden zudecken" [5,20].)

(3) *Jesus* hat, wie auch eine kritische Sicht der Evangelien nahelegt, um die Verknüpfung zwischen Tod und Sünde gewußt. Das zeigt seine Predigt von der Gottesherrschaft; denn diese war mit dem Ruf zur Umkehr (von der Sünde) und mit machtvollen Taten verbunden, die als Zeichen der Befreiung aus der Macht Satans und des Todes dienten. Bei Exorzismen und Krankenheilungen ging es Jesus nicht so sehr um medizinische Therapien als vielmehr um Befreiung aus einer durch die Sünde bedingten übermenschlichen Versklavung. Eindrucksvoll belegt das die sicherlich von Lukas stilistisch geformte, aber Jesu Denken getreu wiedergebende Bemerkung über die gekrümmte Frau, „die der Satan schon seit achtzehn Jahren gefesselt hielt" (Lk 13,16)[222]. Als Beleg dafür darf auch die im Wirken Jesu verankerte und später explizierte Zusage an den Gelähmten gelten: „Deine Sünden sind dir vergeben (Mk 2,8par)[223]. Insofern jede Krankheit schon als Anzeichen des Todes und Schwerkranke schon als Tote galten, ist darin grundsätzlich die Verbindung zwischen Tod und Sünde angedeutet. Die Evangelien deuten nirgends an, daß Jesus die damals im Judentum verbreitete und in der Urkirche auch als Auffassung Jesu verkündete Beziehung zwischen Tod und Sünde grundsätzlich in Frage gestellt hat. Wohl lassen Lk 13,1–5 und Joh 9,3 darauf schließen, daß er sich gegen eine zu einfache Sicht dieser Relation und eine daraus gefolgerte

[221] Vgl. dazu bes. Schnackenburg (Anm. 100), 253–258; Brown (Anm. 100), 615–619.

[222] Vgl. W. Kirchschläger, Jesu exorzistisches Wirken aus der Sicht des Lukas. Ein Beitrag zur lukanischen Redaktion (ÖBS 3), Klosterneuburg 1981, 242–248; Fitzmyer (Anm. 117), 1011.

[223] Vgl. dazu bes. J. Gnilka, Das Elend vor dem Menschensohn (Mk 2,1–12): R. Pesch/R. Schnackenburg (Hrsg.), Jesus und der Menschensohn (FS A. Vögtle), Freiburg 1975, 196–209; R. Pesch, Das Markusevangelium I. Einleitung und Kommentar zu Kap. 1,1–8,26 (HThK 2/1), Freiburg ^{3}1980, 152–162, bes. 158.

Aufrechnung in Einzelfällen gewandt hat. (Die Verstrickung in Sünde und Tod wird übrigens in den Evangelien niemals auf die Sünde der Stammeltern zurückgeführt.)

Jesus hat außerdem um eine Dimension des Todes gewußt, die den irdischen Tod übersteigt. Dies belegt sein Ruf in die Nachfolge:

> Wer sein Leben retten will,
> wird es verlieren;
> wer aber sein Leben um meinetwillen und des Evangeliums willen verliert,
> wird es retten.
> Denn was nützt es dem Menschen, wenn er die ganze Welt gewinnt,
> und an seinem Leben Schaden leidet (Mk 8,35f.par; vgl. Joh 12,25).

Hier ist vorausgesetzt, daß ein Bewahren des irdischen Lebens letztlich nicht immer einen Gewinn bedeutet, ein Verlieren dieses Lebens hingegen gering wiegt im Vergleich zur Rettung des wahren Lebens (ψυχή steht hier im Sinne von nefesch und nicht von leibloser Seele; s. o. S. 30)[224]. Diese Ansicht liegt auch einem anderen alten Spruch zugrunde, mag dessen vorliegende Fassung auch die hellenistisch-dichotomische Redeweise von „Leib und Seele" aufgreifen:

> Fürchtet euch nicht vor denen,
> die den Leib töten, die Seele aber nicht töten können.
> Fürchtet vielmehr den,
> der Seele und Leib in der Hölle vernichten kann (Mt 10,28)[225].

Biblischem Sprachgebrauch gemäß meint das „Vernichten" (ἀπολέσαι) von „Seele und Leib" nicht ein völliges Auslöschen, sondern ewiges Verderben, also den ewigen Tod in der Trennung vom wahren Lebensquell Jahwe. Von dieser Sicht des irdischen Todes als Schatten des ewigen Verderbens zeugt schließlich Jesu Verhalten gegenüber dem eigenen Tod; denn seine Erschütterung und Todesangst, wie sie eine schon oben angeführte alte Überlieferung festgehalten hat (Mk 14,32–41par; Joh 12,27; vgl. Joh 11,33.38;

[224] Vgl. E. Schweizer, ψυχή: ThWNT IX (1973), 635–666, bes. 640–644; außerdem die eingehende, aber nicht immer ganz überzeugende Untersuchung von Dautzenberg (Anm. 118), 51–82; ders. (Anm. 58), 186–203, bes. 197.

[225] Die Parallele Lk 12,5 vermeidet gemäß griechischem Empfinden, für das die Seele unsterblich ist, die Formulierung „Leib und Seele töten". Vgl. dazu außer Dautzenberg (Anm. 118), 138f., bes. Schweizer (Anm. 224), 646.

Hebr 5, 5–7), ist offensichtlich durch das Wissen um ein größeres Unheil als das bloße Lebensende bedingt. Als Beleg dafür kann auch die Wiedergabe seines Notschreis am Kreuz angeführt werden: „Mein Gott, mein Gott, warum hast du mich verlassen" (Mk 15, 34). Wenn dieser Ruf auch nicht mit Sicherheit als ureigenes Wort Jesu ausgewiesen werden kann, so gibt er jedenfalls die Betroffenheit Jesu angesichts des als Fluch und damit als Trennung von Jahwe zu wertenden Kreuzestodes (Dtn 27, 26; vgl. Gal 3, 13) wieder[226].

2. Schriften des frühen Judentums

Die neutestamentlichen Aussagen über die Relation zwischen Tod und Sünde sowie über die tiefere Dimension des Todes haben auffallende Parallelen in den Schriften des frühen Judentums. Ein Überblick darüber trägt dazu bei, die neutestamentlichen Texte besser zu verstehen[227].

Ähnlich wie Röm 5, 12f. wird auch in jüdischen Schriften aus dem 1. Jahrhundert n. Chr. unter Bezug auf Gen 2–3 der Tod als Auswirkung der Sünde Adams betrachtet. Unmißverständlich kommt dies in Fragen und Klagen zum Ausdruck, die zur Zeit des Paulus bekannte Anschauungen wiedergeben:

> Ich [Esra] antwortete und sagte:
> Dies ist mein erstes und letztes Wort:
> Es wäre besser gewesen, die Erde hätte Adam nicht hervorgebracht
> oder, nachdem sie ihn schon hervorgebracht hatte,
> sie hätte ihn zur Ordnung gewiesen,
> so daß er nicht sündigte.

226 Pesch (Anm. 224), 495, vertritt, daß die vormk Passionsgeschichte das aramäische Sterbegebet Jesu überliefert, deutet dieses aber als Vertrauensäußerung „im Dunkel der 'Gottesverlassenheit'". Die alten und neuen Versuche, einen anderen Gebetstext zu rekonstruieren (z. B. Léon-Dufour [Anm. 217], 159–164), bleiben reine Vermutungen.

227 Diese Studie muß sich auch hier wieder auf einen Überblick beschränken, der hauptsächlich das von E. Brandenburger, Adam und Christus, exegetisch-religionsgeschichtliche Untersuchung zu Röm 5, 12–21 (1 Kor 15) (WMANT 7), Neukirchen 1962, gesammelte Textmaterial im Hinblick auf unsere Fragestellung aufgreift. Vgl. auch G. F. Moore, Judaism in the First Centuries of the Christian Era. The Age of the Tannaim I, Cambridge 1932, 474–496.

Denn was nützt es allen, gegenwärtig in Trauer zu leben
und nach dem Tod die Strafe zu erwarten.
Ach, Adam, was hast du getan?
Als du gesündigt hast,
gereichte es ja nicht nur zum Sturz für dich allein,
sondern auch für uns, die wir von dir stammen.
Denn was nützt es uns,
daß uns die unsterbliche Welt verheißen ist,
wir aber sterbliche Werke getan haben? (4 Esra 7, 116–119)[228].

Die hier beklagte allgemeine Auswirkung der Sünde Adams ist allerdings nicht die einzige Aussage in 4 Esra zu unserem Thema und sicherlich nicht die Meinung des Verfassers selbst; denn den Klagen Esras stehen die Belehrungen durch den Engel gegenüber, der, Gott verteidigend, auf das Geschenk des Gesetzes (z. B. 7, 20–24) und damit auf die Möglichkeit verweist, den „bösen Trieb" zu überwinden, mögen auch nur wenige dies tun (7, 139)[229].

Eine ähnliche Klage steht in der syr. Baruch-Apokalypse:

Oh, was hast du, Adam, getan an allen, die aus dir geboren sind?
Was wird man von der ersten Eva sagen,
daß sie der Schlange gehorcht hat,
so daß zum Untergang diese ganze Menge geht
und Ungezählte (dann) das Feuer verschlingt (48, 42f.).

Ausdrücklich wird auch (ähnlich wie Röm 5, 12) erklärt, daß die Sünde Adams zwar über alle den vorzeitigen Tod brachte, dem einzelnen dadurch jedoch nicht die Verantwortung abgenommen wurde:

Mit Recht gehen auch die zugrunde, die dein Gesetz nicht lieben.
Die Qualen des Gerichtes werden auf die treffen,
die sich nicht deiner Macht gebeugt haben.
Zwar sündigte einst als erster Adam
und hat damit vorzeitigen Tod gebracht für alle,
doch hat von denen, die aus ihm geboren sind,
ein jeder auch sich selbst zukünftige Strafe bereitet.
Und also wählte ein jeglicher auch für sich selbst
die künftige Herrlichkeit (54, 14. 15)[230].

[228] Übersetzung von Schreiner (Anm. 167). Zum dialogischen Charakter dieses Buches vgl. Brandenburger (Anm. 227), 30.

[229] Vgl. Brandenburger (Anm. 227), 29, 32.

[230] Übersetzung nach Klijn (Anm. 167). Vgl. auch Brandenburger (Anm. 227), 37f.

Wie in diesen Belegen aus apokalyptischer Literatur wird auch in rabbinischen Texten einerseits die Universalität des durch Adam verursachten Todesverhängnisses ausgesprochen, von dem die Gerechten nicht ausgenommen sind[231], andererseits – etwa von Rabbi Ami (um 300) unter Berufung auf Ez 18,20 – behauptet:

Es gibt keinen Tod ohne Sünde und kein Leid ohne Schuld.
Es gibt keinen Tod ohne Sünde; denn es heißt:
„Die Seele, die sündigt, muß sterben" (Schab 55a).

Bei dieser vermutlich vorher schon vertretenen Auffassung[232] stellt sich allerdings das Problem des Todes der Gerechten: Waren auch sie Sünder? Der Behauptung von R. Ami wird darum die andere gegenübergestellt: „Es gibt Tod ohne Sünde und es gibt Züchtigung ohne Schuld" (Schab 55b). Gegen den Verweis auf die Sünde Adams wird u. a. ins Feld geführt, daß der Todesengel schon am ersten Schöpfungstag erschaffen worden sei, Adam aber erst am sechsten Tag[233]. –

Nicht auf Adam, sondern auf die Sünde Evas geht der Tod nach der Apokalypse des Mose (1. Jh. n. Chr.) zurück:

Und Adam spricht zu Eva:
Was tatest du uns an
und brachtest über uns den großen Zorn,
den Tod, der unser ganzes Geschlecht beherrscht (14; vgl. 24).

In derselben Apokalypse klagt Eva: „... gesündigt habe ich, Gott, gesündigt... durch mich kam alle Sünde in die Schöpfung" (ApokMos 32; vgl. 10, und ähnlich in der verwandten Schrift Vita Adae 44). Die Sünde Adams, die zwar mehrfach erwähnt wird (ApokMos 8.24; Vita Adae 26), tritt hier vor der Evas zurück[234]. In rabbinischen Texten begegnet ebenfalls mitunter der Gedanke, daß der Tod letztlich auf die Sünde Evas zurückgehe (z. B. TgKoh 7,29)[235].

231 Vgl. Brandenburger (Anm. 227), 58–60; dies geschah oft durch die merkwürdige Auslegung von Gen 2,17 môt tāmût: „Ein Sterben (d. h. der inf. abs.) geht auf Adam und das andere (d. h. verb. finit.) geht auf Eva; ein Sterben geht auf ihn (Adam) und das andere auf seine Nachkommen" (BerR 16 am Ende).

232 Brandenburger (Anm. 227), 61; vgl. Schunack (Anm. 59), 239–243.

233 Vgl. Brandenburger (Anm. 227), 62, unter Hinweis auf R. Jehoschua b. Qarcha (Tan Wa-jescheb 4).

234 Vgl. Brandenburger (Anm. 227), 40.

235 Vgl. Brandenburger (Anm. 227), 59; vgl. Str.B. III (1926), 278.

In der ältesten bekannten Angabe über die Herkunft des Todes unter Bezugnahme auf Gen 3 wird dieser ebenfalls auf Eva zurückgeführt. Im weisheitlichen Buch Jesus Sirach, dessen griechische Übersetzung (LXX) in den Kanon der Heiligen Schrift aufgenommen wurde, heißt es nämlich in einer Aussage über die Bosheit der Frau: „Von einer Frau nahm die Sünde ihren Anfang; ihretwegen sterben wir alle" (ἀπὸ γυναικὸς ἀρχὴ ἁμαρτίας, καὶ δι' αὐτὴν ἀποθνήσκομεν πάντες, Sir 25, 24). Hier ist zwar nicht ausdrücklich davon die Rede, daß die Sünde Evas das Sündigen aller verursacht habe, wohl aber, daß durch die Frau (und ihre Sünde) alle dem Tod verfallen sind[236]. Nicht zu übersehen ist, daß der Verfasser diese Äußerung ganz beiläufig macht und er offensichtlich eine bereits gängige Vorstellung übernimmt. –

Das etwas jüngere Buch der Weisheit nimmt gleichfalls auf die Geschichte vom Sündenfall Bezug. Allerdings wird dort die Verführung durch die Schlange über Gen 3 hinaus als Verführung durch den Teufel gewertet:

> Denn Gott hat den Menschen zur Unvergänglichkeit erschaffen
> und ihn zum Bild seines eigenen Wesens gemacht.
> Doch durch den Neid des Teufels kam der Tod in die Welt
> (φθόνῳ δὲ διαβόλου θάνατος εἰσῆλθεν εἰς τὸν κόσμον) (Weish 2, 23 f.).

Ohne daß Eva namentlich genannt wird, ist auf ihre Verführung durch die Schlange angespielt (Gen 3, 1–15). Nach den Schilderungen der oben erwähnten jüdischen Schriften verführte ebenfalls der Teufel Eva (Vita Adae 33), und zwar indem er „die Gestalt eines Engels" annahm (ApokMos 17)[237]. (Auf eine Verführung Evas spielt auch 1 Tim 2, 14 an: „Nicht Adam wurde verführt, sondern die Frau, die verführt wurde, geriet in die Übertretung".) Daß diese Verführung aus „Neid" geschah, setzt der Verfasser offensichtlich als bekannt voraus. Es entspricht den sonstigen Angaben in apokalyptischen Schriften, die das Unheil auf Erden – darunter auch den Tod – auf die böse Absicht der vom Himmel gestürzten Engel zurückführen, allerdings nicht unter Verweis auf die Sündenfallgeschichte (Gen 3), sondern auf die Verbindung der „Söhne Gottes" mit den „Töchtern der Menschen" (Gen 6, 1–4, so z. B. äthHen 6–11)[238].

236 Vgl. Brandenburger (Anm. 227), 27.
237 Brandenburger (Anm. 227), 50.
238 Brandenburger (Anm. 227), 20–26, 40.

Wie die Fortführung des zitierten Textes Weish 2, 23f. zeigt, wird aber der durch den Teufel in diese Welt gekommene Tod nicht ohne weiteres allen zuteil: „ihn erfahren nun die, die zu jenes Anteil gehören (οἱ τῆς ἐκείνου μερίδος ὄντες)". Von der Satzkonstruktion her können damit die gemeint sein, die dem Teufel gehören. Vom Kontext her, der von dem unterschiedlichen Los der „Frevler" (1, 16–2, 22) und der „Gerechten" (3, 1–9) handelt, und vor allem wegen der fast gleichlautenden Äußerung über die Frevler kurz vorher, ist hier aber eher eine Zugehörigkeit zum Tod ausgesprochen: Die Frevler „rufen ihn mit Händen und Worten herbei, ersehnen ihn, da sie ihn für einen Freund erachten, und schließen einen Bund mit ihm, da sie verdienen, zu jenes Anteil zu gehören (ἄξιοί εἰσιν τῆς ἐκείνου μερίδος εἶναι)" (1, 16). Jedenfalls ist auch hier schon wie in anderen Texten und Röm 5, 12 angedeutet, daß der durch die Sünde in die Welt gekommene Tod die Menschen nicht ohne ihre eigene Mitschuld erfaßt[239]. Eindeutig geht dies auch aus der vorherigen Warnung vor einem frevelhaften Leben hervor: „Jagt dem Tod nicht nach in dem Irren eures Lebens und zieht nicht das Verderben herbei durch die Werke eurer Hände" (1, 12). Wer gerecht lebt, über den hat der Tod keine Macht: „Denn Gott hat den Tod nicht gemacht und keine Freude an dem Verderben... auf der Erde besteht keine Herrschaft des Hades; denn die Gerechtigkeit ist unsterblich" (1, 13–15).

„Tod" bedeutet im jüdischen Schrifttum zunächst das Ende des irdischen Lebens. Dies ist nach den meisten Texten das den Menschen bestimmte Los (z. B. Weish 7, 1–6)[240]; nur vereinzelt gilt dies als die Folge der Sünde Adams (s. o. zu 4 Esra 7, 116–119). Die Klagen über das Todeslos werden oft mit dem Hinweis auf das neue Leben im kommenden Äon, das keiner Begrenzung mehr unterliegt, zurückgewiesen (z. B. 4 Esra 7, 11–16)[241].

239 Vgl. Winston (Anm. 176), 113f., 121–123.

240 Dies entspricht ganz der von Koh 3, 21; 12, 7 vertretenen Sicht des Menschen und Tieren gemeinsamen Loses.

241 4 Esr 7, 11–16: „Denn ihretwegen habe ich die Welt erschaffen. Als aber Adam meine Gebote übertrat, wurde das Geschaffene gerichtet: Da wurden die Zugänge in dieser Welt eng, leidvoll und beschwerlich, wenig und böse, voll von Gefahren und mit großen Nöten behaftet. Die Wege der größeren Welt aber sind breit und sicher und bringen die Frucht der Unsterblichkeit. Wenn also die Lebenden nicht in diese Engpässe und Nöte wirklich hineingegangen sind, können sie nicht erhalten, was ihnen aufbe-

Wenn vom Tod als Folge der Sünde gesprochen wird, ist damit meist (wie in den älteren Schriften, s. u. S. 100) „der schlimme Tod" (Sir 28,21), d. h. ein vorzeitiger oder plötzlicher Tod gemeint (z. B. Sir 27,29; 30,24). Der vorzeitige Tod ist es, den nach der syr. Baruch-Apokalypse die Sünde Adams über alle gebracht hat: „Zwar sündigte einst als erster Adam und hat damit vorzeitigen Tod gebracht für alle... (54,15ab; vgl. 17,3; 66,6)[242].

Von diesem ist die zukünftige Pein, die jeder einzelne sich zuzieht, zu unterscheiden: „Doch hat von denen, die aus ihm [Adam] geboren sind, ein jeder auch sich selbst zukünftige Strafe bereitet" (syrBar 54,15c). Die dem Sünder für sein eigenes Handeln drohende zukünftige Strafe wird sehr oft mit „Verderben" (vgl. syrBar 42,7; 44,12; 4 Esra 7,48; 8,38), aber auch mit „Zugrundegehen", „Verlorengehen", „Untergang", „Vernichtung" u. ä. bezeichnet[243]. Aufschlußreich ist diesbezüglich die Neuinterpretation des oft herangezogenen Wortes Dtn 30,19: „Leben und Tod lege ich dir vor, Segen und Fluch. Wähle also das Leben, damit du lebst, du und deine Nachkommen". Die alttestamentliche Aussage wird nämlich nicht mehr auf das irdische Leben und Sterben, sondern auf das Leben im neuen Äon und den Ausschluß davon bezogen (z. B. 4 Esra 7, 19ff.; 7, 129; vgl. 7, 137f.; 8, 6. 54; 14, 22; syrBar 19,1)[244]. Diesem eschatologischen Verständnis von Tod entspricht die Redeweise vom „zweiten Tod", die in der Offenbarung des Johannes aufgegriffen wurde[245].

Während die oben zitierte Notiz Sir 25,24 nicht erkennen läßt, ob mehr als der leibliche Tod gemeint ist (eher nicht!), geht aus dem Kontext von Weish 2,24 klar hervor, daß „Tod" dort das ewige

wahrt ist. Warum also betrübst du dich nun, da du doch vergänglich bist? Und warum regst du dich auf, da du doch sterblich bist? Warum hast du dir nicht das Künftige zu Herzen genommen, sondern die Gegenwart" (Übersetzung nach Schreiner [Anm. 167]). Weitere Belege bei Brandenburger (Anm. 227), 56f.

242 Vgl. Brandenburger (Anm. 227), 54f., 57f.

243 Vgl. Brandenburger (Anm. 227), 58, unter Hinweis auf 4 Esr 7,48, 113; syrBar 30,4; 52,3; 54,12; 85,15; 44,12; 51,3f. Vgl. P. Volz, Die Eschatologie der jüdischen Gemeinde im neutestamentlichen Zeitalter. Nach den Quellen der rabbinischen, apokalyptischen und apokryphen Literatur, Tübingen 1934 (Nachdruck Hildesheim 1966), 320–325.

244 Vgl. Brandenburger (Anm. 227), 57f.

245 Vgl. Volz (Anm. 243), 320–325; Str. B. III (1926), 830f.; Brandenburger (Anm. 227), 58.

„Verderben“ bezeichnet, das sich die Ungerechten zuziehen (1,12.13 stehen θάνατος, ὄλεθρος und ἀπώλεια synonym; verschieden davon ist die Vorstellung in 7,1 ff.)[246].

Im frühen Judentum wird der Tod also ähnlich wie im Neuen Testament in enger Verbindung mit der Sünde gesehen, und zwar einerseits als ein den Menschen von Adam bzw. Eva und dem Teufel her überkommenes Verhängnis, andererseits aber auch als Folge eigener Verfehlung. Außerdem ist vielen Verfassern der frühjüdischen Schriften die Unterscheidung zwischen dem irdischen Tod und einem darüber hinausgehenden ewigen Verderben bekannt. Bei einem Vergleich mit den neutestamentlichen Aussagen fällt ein Doppeltes auf: 1. die Vielfältigkeit, in der die Angaben von Gen 3 und Gen 6 herangezogen und ausgemalt werden, um das Todesverhängnis zu erklären (Adam bzw. Eva; Neid des Teufels bzw. der Engel); 2. das Fehlen jeglicher Betrachtung des Todes bzw. des ewigen Verderbens in Kontrast zur Herrlichkeit eines künftigen Heilbringers.

3. Schriften Altisraels

Von den neutestamentlichen und jüdischen Aussagen über Sünde und Tod heben sich die Äußerungen in den älteren Schriften der Bibel sehr stark ab. Eine Betrachtung wichtiger Texte aus den unterschiedlichen Epochen[247] läßt allerdings auch dort Ansatzpunkte für die jüngeren Auffassungen erkennen.

[246] Vgl. Brandenburger (Anm. 227), 52.

[247] Die biblischen Texte, deren zeitliche Einordnung hier nicht begründet werden kann, bieten kein einheitliches und vollständiges Bild aller Anschauungen vom Tod, die in Altisrael (etwa in der Volksfrömmigkeit) vertreten wurden. Vgl. Martin-Achard (Anm. 1), 438. Der folgende Überblick basiert auf den Untersuchungen von C. Barth, Die Errettung vom Tod in den individuellen Klage- und Dankliedern des Alten Testaments, Zollikon 1947; R. Martin-Achard, De la mort à la resurrection d'après l'Ancien Testament, Neuchâtel 1956; ders. (Anm. 1), 437–443; Wächter (Anm. 207), passim; G. Fohrer, Das Geschick des Menschen nach dem Tod im Alten Testament: KuD 14 (1968), 249–262; P. Grelot, De la mort à la vie eternelle (LeDiv 67), Paris 1971; H. W. Wolff, Anthropologie des Alten Testaments, München ^{4}1984; H. Gese, Der Tod im Alten Testament: ders., Zur biblischen Theologie. Alttestamentliche Vorträge, München 1977, 31–54; O. Kaiser (Anm. 215), 7–80.

Das Sterben, sofern es nicht vorzeitig eintrat, wurde in Israel als das gewöhnliche Los des Menschen hingenommen, der „aus Staub" ist (Gen 3,19; vgl. Koh 3,19–21; 12,7; Sir 17,1; 40,11; 41,1–4; Ps 104,29). Von Abraham, Isaak, Ijob und anderen heißt es, daß sie „alt und lebenssatt" starben (Gen 25,8; 35,29; Ijob 42,17). Das Ende des irdischen Lebens bedeutete aber nicht das Ende des Menschen überhaupt. Im Tod schied zwar der von Gott stammende Lebensodem (ruah [Koh 3,21; 12,7]) bzw. das „Leben" (nefesch [Gen 35,18; 1 Kön 17,21]) vom Menschen, er selbst aber existierte dann in einer verminderten, schattenhaften Existenzweise, die nicht den Namen Leben verdient, weiter (Jes 14, 9; 26, 14. 19; Ps 88, 11; Ijob 26, 5; Spr 2, 18; 9, 18; 21, 16 u. ö.). Dieses allgemeine Todeslos wurde in der Frühzeit wohl deshalb nicht so hart empfunden, weil im Vordergrund des Denkens die Sippe und nicht das Individuum stand; wesentlich war der Fortbestand des Geschlechtes und des Volkes[248]. Den starken Bezug zur Volksgemeinschaft belegt auch die Rede vom Sterben als Versammelt-Werden „zu den Vätern" (z. B. Gen 25,8; 35,29; 49,29; Ri 2,10 u. ö.). Dabei ist vorausgesetzt, daß das Grab, besonders das Familiengrab, mit der scheol mehr oder minder eine Einheit bildet[249]. Furchtbar war darum offenbar für viele nicht der Tod als solcher, sondern ein Sterben ohne Nachkommen und ohne Begräbnis (2 Kön 9,36; Jes 14,19; vgl. 28,18f.), das Entfernen der Gebeine aus dem Grab (Jer 8,1–2) oder ein Begräbnis in fremder Erde (Am 7,17; Jes 22,15–18)[250]. –

[248] Vgl. noch Gese (Anm. 247), 32f.; Füglister (Anm. 205), 24–29. Aufschlußreich ist ein Vergleich dieses Bezugs zum Fortbestand des Volkes mit der damit verwandten, aber doch auch verschiedenen Deutung des Todes bei K. Marx. Vgl. H. Breit, Die Sinndeutung des Todes im Alten Testament und bei Karl Marx: R. Albertz u. a. (Hrsg.), Wirken und Werden des Alten Testaments (FS C. Westermann), Göttingen 1980, 460–470.

[249] Ausdrücklich wird dies zwar in der Bibel nicht gesagt, doch liegt eine solche Ineinssetzung den Worten über das Begräbnis als Versammeltwerden zu den Vätern und offensichtlich auch anderen Texten (z. B. Ps 63,10) zugrunde. Ps 88,12 steht „Grab" parallel zu „Totenreich": „Erzählt man im Grab von deiner Huld / von deiner Treue im Totenreich?" – zu den alttestamentlichen und jüdischen Vorstellungen von der Unterwelt vgl. J. Jeremias, ᾅδης: ThWNT I (1933), 146–150; G. Gerleman, שְׁאוֹל, šeʾōl Totenreich: THAT II (²1979), 837–841.

[250] Vgl. Wächter (Anm. 207), 171–180; Brandenburger (Anm. 227), 45–48; Gese (Anm. 247), 32f.

Nach vielen alttestamentlichen Texten haben die Toten in der scheol wie Schlafende oder Schwerkranke auf Erden keinen Kontakt miteinander[251], aber auch nicht mit den Lebenden. Der in Kanaan verbreitete Totenkult, der eine Beziehung der Toten zu den Lebenden voraussetzt, wird ausdrücklich abgelehnt und bekämpft (s. o. 2. Kap. IV, 2). Vor allem aber – und dies ist entscheidend – fehlt den Toten jede Verbindung mit Jahwe. Er ist ihnen fern und hält seine Hand nicht mehr über sie (Ps 88, 6). Daß sie ihn nicht mehr loben können, macht ihr Los erst recht beklagenswert (Jes 38, 18; Ps 6, 6; 88, 4f.; 115, 17). Es ist nur zu verständlich, daß dieses Totsein im Lauf der Zeit, als der Eigenwert des einzelnen Menschen stärker ins Bewußtsein trat, als ein Grauen empfunden und gefürchtet wurde[252]. Deshalb wird in jüngerer Zeit über die Macht der Unterwelt mehrfach in personifizierender Weise gesprochen[253] und der Tod als Feind betrachtet (z. B. Hos 13, 14; vgl. die bildhafte Rede von „Schlingen des Todes", Ps 18, 5f.). Dies gilt besonders für den Tod durch Schwert (z. B. Jes 1, 20; Jer 15, 2; Hos 11, 6) und Pest (z. B. Jer 15, 2; 18, 21; Hab 3, 5), später aber auch für das Sterben im allgemeinen (Ps 90, 3–10). Hierbei ist zu beachten, daß in den Schriften Israels der „Tod" oft als Sphäre aufgefaßt wird, die in diese Welt hineinragt (vgl. Ps 88)[254]. Nicht nur das Grab und die damit verbundenen Tiefen der Erde (Ps 63, 10; Jes 7, 11), sondern auch das Meer (Ps 69, 2. 16; Jon 2, 4) und die Wüste (Jer 2, 6. 31; Hos 2, 5) gelten als Orte des Todes. Kranke (Ps 13, 3f.; 30, 2–4; 88, 5–8), Gefangene (Ps 142, 6–8; 143, 3–7) und Sünder befinden sich jetzt schon in seiner Gewalt (Spr 9, 18; vgl. 13, 14).

[251] Martin-Achard (Anm. 247), 40, verweist diesbezüglich auf den Unterschied zu Sartres Hölle: «les autres». C. Barth (Anm. 247), 57f., urteilt zurückhaltender.

[252] Das Herbeiwünschen des Todes Jer 15, 10; 20, 24f. und Ijob 3, 3 ist so außergewöhnlich, daß manche Autoren mit einer Interpolation rechnen: vgl. A. Weiser, Das Buch des Propheten Jeremia (ATD 20), Göttingen 1952, z. St.; J. Bright, Jeremiah (AncB 21), Garden City [2]1965, z. St.; P. Horst, Hiob. I (BK.AT 16/1), Neukirchen 1968, z. St.

[253] Vgl. Gerlemann, מות, mut, sterben: THAT I ([3]1978), 893–897, bes. 895; C. Barth (Anm. 247), 89. – Diese Personifikation des Todes drückt aus, daß der Mensch sich nicht nur als ein „Sein zum Tod" versteht, sondern sich zwischen Gott und der ihn bedrohenden Macht des Todes / der Unterwelt gestellt sieht. Vgl. P. Grelot, De la mort à la vie éternelle. Études de theologie biblique, Paris 1971, 60f.

[254] C. Barth (Anm. 247), 53.

Als direkte Folge der Sünde wird fast immer nur der „schlechte Tod", nicht aber die allgemeine Sterblichkeit gewertet[255]. Die Gen 2,17 (vgl. 3,3) vorliegende Androhung des Todes als Sanktion für das Essen vom Baum der Erkenntnis meint offensichtlich nur den vorzeitigen Tod[256]. Dasselbe bedeutet die Beschränkung menschlichen Lebens als Strafe für das Vergehen der Gottessöhne, die sich mit den Menschentöchtern einließen: „Da sprach der Herr: Mein Geist soll nicht für immer im Menschen bleiben, weil auch er Fleisch ist; daher soll seine Lebenszeit 120 Jahre betragen" (Gen 6, 3).

In den zuletzt zitierten Angaben des Jahwisten sah man später (s. o. I,2) einen Hinweis darauf, daß die Befristung menschlichen Lebens überhaupt erst eine Strafe für die Sünde der Stammeltern sei. Demgegenüber lehrt eine kritische Erforschung der alten Texte ein Doppeltes: 1. Auch der Jahwist, von dem die vorliegende Fassung dieser Texte stammt, setzt voraus, daß der Mensch als „Staub" von Anfang an sterblich war. (Die Aussage „denn Staub bist du, zum Staub mußt du zurück" [Gen 3,19c] ist keine Strafankündigung.) 2. Durch die Übernahme und Abänderung des Mythos vom Lebensbaum läßt der biblische Autor erkennen, daß nur Jahwe ewiges Leben zu geben vermag und der Mensch (Adam steht repräsentativ für alle) durch seine Sünde – anders als im Gilgamesch-Epos – diese ihm angebotene Gabe ausgeschlagen hat[257]. Diese Einsicht wird allerdings von den übrigen Verfassern des Alten Testaments kaum rezipiert. Wohl aber gilt für sie jedes Leben als Gabe Gottes, deren der Mensch um so mehr verlustig geht, je weiter er sich von Jahwe entfernt.

Vermutlich liegt aber in Ps 90 – schon vor der frühjüdischen relecture von Gen 2–3 – eine ähnliche Auffassung wie Gen 2–3 (davon abhängig?) vor:

> Du läßt die Menschen zurückkehren zum Staub
> und sprichst: „Kommt wieder ihr Menschenkinder!" …
> Denn wir vergehen durch deinen Zorn,
> werden vernichtet durch deinen Grimm.
> Du hast unsere Sünden vor dich hingestellt,
> unsere geheime Schuld in das Licht deines Angesichts … (Ps 90,3.7.8).

[255] C. Barth (Anm. 247), 64; vgl. Wächter (Anm. 207), 55f.

[256] Vgl. Wächter (Anm. 207), 198–203. Zur Frage, warum diese Strafe nicht sofort vollstreckt wurde, vgl. außer den Kommentaren bes. N. Lohfink, Zum Problem der Erbsünde, Essen 1981, 38f.

[257] Gese (Anm. 247), 35–38.

Hier wird die allgemeine Befristung des Lebens auf 70 bis 80 Jahre (V. 10) auf menschliche Schuld zurückgeführt, ohne daß dies aber am Beispiel der Stammeltern illustriert oder in deren Sünde begründet wird[258]. –

Unter Sterben und Tod wird in den Schriften Altisraels vornehmlich der leibliche Tod verstanden[259], aber auch schon schwere Krankheit und jede andere Minderung des Lebens. Letzteres ist für die Beziehung zwischen Tod und Sünde von Gewicht; denn wie „der schlechte Tod" wird auch jede Lebensminderung in früher Zeit fast immer als Folge von Schuld betrachtet, während ein langes, erfülltes Leben als Lohn für den Wandel nach Gottes Geboten gilt (z. B. Ps 1; Ex 20,12 u. a.). Da die Erfahrung aber dieser Ansicht oft widerspricht, setzt in späterer Zeit ein Umdenken ein (vgl. die Auseinandersetzung darüber in Ez 18, im Buch Ijob und die fallweise Polemik der Weisheitsliteratur gegen die Deutung des hohen Lebensalters als Belohnung für gerechtes Leben [z. B. Koh 8,5–15]).

Für unsere Fragestellung ist besonders zu bedenken, daß – wie oben dargelegt – die Existenz der Toten in der Unterwelt deshalb als hartes Los empfunden wird, weil sie jede Kommunikation mit anderen und besonders die Verbindung mit Jahwe ausschließt. (Ähnliches gilt auch für das Los der Kranken, besonders der Aussätzigen.) Nicht das biologische Lebensende als solches, sondern die darin sich andeutende Trennung vom Volk und von Jahwe ist also das, was den Tod – auch den Tod im hohen Alter – für viele Israeliten so beklagenswert macht. Dieses Dunkel des Todes trifft nach den ältesten Texten die Gerechten ebenso wie die Ungerechten. Erst in späterer Zeit wird dann für die Gerechten mit einer Verschonung vor dieser Gottesferne gerechnet, sei es in Form einer Erhöhung (Ps 73,24; 49,16; vgl. Gen 5,24; 2 Kön 2,11; Sir 48,9), sei es in Form einer Auferweckung, die zugleich die Gemeinschaft mit anderen wiederherstellt (Dan 12,2f.; vgl. Jes 26,19). Grund für diese Hoffnung ist einmal der alte Glaube an Jahwes Macht über die Unterwelt (Am 9,2; Ps 139,8; Dtn 32,22) und zum anderen das Vertrauen in Gottes Gerechtigkeit. Für die Ungerechten hingegen gibt es eine solche Hoffnung nicht; ihr Schicksal in der „Hölle" ist

[258] Vgl. Wächter (Anm. 207), 104f., 199.

[259] Die Untersuchung von Wächter (Anm. 207), 57f., beschränkt sich darauf; anders hingegen W. Zimmerli, „Leben" und „Tod" im Buch des Propheten Ezechiel: ThZ 13 (1957), 493–508.

vielmehr das derer, die für immer von Jahwe und seinem Volk ausgeschlossen und so verdammt bleiben (Jes 66,24; Jdt 16,17)[260].

Während also in vielen und besonders in den ältesten Texten Israels der Tod als allgemeines Los der Menschen einfach hingenommen wird, wird er im Lauf der Zeit zunehmend als ein Verhängnis empfunden, das ähnlich wie der vorzeitige „schlechte Tod" den Charakter einer Sündenstrafe erhält. Dabei besteht das Furchtbare und Schreckliche des Todes nicht im Ende irdischen Lebens, sondern in der Trennung von Jahwe und vom Volk. Es ist nur zu verständlich, daß diese Sicht des Todes als einer über den Menschen verhängten Macht in späterer Zeit zur Reflexion über die Verquikkung von Tod, allgemeiner Sündhaftigkeit der Menschen und Schuld des einzelnen drängte. Die Botschaft Jesu vom Anbruch der Gottesherrschaft, die das Ende der Macht Satans impliziert, und die apostolische Osterbotschaft von Jesu Errettung aus dem Tod am Kreuz (aus der Gottesferne) werden vor dem Hintergrund der jüdischen und altisraelitischen Aussagen über Tod und Sünde bzw. über die Hoffnung auf Errettung aus den Tiefen des Todes erst voll verständlich. Darauf ist im folgenden noch näher einzugehen.

II. Errettung aus dem ewigen Tod durch Christus

Wie ein Leitmotiv durchzieht die urkirchliche Verkündigung, daß alle Menschen einzig durch Jesus Christus aus dem ewigen Tod errettet werden. Die biblischen Texte sind eindeutig und im Grunde weithin unumstritten. Sie werden allerdings in heutigen Diskussionen und selbst in theologischen Erörterungen[261] nicht immer genügend beachtet. Daher ist es angebracht, die wichtigsten Aussagen in Form eines Überblicks in Erinnerung zu rufen.

[260] Zur Bewertung von Jes 66,24 vgl. bes. C. Westermann, Das Buch Jesaja. Kapitel 40–66 (ATD 19), Göttingen [4]1981, 339f.; K. Pauritsch, Die neue Gemeinde: Gott sammelt Ausgestoßene und Arme (Jesaja 56–66). Die Botschaft des Tritojesaja-Buches literar-, form-, gattungskritisch und redaktionsgeschichtlich untersucht (AnBib 47), Rom 1971, 210, 224.

[261] H. Küng, Ewiges Leben?, München 1982, 140–142, geht in der sehr umfangreichen Abhandlung leider nur kurz und fast beiläufig auf das ein, was die christliche Hoffnung von der jüdischen unterscheidet.

1. Paulusbriefe

Nach dem Resümee der ältesten Predigt Pauli besteht christliches Leben wesentlich im Warten auf den auferweckten „Sohn" Gottes, „der uns aus dem kommenden Zorn reißt" (1 Thess 1,10). In apokalyptisch gefärbter Sprache spielt Paulus hier auf die von Jesus erhoffte Errettung aus dem Verderben an, das den Menschen wegen ihrer Sünde im bevorstehenden Endgericht droht[262]. Ohne die Mittlerfunktion Christi kann demnach keiner im Gericht Gottes bestehen, das allen Menschen, Juden wie Heiden, droht (vgl. Röm 1,18 – 3,20). Im Hinblick auf das Endgericht ermahnt Paulus die Thessalonicher, sich dafür bereitzuhalten, nicht in der Finsternis, sondern als „Söhne des Lichts" zu leben (1 Thess 5,4f.). Nur so können sie dem Zorn(-Gericht) entgehen und „der Rettung durch unseren Herrn Jesus Christus", der für uns gestorben ist, teilhaftig werden (1 Thess 5,9). Ein rettendes Eingreifen des Auferstandenen beim Gericht erwähnt Paulus auch im Römerbrief: „Wer ist es, der verurteilt? Christus Jesus, der gestorben, mehr aber: der auferstanden ist, der zur Rechten Gottes weilt, der auch für uns eintritt" (Röm 8,34). Aus dem Kontext geht hervor, daß der Apostel sicher ist, dank der Liebe Christi durch nichts, auch nicht durch den Tod, von Gott getrennt zu werden (V. 35). Wegen der Intervention des Gekreuzigten und Auferstandenen dürfen die Christen gewiß sein, der drohenden Trennung von Gott, dem Quell des Lebens, zu entgehen.

Dieses Endgericht beschreibt Paulus oft – damaligen Vorstellungen gemäß – als das Gericht Gottes: „An dem Tag, da Gott das Verborgene der Menschen richtet" (Röm 2,16). Allerdings deutet schon der Zusatz „nach meinem Evangelium durch Christus Jesus" die wesentliche Funktion Jesu an. Dies lehrt auch seine Mahnung: „Richtet nicht vor der Zeit, bis der Herr kommt, der das Verborgene der Finsternis aufhellen und die Entschlüsse der Herzen kundmachen wird; dann wird jedem das Lob von Gott zuteil werden" (1 Kor 4,5). Die Funktion Christi in diesem Gericht erhellt besonders der Umstand, daß der Apostel in zwei zeitlich nahe beieinanderliegenden Briefen fast mit denselben Worten einmal vom

[262] Vgl. bes. L. Mattern, Das Verständnis des Gerichts bei Paulus (AThANT 47), Zürich 1966, 76–97; E. Synofzik, Die Gerichts- und Vergeltungsaussagen bei Paulus. Eine traditionsgeschichtliche Untersuchung (GThA 8), Göttingen 1977, 91–95.

Gericht Gottes („Denn wir müssen alle vor den Richterstuhl Gottes treten" [Röm 14,10f.]) und ein andermal vom Gericht Christi schreiben kann („Denn wir alle müssen vor dem Richterstuhl Christi erscheinen" [2 Kor 5,10]). Bei der Bewertung dieser beiden Aussagen ist noch zu berücksichtigen, daß das Röm 14,11 als Begründung für das allgemeine Gericht Gottes zitierte Prophetenwort („Ich lebe, spricht der Herr, vor mir wird sich jedes Knie beugen, und jede Zunge wird Gott bekennen" [Jes 45,23]) in ähnlich lautender Fassung Phil 2,10f. angeführt wird, um die göttliche Stellung des erhöhten Kyrios zu beschreiben. Christus kommt also die Funktion eines göttlichen Richters zu, insofern er als der Sohn Anteil an der Macht Gottes hat.

Diese Ineinssetzung von Gericht Gottes und Gericht Christi liegt ferner der häufigen Rede vom „Tag des Herrn" bzw. „Tag Christi" zugrunde (1 Thess 5,2; ähnlich 1 Kor 1,8; 3,13; 5,5; 2 Kor 1,14; Phil 1,6.10; 2,16). Der Apostel bezieht hier die alttestamentlichen Aussagen über den „Tag Jahwes" (z.B. Jes 2,12; 13,6; Ez 30,3; Joel 2,1) auf die Parusie und verbindet damit die Vorstellung eines Gerichts, bei dem Jesus Christus die Stellung eines Richters einnimmt, auch wenn Paulus niemals ausdrücklich Christus als „Richter" bezeichnet. Ebenso bildet die Vorstellung eines Gerichtes Christi den Hintergrund der Worte Pauli über die Gemeinde als seinen „Kranz des Ruhmes... vor unserem Herrn Jesus bei seiner Parusie" (1 Thess 2,19; vgl. Phil 2,16; 4,1). Sie bestimmt auch die deutero-paulinische Rezeption dieser Texte in der Formulierung „besiegelt für den Tag des Herrn" (Eph 4,30; vgl. 6,13) und in der Bemerkung über den „Kranz der Gerechtigkeit, den mir der Herr an jenem Tag geben wird, der gerechte Richter..." (2 Tim 4,8; vgl. 1,12.18).

Den Ausführungen über die rettende Funktion Christi im Endgericht kommt im Blick auf unsere Fragestellung deshalb ein besonderes Gewicht zu, da sie im Horizont apokalyptischer Vorstellungen gemacht werden, wo „Gericht" und „Auferstehung" oft eng miteinander verbunden sind (s.o. S. 66ff.). Weil diese mitunter sehr anschaulichen Darlegungen über das Endgericht in Ermahnungen stehen, sind sie wesentlich als appellative und nicht als informative Redeweisen zu interpretieren, die über Zeit und Verlauf Auskunft geben. Dem entspricht, daß Paulus über Parusie und Auferstehung auch ohne jede Erwähnung eines Gerichtes schreiben kann (z.B. 1 Thess 4,16f.; 1 Kor 15,25ff. 51–55).

Die allen Menschen durch Christus ermöglichte Rettung aus der satanischen Macht des Todes verkündet Paulus auch, indem er ein anderes apokalyptisches Bild aufgreift und Christus als den Besieger des Todes zeichnet (1 Kor 15,23–28). Dort geht es dem Apostel eindeutig um den Tod, der die Menschen für immer von Gott trennt. Dies zeigt nicht zuletzt der Abschluß seiner Darlegung, der das Ziel des ganzen eschatologischen Kampfes angibt: „damit Gott alles in allen sei" (V. 28). Daß dieser „Sieg" Christi durch die Auferweckung der Toten bzw. die Verwandlung der noch Lebenden geschieht, drückt Paulus durch das freie Zitat aus: „Verschlungen wurde der Tod im Sieg" (1 Kor 15,54f.). Der darauf bezogene Lobpreis wiederholt noch einmal die Bedeutung Christi bei dieser Überwindung der Todesmacht: „Dank sei Gott, der uns den Sieg [über den Tod] verleiht durch unseren Herrn Jesus Christus" (1 Kor 15,57; vgl. auch die spätere Formulierung 2 Tim 1,9f.; 2,10–13). Ganz in den Farben der Apokalyptik wird 2 Thess 1,7–10 und 2,8 (in einer Fortführung der Darlegungen Pauli) die Bestrafung der Bösen und die Rettung der Glaubenden bei der endzeitlichen Offenbarung Jesu Christi dargestellt.

Unmißverständlich spricht ferner die schon genannte Aussage über Christus als „lebendigmachenden Geist" (πνεῦμα ζῳοποιοῦν, 1 Kor 15,45) die Überzeugung Pauli aus, daß der Auferstandene denen, die der „Vergänglichkeit", „Unehre" und „Schwäche" einer „psychischen" Existenz preisgegeben sind, Anteil an seiner „Unvergänglichkeit", „Herrlichkeit" und „Macht" in einem σῶμα πνευματικόν verleiht (VV. 42–44). Durch Christus werden sie seinem „Leib der Herrlichkeit... gleichgestaltet", und zwar kraft der ihm zustehenden Macht, sich alles unterwerfen zu können (Phil 3,21). Die Befähigung des erhöhten Herrn, den Toten Anteil an seinem Leben zu geben, führt Paulus im Römerbrief an, wenn er seine Ausführung über die Zugehörigkeit aller Getauften zu Christus mit dem Satz begründet: „Denn dazu ist Christus gestorben und lebendig gemacht, damit er Herr werde der Toten und der Lebenden" (Röm 14,9). Nicht ohne Bedacht wird Christus hier zuerst Herr „der Toten" genannt; geht es doch darum zu versichern, daß wir Christus nicht bloß im Leben, sondern auch im Sterben angehören (VV. 7f.) und als zu ihm Gehörende, selbst als Verstorbene, nicht dem Verderben preisgegeben sind.

Daß alle Getauften hoffen dürfen, durch Christus vor dem drohenden Tod bewahrt zu werden, folgt schließlich aus den paulinischen Darlegungen über die Rechtfertigung aus dem Glauben: Alle sind ohne Ausnahme Sünder und dadurch dem Zorn(-Gericht) und

Tod verfallen (Röm 1,18–20.32; vgl. 7,24); sie können sich nicht einmal durch die Werke des Gesetzes aus dieser Unrechtssituation befreien (Röm 3,20.28; Gal 2,16). Die einzige Möglichkeit der Rechtfertigung und damit der Rettung aus der Todesverfallenheit besteht im Glauben an Jesus Christus. Wer an ihn glaubt und diesen Glauben in der Taufe besiegelt, wird hineingenommen in sein Sterben und Auferstehen (Röm 6,4f.) und erhält Anteil an dem πνεῦμα Gottes (Röm 5,5) „als Angeld" des ewigen Lebens (2 Kor 1,21). Als schon jetzt Gerechtfertigter und mit Gott Versöhnter hat er die feste Zuversicht, „vor dem [zukünftigen] Zorn gerettet zu werden", und zwar „durch sein [Christi] Leben" (Röm 5,9f.). Diese endgültige Rettung besteht nach Röm 8,11 letztlich in der Auferweckung, die zwar Gott bewirkt, aber dank der Geistvermittlung durch Jesus Christus (Röm 8,9–11).

Die Darlegungen des Apostels Paulus übersetzt der Verfasser des Kolosserbriefes seinen Lesern, indem er in einem Lobpreis Gott dafür dankt, „der uns aus der Macht der Finsternis errettet und in das Reich seines geliebten Sohnes versetzt hat, durch den wir die Erlösung, die Vergebung der Sünden haben" (1,13f.). Diese „Erlösung" des Sohnes zielt hin auf die Teilhabe an dem Leben dessen, der „die Erstlingsgabe, der Erstgeborene aus den Toten ist, damit er in allem der erste sei (ὅς ἐστιν ἀρχή, πρωτότοκος ἐκ τῶν νεκρῶν, ἵνα γένηται ἐν πᾶσιν αὐτὸς πρωτεύων, V. 18)[263]. Der Vorrang und die Heilsbedeutung Christi werden aber nicht bloß mit diesen Worten (analog zu 1 Kor 15,20.45) ausgesprochen und auf die alle betreffende Versöhnungstat am Kreuz (V. 20) bezogen. Mit den Worten eines alten Liedes wird die rettende, den Tod überwindende Machttat des Sohnes auch in Verbindung mit seiner Würde als Mittler der ersten Schöpfung betrachtet: „Er ist das Bild des unsichtbaren Gottes, der Erstgeborene der ganzen Schöpfung; denn in ihm wurde alles erschaffen... alles ist durch ihn und auf ihn hin geschaffen" (VV. 15f.). Die in der Neuschöpfung bei der Auferstehung der Toten offenkundig werdende Macht des Sohnes

[263] Die Einheitsübersetzung „so hat er in allem den Vorrang" läßt leider nicht hinreichend die hier ausgesprochene Ausrichtung auf die noch ausstehende Vollendung erkennen (ἵνα . . . γένηται). Zur Einzelexegese vgl. bes. E. Schweizer, Der Brief an die Kolosser (EKK), Zürich 1976, z. St.; E. Lohse, Die Briefe an die Kolosser und an Philemon (KEK 9/2), Göttingen ²1977, z. St.; J. Gnilka, Der Kolosserbrief (HThK 10/1), Freiburg 1980, z. St.

hat demnach ihre tiefste Wurzel in dessen ewiger Teilhabe an der Schöpferkraft des Vaters[264].

2. Johanneische Schriften

Der Verfasser des vierten Evangeliums gibt in seinem ersten Schlußwort als Motiv für die Niederschrift dieses Buches an: „damit ihr als Glaubende Leben habt in seinem Namen" (20,31). Gemeint ist mit „Leben" hier eindeutig „das ewige Leben" in Gegensatz zu einem Leben, das als Folge der Sünde dem Tod, und zwar – über den leiblichen Tod hinaus – dem ewigen Verderben verfallen ist[265]. Dieses Leben wird dem geschenkt, der an Christus als den Sohn Gottes glaubt. Dieser kann von sich selbst sagen: „Ich bin die Auferstehung und das Leben" (Joh 11,25). In dieser Selbstoffenbarung kommt klar zum Ausdruck, daß nach der vorliegenden Fassung des Johannesevangeliums Jesus als „die Auferstehung" dem Glaubenden („Glaubst du das?") „das Leben" verleiht, das für immer der Macht des Todes entrissen ist („in Ewigkeit nicht sterben")[266]. Als der Sohn, der mit dem Vater eins ist, hat er die allein Gott zustehende Macht, ewiges Leben zu verleihen (vgl. z. B. 5,26.40; 6,48; 17,2). Sehr markant wird diese Heilsvermittlung Jesu bei der Erläuterung des Bildes von der erhöhten Schlange (3,14f.) ausgesprochen: „Denn so hat Gott die Welt geliebt, daß er seinen eingeborenen Sohn dahingab, damit jeder, der an ihn glaubt, nicht verlorengehe, sondern ewiges Leben habe" (3,16). Als Motiv für Jesu Sendung in diese Welt wird dann ausdrücklich angeführt:

[264] Zu der hier ausgesprochenen Mitwirkung des Präexistenten an der ganzen Schöpfung – eine Entfaltung der Aussagen über die Neuschöpfung in der Auferstehung (vgl. 2 Kor 5,17; 1 Kor 8,6) – vgl. außer den Kommentaren bes. H. Schwantes, Schöpfung der Endzeit (AzTh I/12), Stuttgart 1963; G. Schneider, Christologische Präexistenzaussagen im Neuen Testament: IKaZ 6 (1977), 21–30, bes. 25.

[265] Vgl. außer den oben Anm. 101 angeführten Untersuchungen noch die Bemerkung von Klein, Aspekte (Anm. 13), 55f.: „Ungeachtet dieser seiner (des Johannes) Kritik an einem bestimmten futurischen Erwartungshorizont aber läßt sich der Evangelist nicht zu einer theologischen Ausblendung der Zukunft drängen, sondern hält mit Nachdruck daran fest, daß dem Heil eine postmortale Dimension konstitutiv zukommt (vgl. z. B. 12,25f., 32).

[266] Vgl. Kremer (Anm. 8), 66–69.

„damit die Welt durch ihn gerettet werde“ (3,17). Diese Rettung bedeutet Befreiung von dem „Zorn“[-Gericht] (3,36), dem Machtbereich der „Sünde“ (1,29; 20,23) und der „Finsternis“ (8,12; 12,35.46). Letztlich geht es um eine Bewahrung vor dem ewigen Verderben: „Und ich gebe ihnen ewiges Leben, und sie werden in Ewigkeit nicht zugrunde gehen, und keiner wird sie aus meiner Hand rauben“ (10,28; vgl. 6,39).

Denselben Gedanken deuten auch die Texte an, die vom „Gericht“ durch den Sohn sprechen, dem der Vater „das ganze Gericht übergeben“ hat (5,21). Zumindest für den Endredaktor des Evangeliums steht dieses schon gegenwärtige Gericht (s. u. 4. Kap. III,1) in Hinordnung auf das apokalyptisch vorgestellte universale Endgericht durch den Menschensohn, das für die einen „zur Auferstehung des Lebens“ und für die anderen „zur Auferstehung des Gerichts“ (der Verurteilung) führen wird (5,28f.)[267].

In verwandter Terminologie betont der erste Johannesbrief ebenfalls, daß Jesus als „Wort des Lebens“ und als „das Leben“ selbst Anteil an seinem Leben gibt, damit wir „ewiges Leben“ haben (1,1f.). Wer an Christus glaubt und diesen Glauben in der Liebe konkretisiert, ist „schon vom Tod zum Leben hinübergegangen“ (1 Joh 3,14), d. h. der Todesmacht entrissen, mag dies auch erst am Ende der Tage endgültig offenbar werden. Wer den Sohn ablehnt und keine Gemeinschaft mit ihm findet, hat keinen Anteil an diesem [ewigen] Leben (5,11f.). Jesus kommt letztlich diese lebenspendende, aus dem Tod errettende Macht zu, weil er „in Wahrheit Gott und ewiges Leben“ ist (5,20)[268].

(In der oft zu den johanneischen Schriften gezählten, aber von diesen doch sehr verschiedenen Offenbarung wird in ganz anderer Sprache dargelegt, daß Jesus Christus den Seinigen Anteil an seinem Leben verleiht: Christus verheißt dem, der siegt: „... Ich werde ihm zu essen geben von dem Baum des Lebens, der in dem Paradies Gottes ist“ [2, 7], ... „und ich werde seinen Namen nicht aus dem Buch des Lebens streichen und seinen Namen bekennen vor meinem Vater und vor seinen Engeln“ [3, 5], ... „und ich werde

[267] Vgl. J. Blank, Krisis. Untersuchungen zur johanneischen Christologie und Eschatologie, Freiburg 1964, passim; ders., Das Johannesevangelium (Geistliche Schriftlesung 4,1b), Düsseldorf 1981, 37–40.

[268] Vgl. zu dieser oft als anstößig empfundenen Gottesprädikation für Christus: Schnackenburg (Anm. 100), 260–262; Bultmann (Anm. 100), 92f.; Brown (Anm. 100), 625f.

ihm geben, daß er mit mir auf meinem Thron sitzt, wie auch ich gesiegt habe und mich gesetzt habe mit meinem Vater auf seinem Thron" [3,21]. Christus selbst wird dann in der großen Vision als „Lamm, das steht wie geschlachtet" [5,6] gefeiert: „Denn du wurdest geschlachtet und hast mit deinem Blut Menschen für Gott erworben aus allen Stämmen und Sprachen, Völkern und Nationen, und hast sie gemacht zu einer Königsherrschaft und zu Priestern" [5,9–11]. Die unzählige Schar, die aus der Bedrängnis kommt, wird von diesem Lamm geweidet und zu den Quellen geführt, aus denen das Wasser des Lebens strömt [7,9–17]. In der Mitte des Buches steht der Makarismus: „Selig die Toten, die im Herrn sterben von nun an ..." [Offb 14,13]. Gegen Ende des Buches wird seliggepriesen, „wer zum Hochzeitsmahl des Lammes eingeladen ist" [19,9]. Seliggepriesen wird ferner, wer „an der ersten Auferstehung" teilhaben und mit Christus 1000 Jahre herrschen darf; denn der zweite Tod hat über ihn keine Macht mehr [20,6]. Wie stark nach dieser Trostschrift in der Sprache jüdischer Apokalyptik Christus die Auferstehung und das ewige Leben vermittelt, zeigen schließlich die Bilder von dem himmlischen Jerusalem und der abschließende Ruf: „Komm, Herr Jesu" [22,20; vgl. V. 17].)

3. Synoptische Evangelien und Apostelgeschichte

In den synoptischen Evangelien wird dieses Thema nicht so explizit behandelt wie in den paulinischen und johanneischen Schriften. Die Bedeutung Jesu für die Errettung aus der Macht des Todes ist dort aber zumindest implizit ausgesagt. Die Schilderung der Taten Jesu – aus nachösterlicher Sicht – zeigt an, daß der Gekreuzigte und Auferstandene dazu befähigt ist und sich dazu gesandt weiß, die Menschen aus der Macht des Todes zu befreien. Viele der oben angeführten Worte Jesu belegen überdies, daß einzig das Hören auf die Botschaft Jesu zum wahren Leben führt und vor einem Verderben bewahrt, das schlimmer ist als der leibliche Tod. Besonderes Gewicht kommt diesbezüglich den vielen Worten vom kommenden „Menschensohn" zu, die zumindest aus der Sicht der Evangelisten die richterliche Funktion Jesu betonen, über Heil oder Unheil zu entscheiden (z. B Mk 8,38 par; 13,26 par; 14,62 par). Diese richterliche Funktion des „Menschensohnes" schildert Matthäus anschaulich in dem bekannten Bild des Weltgerichts (Mt 25,31–46), bei dem der Menschensohn denen auf der Rechten das ihnen von

Anbeginn der Welt an bereitete Reich als „Erbe" (V. 34) und „ewiges Leben" (V. 46), denen zu seiner Linken hingegen „das ewige Feuer, das dem Teufel und seinen Engeln bereitet ist" (V. 41), und damit „ewige Strafe" (V. 46) zuweist.

Die Abhängigkeit des Heils oder Unheils von der Stellungnahme zu Jesus Christus schärft sehr ausgeprägt das Logion im sekundären Schluß des Markusevangeliums ein: „Wer glaubt und sich taufen läßt, wird gerettet, wer aber nicht glaubt, wird verurteilt (verdammt) werden" (Mk 16,16)[269]. Aus diesem Appell an alle Leser des Evangeliums läßt sich zwar keine Folgerung über das Los derer ziehen, denen das Evangelium nicht verkündigt wird. Er entspricht aber ganz der urkirchlichen Christusverkündigung, wie Lukas sie in der Apostelgeschichte wiedergibt[270]. Nach Apg 10,42 und 17,30 ist Jesus der von Gott bestimmte und durch seine Auferstehung ausgewiesene Richter aller Menschen. In der Pfingstpredigt – im Grunde eine Verkündigung der Auferstehung und Erhöhung Jesu – deutet Petrus in einer relecture von Joel 3,1–5 die pfingstliche Geistbegabung als Kennzeichen dafür, daß der „Tag des Herrn" bevorsteht, für den gilt: „und es wird geschehen, jeder, der den Namen des Herrn [Christus] anruft, wird gerettet werden" (2,21)[271]. Seine Zuhörer ermahnt Petrus zur Umkehr und zur Taufe auf den Namen Jesu Christi (2,38; vgl. 16,31.33) und schließt mit den Worten: „Laßt euch retten aus diesem verdorbenen Geschlecht" (2,40). Wie sehr nach Lukas der urchristlichen Verkündigung entsprechend die Rettung aus der Unheilssituation an Jesus Christus gebunden ist, beweist das Predigtwort: „Und es ist in keinem anderen Heil (σωτηρία); denn es ist den Menschen kein anderer Name unter dem Himmel gegeben, durch den wir gerettet werden sollen (ἐν ᾧ δεῖ σωθῆναι ἡμᾶς)" (4,12).

[269] Vgl. dazu J. Hug, La finale de l'Évangile de Marc (Mc 16,9–20 [EtB]), Paris 1978, 94–102, 170f.; V. Krauss, „Verkündet das Evangelium der ganzen Schöpfung!" Eine exegetisch-bibeltheologische Untersuchung von Mk 16,9–20, theol. Diss. Wien 1980, 94–100.

[270] Dies gilt unbeschadet der vieldiskutierten Frage, inwieweit Lukas vorgegebene alte Überlieferungen eigenständig redigiert hat.

[271] Vgl. J. Dupont, Études sur les Actes des Apôtres (LeDiv 45), Paris 1967, 393–419; M. Rese, Alttestamentliche Motive in der Christologie des Lukas (StNT 1), Gütersloh 1969, 50.

4. Verankerung im Leben Jesu

Jesus selbst hat, soweit dies die nachösterliche Prägung der Evangelien noch erkennen läßt, nicht ausdrücklich über eine durch ihn vermittelte Auferstehung von den Toten gesprochen. Allerdings finden sich in seiner Botschaft mehrere Anhaltspunkte für das, was die Apostel und urkirchlichen Schriftsteller darüber geschrieben haben. Als erstes ist dafür die oben schon dargelegte Predigt der Gottesherrschaft zu nennen, deren Anbruch und Vollendung engstens an Jesu Person geknüpft sind (vgl. Mk 1,15; Lk 11,20). Nicht wenige Logien zeigen ferner, daß Jesus um die tiefere Dimension des Todes wußte und er die Menschen durch seinen Aufruf zum Glauben davor bewahren wollte. Die Gerichtsworte über Chorazin und Betsaida (Mt 11,21; Lk 10,13) sowie einige Jesus kaum ganz abzusprechende Menschensohnworte[272] lassen schließlich erkennen, welche Bedeutung der Stellungnahme zu seiner Person für die Errettung aus der drohenden Gefahr zukommt.

Gewiß besteht zwischen der expliziten Verkündigung in den Paulusbriefen, in den johanneischen und übrigen urkirchlichen Schriften einerseits und der Botschaft Jesu andererseits ein großer Unterschied. Dennoch ist klar genug zu erkennen, daß die nachösterliche Verkündigung der einzig möglichen Errettung aus dem ewigen Tod schon in der Predigt Jesu verankert ist.

[272] Zur Diskussion um die Authentizität der Menschensohnworte Jesu vgl. die Beiträge in: R. Pesch/R. Schnackenburg (Hrsg.), Jesus und der Menschensohn (FS A. Vögtle), Freiburg 1975; ferner H. Schürmann, Gottes Reich – Jesu Geschick. Jesu ureigener Tod im Licht seiner Basileia-Verkündigung, Freiburg 1983, 153–182.

Viertes Kapitel

DER ZEITPUNKT DER AUFERSTEHUNG

Landläufig wird, wie liturgische Texte, Katechismen und viele Gemälde zeigen, die Auferstehung der Toten einzig mit dem Ende der Welt und der Parusie verbunden. Im Neuen Testament ist aber auch mehrfach von einem Erlangen des ewigen Lebens unmittelbar nach dem Tod und schon in der Taufe die Rede. Daß diese drei unterschiedlichen Zeitangaben nicht einander widersprechen, lehrt eine Erörterung der betreffenden Texte. Besondere Aufmerksamkeit verdienen dabei die in der Praxis meist weniger berücksichtigten Aussagen über die Erlangung des ewigen Lebens sofort nach dem Tod bzw. schon in der Taufe.

I. Am Jüngsten Tag

Die Zukünftigkeit der Auferstehung der Toten wird in der Bibel so oft ausgesprochen, daß sich ihr Nachweis erübrigt. Eine Durchsicht wichtiger Texte ist dennoch angebracht; denn er zeigt – besonders bei Berücksichtigung der frühjüdischen und alttestamentlichen Parallelen –, wie diese Zukunftsaussagen im einzelnen zu bewerten sind.

1. Aussagen des Neuen Testaments

(1) *Paulus* schreibt in der oben interpretierten ältesten neutestamentlichen Angabe über die Auferstehung der Toten, daß verstorbene Christen nach dem Herabsteigen des Herrn, also in enger Verbindung mit seiner Parusie, auferstehen werden (1 Thess 4,16). Ein ähnliches Bild steht dem Apostel ebenfalls 1 Kor 15,50–55 vor Augen, wenn er dort auch die Wiederkunft Christi selbst nicht erwähnt. Die Angaben „in einem Moment, in einem Augenblick, bei der letzten Posaune“ verweisen aber eindeutig auf die noch erwartete Parusie. Dabei betont sogar die Bemerkung „denn es wird posaunen“ ausdrücklich – vielleicht gegenüber gnostisierenden Meinungen –, daß dieser Zeitpunkt jetzt noch nicht da ist, aber mit Sicherheit einmal kommen wird, und zwar dann, wenn Gott es be-

stimmt. Die Zukünftigkeit der Auferstehung bzw. Verwandlung wird in diesem Abschnitt außerdem durch die verwendeten Futura angezeigt: κληρονομεῖ, ἀλλαγησόμεθα, ἐγερθήσονται. Dasselbe sagt der Hinweis auf das „dann" (τότε) sich erfüllende Wort über die Überwindung des Todes (VV. 54f.). Von dieser Vernichtung des Todes ist in demselben Kapitel auch kurz vorher die Rede (V. 26), und zwar bei der Schilderung von Ereignissen, die erst zu ihrer Zeit (εἶτα ... ὅταν ...), und zwar bei der Parusie stattfinden (VV. 23–28). Diesem Text kommt für unsere Fragestellung besonderes Gewicht zu, da Paulus hier die Zukünftigkeit der Auferstehung gegenüber anderslautenden Ansichten in Korinth verteidigt.

Die Verwandlung der noch Lebenden erwartet Paulus nach Phil 3,20f. ebenfalls in Verbindung mit der Parusie („... von dorther erwarten wir als Retter den Herrn Jesus Christus, der unseren Leib der Niedrigkeit umgestalten wird ..."). Ein Hinweis auf die Verbindung zwischen zukünftiger Auferstehung und Parusie bzw. Gericht liegt vermutlich auch 2 Kor 4,14 vor: „Denn wir wissen, daß der, welcher Jesus, den Herrn, auferweckt hat, auch uns mit Jesus auferwecken und uns zusammen mit euch [vor sein Angesicht] stellen wird"[273]. Ähnliches ist auch vorausgesetzt in den Worten des Apostels über das Warten auf die Offenbarung des Herrn (1 Kor 1,7f.), über die Bereitschaft für den Tag des Herrn (1 Thess 3,13; 5,23; Phil 1,10) und die dann erwartete Belohnung (1 Thess 2,19f.; 2 Kor 1,14; Phil 2,16; vgl. 4,1) bzw. das drohende Gericht (1 Kor 3, 12–15; 5, 5)[274]. Gemeinsam ist diesen mitunter sehr anschaulichen, aber auch voneinander abweichenden Angaben, daß sie von den apokalyptischen Vorstellungen der damaligen Zeit geprägt sind.

Ohne die Parusie zu erwähnen, aber in unverkennbarer Anspielung auf das Ende dieser Schöpfung schreibt Paulus in seinem eschatologischen Ausblick Röm 8,18–30 über die sehnsüchtig erwartete „Erlösung unseres Leibes" (V. 23) und unser Gleichgestaltetwerden nach dem Bild des Sohnes, „damit er [Christus] der Erstgeborene unter vielen Brüdern sei" (V. 29). In den Paulusbriefen finden sich außerdem mehrere Texte, die ohne nähere Angaben von

[273] Zu dem Versuch von Baumert (Anm. 87), 96–99, diesen Satz im Sinn der präsentischen Eschatologie auszulegen, s. o. Anm. 87.

[274] Vgl. dazu W. Radl, Die Ankunft des Herrn. Zur Bedeutung und Funktion der Parusieaussagen bei Paulus (Beiträge zur biblischen Exegese und Theologie 15), Frankfurt 1981, bes. 67–172.

einer zukünftigen Auferstehung sprechen, z. B.: „Gott aber hat auch den Herrn auferweckt, und er wird uns auferwecken durch seine Kraft" (1 Kor 6, 14). Hierher gehören auch die Aussagen über die in der Taufe auf den Tod Jesu begründete Hoffnung auf die zukünftige Auferstehung (Röm 6, 4. 8).

(2) *In den jüngeren Texten des Neuen Testaments,* die zum Teil die Gegenwärtigkeit des Heils sehr stark betonen, wird die Zukünftigkeit der Vollendung auf sehr unterschiedliche Weise angedeutet oder ausdrücklich betont. So fehlt zwar in den deuteropaulinischen Schreiben an die Kolosser und Epheser jeder Hinweis auf die Auferweckung am Jüngsten Tag, doch weisen mehrere Stellen darauf hin, daß die gegenwärtige Teilhabe an der Auferstehung erst in Zukunft ihre Endgültigkeit finden wird (z. B. „wenn aber Christus offenbar werden wird" [Kol 3, 3]; „durch den ihr besiegelt werdet für den Tag der Erlösung" [Eph 4, 30; vgl. 6, 13])[275]. Das gilt auch für das Johannesevangelium, in dem sich bekanntlich mehrfach die Erklärung findet: „Und ich werde ... auferwecken am Jüngsten Tage" (6, 39. 40. 44. 54). Diese heute oft als spätere Zusätze gewerteten Worte (s. u. III, 2) belegen auf jeden Fall, daß dem Endredaktor dieses Buches die alte urkirchliche Erwartung vertraut war. Sie wird unmißverständlich auch von Marta ausgesprochen: „Ich weiß, er wird auferstehen bei der Auferstehung am Jüngsten Tag" (11, 24)[276]. Innerhalb der vorliegenden Fassung des Johannesevangeliums wird dieser Gedanke schließlich noch in Form einer kurzen Schilderung von Auferstehung und Gericht (5, 28 f.) geäußert[277].

Gegenüber diesem Nebeneinander von gegenwärtiger und zukünftiger Auferstehung in den zuletzt angeführten Schriften fällt auf, daß in den Pastoralbriefen nicht bloß von dem zukünftigen Gerichtstag die Rede ist (2 Tim 4, 8; vgl. 4, 1), sondern die Leugnung einer zukünftigen Auferstehung ausdrücklich als Irrtum zu-

[275] Vgl. Steinmetz (Anm. 96), 29–35. – A. Lindemann, Die Aufhebung der Zeit. Geschichtsverständnis und Eschatologie im Epheserbrief (StNT 12), Gütersloh 1975, 230–232, versucht demgegenüber die Zukunftsperspektive ganz wegzudeuten.

[276] Vgl. Kremer (Anm. 8), 66.

[277] Zu den voraufgehenden Worten über die gegenwärtige Auferstehung und das sich jetzt schon vollziehende Gericht s. u. S. 142 f. 1 Joh 4, 17 ist in traditioneller Sprache von dem zukünftigen Gericht die Rede, nicht aber direkt von der Auferstehung.

rückgewiesen wird (2 Tim 2, 18). Der Verfasser von 1 Petr lenkt mehrfach die Hoffnung der bedrängten Christen auf das ihnen im Himmel bereitete unvergängliche „Erbe" und auf die „Rettung" (σωτηρία), „die in der Endzeit" (ἐν καιρῷ ἐσχάτῳ) offenbar werden wird, „bei der Offenbarung Jesu Christi" (1, 4–7). Für diejenigen, die ausharren, bedeutet diese „die Rettung ihres Lebens (1, 9[278]; vgl. 1, 13; 2, 12; 5, 1.6). Im 2 Thess wird der noch ausstehende und drohende „Tag des Herrn" in apokalyptischer Sprache als ein Gerichtstag eingeschärft (2 Thess 1, 10; 2, 1–12), ohne daß allerdings eine Auferstehung der Toten erwähnt wird (vgl. auch die Aussagen von 2 Petr 2, 9; 3, 7.10; Jud 6).

Nach den Angaben der Apostelgeschichte war die zukünftige Auferstehung der Toten ein wichtiges Thema der apostolischen Predigt (Apg 26, 23; vgl. 4, 2; 23, 6). Auffallenderweise führt aber Lukas, der in seinem Evangelium ein diesbezügliches Wort Jesu wiedergibt (Lk 14, 14), sie in den Reden über die Bestellung des Auferstandenen zum kommenden Richter „der Lebenden und der Toten" (Apg 10, 42; vgl. 17, 31) nicht an. Sie bleibt auch in der synoptischen Apokalypse (Mk 13par) unerwähnt. Wie mannigfaltig und umweltbedingt die zukünftige Auferstehung verkündet werden konnte, belegt die Schilderung von Auferstehung und Gericht in der Offenbarung des Johannes. Dort werden diese nämlich – analog zu jüdischen Apokryphen – auf zwei Zeiten verteilt (Offb 20, 4–6. 11–13; s. o. S. 48).

(3) *Jesus* selbst hat in seiner Predigt, soweit diese noch eruiert werden kann, zwar die Auferstehung der Toten damaligem Verständnis gemäß offensichtlich für die Zukunft erwartet; allerdings hat er dabei auf eine Verbindung zwischen Auferstehung der Toten und Jüngstem Tag vermutlich kein besonderes Gewicht gelegt. Dies gilt vor allem dann, wenn die Berufung auf die Patriarchen in dem Streitgespräch mit den Sadduzäern auf Jesus selbst zurückgeht, deren „Auferstehung" dort schon vorausgesetzt ist (s. o. 2. Kap. III, 2). Zur Predigt Jesu gehörte ebenfalls der Hinweis auf ein noch ausstehendes Gericht (vgl. z. B. Mt 10, 15; 11, 21 f.; 12, 41), wenn dies seine Verkündigung auch nicht so bestimmte wie die des Täufers (vgl. Lk 3, 7–17par). Daß aber Jesu Gerichtsworte nicht über einen Termin informieren wollen, zeigt das Gleichnis vom reichen Prasser und armen Lazarus (Lk 16, 19–31); denn dieses setzt

[278] Vgl. Dautzenberg (Anm. 97); ders. (Anm. 223), bes. 197.

voraus, daß schon unmittelbar nach dem Tod die Entscheidung über Heil oder Verdammnis fällt.

2. Aussagen im frühen Judentum und in Altisrael

(1) Nach den Schriften des frühen Judentums wird die Auferstehung der Toten durchwegs erst für die Zukunft erwartet. Als Belege dafür können die oben (2. Kap. IV, 1) zitierten Texte gelten. Ihr Gewicht ist so stark, daß die Botschaft von der Auferstehung Jesu kurz nach seiner Kreuzigung als eine damit nicht in Einklang zu bringende Nachricht gewertet wird[279]. Charakteristisch für die frühjüdischen Belege ist allerdings, daß sie, wie oben dargelegt, im einzelnen sehr verschiedenartige, als Bilder zu wertende Schilderungen bieten. Anders als im Neuen Testament – abgesehen vielleicht von Offb 6, 9–11 – werden dort mitunter jüdisch-apokalyptische Vorstellungen mit dichotomischen Auffassungen verbunden, die dem griechischen Denken entstammen, um zu veranschaulichen, daß die vorläufig in verschiedenen Kammern aufbewahrten „Seelen" erst in der Zukunft ihre Vollendung erhalten.

(2) Sofern in den älteren Schriften Israels von Auferstehung die Rede ist, wird sie erst für die Zukunft erwartet, und zwar für „die Zeit des Endes" (Dan 12, 4.9) bzw. „das Ende der Tage" (Dan 12, 13). Nach den Worten der Jesaja-Apokalypse wird Jahwe „an jenem Tag" (25, 9; 26, 1), an dem er auf dem Berg Sion „ein Festmahl mit den feinsten Speisen für alle Völker" gibt (25, 6) und „die Hülle, die alle Nationen verhüllt", zerreißt (25, 7), den Tod für immer besiegen (25, 8). Unverkennbar ist hier der Termin der Auferstehung der Toten Jahwes (26, 19) engstens verknüpft mit sehr zeitbedingten Bildern von dem Tag, an dem Gott sich als der Retter seines Volkes offenbart. Daß dieser „Tag des Herrn" zugleich das Ende der Welt und Tag des Gerichts über alle ist, läßt sich aus diesen Worten nicht ohne weiteres folgern. Dies entspricht aber ganz der Bedeutung, die der „Tag Jahwes" in der Verkündigung der Propheten als Tag des Heils bzw. Gerichts hatte.

[279] K. Schubert, Die Entwicklung der Auferstehungslehre von der nachexilischen bis zur frührabbinischen Zeit: BZ NS 6 (1962), 177–214; eine gegenteilige Meinung vertritt K. Berger, Die Auferstehung des Propheten und die Erhöhung des Menschensohnes. Traditionsgeschichtliche Untersuchungen zur Deutung des Geschicks Jesu in den frühchristlichen Texten (StUNT 13), Göttingen 1976, bes. 111–114.

Von den Aussagen des Alten Testaments über den „Tag Jahwes" fällt Licht auf die spätere, nicht immer ganz einheitliche Verbindung zwischen endzeitlicher Auferstehung der Toten und Weltgericht. Die Mannigfaltigkeit der Übernahme dieser Themen im Neuen Testament fordert den heutigen Leser auch hier wieder auf, zwischen den zeit- bzw. umweltbedingten Vorstellungen und dem, was mit ihrer Hilfe ausgesagt wird, zu unterscheiden. Nicht zuletzt ist dabei auf die textpragmatische Funktion (als Trostwort oder Mahnung) zu achten, die den Worten über die zukünftige Auferstehung und das Endgericht zukommt.

II. Unmittelbar nach dem Sterben

Niemand kann mit stichhaltigen Gründen bestreiten, daß in der Bibel mehrfach von der Erlangung des ewigen Lebens unmittelbar nach dem Tod die Rede ist. Umstritten ist allerdings, worin dieses ewige Leben besteht. Handelt es sich bloß um einen leiblosen Zustand, oder kommt diesem schon ganz bzw. anfanghaft das Leben eines vom Tod Auferstandenen zu? Im Blick auf diese Fragen werden im folgenden Abschnitt die wichtigsten Texte des Neuen Testaments und des Judentums untersucht.

1. Neutestamentliche Texte

(1) *Paulus* sieht sich bei der Abfassung des Philipperbriefes während einer Gefangenschaft zwei Möglichkeiten gegenübergestellt: Verurteilung zum Tod oder Freilassung. Während er überdenkt, welche von beiden er wählen soll, fühlt er sich hin und her gerissen zwischen dem „Verlangen aufzubrechen und mit Christus zu sein" oder „im Fleisch zu bleiben" (1,23f.). Letzteres erachtet er für „notwendiger um euretwillen" (V. 24), das heißt im Blick auf seinen Dienst und „die Frucht des Werkes" (V. 22). Ersteres hingegen hält er persönlich für „viel besser" (V. 23); denn „das Sterben" bedeutet für ihn, wie er kurz vorher bemerkt, „Gewinn": „Denn für mich [ist] das Leben Christus und das Sterben ein Gewinn" (V. 21). Der Gewinn besteht darin, daß „Aufbrechen" (ἀναλῦσαι) – eine Metapher für „Sterben"[280] – es ihm ermöglicht, „mit Christus zu

[280] So z. B. Lukian, Philopseudes 14 (ὀκτωκαιδεκαετὴς ὢν ἀνέλυσε);

sein" (σὺν Χριστῷ εἶναι, V. 22). Paulus erhofft demnach, selbst beim Sterben vor der Parusie unmittelbar mit Christus vereint zu werden, das heißt, das Ziel zu erreichen, das er 1 Thess 4, 17 als das der Auferweckung der Toten bzw. der Entrückung mit Christus hinstellt.

Diese Erwartung scheint in Widerspruch zu den Aussagen von 1 Thess 4 und 1 Kor 15 zu stehen, wo Paulus einerseits damit rechnet, selbst die Parusie noch zu erleben, und andererseits die volle Gemeinschaft mit Christus erst für die Zeit nach der Auferstehung der Toten bzw. der Verwandlung der dann noch Lebenden erhofft. Vielfach wurde – gewöhnlich unter Annahme einer späteren Abfassung des Philipperbriefes in Rom – dieser Gegensatz dadurch erklärt, daß Paulus inzwischen die hellenistische Lehre von der unsterblichen Seele kennengelernt habe und dementsprechend jetzt mit einer visio beatifica seiner Seele nach dem Tod, aber noch vor der Auferstehung (Wiedervereinigung von Leib und Seele) rechnete[281]. Gegen eine solche Erklärung sprechen jedoch folgende schwerwiegende Argumente: 1. Der Philipperbrief wurde, wie heute fast allgemein angenommen wird, nicht erst während der römischen Gefangenschaft, sondern schon früher und, falls während einer Haft in Ephesus, sogar schon vor 1 Kor 15 geschrieben[282]. Die für eine geistige Entwicklung vorausgesetzte Zeit entfällt damit. 2. Der Apostel bezeichnet als Folge seines „Aufbrechens" ein Zusammensein mit Christus, wie es für die Entschlafenen gemäß 1 Thess 4, 17 nach ihrer Auferstehung erfolgt, nicht aber einen davon unterschiedenen Zwischenzustand[283].

Epigr. Graece 340, 7 (ἐς θεοὺς ἀνέλυσα). Vgl. C. J. de Vogel, Reflexions on Philipp. I 23–24: NT 19 (1977), 262–274. Lk 12, 36 meint ἀ. „vom Hochzeitsmahl aufbrechen".

[281] Vgl. außer dem Überblick bei Hoffmann (Anm. 29), 5–9, die zusammenfassende Darlegung von Gnilka (Anm. 39), 81–88. – Mit einem „Wandel" bei Paulus und einer „Selbstkorrektur" innerhalb von 2 Kor 5, 1–10 rechnet – allerdings ohne Rückgriff auf einen leiblosen Zustand – C.-H. Hunziger, Die Hoffnung angesichts des Todes im Wandel der paulinischen Aussagen: Leben angesichts des Todes. Beiträge zum theologischen Problem des Todes (FS H. Thielicke), Tübingen 1968, 69–88.

[282] Für eine frühere Abfassung während einer Haft in Ephesus (vgl. Apg 19, 21–40) oder wahrscheinlicher in Caesarea (Apg 23, 23–26, 30) sprechen abgesehen von der geographischen Nähe zu Philippi bes. die Diktion und Argumentationsweise in diesem Brief. Vgl. dazu außer den Kommentaren bes. Kümmel (Anm. 92), 288–291.

[283] Die traditionelle Erklärung unter Hinweis auf einen leiblosen Zu-

Der Unterschied zwischen Phil 1,23f. und anderen Texten läßt sich hingegen besser erklären, wenn man die jüdisch-hellenistischen Vorstellungen von einem Aufenthalt einzelner Toter „im Paradies" berücksichtigt (s. o. 2. Kap. IV, 1) und andererseits die mangelnde Systematik in den jüdischen Äußerungen über das Los der Verstorbenen mitbedenkt[284]. Wer darüber hinaus das beachtet, was oben zur Polysemie von „Auferstehung der Toten" und zu den apokalyptisch geprägten Bildern in 1 Thess 4,16 und 1 Kor 15 festgestellt wurde, wird in der Äußerung von Phil 1,21–23 überhaupt keinen Widerspruch zu den anderen Aussagen des Apostels finden. Hier wie dort geht es Paulus vornehmlich um die feste Zuversicht, daß er wie jeder Getaufte dank seiner jetzt schon bestehenden Verbundenheit mit Christus im Falle seines Sterbens eine noch innigere, durch keinen Tod mehr zu trennende ewige Gemeinschaft mit dem Herrn erlangen wird. Ein Unterschied besteht einzig darin, daß Paulus in Phil 1,23 nur von seiner persönlichen Gemeinschaft mit Christus, in 1 Thess 4,16f. von der Gemeinschaft aller Getauften mit Christus schreibt.

Die Möglichkeit, schon im Tod für immer mit Christus vereinigt zu werden, erwägt Paulus auch in dem vieldiskutierten Text 2 Kor 5, 1–10[285]. Nach dem Hinweis auf die Auferstehung Jesu als Grund seiner Hoffnung (4,14) erklärt der Apostel Paulus unmittelbar vorher, warum er inmitten der Bedrängnis nicht verzagt (4,16–18). Dazu stellt er dem „äußeren" Menschen, der zugrunde geht, den „inneren" Menschen gegenüber, der Tag um Tag erneuert wird (4,16) und erläutert dies in rhetorischer Diktion:

stand wurde nicht zuletzt durch die lateinische Übersetzung von ἀναλῦσαι mit dissolvi gefördert. Eine solche Erklärung verteidigt noch J. Dupont, Σὺν Χριστῷ. L'union avec le Christ suivant Saint Paul, Brügge 1952, 171–181; zur Diskussion darüber vgl. Gnilka (Anm. 39), 73f.

284 Vgl. Hoffmann (Anm. 29), 315–320. Nach neueren Darlegungen, denen Hoffmann (Anm. 1), 452–458, zustimmt, soll die unbefangene Formulierung in Phil 1,23 damit zusammenhängen, daß sie vor der Auseinandersetzung mit den Korinthern geschrieben wurde; die Angabe in Phil 3,20f. soll hingegen aus einer späteren Zeit stammen.

285 Zur umfangreichen Literatur vgl. F. G. Lang, 2. Korinther 5, 1–10 in der neueren Forschung (BGBE 16), Tübingen 1983; Hoffmann (Anm. 1), 455–457; Luz (Anm. 29), 359–369; V. P. Furnish, II Corinthians (AncB 32A), Garden City 1984, [3]1985.

Denn das gegenwärtige Leichte unserer Bedrängnis
erwirkt uns in überschwenglichem Maße
ein ewiges Gewicht an Herrlichkeit,
da wir nicht auf das Sichtbare blicken,
sondern auf das Unsichtbare;
das Sichtbare ist nämlich vergänglich,
das Unsichtbare ewig (VV. 17f.).

In dem Abschnitt 5,1–10 begründet dann Paulus diesen Vorzug des Unsichtbaren und Ewigen vor dem Sichtbaren und Vergänglichen. Dazu verweist der Apostel zunächst thesenhaft auf eine ihm und wohl auch den Lesern vertraute Gegenüberstellung:

Wir wissen nämlich:
Wenn unser irdisches Zelthaus abgebrochen ist,
haben wir ein Bauwerk von Gott her,
ein nicht von Händen gefertigtes ewiges Haus in den Himmeln (V. 1).

Vermutlich spielte diese Gegenüberstellung von einem irdischen Zelthaus und einem himmlischen Bauwerk bei den Auseinandersetzungen in Korinth eine Rolle[286]. Für Paulus ist jedenfalls „unser irdisches Zelthaus" (ἡ ἐπίγειος ἡμῶν οἰκία τοῦ σκήνους) nicht wie in hellenistischen Schriften ein Bildwort für den Leib im Unterschied zur Seele (vgl. z. B. Weish 9,15), sondern die aus dem Alten Testament vertraute Metapher für die sterbliche Existenz (so heißt es z. B. Jes 38,12: „Meine Hütte bricht man über mir ab, man schafft sie weg wie das Zelt eines Hirten"; vgl. Ijob 4,19). Die bildhafte Formulierung entspricht somit der 4,16 gemachten Aussage „der äußere Mensch". Im Unterschied dazu meint „Bauwerk von Gott; . . . ein nicht von Menschen gefertigtes ewiges Haus in den Himmeln" (οἰκοδομὴν ἐκ θεοῦ . . . οἰκίαν ἀχειροποίητον αἰώνιον ἐν τοῖς οὐρανοῖς) im vorliegenden Kontext zunächst ganz allgemein eine nicht mehr dem Tod unterliegende himmlische Existenzweise, entsprechend dem „inneren Menschen" (4,16). Näherhin ist mit dem bildhaften Ausdruck der schon im Himmel bereitgehaltene Auferstehungsleib, der sozusagen wie ein Gewand angezogen wird (V. 2.4; vgl. 1 Kor 15,52f.), gemeint,[287] vielleicht

[286] Über die in Korinth verbreiteten Ansichten gehen bis heute die Meinungen auseinander. Worauf es Paulus in diesem Abschnitt ankommt, läßt sich aber auch ohne Einzelkenntnis der bekämpften Irrlehren hinreichend bestimmen.

[287] Im Text ist aber kein Anhalt dafür gegeben, daß dieser Leib – etwa

sogar der Leib des Auferstandenen (als nicht von Händen geschaffener Tempel [vgl. Mk 14,58] bzw. als himmlischer Adam [1 Kor 15,45f.])[288]. Das Wissen darum gibt dem Apostel die Zuversicht, im Sterben, das schon im alltäglichen Leben erfahren wird (vgl. 4, 10–12. 16–18), nicht sich selbst überlassen zu sein.

In den folgenden VV. 2–5 erläutert und begründet (καὶ γάρ) Paulus die Aussagen von V. 1. Dabei ist nicht zu übersehen, daß VV. 2f. und V. 4 in etwa parallel zueinander stehen und der zweite Satz den ersten verdeutlicht:

Und wir seufzen nämlich in diesem [irdischen Zeltbau],
uns danach sehnend, unsere Wohnstätte aus dem Himmel anzuziehen (V. 2),
insofern wir ja als Bekleidete[289] nicht nackt vorgefunden werden (V. 3),
und als solche nämlich, die wir in dem Zelt sind, seufzen wir belastet,
weil wir nicht ausgezogen, sondern darüber angezogen werden wollen,
damit das Sterben von dem Leben verschlungen werde (V. 4).

Paulus beschreibt hier die gegenwärtige Situation (vgl. 4,16f.) als ein „Seufzen" (στενάζομεν), und zwar „in diesem [Zeltbau]" (vgl. die Parallele zwischen V. 2a und 4a). Ähnlich spricht Paulus Röm 8,22f. vom „Seufzen" der Christen und der ganzen Schöpfung (συστενάζει καὶ συνωδίνει) im Hinblick auf die gegenwärtige Bedrängnis und die noch ausstehende „Erlösung unseres Leibes". Bestimmt ist dieses Stöhnen nach 2 Kor 5,2.4 durch die Sehnsucht nach der Bekleidung mit der himmlischen Wohnstatt, d. h. der Teilhabe an der Existenzweise, die nicht mehr durch den Tod bedroht ist und in Christus ihren Grund hat. In dieser bildhaften Sprache drückt Paulus hier wie Röm 8,22f. in etwa dasselbe Verlangen aus, das er Phil 1,23 äußerte, allerdings ohne jede Zeitangabe.

Der nur schwer verständliche und textkritisch nicht einheitlich

erst am Ende der Zeit – von einer unsterblichen Seele angezogen wird, wie früher oft erklärt wurde. Vgl. z. B. E.-B. Allo, Saint Paul. Seconde épître aux Corinthiens (EtB), Paris 1937, z. St.; K. Prümm, Diakonia Pneumatos. Der zweite Korintherbrief als Zugang zur apostolischen Botschaft. Auslegung und Theologie. I. Theologische Auslegung des zweiten Korintherbriefes, Rom 1967, z. St., bes. 271f.

288 Vgl. Dupont (Anm. 283), 145–151; ähnlich A. Feuillet, La demeure céleste et la destinée des chrétiens. Exégèse de II Cor V 1–10 et contribution à l'étude des fondements de l'eschatologie paulinienne: RSR 44 (1956), 161–192, 360–402; dagegen Hoffmann (Anm. 29), 269.

289 Die Lesart ἐνδυσάμενοι, die auch äußerlich am besten bezeugt ist (z. B. P^{46} ℵ B C D^2 𝔐), verdient den Vorzug gegenüber der weniger gut bezeugten Lesart ἐκδυσάμενοι (z. B. D*).

überlieferte Bedingungssatz V. 3 kann sich gegen eine gnostisierende Auffassung wenden, die das Ablegen des Leibes für ein erstrebenswertes Ziel hält[290]. Jedenfalls stellt Paulus damit eindeutig klar, wie sehr ihm an der Bekleidung mit dem neuen Leib liegt, um nicht ohne diesen „nackt", d. h. ohne Gemeinschaft mit Christus, dem Tod preisgegeben zu sein. Im anschließenden V. 4, wo er den Grund (ἐφ' ᾧ) seines belastenden Seufzens angibt, schreibt er nämlich unmißverständlich, daß er nicht einfach „ausgezogen" (bloß dem Tod ausgeliefert), sondern „darüber angezogen" werden möchte[291]. Es geht ihm dabei nicht um eine Auflehnung gegen das Sterben im medizinischen Sinn (vor der Parusie), sondern um ein Sich-Sträuben gegen die Beraubung des Gewandes, das überhaupt erst das wahre Leben im Unterschied zum Verderben ermöglicht und den Getauften schon anfanghaft zuteil wurde (vgl. Gal 3,27; Röm 13,14); denn als Ziel dieses Bekleidens gibt Paulus in dem Finalsatz ausdrücklich die endgültige Überwindung des Todes durch das Leben an, und zwar in einer Formulierung, die deutlich an seine Worte in 1 Kor 15,53f. erinnert („wenn dies Vergängliche das Unvergängliche und das Sterbliche die Unsterblichkeit anziehen wird"). Wer die verwendete Bildsprache bedenkt, findet hier keinen Hinweis auf die Furcht des Apostels vor einem leiblosen Zwischenzustand zwischen Tod und Auferstehung[292].

Der Apostel beschließt V. 5 diese Ausführung mit den stilistisch als Bekenntnisaussage zu bewertenden Worten[293]: „Der uns aber dazu befähigt hat, ist Gott, der uns das Angeld des Geistes gegeben hat". Die vorher ausgesprochene Hoffnung auf die Überwindung der Todesmacht gründet also nicht etwa in eigener Leistung oder natürlicher Anlage, sondern in Gottes Handeln (κατεργασάμενος) durch die Verleihung des Geistes (πνεῦμα) als Angeld (ἀρραβών) der eschatologischen Zukunft (vgl. Römer 8, 11). Im Rahmen der kurzen Ausführung 2 Kor 5,1–5 kommt diesem Bekenntnissatz eine ähnliche Funktion zu wie dem Lobpreis V. 57 am Ende von 1 Kor

[290] So R. Bultmann, Der zweite Brief an die Korinther (KEK Sonderbd.), Göttingen 1976, 137–139, und viele andere Ausleger; vgl. Hoffmann (Anm. 1), 456. Für solche Anschauungen in Korinth finden sich aber sonst keine Belege.

[291] Vgl. Paulsen (Anm. 82), 1103–1105.

[292] So z. B. noch die Anmerkung zur Einheitsübersetzung dieser Stelle. Vgl. zur Forschungsgeschichte Lang (Anm. 285), 168–172.

[293] Vgl. Lang (Anm. 285), 198.

15,50–56: „Dank sei Gott, der uns den Sieg [über den Tod] verleiht durch unseren Herrn Jesus Christus".

Im Abschnitt VV. 6–10 geht Paulus in einem doppelten Ansatz auf die Folgerung für sein Leben ein, die sich aus der dargelegten Gewißheit ergibt. Angesichts der ungewöhnlichen Diktion ist auch hier mit der Frontstellung gegenüber Meinungen in Korinth zu rechnen. Für die Interpretation dieser Verse ist die rhetorische Struktur höchst aufschlußreich:

Jederzeit nun guten Mutes und wissend,
  daß wir im Leib heimisch (seiend)
  fern vom Herrn weilen (V. 6);
  im Glauben nämlich wandeln wir
  und nicht im Schauen (V. 7).
Wir sind guten Mutes und wir haben mehr Wohlgefallen daran,
  aus dem Leib in die Ferne zu wandern
  und beim Herrn heimisch zu werden (V. 8).
Deshalb auch sind wir eifrig bemüht,
  ob heimisch
  oder in der Ferne weilend,
    ihm wohlgefällig zu sein (V. 9).
Denn wir alle müssen vor dem Richterstuhl Christi erscheinen,
  damit ein jeder für das [den Lohn] bekomme,
  was er durch den Leib getan hat,
    sei es Gutes oder Schlechtes (V. 10).

Paulus versichert zunächst (V. 6), daß er „jederzeit" guten Mutes ist, also auch in der Bedrängnis nicht verzagt (vgl. 4,16). Er bekräftigt diese in partizipialer Form (θαρροῦντες) gemachte Aussage durch ein zweites Partizip „wissend" (εἰδότες, vgl. οἴδαμεν V. 1) – es fehlt ein verbum finitum! –, das den Grund für seine Zuversicht angibt: Die augenblickliche Situation, die Anlaß zum „Stöhnen" gibt (VV. 2.4), ist nämlich noch nicht die endgültige; denn während er jetzt „daheim im Leib" (ἐνδημοῦντες ἐν τῷ σώματι) weilt, befindet er sich noch „fern vom Herrn" (ἐκδημοῦμεν ἀπὸ τοῦ κυρίου). Durch eine Parenthese charakterisiert er die gegenwärtige Existenz als Wandel „im Glauben" und nicht „im Schauen" (V. 7; vgl. Röm 8,24f.; 1 Kor 13,12).

In dem parallel zu dem Anakoluth von V. 6 formulierten V. 8 führt Paulus dann – in chiastischer Anordnung – über die betonte Zuversicht hinausgehend weiter aus, daß er ein größeres Verlangen hat[294], „aus dem Leib in die Ferne zu wandern und beim Herrn

[294] Baumert (Anm. 87), 222, versucht μᾶλλον im Sinn von „in einem

heimisch zu werden". Mittels der geläufigen Gegenüberstellung „Ferne" und „Heimat" unterscheidet Paulus hier seine konkrete gegenwärtige Existenz (im Leib heimisch, fern vom Herrn) von der noch ausstehenden (aus dem Leib auswandern, beim Herrn heimisch)[295]. Mit letzterer ist eindeutig die volle Gemeinschaft mit dem erhöhten Christus gemeint („unsere Heimat ist im Himmel ...", Phil 3, 20; vgl. 1, 23; 1 Thess 4, 17). Sachlich entspricht dieses Bild der vorher (V. 2) herangezogenen Metapher des Überkleidetwerdens mit dem Haus aus dem Himmel. Die Formulierungen „heimisch im Leib" und „aus dem Leib in die Ferne wandern" bezeichnen also in diesem Kontext nicht das Eingeschlossensein der Seele im Leib während des irdischen Lebens bzw. die Trennung der Seele vom Leib im Sterben[296]. Wenn der Apostel hier sein größeres Wohlgefallen (εὐδοκοῦμεν μᾶλλον) daran ausdrückt, „aus dem Leib in die Ferne zu wandern und beim Herrn heimisch zu werden" (V. 8), entspricht dies sprachlich dem Phil 1,23 ausgesprochenen Verlangen („um wieviel besser"/πολλῷ μᾶλλον κρεῖσσον), „aufzubrechen und mit Christus zu sein". Wie Phil 1,23 denkt Paulus auch hier an die engere Gemeinschaft mit Christus, die ihm beim Sterben zuteil wird[297].

Aus diesen Erwägungen zieht Paulus V. 9f. eine ganz konkrete Konsequenz: Weil das Ziel im Heimisch-Werden beim Herrn besteht, kommt es darauf an, „ihm wohlgefällig" zu sein. Die Bemerkung „ob heimisch oder in der Ferne weilend" relativiert den vorher ausgesprochenen Wunsch, ähnlich wie Phil 1,21–23 (vielleicht aber auch im Blick auf enthusiastische Tendenzen in Korinth)[298].

weiteren Maße" zu verstehen, was heißen würde, das Sichtbare als Lebenselement immer weiter aufzugeben durch ein ständiges Sterben des äußeren Menschen, um die Verbindung mit Christus in der Gegenwart immer intensiver zu gestalten.

[295] Vgl. W. Grundmann, ἐκδημέω, ἐνδημέω: ThWNT II (1935), 62f.

[296] Vielfach wird versucht, eine solche Interpretation durch Hinweis auf die in Korinth verbreiteten hellenistischen Vorstellungen zu begründen; vgl. z. B. Lang (Anm. 285), 93–95.

[297] Vgl. Lang (Anm. 285), 64f.; M. Dumais, Résurrection au moment de la mort?: L. Audet u. a., Résurrection. Espérance humaine et don de Dieu, Paris 1971, 81–111, bes. 104. Anders hingegen Furnish (Anm. 285), 303; nach Hoffmann (Anm. 1), 456, setzt hingegen die Wortwahl in 2 Kor 5,6–10 „die Naherwartung der Parusie voraus, ohne sie speziell zu thematisieren" (vgl. 1 Kor 15,54).

[298] So nach Hoffmann (Anm. 1), 457.

Es kommt darauf an, wie Paulus in traditioneller Diktion ausführt (vgl. Röm 14,10; 1 Thess 3,13 s. o.), vor dem Herrn im Gericht zu bestehen, um an der Gemeinschaft mit ihm Anteil zu erhalten. Die hier nicht ganz passende Bemerkung „ob heimisch“ (εἴτε ἐνδημοῦντες) ist wohl rhetorisch, falls nicht auch polemisch bedingt. Sie unterstreicht, daß es jederzeit darauf ankommt, in der gegebenen Situation, bei einem kürzeren oder längeren Leben, sich als Christ zu erweisen[299]. Diese Exegese wird auch dadurch gefordert, daß nach V. 10 das Gericht einzig gemäß den Taten „im Leib“ (bzw. „durch den Leib“), d. h. während des irdischen Lebens („in der Ferne weilend“ [V. 6]), erfolgt.

Im Kontext von 2 Kor, wo Paulus zu Beginn auf seine Bedrohung durch den Tod (vor der Parusie!) anspielt (1,8f.) und dann ab 4,7 über seine gegenwärtigen Bedrängnisse schreibt, hat die 5,1–8 geäußerte Zuversicht ihren Grund nicht im Ausblick auf das Anziehen der Unsterblichkeit und das Verschlingen des Todes bei der Parusie (vgl. 1 Kor 15,53f.), sondern im Blick auf die Gemeinschaft mit Christus im Tod. Dabei fällt auf, daß der Apostel mit denselben oder verwandten Metaphern einmal über das Geschehen bei der Parusie und zum anderen über das, was er im Tod erhofft, schreibt. Beachtenswert ist ferner, daß Gedankenführung und Struktur der Darlegung von 2 Kor 5,1–10 einerseits mit 1 Kor 15,50–57 und andererseits mit Phil 1,21–23 verwandt sind. Obwohl der Apostel zu Beginn des Briefes seine Errettung aus dem ihm sicheren Tod (ἀπόκριμα τοῦ θανάτου) als Totenerweckung betrachtet (1, 9f.; vgl. 4, 14), vermeidet er jedoch diese Terminologie in 5, 1–9 ebenso wie Phil 1, 21–23. –

Abgesehen von Phil 1,21–23 und 2 Kor 5,1–10 spricht Paulus sonst niemals über die Erwartung einer vollen Gemeinschaft mit Christus im Tod[300]. In den späteren Briefen (Eph, Kol, 1–2 Tim, Tit) fehlt jede diesbezügliche Angabe, allerdings ebenso eine apokalyptische Schilderung von Parusie und Auferstehung der Toten. Die Formulierung von Phil 1,23 wird offensichtlich 2 Tim 4,6 aufgegriffen: ὁ καιρὸς τῆς ἀναλύσεώς μου ἐφέστηκεν, aber dann ausdrücklich auf die Parusie bezogen: „Im übrigen liegt für mich der Kranz der Gerechtigkeit bereit, den mir der Herr an jenem Tag

[299] Vgl. die analoge Formulierung in Phil 1,20: εἴτε διὰ ζωῆς εἴτε διὰ θανάτου.

[300] Die Aussagen von 2 Kor 12,3f. (über die Entrückung ins Paradies) und 1 Thess 4,16 (die Toten in Christus) handeln nicht davon.

als der gerechte Richter verleihen wird ..." (4,9). Diese relecture zeigt, wie wenig die verschiedenartigen temporalen Angaben als Widerspruch empfunden wurden.

(2) Nach *Johannes* sagt Jesus zu Marta: „Wer an mich glaubt, wird leben, auch wenn er gestorben ist" (11,25c). Das Futur „wird leben" (ζήσεται) bezieht sich dabei nicht – was grammatikalisch möglich wäre – auf den Jüngsten Tag, sondern vom Kontext her auf die Zeit nach dem Tod („auch wenn er gestorben ist"); denn Jesu Antwort korrigiert hier die Äußerung Martas über die Auferstehung am Jüngsten Tage (V. 24). Allerdings ist diese Zusage des Lebens für die Zeit vor der endzeitlichen Auferstehung ganz aus der Sicht der präsentischen Eschatologie zu beurteilen, wonach die Errettung aus dem Tod schon jetzt geschieht (5,24f.) und der Tod selbst keinen wesentlichen Einschnitt mehr bedeutet (s. u. III,1). Für unsere Fragestellung ist aber diese Antwort Jesu insofern aufschlußreich, als sie ebenso wie die Äußerungen über die präsentische Eschatologie ein volles ewiges Leben schon vor dem Ende der Welt voraussetzt, mag auch im Kontext (durch das Zeichen der Auferweckung des Lazarus) noch auf die zukünftige Auferstehung verwiesen werden.

Beachtung verdient in diesem Zusammenhang auch das Wort über den Tod des Simon Petrus: „Und dies sagte er, um anzudeuten, mit welchem Tod er Gott verherrlichen werde" (21,19). Das Martyrium wird also ähnlich wie das Sterben Jesu als ein δοξάζειν betrachtet (vgl. 7,39; 11,4; 12,16.23). Setzt das nicht voraus, daß wie Jesu Tod so auch das Martyrium des Simon der Verherrlichung Gottes diente und zur Teilhabe an der himmlischen Herrlichkeit führte? Eine ähnliche Parallele zwischen dem Tod Jesu und dem seiner Jünger klingt auch in der johanneischen Wiedergabe und Erweiterung der Nachfolgeworte an: „Wenn einer mir dient, so folge er mir nach, und wo ich bin, dort wird auch mein Diener sein; wenn einer mir dient, wird mein Vater ihn ehren" (12, 26). Deutlicher noch als im vierten Evangelium wird diese Parallele zwischen dem Tod Jesu und dem seiner Jünger im lukanischen Doppelwerk ausgesprochen.

(3) Der Evangelist *Lukas* rechnet damit, daß es für den, der umkehrt und sich durch Jesus retten läßt, eine Teilhabe an der Herrlichkeit des erhöhten Herrn (vgl. Lk 24,26; Apg 2,32f.) unmittelbar nach dem Tod und schon vor der Parusie gibt. Charakteristisch

ist dafür die Antwort Jesu auf die Bitte des reumütigen Schächers[301]: „Amen, ich sage dir, heute wirst du mit mir im Paradiese sein“ (23,43). Jesus verheißt in diesem Spruch, dem durch das einleitende „Amen“ eine besondere Autorität zukommt, dem Sünder nicht bloß die erbetene Begnadigung, was jüdischem Empfinden nach schon ganz ungewöhnlich ist; er verspricht ihm überdies die noch „heute“ gewährte Gemeinschaft mit ihm im Paradies. Die Zeitangabe „heute“ kann zwar als solche ganz allgemein die mit Jesus angebrochene eschatologische Ära bezeichnen (vgl. 2,11; 4,21; 5,26; 19,9)[302]. Der nähere und weitere Kontext fordern aber, „heute“ hier auf den Todestag Jesu und des Schächers zu beziehen. Jesus antwortet ja auf die Bitte: „Gedenke meiner, wenn du in dein Reich kommst“ (ὅταν ἔλθῃς εἰς τὴν βασιλείαν σου, V. 12; andere alte Handschriften [ℵ A 𝔐] lesen ἐν τῇ βασιλείᾳ σου: „in deiner [eschatologischen] Herrschaft“)[303]. Mit „heute“ sichert Jesus ihm zu, daß der Bittende noch an diesem Tag eine Erhörung seiner Bitte erfahren wird, und zwar durch die Gemeinschaft mit ihm „im Paradies“. Das aus dem Persischen übernommene Wort παράδεισος (Garten, Park) diente in der LXX als Übersetzung für den „Garten Gottes“ (Gen 2,8; 13,10; Ez 31,8) und im Judentum als Bezeichnung für den Aufenthaltsort der ins Jenseits Entrückten (z. B. äthHen 60,8; 89,52; TestAbr 11,3)[304]; es steht hier wie 2 Kor 12,4 (vgl. Offb 2,7) für den himmlischen Bereich, dem der Auferstandene seit seiner Kreuzigung und Erhöhung angehört (vgl. Lk 24,26; Apg 2,32f.). Jesus sagt also dem reumütigen Schächer zu, daß er noch am Tage seines Todes – jedenfalls in Kürze und nicht erst in ferner Zukunft – seine himmlische Herrlichkeit teilen wird.

Diese Zusage der Lebensgemeinschaft mit dem auferstandenen

301 Zur lk Redaktion in dieser legendenhaften Ausfaltung der alten Überlieferung von Mk 15,27–32b vgl. G. Schneider, Das Evangelium nach Lukas. Kapitel 11–24 (ÖTK 3/2), Gütersloh ²1984, 484f.; Fitzmyer (Anm. 117), z. St. Zur Einzelauslegung vgl. P. Grelot, Aujourd'hui tu seras avec moi dans le paradis: RB 74 (1967), 194–214; W. Trilling, Le Christ, roi crucifié Lc 23,35–43: ASeign 65 (1973), 56–65.

302 So E. Schweizer, Das Evangelium nach Lukas (NTD 3), Göttingen 1982, 240; vgl. E. E. Ellis, Present and Future Eschatology in Luke: NTS 12 (1965/66), 27–41, bes. 35–41.

303 In der wohl sekundären Lesart ἐν τῇ ἡμέρᾳ τῆς ἐλεύσεως σου (D) steht der Aussage „an dem Tag deines Kommens“ das „heute“ noch pointierter gegenüber.

304 Vgl. H. Balz, παράδεισος: EWNT III (1983), 40f. (Lit.).

und erhöhten Herrn unmittelbar nach dem Tod steht in Einklang mit mehreren anderen Aussagen des lk Doppelwerkes, die ein Interesse an der individuellen Eschatologie erkennen lassen[305], nicht zuletzt unter dem Eindruck der Parusieverzögerung[306]. So wendet sich der gesteinigte Stephanus betend an den erhöhten Herrn: „Herr Jesus, nimm meinen Geist (πνεῦμα) auf" (Apg 7,59). Mit diesen Worten, die dem Sterbegebet Jesu „Vater, in deine Hände übergebe ich meinen Geist" (Lk 23,46; vgl. Ps 31,6) entsprechen, bittet Stephanus, der erhöhte Herr möge sein Leben aufnehmen, so wie Gott das Leben seines gekreuzigten Sohnes aufgenommen und dem drohenden Verderben entrissen hat. (πνεῦμα darf hier nicht als Bezeichnung für „Seele" interpretiert werden, mag auch der Gedanke an eine „Seele" als Lebensträger irgendwie mitschwingen [vgl. Lk 8,55 im Unterschied zu Mk 5,42].) Dieser Parallele zwischen der Aufnahme des Stephanus und der des Gekreuzigten entspricht die ähnlich lautende Aussage über die Errettung Jesu („mußte nicht Christus dies leiden und so in seine Herrlichkeit eingehen" [Lk 24,26]) und die der Jünger („daß wir durch viele Bedrängnisse in die Gottesherrschaft eingehen müssen" [Apg 14,22]). Nach Lukas wird also denen, die sich zu Christus bekehren, im Tod eine ähnliche Vollendung zuteil wie Jesus.

Daß nach Lukas die verstorbenen Gerechten – nicht bloß ihre Seelen – schon ein glückliches Leben führen, lehrt das von ihm redigierte Gleichnis von dem armen Lazarus, der unmittelbar nach dem Tod in den Schoß Abrahams getragen wird (Lk 16,22). Aufschlußreich ist schließlich der schon erwähnte lukanische Zusatz am Ende des Streitgesprächs Jesu mit den Sadduzäern: „... denn ihm leben alle" (Lk 20,38b); dieser knüpft nämlich fast wörtlich an die Ermutigung zum Martyrium mit Hinweis auf das Leben der Patriarchen in 4 Makk 7, 19 an (s. u. S. 130).

Die Wiedergabe von Jesu Streitgespräch im Markusevangelium (12,18–27) – ohne verdeutlichenden Zusatz – läßt vermuten, daß auch Markus die Vorstellung von dem Leben der Patriarchen schon vor der endzeitlichen Auferstehung zumindest nicht ganz fremd

[305] Vgl. dazu bes. J. Dupont, Die individuelle Eschatologie im Lukasevangelium und in der Apostelgeschichte: P. Hoffmann/N. Brox/W. Pesch (Hrsg.), Orientierung an Jesus. Zur Theologie der Synoptiker (FS J. Schmid), Freiburg 1973, 37–47; ders., Les Béatitudes III. Les évangélistes (EtB), Paris 1973, 100–147.

[306] Schneider (Anm. 305), z. St.; ders., Parusiegleichnisse im Lukas-Evangelium (SBS 74), Stuttgart 1975, passim, bes. 91–98.

war. Für den Evangelisten Matthäus legt dies außerdem die Überlieferung des Logions 8,11 nahe. Wenn es Mt 27,52f. heißt, daß in der Todesstunde Jesu „viele Leiber der entschlafenen Heiligen auferstanden und aus den Gräbern kamen", wird damit in midraschartiger Weise die Bedeutung der Kreuzigung und Auferweckung Jesu für frühere Generationen angedeutet (s. o. Anm. 45). Dies setzt voraus, daß nach Ansicht des Evangelisten zumindest nicht alle Toten erst am Jüngsten Tag auferstehen, sondern einige schon beim Tode Jesu und analog zur Auferstehung Jesu auferstanden sind.

(4) Die Szene in *Offb 6,9–11,* wo „die Seelen" (ψυχαί) der Märtyrer unter dem Altar die Frage nach dem noch ausstehenden Gericht stellen, deutet einen Zwischenzustand zwischen Tod und endgültigem Gericht an, wie dieser auch in anderen zeitgenössischen apokalyptischen Schriften angenommen wird. Beachtenswert ist allerdings – und dies zeigt den Unterschied zu den griechischen Vorstellungen einer unsterblichen, rein geistigen Seele –, daß einer jeden von ihnen „ein weißes Gewand" gegeben wird. Ihre Existenzweise wird also ebenso wie die der unzählbaren Schar nach Art leiblicher Wesen vorgestellt: „angezogen mit weißen Gewändern und Palmzweigen in den Händen" (7,9; vgl. 7,13; 19,14).

(5) Inwieweit *Jesus* für sich selbst oder für andere auf ein Leben bei Gott unmittelbar nach dem Tod hoffte, ist aus den vorliegenden Texten nicht mehr mit Sicherheit zu entnehmen. Allerdings legen sowohl der Jesus kaum abzusprechende Kern des Gleichnisses vom reichen Prasser und armen Lazarus, einzelne Logien, wie auch die Argumentation in dem Streitgespräch mit den Sadduzäern den Schluß nahe, daß Jesus die zu seiner Zeit bekannte jüdische Auffassung teilte, gemäß der wenigstens einzelne Verstorbene schon wie Abraham, Isaak und Jakob bei Gott leibhaftig leben. Es gibt kein auf Jesus zurückzuführendes Wort, das andeutet, dieses Leben komme in der Zeit vor der allgemeinen Auferstehung etwa nur der Seele eines Verstorbenen zu. Daß Jesus für sich selbst mit einer Erhöhung im Tode rechnete, wie es die lukanische Fassung seines Sterbegebetes (Lk 23,46) nahelegt, kann allenfalls vermutet, aber nicht belegt werden[307].

[307] Vgl. dazu K. Berger (Anm. 279), bes. 232; R. Pesch, Zur Entstehung des Glaubens an die Auferstehung Jesu. Ein Vorschlag zur Diskussion: ThQ 153 (1973), 201–228, bes. 225.

2. Frühjüdische und altisraelitische Belege

(1) Wie oben (2. Kap. IV, 1) dargelegt wurde, war im frühen Judentum neben der Hoffnung auf eine zukünftige Auferstehung der Gedanke verbreitet, daß die Toten nicht alle auf gleiche Weise dem Dunkel der scheol anheimgegeben sind. Während die Gerechten, nach den meisten diesbezüglichen Angaben, dort noch in einem Zwischenzustand auf die endzeitliche Auferstehung bzw. Vollendung harren (z. B. äthHen 22–37; 4 Esra 4, 40–42; 7, 80. 101; vgl. Offb 9–11), scheinen sie nach einzelnen Schriften schon „die Endseligkeit" erlangt zu haben (z. B. 4 Esra 7, 98)[308].

Letzteres gilt besonders für die Angaben über die himmlische Erhöhung und Verherrlichung einzelner unmittelbar nach dem Tod. So spricht nach LibAnt 48, 1 der Herr zu Pinchas im Blick auf dessen Tod: „Und danach wirst du erhöht werden an den Ort, wohin deine Vorfahren erhöht worden sind, und du wirst dort sein, bis ich der Welt gedenke"[309].

Unmißverständlich wird in 4 Makk mehrfach auf das Leben der Patriarchen als Ermutigung für die Märtyrer hingewiesen: „. . . die glauben, daß sie für Gott nicht sterben wie auch nicht unsere Patriarchen Abraham und Isaak und Jakob, sondern für Gott leben" (πιστεύοντες ὅτι θεῷ οὐκ ἀποθνῄσκουσιν, ὥσπερ οὐδὲ οἱ πατριάρχαι ἡμῶν Ἀβραὰμ καὶ Ἰσαὰκ καὶ Ἰακώβ, ἀλλὰ ζῶσιν τῷ θεῷ [7, 19]). „So nämlich werden uns, wenn wir sterben, Abraham, Isaak und Jakob aufnehmen" (οὕτω γὰρ θανόντας ἡμᾶς Ἀβραὰμ καὶ Ἰσαὰκ καὶ Ἰακὼβ ὑποδέξονται . . . [17, 13]; vgl. 5, 37; 18, 23)[310]. Nach TestLevi 18, 14 sind die Patriarchen schon im Paradies. TestBen 10, 6 heißt es im Blick auf sie und andere, die „zur Rechten" Gottes weilen: „Dann werdet ihr sehen Henoch, Noah und Sem und Abraham und Isaak und Jakob auferstehen zur Rechten mit Jubel" (ἀνισταμένους ἐξ δεξιῶν ἐν ἀγαλλιάσει)[311].

[308] Vgl. Cavallin (Anm. 1), 266.

[309] Übersetzung v. C. Dietzfelbinger, Pseudo-Philo: Antiquitates Biblicae (Jüdische Schriften aus hellenistisch-römischer Zeit II/2), Gütersloh 1975, 230f.

[310] Übersetzt nach der Textausgabe von M. Hadas, The Third and Fourth Books of the Maccabees (Jewish Apocryphal Literature), New York 1953. Vgl. Cavallin (Anm. 1), 258, 261.

[311] Übersetzung v. J. Becker, Die Testamente der zwölf Patriarchen (Jüdische Schriften aus hellenistisch-römischer Zeit III/1), Gütersloh 1974, 136f. Inwieweit diese Stelle schon direkt eine geschehene Auferstehung der

Auch Philo von Alexandrien vertritt die Ansicht, daß Abraham bei Gott lebt (De sacr. 5)[312].

Mehrere apokalyptische Schriften setzen schließlich voraus, daß wie Henoch (Gen 5,24) auch andere Gestalten des Alten Bundes zu Gott entrückt wurden und leben: z. B. Baruch (syrBar 46,7; 76, 2); Esra (4 Esra 14, 9. 13. 49)[313]. Flavius Josephus berichtet das auch von Mose (Ant IV 236; vgl. LibAnt 19,12)[314]. Bei diesen Angaben über eine Erhöhung großer Gestalten der Vergangenheit wird im einzelnen nicht berücksichtigt, daß sie im Unterschied zu Henoch und Elija als Verstorbene und Begrabene in den himmlischen Bereich aufgenommen wurden (vgl. die Angaben über das Begräbnis der Patriarchen und des Mose in Gen 25,7–11; 35,28f.; 49,33–50,13; Dtn 34,5–9; vgl. Jud 9). Nur in dem unsicheren Text Jub 23,31 heißt es ausdrücklich, daß Begrabene schon während des Verweilens ihrer Gebeine im Grab mit ihrem Geist (der Seele?) bei Gott sind:

> Und ihre Gebeine werden in der Erde ruhen,
> und ihr Geist wird viel Freude haben,
> und sie werden erkennen, daß Gott es ist,
> der Gericht hält und Gnade übt an Hunderten und an Tausenden,
> und [zwar] an allen, die ihn lieben (Jub 23,31)[315].

Erzväter voraussetzt, ist jedoch umstritten; vgl. Cavallin (Anm. 122), 53f., 206f.; C. Burchard, Neues zur Überlieferung der Testamente der Zwölf Patriarchen: NTS 12 (1965/66), 245–258.

[312] „Denn auch Abraham wurde, als er das Irdische verliess, ‘dem Volke Gottes zugestellt’ [1 Mos. 25,8] und geniesst, den Engeln gleich geworden, Unsterblichkeit“ (καὶ γὰρ Ἀβραὰμ ἐκλιπὼν τὰ θνητὰ „προστίθεται τῷ θεοῦ λαῷ“ [Gen. 25,8], καρπούμενος ἀφθαρσίαν, ἴσος ἀγγέλοις γεγονώς). Übersetzung v. H. Leisegang in der Ausgabe von L. Cohn u. a. (Hrsg.), Philo von Alexandrien. Die Werke in deutscher Übersetzung III, Berlin ²1962, 215f. Ein weiterer Beleg für das Verweilen von Abraham im Paradies finden sich TestIsaak 8, 1; vgl. LibAnt 4, 11.

[313] Vgl. Kellermann (Anm. 189), 10.

[314] Verschiedentlich wird versucht, die Angaben über die „beiden Zeugen“ von Offb 11, 3ff. 12 auf Mose und Elija zu beziehen; vgl. etwa Lohse (Anm. 107), 65f.; vorsichtiger dagegen Kraft (Anm. 107), 159f.; U. B. Müller, Die Offenbarung des Johannes (ÖTK 19), Gütersloh 1984, 210f., 215.

[315] Vgl. zur unsicheren Textüberlieferung Cavallin (Anm. 1), 277f.; unkritisch hingegen Kellermann (Anm. 189), 100f.

In den vorher zitierten Texten scheint dies aber ebenso unreflektiert vorausgesetzt zu sein wie bei den Angaben über die unter Trümmern begrabenen Kinder Ijobs: „Müht euch nicht vergebens ab. Ihr werdet meine Kinder nicht finden, denn sie sind aufgenommen worden in den Himmel von ihrem Schöpfer, dem König" (39, 12)[316].

Daß zumindest einzelne Verstorbene jetzt schon das Leben besitzen, das meistens erst von der endzeitlichen Auferstehung erhofft wurde, belegt auch die oben angeführte Vermischung älterer und jüngerer Auferstehungsaussagen (der altjüdischen Anthropologie) mit den Begriffen „Unsterblichkeit", „Unvergänglichkeit" und „ewiges Leben" (aus der griechisch-hellenistischen Umwelt). Die griechisch-dualistische Redeweise findet sich vor allem in Darlegungen über das bevorzugte Los der Märtyrer. Außer den schon angeführten Texten des Flavius Josephus (s. o. 2. Kap. IV, 1) seien hier noch die Worte der Gesetzeslehrer Juda und Matthias zitiert, mit denen sie im Widerstand gegen das Anbringen eines Adlers im heriodianischen Tempel die Bereitschaft zum Martyrium begründen: „. . . denn welche ein solches Ende nähmen, deren Seele werde unsterblich . . . wir werden nach unserem Ende viel größere Freude haben" (Bell. Jud. I, 648–653)[317]. Die Hoffnung auf eine besondere Belohnung der Märtyrer gehörte zur zelotischen Märtyrerfrömmigkeit[318]. Von der Hoffnung auf eine Verleihung des ewigen Lebens als Lohn für das Martyrium sind auch die schon angeführten

[316] Übersetzung von B. Schaller, Das Testament Hiobs (Jüdische Schriften aus hellenistisch-römischer Zeit III/3), Gütersloh 1979, 359. Von Hiob selbst wird am Schluß des Buches erzählt, wie seine „Seele" auf einem Wagen „nach Osten" (zum Paradies) entführt, sein Leib aber begraben wurde (52, 10f.). Zu dem unausgeglichenen Nebeneinander der verschiedenen Vorstellungen vom Leben nach dem Tod in diesem Buch vgl. Cavallin (Anm. 1), 299f.; dort auch über die subscriptio in einer Handschrift, die von einer späteren Auferweckung spricht und einen Zwischenzustand voraussetzt.

[317] Vgl. zu ihrer Interpretation Kellermann (Anm. 189), 104; dort auch über das bleibende Gedenken („mnemosynische Unsterblichkeit") in der Parallele Ant. XVII, 149–154, bes. 152 (in dem Bericht über die 10 Märtyrer von Ant. XV, 281f. fehlt ebenfalls jeglicher Ausblick auf das Jenseits); ebd. auch über die Erwartung einer besonderen Auferstehung der Märtyrer (auf Erden!) in Contra Apionem II, 218f. (s. o. S. 72).

[318] Vgl. M. Hengel, Die Zeloten. Untersuchungen zur jüdischen Freiheitsbewegung in der Zeit von Herodes I. bis 70 n. Chr. (AGSU 1), Leiden ²1976, 265–277.

Worte aus Weish 3, 1–6 getragen, nach denen die Seelen der Gerechten „in Gottes Hand“ und „in Frieden“ sind[319]. In denselben Umkreis gehören ebenfalls die schon angeführten und noch weitere Texte aus 4 Makk als „interpretatio graeca“ von 2 Makk 7[320].

Wie sehr die Sprache dieser Texte durch die griechisch-hellenistische Umwelt bedingt ist, zeigen Grabinschriften, in denen die hellenistische Volksfrömmigkeit ihren Niederschlag gefunden hat[321]. Charakteristisch für die Verbreitung ähnlicher Vorstellungen ist auch die Wiedergabe der Rede des Titus über den Soldatentod:

> Wer von den braven Männern weiß denn nicht,
> daß Seelen, die in offener Feldschlacht
> durch den Stahl vom Fleisch erlöst worden sind,
> vom reinsten Element, dem Äther aufgenommen
> und zu den Gestirnen versetzt werden . . . (Bell.Jud. VI, 47)[322].

Besondere Aufmerksamkeit verdienen einige Angaben im 7. Kapitel des 2. Makkabäerbuches (aus dem 2. Jh. v. Chr.), die die Erwartung einer „Auferstehung“ im Tod nahezulegen scheinen. Der zweite Sohn erklärt dort unmittelbar vor seinem Martyrium:

> Du Verbrecher nimmst uns zwar das gegenwärtige Leben.
> Der König der Welt wird uns,
> die wir für seine Gesetze sterben,
> zur Wiedergeburt in das ewige Leben auferwecken
> (εἰς ἀναβίωσιν ζωῆς ἡμᾶς ἀναστήσει, V. 9).

Das Verbum „wird auferstehen lassen“ bezeichnet hier nicht, wie etwa Dan 12, das Auferstehen aus dem Staub der Erde (etwa zu einem neuen Leben auf dieser Erde), sondern – wie die umständlich

319 Vgl. Cavallin (Anm. 1), 285–288; L. Ruppert, Der leidende Gerechte. Eine motivgeschichtliche Untersuchung zum Alten Testament und zwischentestamentlichen Judentum (fzb 5), Würzburg 1972, 23f.; Dautzenberg (Anm. 118), 134; Kellermann (Anm. 189), 102.

320 Vgl. Cavallin (Anm. 1), 258–261; Kellermann (Anm. 189), 96f.

321 Kellermann (Anm. 189), 90, zitiert dafür: „Selig für immer das Volk, das Heraklea den Aufstieg (ἄνστασιν) zu dem räumigen Reich himmlischer Wolken gewirkt“. Grabinschrift des Antipatros von Sidon [ca. 170 bis 100 v. Chr.], Ant. Graeca 7,748). Vgl. M. Hengel, Judentum und Hellenismus. Studien zu ihrer Begegnung unter besonderer Berücksichtigung Palästinas bis zur Mitte des 2. Jh. v. Chr. (WUNT 10), Tübingen [2]1973, 359.

322 Vgl. Kellermann (Anm. 189), 91.

klingende Formulierung anzeigt –, den Prozeß der Erlangung eines neuen Lebens[323], das von dem gegenwärtigen unterschieden ist. Dieselbe Hoffnung spricht auch der vierte Sohn aus:

> Gern scheidet man aus dem Leben durch Menschenhand,
> wenn man dabei die Hoffnung hegen darf,
> wieder von ihm auferweckt zu werden
> (πάλιν ἀναστήσασθαι ὑπ' αὐτοῦ).
> Für dich aber gibt es keine Auferstehung zum Leben
> (ἀνάστασις εἰς ζωήν, V. 14).

Die hier erhoffte Auferstehung ist eine leibhaftige, wie aus dem kurz zuvor Gesagten hervorgeht: „Vom Himmel habe ich diese [Zunge, Hände; V. 10] bekommen, und um seines Gesetzes willen lasse ich diese fahren und hoffe, diese von ihm wiederzubekommen" (V. 11). (Noch plastischer wird dies 14,46 in dem schon zitierten Wort vom gesetzestreuen Razi ausgesprochen.) Als „Auferstehung zum Leben" wird sie dem Henker nicht zuteil, sondern nur den Gerechten. Ihre Ermöglichung liegt nicht in einer natürlichen Veranlagung, sondern in Gottes Schöpferkraft (vgl. V. 28).

Ein Zeitpunkt der erwarteten Auferstehung ist hier (VV. 9. 14) nicht angegeben. (Der Ausdruck „Auferstehung zum Leben" wird zwar sonst auf die endzeitliche Auferstehung bezogen, steht aber hier ohne nähere Angabe.) Einzelne Ausleger sehen neuerdings den Hinweis auf einen Zeitpunkt in dem umstrittenen V. 36: οἱ μὲν γὰρ νῦν ἡμέτεροι ἀδελφοὶ βραχὺν ὑπενέγκαντες πόνον ἀενάου ζωῆς ὑπὸ διαθήκην θεοῦ πεπτώκασι. Wird nämlich der Genitiv ἀενάου ζωῆς zu dem folgenden Genitiv θεοῦ[324] gezogen und das Verbum finitum πεπτώκασι im Sinn von „sie haben erlangt", „sie sind eingetreten"[325] aufgefaßt, ergibt sich folgende Übersetzung: „Unsere Brüder haben jetzt eine kurze Qual auf sich genommen und sind in den Bereich der göttlichen Verheißung des Lebens eingetreten". Das voranstehende νῦν (jetzt) zeigt dann „die Wende für

[323] Vgl. Kellermann (Anm. 189), 24. Zur Textvariante εἰς αἰώνιον ἀναβίωσιν ζωῆς vgl. C. Habicht, 2. Makkabäerbuch (Jüdische Schriften aus hellenistisch-römischer Zeit I/3), Gütersloh 1976, z. St.

[324] So Kellermann (Anm. 189), 79; nach H. Bückers, Das „Ewige Leben" in 2 Makk 7,36: Bib. 21 (1940), 406–412, bes. 407–410, ist das zwar grammatikalisch möglich, aber doch ungewöhnlich; dort auch über die vereinfachende Wiedergabe in der Vulgata: „Nam fratres mei modico nunc dolore sustentato sub testamento aeternae vitae effecti sunt".

[325] Kellermann (Anm. 189), 32; für eine solche Bedeutung von πεπτώκασι gibt es aber sonst keinen Beleg.

den Märtyrer im Augenblick seines Lebens an"[326]. Wer V. 36 auf diese Weise interpretiert, kann demnach die V. 7 und V. 14 ausgesprochene Hoffnung auf die Auferstehung auf den Zeitpunkt des Todes beziehen[327].

Diese Interpretation von V. 36 ist allerdings höchst anfechtbar. Dem sonstigen Sprachgebrauch und der Ausdrucksweise von V. 9 gemäß ist nämlich der Genitiv ἀενάου ζωῆς eher zu dem Partizip ὑπενέγκαντες zu ziehen[328]: Die Brüder der Märtyrer haben also „jetzt zwar eine kurze Qual um des ewigen Lebens willen ertragen", als solche sind sie aber nicht (unter ihren Henkern) in ein Strafgericht (vgl. V. 35), sondern „unter die Verheißung Gottes gefallen"[329]. Wann ihnen das in dieser Verheißung zugesicherte Leben zuteil wird, ob zusammen mit der Verheißung[330] oder erst in Zukunft, ist bei dieser Übersetzung von V. 36 nicht klar zu erkennen[331].

Die Aussagen von 2 Makk 7 können also nicht mit Sicherheit als Beleg für die Erwartung einer Auferstehung im Tod gewertet werden[332]. Allerdings bleibt zu beachten, daß dort wie auch 2 Makk

[326] Kellermann (Anm. 189), 80.

[327] Kellermann (Anm. 189), 79; vorher schon D. Arenhoevel, Die Theokratie nach dem 1. und 2. Makkabäerbuch (WSMA 3), Mainz 1967, 159; ders., Das erste und zweite Buch der Makkabäer: W. Dommershausen/ D. Arenhoevel, Im Schatten des Tempels. Esra – Nehemia. 1/2 Makkabäer (SKK.AT 8), Stuttgart 1974, 123f.

[328] So Bückers (Anm. 324), 410; Habicht (Anm. 323), 237, bezieht ἀ. ζ. zu πόνον und übersetzt: „Denn unsere Brüder sind zwar jetzt, indem sie eine kurze Pein für das ewige Leben erduldet haben, unter Gottes Verheißung gefallen, Du aber wirst im Gericht Gottes die gerechten Strafen Deiner Überhebung davontragen".

[329] Zu der hier angenommenen Bedeutung von πεπτώκασι vgl. W. Bauer, Griechisch-deutsches Wörterbuch zu den Schriften des Neuen Testaments und der übrigen urchristlichen Literatur, Berlin ^{5}1958, 1307 bis 1309, und Habicht (Anm. 323), z. St. – Kellermann (Anm. 189), 32, 79, berücksichtigt in seiner Übersetzung und Erklärung von V. 36 außerdem zuwenig die Gegenüberstellung μέν – δέ.

[330] So Habicht (Anm. 323), 37, Anm. 36b: „Die Märtyrer sind nach dieser Stelle schon im Besitz des *Lebens*".

[331] Ähnliches gilt für den möglichen Bezug des Genitivs ἀ. ζ. zu dem folgenden: „unter der Verheißung des ewigen Lebens durch Gott". Vgl. Habicht (Anm. 323), z. St., Anm. 36a.

[332] Vgl. die kritischen Anmerkungen zu der Auslegung von Kellermann (Anm. 189), bei Martin-Achard (Anm. 1), 462f., 481.

12,38–42 jeder ausdrückliche Hinweis auf die Verbindung der Auferstehung mit einem zukünftigen Termin fehlt. (In dem Bericht über die Sammlung zwecks Sühneopfers für die Gefallenen ist lediglich allgemein vorausgesetzt, daß ihre Auferstehung noch nicht erfolgt ist.) Offensichtlich war der Verfasser nicht an der Zeitfrage interessiert[333]. Das gilt noch mehr für die späteren Bezüge auf 2 Makk 7, die die Erwartung einer Auferstehung überhaupt nicht erwähnen, sondern einzig von der Ausrichtung der Brüder auf „Unsterblichkeit" (4 Makk 14,5; vgl. 7,3; 16,13) und „Unvergänglichkeit" (4 Makk 9,15; 17,12) schreiben[334].

Die angeführten Texte belegen: In weiten Kreisen war die Erwartung vertreten, daß zumindest einzelne, wie z. B. die Patriarchen und die Märtyrer, nach ihrem Tod ewiges Leben und volle Gemeinschaft mit Gott erlangen. Obwohl der Ausblick auf die Zukunft in einigen Texten noch ausgesprochen wird, fehlt in anderen jedes Interesse daran bzw. tritt dieses völlig zurück.

(2) In den ältesten Schriften Israels gibt es bekanntlich keine so klaren Aussagen über ein ewiges Leben unmittelbar nach dem Tod. (Das Buch Kohelet scheint sogar die griechische Auffassung von einer unsterblichen Seele und daran geknüpfte Erwartungen direkt abzulehnen.) Allerdings finden sich einige Angaben, die – zumindest aus jüdischer und christlicher Sicht – als Vorahnungen, wenn nicht sogar als frühe Haftpunkte der späteren Erwartungen gewertet werden können.

Dazu zählen erstens die Erzählungen über die Entrückung des Elija (2 Kön 2, 11; vgl. Sir 48, 9. 12), auf dessen Wiederkommen gewartet wurde (Mal 3, 1. 23; vgl. Sir 48, 10f.; auch Mk 9, 11; Joh 1,25)[335]. Diese Tradition belegt, daß es schon in früher Zeit kein ungewöhnlicher Gedanke war, daß ein einzelner schon seit seinem Tod „leiblich" bei Jahwe weilt. Dasselbe belegt zweitens die Notiz (P) über eine Aufnahme Henochs zu Gott: „Henoch war seinen Weg mit Elohim gegangen; dann war er nicht mehr da; denn Elohim hatte ihn aufgenommen" (Gen 5,24). Von dem vorher (Gen

[333] Vgl. Martin-Achard (Anm. 1), 462f., 481.

[334] Die frühesten Bezugnahmen in AssMos 9,1–7 und Flavius Josephus, Bell.Jud. II,2,151, erwähnen zwar das Martyrium, sagen aber nichts über die Erwartung einer Auferstehung. Vgl. Kellermann (Anm. 189), 94f., 96f.

[335] Vgl. dazu M. Rehm, Das zweite Buch der Könige. Ein Kommentar, Würzburg 1982, 32f.; J. Lambrecht, Ἠλίας: EWNT II (1981), 285–290.

4,17) kurz erwähnten Henoch wird hier sein vertrauter Umgang mit Gott gerühmt[336] (ähnliches sagt Gen 6,9 von Noach). Sein spurloses Verschwinden wird als Aufnahme zu Gott (in den Himmel) gedeutet[337]. Drittens sind hier die oben schon erwähnten Psalmverse 49,16 und 73,24 zu nennen, die das Vertrauen auf Jahwe, seine rettende Macht und die bleibende Gemeinschaft mit ihm aussprechen. Gerade im Licht der sprachlich verwandten Erzählungen über die „Aufnahme" des Henoch und Elija legen Ps 49,16 und 73,24 den Gedanken an eine Aufnahme zu Gott unmittelbar nach dem Ende des irdischen Lebens nahe.

Von diesen Texten ist es sicherlich noch ein weiter Schritt bis zu den frühjüdischen Äußerungen über die Erhöhung schon Begrabener und die mittels hellenistischer Begriffe formulierte Hoffnung auf die Erlangung des ewigen Lebens unmittelbar nach dem Tod. Was aber die so verschiedenartig anmutenden Texte des Alten Testaments und des frühen Judentums miteinander verbindet, ist einmal der Gedanke an Gottes rettende Macht und Treue und zum anderen die Überzeugung, daß ewiges Leben den Menschen nicht aufgrund einer unsterblichen Seele zukommt, sondern als Gabe Gottes.

III. In der Gegenwart

Wie jedem Leser des Neuen Testaments vertraut ist, wird dort öfters die Taufe als Wiedergeburt, Lebendigmachen oder Auferstehen bezeichnet. Eine Durchsicht dieser Aussagen und ihr Vergleich mit Texten im Judentum und im Alten Testament ist für das volle Verständnis der biblischen Botschaft von der Auferstehung der Toten unerläßlich.

[336] Die jüdische Überlieferung sah darin eine Einweihung in die Geheimnisse Gottes, die Henoch dann in Apokalypsen den Frommen kundtat.

[337] Westermann (Anm. 68), 486, sieht in dem Ausdruck „Gott hat ihn weggenommen" einen späteren rationalisierenden Ausdruck, im Vergleich zu der alten Formulierung „er war verschwunden" (1 Kön 20,40 u. ö.). In der Umwelt Israels gab es häufiger das Motiv, daß Menschen wegen ihrer Gottesnähe zu Gott bzw. den Göttern entrückt wurden (ebd. 485f.). Vgl. außerdem A. Schmitt, Entrückung – Aufnahme – Himmelfahrt. Untersuchungen zu einem Vorstellungsbereich im Alten Testament (FzB 10), Stuttgart 1973, bes. 96–111.

1. Ältere und jüngere Angaben im Neuen Testament

(1) Nach *Paulus* geschieht das Mitsterben mit Christus in der Taufe in Hinordnung darauf, „damit gerade wie Christus durch die Herrlichkeit des Vaters von den Toten auferstand, so auch wir in der Neuheit des Lebens wandeln" (Röm 6,4bc). Dies setzt voraus, daß der Getaufte schon Anteil an dem neuen Leben besitzt und daher mit der Teilhabe an der Auferstehung Christi rechnen darf (Röm 6,5.8)[338]. Der Apostel fordert deshalb die Getauften auf, sich als solche zu betrachten, die tot sind für die Sünde, „aber für Gott leben in Christus" (Röm 6,11; vgl. 6,13). Dank der Lebenshingabe Jesu für alle (2 Kor 5,14) zählt Paulus sich und seine Adressaten zu denen, die wie er für den Auferstandenen „leben": „Und er ist für alle gestorben, damit die, die leben (ἵνα οἱ ζῶντες), nicht für sich selbst leben, sondern für den, der für sie starb und auferstand" (2 Kor 5,15). Die in diesen Worten ausgesprochene Aufforderung (ἵνα . . .) deutet an, daß diese Teilhabe an dem Leben Christi noch nicht endgültig und vollendet ist; der in dem Finalsatz ausgesprochene Appell (Imperativ) setzt aber den Indikativ und damit den wahren Beginn des Neuwerdens in der Taufe voraus. Paulus kann daher im Blick auf das, was sich in den Getauften ereignet hat, schreiben: „Wenn also jemand in Christus ist, ist er eine neue Schöpfung (καινὴ κτίσις); das Alte ist vergangen, Neues ist geworden" (2 Kor 5,17)[339]. Wenn der Apostel auch für das, was in der Taufe geschieht, nicht die Wörter „lebendig machen" und „auferstehen" verwendet – er gebraucht diese einzig für die endzeitliche Errettung[340] –, so entspricht aber diese Neuschöpfung ganz einer

[338] Zur Einzelauslegung und Diskussion über das Röm 6 vorliegende Taufverständnis des Paulus vgl. bes. die neueren Kommentare von E. Käsemann, An die Römer (HNT 8a), Tübingen [4]1980; Schlier (Anm. 212); U. Wilckens, Der Brief an die Römer II. Röm 6–11 (EKK 6/2), Zürich 1980; und die dort angeführte Literatur. Brandenburger (Anm. 25), 21, 27, vertritt die Ansicht, daß Paulus den futurischen Aspekt bewußt betont, um ein in der Gemeinde schon bekanntes Verständnis der Taufe im Sinn präsentischer Eschatologie zu korrigieren. Allerdings fehlt dafür in den früheren Paulusbriefen jeder Beleg. Brandenburger folgert dies lediglich aus den Angaben präsentischer Eschatologie im frühen Judentum.

[339] Vgl. bes. P. Stuhlmacher, Erwägungen zum ontologischen Charakter der καινὴ κτίσις bei Paulus: EvTh 27 (1967), 4–35; Radl (Anm. 274), 228–230.

[340] Die Textvariante ἐξήγειρεν (1 Kor 6,14) setzt zwar eine präsentische

Befreiung aus der Macht der Sünde und des Todes und der Verleihung neuen Lebens („durch das Gesetz bin ich gestorben, damit ich für Gott lebe“ [Gal 2,19]; „der aus dem Glauben Gerechte lebt“ [3,11]; vgl. Gal 5,25; Phil 1,21; 2 Kor 4,11; 6,9 u. ö.).

Diese schon vor dem eigenen Tod und erst recht vor der Parusie bestehende Gemeinschaft mit Christus ist für Paulus eine Realität, mag sie auch nur im Glauben zu erfassen sein. Dies kommt nicht bloß in der häufigen Verwendung der Formeln ἐν Χριστῷ bzw. ἐν κυρίῳ zum Ausdruck, sondern auch in den Angaben über die Teilhabe an dem πνεῦμα des Herrn, das zugleich Unterpfand der noch ausstehenden Verherrlichung ist (vgl. 2 Kor 1,22; 5,5; Röm 5,5; 8,23 u. ö.)[341]. Diesem πνεῦμα kommt aber darüber hinaus eine weitere Funktion zu; es bewirkt schon jetzt die Umwandlung „von Herrlichkeit zu Herrlichkeit“ (2 Kor 3,18), die bei der zukünftigen völligen „Verwandlung“ (1 Kor 15,52) in eine Existenzweise, die der Herrlichkeit des Auferstandenen entspricht (Phil 3,21), ihre Vollendung finden wird.

In den späteren Briefen, die die Predigt Pauli im Blick auf die Leser neu formulieren, wird die in der Taufe geschehene Übereignung an den Gekreuzigten und Auferstandenen ausdrücklich als Auferwecken und Lebendigmachen bezeichnet:

> In ihm [Christus] wurdet ihr auch beschnitten
> mit einer nicht von Händen gefertigten Beschneidung
> in dem Ausziehen des fleischlichen Leibes in der Beschneidung Christi,
> als ihr mitbegraben wurdet mit ihm [Christus] in der Taufe,
> in der ihr auch mitauferweckt wurdet (συνηγέρθητε),
> durch den Glauben an die Kraft Gottes,
> der ihn von den Toten auferweckt hat.
>
> Und euch, die ihr tot wart
> durch die Übertretungen und die Unbeschnittenheit eures Herzens,
> euch hat er mit ihm lebendig gemacht (συνεζωοποίησεν),
> indem er uns alle Übertretungen vergeben hat (Kol 2,11–13).

In der Taufe, die V. 11 ein „Ausziehen des fleischlichen Leibes“ genannt wird (vgl. 1 Kor 15,53), werden also die Christen dank der

Eschatologie voraus, ist aber sicher sekundär, vgl. bes. C. Senft, La première épître de saint Paul aux Corinthiens (CNT 2/7), Neuchâtel 1979, z. St.

341 Vgl. J. Kremer, πνεῦμα: EWNT III (1983), 279–291, bes. 285–287 (Lit.).

Gemeinschaft mit dem Gekreuzigten und Auferstandenen „auferweckt“ und „lebendig gemacht“, wie Jesus durch die rettende Macht Gottes von den Toten auferweckt wurde.

Von dieser Sicht der Taufe her ist auch die Ermahnung zu verstehen:

> Wenn ihr nun mit Christus auferstanden seid,
> so suchet das, was droben ist,
> wo Christus zur Rechten Gottes sitzt . . . (Kol 3, 1 f.).

Hier wird mit der indikativischen Aussage der Imperativ verbunden, dieser neuen Existenzweise entsprechend zu leben. Daß die vorausgesetzte präsentische Eschatologie den futurischen Aspekt nicht ganz ausschließt, zeigt unverkennbar der anschließende Hinweis auf die noch ausstehende Offenbarung:

> Wenn aber Christus offenbart wird, euer Leben,
> dann werdet auch ihr mit ihm offenbart werden in Herrlichkeit (Kol 3, 4).

Im Unterschied zur Betonung der futurischen Auferweckung in den alten Paulusbriefen ist aber hier der Zukunft einzig das Sichtbarwerden dessen vorbehalten, was jetzt schon Wirklichkeit ist. Eine zukünftige Auferstehung der Toten liegt offensichtlich nicht mehr im Gesichtskreis des Verfassers[342]. Noch pointierter heißt es Eph 2, 5–7:

> Und uns, die wir tot waren durch die Übertretungen,
> hat er mit Christus lebendig gemacht (συνεζωοποίησεν) –
> aus Gnade seid ihr gerettet –
> und er hat [uns] in Christus Jesus mitauferweckt (συνήγειρεν)
> und mitgesetzt (συνεκάθισεν) in den Himmel,
> damit in (bei) den kommenden Weltzeiten
> der überströmende Reichtum seiner Gnade kundgemacht werde
> aus seiner Güte uns gegenüber in Christus Jesus.

In der Taufe wurden wir demnach nicht bloß „mitauferweckt“ und „lebendig gemacht“, sondern wurde uns mit Christus sogar schon ein Sitz im Himmel gegeben, wie dieser Christus bei seiner Erhöhung verliehen wurde (vgl. Eph 1, 20). Die zeitliche Perspektive (jetzt – in Zukunft) tritt klar gegenüber der räumlichen (unten – oben) zurück. Im Unterschied zu Kol 3, 1–4 wird für die Zukunft aber nicht mehr eine Offenbarung der verborgenen Christusge-

[342] S. dazu o. I, 1 (bes. Anm. 275). Zu den traditions- und religionsgeschichtlichen Einzelfragen – Einfluß der Gnosis? – vgl. bes. die Kommentare von Lohse (Anm. 263); Gnilka (Anm. 263).

meinschaft der Getauften erwartet, sondern eine Kundmachung des übergroßen Reichtums seiner Huld bei (bzw. in) den kommenden Äonen (V. 7).

Daß dem Getauften dabei eine Aufgabe zufällt, lehrt das Eph 5, 14 zitierte Tauflied; denn dort wird (wie Kol 3, 1–3) die Aussage über eine schon erfolgte Auferstehung mit dem Imperativ, nun auch als Auferstandene zu leben, verbunden (zumindest in der dort vorliegenden Rezeption):

> Wach auf, der du schläfst,
> steh auf von den Toten
> und Christus wird dir aufleuchten (Eph 5,14).

Diese Worte stammen vermutlich aus einer Taufliturgie und sehen in der Taufe ein Aufwachen und Auferstehen des Sünders, dem Christus das Licht (und damit das Leben) schenkt[343]. Im Rahmen der Paränese des Epheserbriefes (5,1–20) dient dieser Weckruf als Aufforderung an die Getauften, nicht weiter wie einst, als sie „Finsternis" waren (V. 8), mit den Heiden „die unfruchtbaren Werke der Finsternis" zu tun (V. 11), sondern als „Kinder des Lichtes" (V. 8) zu leben. „Wach auf" und „steh auf von den Toten" hat demnach im Kontext die übertragene Bedeutung, die in der Taufe erfahrene Auferstehung im Alltag nachzuvollziehen.

Daß die in der Predigt des Apostels Paulus grundgelegten Aussagen über eine schon geschehene Auferstehung mißverstanden werden konnten, lehrt die Warnung in den Pastoralbriefen vor den Irrlehrern Hymenaios und Philetos, „die von der Wahrheit abgewichen sind, da sie sagen, die Auferstehung sei schon geschehen, und bei manchen den Glauben zerstören" (2 Tim 2,18). Inwieweit der Verfasser damit wirklich die Meinung der beiden wiedergibt und diese durch eine frühchristliche Gnosis bedingt war, kann offenbleiben (s. o. Anm. 94). Jedenfalls sieht er in einer präsentischen Eschatologie, die den Zukunftsaspekt ausschließt, eine Entstellung des paulinischen Evangeliums.

(2) Im *Johannesevangelium* wird der gegenwärtige Besitz des ewigen Lebens gegenüber dem Tod mehrmals sehr stark betont. Manche Autoren werten dies als die für uns heute wesentliche Bot-

[343] Vgl. dazu Lindemann (Anm. 275), 106–145; ferner H. Schlier, Der Brief an die Epheser. Ein Kommentar, Düsseldorf [5]1965; J. Gnilka, Der Epheserbrief (HThK 10/2), Freiburg [2]1977; R. Schnackenburg, Der Brief

schaft[344], andere sehen darin hingegen eine gnostisierende Irrlehre, die vom Endredaktor des Evangeliums durch Hinweise auf eine zukünftige Auferstehung korrigiert worden sei[345]. –

Die wichtigste und meistdiskutierte Stelle steht in dem Streitgespräch nach der Heilung des Gichtbrüchigen an einem Sabbat (5, 1–23), in dem Jesus die Einheit mit dem Vater und die ihm übergebene Vollmacht, Tote aufzuwecken, betont, der die ihm übertragene Vollmacht zum Gericht entspricht. Diese Bevollmächtigung bekräftigt er in einer doppelgliedrigen Rede (VV. 24–28a. 28b–29)[346]:

A. Amen, Amen, ich sage euch,
wer mein Wort hört und an den glaubt, der mich gesandt hat,
hat ewiges Leben und kommt nicht ins Gericht,
sondern ist vom Tod zum Leben hinübergegangen (24).
Amen, Amen, ich sage euch,
es kommt die Stunde und sie ist jetzt da,
da werden die Toten die Stimme des Sohnes Gottes hören,
und die sie hören, werden leben (25).
Denn wie der Vater das Leben in sich hat,
so hat er auch dem Sohn gegeben, das Leben in sich zu haben (26).
Und er gab ihm die Vollmacht, Gericht zu halten,
weil er der Menschensohn ist (27).

B. Wundert euch nicht diesbezüglich!
Denn es kommt die Stunde,
in der alle, die in den Gräbern sind, seine Stimme hören werden (28).
Und es werden herauskommen,
die Gutes getan haben, zur Auferstehung des Lebens
und die Schlechtes getan haben, zur Auferstehung des Gerichts (29).

---

an die Epheser (EKK 10), Zürich 1982; F. Mußner, Der Brief an die Epheser (ÖTK 10), Gütersloh 1982.

344 Z. B. Bultmann (Anm. 19), 309 u. ö.; ders. (Anm. 59), 360–362, 427–445; L. Schottroff, Heil als innerweltliche Entweltlichung. Der gnostische Hintergrund der johanneischen Vorstellung vom Zeitpunkt der Erlösung: NT 11 (1969), 294–317.

345 E. Käsemann, Jesu letzter Wille nach Johannes 17, Tübingen ³1971, bes. 97f., 135; G. Richter, Präsentische und futurische Eschatologie im 4. Evangelium: ders., Studien zum Johannesevangelium (BU 13), Regensburg 1977, 374–376, spricht in diesem Zusammenhang von einer „antidoketischen Abwehr".

346 Vgl. dazu außer den Kommentaren bes. Blank, Krisis (Anm. 267), 109–182. In seinem neueren Kommentar (Anm. 267), 38f., rechnet Blank damit, daß die futurischen Aussagen spätere Ergänzungen sind. Das Nebeneinander von präsentischer und futurischer Eschatologie erklärt

Strukturmäßig sind VV. 24–25 zwei gleichlautend eingeleitete Amen-Sprüche; beide handeln vom Hören des Wortes bzw. der Stimme des von Gott Gesandten bzw. des Sohnes; die Folge davon ist „ewiges Leben", „nicht ins Gericht kommen", „hinübergehen aus dem Tod zum Leben", und zwar in der Gegenwart, da „die Stunde" schon „jetzt" da ist. (Dem entspricht, wenn V. 30 der vorher V. 19 ausgesprochene Gedanke [der Sohn tut dies nicht von sich aus] aufgegriffen und betont wird, daß er richtet [Präsens!], wie er es vom Vater hört.) In chiastischer Verschränkung wird dafür eine doppelte Begründung angegeben: zunächst das dem Sohn verliehene Leben (V. 26; vgl. VV. 24d. 25) und dann die ihm verliehene Vollmacht zum Gericht (V. 27; vgl. V. 24bc). Die erst an zweiter Stelle gegebene Begründung (Vollmacht zum Gericht) bildet zugleich die Überleitung zu dem folgenden.

Nicht mit einem „Amen, amen" (wie vorher VV. 24.25), sondern mit dem Aufruf „wundert euch nicht diesbezüglich" wird dann V. 28 ähnlich wie vorher (V. 25) auf das Kommen der Stunde aufmerksam gemacht, allerdings nicht gesagt, daß sie schon da ist (so V. 25). Außerdem wird nicht behauptet, daß „die Toten die Stimme des Sohnes hören" und dadurch zum Leben gelangen; vielmehr wird erklärt, daß diejenigen, „die in den Gräbern sind", auf seine Stimme (die des Menschensohns) hin herauskommen werden (Futur!), und zwar je nach ihren Werken entweder zur „Auferstehung des Lebens" oder „zur Auferstehung des Gerichts" (V. 29).

Der Struktur und dem Inhalt nach besteht also zwischen VV. 24–27 und VV. 28–29 bei aller Parallelität ein großer Unterschied. Im ersten Teil (A) wird jedem, der an den Sohn glaubt, „ewiges Leben" zugesagt; für „die Toten" (die Sünder) heißt dies, daß sie durch ihren Glauben an den Sohn jetzt schon vom Tod der Sünde zum wahren Leben hinübergehen und nicht mehr ins Gericht kommen; denn die erwartete „Stunde" ist schon mit dem Kommen des Sohnes in diese Welt gegeben. Im zweiten Teil (B) wird hingegen in der Sprache traditioneller urkirchlich-apokalyptischer Predigt auf die noch ausstehende „Stunde" verwiesen (vgl. 1 Kor 15,52; 1 Thess 4,16), in der „alle" Begrabenen die Stimme dessen hören, der sie aus den Gräbern hervorruft (vgl. 11,43) und als „Menschen-

Woschitz (Anm. 97), 685f., mit dem Hinweis auf die in der griechischen Philosophie belegte Methode der „Dihairesis". Léon-Dufour (Anm. 217), 58–61, 294–300, sieht in dem Nebeneinander von präsentischer und futurischer Eschatologie zwei sich ergänzende «langages».

sohn“ der Richter ist. Anders als VV. 24f. meint „hören“ hier nicht „glauben“ und sind die „in den Gräbern“ nicht nur die Sünder (wie „die Toten“ in V. 25). Schließlich bedeutet das Herauskommen aus den Gräbern noch nicht die Vermittlung des wahren Lebens, sondern erst die Scheidung, und zwar nach den Werken: „Auferstehung zum Leben“ oder „Auferstehung zum Gericht“ (vgl. 2 Kor 5,10; inhaltlich auch Mt 25,41).

In der vorliegenden Textfassung von Joh 5,24–29 wird also ein Doppeltes betont: 1. Die Überwindung des Todes, der Sünde, geschieht schon in der Gegenwart, und zwar durch den Glauben an den Sohn Gottes; 2. unbeschadet dessen gilt für die Leser der Hinweis auf eine zukünftige Auferstehung und ein darauf folgendes Gericht; d. h. die gegenwärtige Errettung aus dem Tod ist bis dahin noch nicht endgültig und vollendet. Der zusätzliche Verweis auf die futurische Eschatologie dient offensichtlich dazu, die Zusage der präsentischen Eschatologie vor einem Mißverständnis (wie der 2 Tim 2,18 erwähnten Irrlehre) zu schützen. Ob diese Ergänzung (5,28–29) vom Verfasser selbst oder einem späteren Redaktor stammt, ist theologisch von untergeordneter Bedeutung. –

Auch in der Brotrede Joh 6,26–58 stehen präsentische und futurische Eschatologie nebeneinander. Jesus stellt dort dem Bemühen um irdische Speise das um eine, „die zum ewigen Leben bleibt“, gegenüber (V. 27). Als solche Speise bezeichnet Jesus dann hoheitsvoll sich selbst:

> Ich bin das Brot des Lebens;
> wer zu mir kommt, wird nicht hungern,
> und wer an mich glaubt, wird nie mehr dürsten (V. 35).

Als das „Brot des Lebens“ kann er das wahre Leben vermitteln (vgl. 11,25 „ich bin die Auferstehung und das Leben“) und vor dem Tod bewahren; denn wer sich an ihn wendet, d. h. an ihn glaubt („kommt“ und „glaubt“ stehen hier parallel), besitzt schon dieses Leben und wird daher nie mehr hungern oder dürsten. Diese gegenwärtige Verleihung des Lebens wird auch in dem eucharistischen Abschnitt vorgetragen, der von dem Brot handelt, das er „für das Leben der Welt gibt“ [347]. Wer nämlich diese „wahre Speise“ und

[347] Zur Verbindung dieses Abschnitts mit der ganzen Brotrede vgl. bes. H. Schlier, Johannes 6 und das johanneische Verständnis der Eucharistie: ders., Das Ende der Zeit. Exegetische Aufsätze und Vorträge III, Freiburg 1971, 102–123.

den „wahren Trank“ (V. 55) genießt, „hat schon ewiges Leben“ (V. 54a), ist eins mit ihm (V. 56), lebt durch ihn (V. 57) und „wird leben in Ewigkeit“ (V. 58; vgl. 11,56). Später heißt es dann:

> Der Geist ist es, der lebendig macht,
> das Fleisch nützt nichts;
> die Worte, die ich zu euch gesprochen habe,
> sind Geist und Leben (6, 63).

In Ergänzung zu dem vorher Gesagten wird hier mit Worten, die eine traditionelle Formulierung aufgreifen[348], auf das lebenspendende πνεῦμα verwiesen, das Jesus selbst ist und welches durch sein Wort vermittelt wird. (Was nach 1 Kor 15,45 der auferstandene Herr erst in Zukunft bewirken wird, vermag schon Jesu Wort während seines irdischen Lebens [vgl. Joh 3,6 „aus dem Geist geboren“].)

Neben diesen eindeutig präsentischen Aussagen stehen innerhalb derselben Rede viele Worte über die endzeitliche Auferstehung: „Ich werde ihn auferwecken am Jüngsten Tag“ (V. 44c. 54c; ähnlich V. 39). In der vorliegenden Fassung – ob später nachgetragen oder nicht[349] – besagen sie unmißverständlich, daß die präsentischen Aussagen den futurischen Aspekt nicht ausschließen. –

Daß aus der Sicht des Johannesevangeliums die Auferstehung im Grunde schon jetzt und nicht erst „am Jüngsten Tag“ erfolgt, lehrt sehr eindrucksvoll die Lazarusgeschichte (11,1–46)[350]. Dort stellt Jesus der jüdischen Erwartung einer Auferstehung „am letzten Tag“ (V. 24), die auch von vielen Christen geteilt wird, unmißverständlich gegenüber, daß die Erweckung der Toten schon jetzt, und zwar durch ihn erfolgt:

> Ich bin die Auferstehung und das Leben (vgl. 6,35);
> wer an mich glaubt,
> wird leben, wenn er auch gestorben ist,
> und jeder, der lebt und an mich glaubt,
> wird nicht sterben in Ewigkeit (11,25 f.).

Wie nach Joh 5,25 den „Toten“, die jetzt schon auf die Stimme des Sohnes Gottes hören und dadurch das [ewige] Leben erhalten, so

[348] Vgl. Kremer (Anm. 214), 233–235.

[349] Zu der für das vierte Evangelium bzw. den Redaktor eigentümlichen Formulierung „am Jüngsten Tag“ vgl. Schnackenburg (Anm. 101), 73 f., 531.

[350] Kremer (Anm. 8) passim.

wird hier einem jeden, der an Christus, „die Auferstehung“, glaubt, die Überwindung des Todes zugesagt. Wenn er schon gestorben ist, wird er „leben“; und wer hier noch lebt, wird den [wahren] Tod niemals erfahren. Die Wende vom Tod zum Leben vollzieht sich demnach, sobald einer an den vom Vater in diese Welt gesandten Sohn glaubt (11,27; vgl. 20,31). Ähnlich wie Joh 5, 25–29 und in der Brotrede wird aber auch hier diese Verkündigung gegenwärtiger Auferstehung dadurch relativiert, daß Jesus anschließend (in Analogie zu Joh 5, 28) dem bereits vier Tage im Grab liegenden Lazarus mit lauter Stimme befiehlt, aus dem Grab zu kommen („. . . schrie er mit lauter Stimme: Lazarus, hierher, heraus!“). Diese Totenerweckung ist ein Symbol der endzeitlichen Auferstehung. Wenn der Evangelist diese hier schildert, gibt er damit zu erkennen, daß die bei der Annahme des Glaubens schon geschenkte Auferweckung noch hingeordnet ist auf eine endzeitliche Vollendung.

Den johanneischen Darlegungen über die schon in der Gegenwart erfolgende „Auferstehung“ entsprechen die Worte über das sich schon in der Gegenwart vollziehende Gericht.

Wer an ihn [den Sohn Gottes] glaubt, wird nicht gerichtet;
wer aber nicht glaubt, ist schon gerichtet,
weil er nicht an den Namen des eingeborenen Sohnes Gottes geglaubt hat (3,18).

In der gegenwärtigen Stellungnahme zum Sohn findet also schon die κρίσις (Scheidung) statt. Denn „nicht gerichtet werden“ meint, Anteil am ewigen Leben zu haben: „Wer an den Sohn glaubt, hat ewiges Leben“ (3, 36a). Hingegen bezeichnet „gerichtet werden“ die Verurteilung (vgl. „Auferstehung zum Gericht“, 5,29): „Wer dem Sohn nicht gehorcht, wird das ewige Leben nicht sehen, sondern der Zorn Gottes bleibt auf ihm“ (3,36bc). –

Von dem sich schon in der Gegenwart vollziehenden Gericht spricht Jesus auch in der abschließenden Zusammenfassung seines öffentlichen Wirkens: Er ist der vom Vater Gesandte (12,44), der als Licht in die Welt kommt, damit jeder, der an ihn glaubt, nicht in der Finsternis bleibe (12,46). Er weiß sich nicht gesandt, um die Welt zu richten, sondern um sie zu retten (12,47). Der ihm vom Vater übergebene Auftrag zielt auf „das ewige Leben“ hin (12,50). Mit diesen Worten über das gegenwärtige Gericht ist engstens der Gedanke an ein zukünftiges Gericht verknüpft, das durch Jesu Wort am Jüngsten Tag geschieht: „Wer mich verachtet und meine

Worte nicht annimmt, der hat den, der ihn richtet: Mein Wort wird ihn richten am Jüngsten Tag" (12,48)[351]. –

Der Verfasser (bzw. Endredaktor) des vierten Evangeliums weiß also um die Gegenwärtigkeit des Heils, die schon im Glauben sich ereignende Errettung aus der Macht des Todes. Nach Joh 3,6 ist diese seiner Ansicht nach engstens mit dem Empfang der Taufe (als Wiedergeburt aus dem Wasser und dem Geist) und nach Joh 6, 53–58 mit dem Empfang der eucharistischen Gaben verbunden. Wie die zusätzlichen Hinweise auf das Endgericht und den Jüngsten Tag zeigen, ist damit aber der eschatologische Vorbehalt, wie er in der älteren urkirchlichen Predigt betont wird, nicht gänzlich aufgehoben. Warum das Johannesevangelium so stark die Gegenwärtigkeit der Lebendigmachung betont, hat verschiedene Gründe: erstens die durch das Zurücktreten der Naherwartung (ähnlich wie in Kol/Eph) geförderte Besinnung auf das durch Taufe und Eucharistie schon jetzt verliehene Leben[352]; zweitens die Berücksichtigung der zeitgeschichtlichen Situation (Begegnung mit den Fragen der Gnosis)[353] und drittens vor allem die tiefere Erfassung der Gottessohnschaft Jesu[354].

351 Das Nebeneinander von gegenwarts- und zukunftsbezogenen Aussagen findet sich in anderer Form auch in den Abschiedsreden. Jesus spricht dort einmal über sein bevorstehendes Hingehen zum Haus des Vaters (14,2) und kündigt sein Wiederkommen (bei der Parusie) an: „Wenn ich gegangen bin und einen Platz für euch bereitet habe, komme ich wieder, um euch zu mir zu holen" (14,3). Wenige Verse später erklärt er in leicht abgewandelter Diktion und ganz auf die Gegenwart bezogen: „Wenn einer mich liebt, wird er mein Wort halten und mein Vater wird ihn lieben und wir werden zu ihm kommen und eine Wohnung bei ihm bereiten" (14,23). Nach Becker (Anm. 13), 118f., 128, ist das Wort Joh 14,23 eine Abwandlung der traditionellen Aussagen über die zukünftige Parusie.

352 Etwas anders J. Becker, Das Evangelium nach Johannes. Kapitel 1–10 (ÖTK 4/1), Gütersloh 1979, 245f. Ebenso Schottroff (Anm. 344), 302.

353 Zu den Anschauungen über die Auferstehung in der Gnosis und ihren Einfluß auf das vierte Evangelium vgl. M. L. Peel, Gnostic Eschatology and the New Testament: NT 12 (1970), 141–165, bes. 159–165; ders., Gnosis und Auferstehung. Der Brief an Rheginus von Nag Hammadi, Neukirchen-Vluyn 1974; E. Ruckstuhl, Das Johannesevangelium und die Gnosis: H. Baltensweiler/Bo Reicke (Hrsg.), Neues Testament und Geschichte (FS O. Cullmann), Zürich 1972, 143–156; K.-W. Tröger, Ja oder Nein zur Welt. War der Evangelist Johannes Christ oder Gnostiker?: J. Rogge/G. Schille (Hrsg.), Theologische Versuche VII, Berlin 1976, 61–80.

354 Vgl. den Exkurs „Das eschatologische Denken im Johannesevange-

Dieser johanneischen Christologie entspricht auch die enge Zusammengehörigkeit von gegenwärtiger und zukünftiger Auferstehung. Denn nach der Sicht des vierten Evangelisten ist ja auch Jesu Auferstehung nicht so punktuell aufzufassen, wie dies meist geschieht. Denn einerseits sieht Johannes diese in einer Zusammenschau des ganzen Wirkens Jesu, von der „Stunde" zu Kana („noch nicht gekommen ... füllt jetzt ..." 2,4.8)[355] bis zur „Stunde" des Hinübergehens aus der Welt zum Vater (13,1) und der Verherrlichung (12,27f.; 17,1); andererseits ist selbst am Ostermorgen Jesu Auferstehung noch nicht abgeschlossen, wie es der Auferstandene zu Maria sagt und ihr zur Weiterverkündigung aufträgt:

> Halte mich nicht fest;
> denn ich bin noch nicht aufgestiegen zum Vater;
> aber geh zu meinen Brüdern und sage ihnen:
> Ich steige auf zu meinem Vater und zu eurem Vater,
> zu meinem Gott und zu eurem Gott (20,17)[356].

Auf der Linie des Johannesevangeliums liegen auch die Angaben über die gegenwärtige und zukünftige Eschatologie in 1 Joh. Der Verfasser schreibt einerseits mehrfach in traditioneller Weise über den zukünftigen „Tag des Gerichts" (4,17), über „die letzte Stunde", da der Antichrist kommt (2,18; vgl. 2,22; 4,3; 2 Joh 7), über die Parusie (2,28; vgl. 3,2)[357] und fordert die Leser auf, sich dafür bereitzuhalten. Andererseits greift er die Sprache von Joh 5,24f. auf und erklärt:

> Wir wissen, daß wir vom Tod zum Leben hinübergegangen sind,
> da wir die Brüder lieben.
> Wer nicht liebt, bleibt im Tod (1 Joh 3,14).

---

lium" von Schnackenburg (Anm. 101), 530–544. Unter Berufung auf Blank, Krisis (Anm. 267), 38, betont Schnackenburg dort (543), daß „die johanneische Eschatologie eine Funktion der Christologie" ist.

[355] Vgl. B. Olsson, Structure and Meaning in the Fourth Gospel. A Text-Linguistic Analysis of John 2:1–11 and 4:1–42 (CB.NT 6), Uppsala 1974, bes. 43–45, 53f.

[356] Vgl. W. Thüsing, Die Erhöhung und Verherrlichung Jesu im Johannesevangelium (NTA 21/1–2), Münster ²1970, 263–269; Kremer, Osterevangelien (Anm. 10), 172–174, 183.

[357] Nach Schnackenburg (Anm. 101) Exkurs: 540, Anm. 1, ist dies ein Indiz dafür, daß dieser Brief möglicherweise nicht vom Autor des Evangeliums stammt.

Der Autor stellt hier zunächst fest: Er wie seine Leser wissen, daß sie nicht mehr dem Bereich des „Todes“ angehören; dadurch unterscheiden sie sich von der „Welt“, die sie haßt (3,13), sowie von dem Machtbereich der „Finsternis“ (2,9.11; 1,6; vgl. Kol 1,13) und der „Sünde“ (3,4f.9). Sie sind aus dieser Sphäre „hinübergegangen“ in den Bereich des Lebens und besitzen dieses Leben. Sie sind also auferstanden. Der Nachsatz „da wir die Brüder lieben“ (ὅτι ἀγαπῶμεν τοὺς ἀδελφούς) gibt sicher den Grund dieses Wissens an (vgl. „daran werden alle erkennen, daß ihr meine Jünger seid, wenn ihr Liebe zueinander habt“, Joh 13,35). Unsicher ist, ob dieser ὅτι-Satz außerdem noch den Grund dafür angibt, warum der Verfasser und seine Gemeinde vom Tod zum Leben hinübergegangen sind, nämlich durch die Bruderliebe. Grammatikalisch wäre das möglich; die anschließende Bemerkung über den, der den Bruder haßt, der deshalb ein Menschenmörder ist und das ewige Leben nicht in sich hat (V. 15), kann diese Deutung nahelegen. Von der gesamten Theologie der johanneischen Schriften her ist jedoch die Bruderliebe eher als das Kennzeichen und die Auswirkung des neuen Lebens, und somit auch der Teilhabe an der Liebe Gottes (4,7–11), zu betrachten[358]. Grund für die Errettung aus dem Bereich des Todes ist die Bruderliebe aber in dem Sinn, als sie wesentlich zum Glauben an Christus hinzugehört und sich in ihr der Prozeß des Hinübergehens aus dem Bereich des Todes bis zu dessen Vollendung vollzieht. Im Unterschied zu Joh 5,24f. betont der Nachsatz „Wer nicht liebt, bleibt im Tod“, daß dieses Hinübergehen aus dem Tod zum Leben noch nicht endgültig ist. (Dieser paränetische Zusatz wehrt offensichtlich ein Mißverständnis der Gegenwartsaussage ab, allerdings nicht durch einen ausdrücklichen Hinweis auf eine endzeitliche Auferstehung bzw. ein Gericht wie Joh 5,28f.)

(3) *Die synoptischen Evangelien und die Apostelgeschichte* enthalten keine direkten Aussagen darüber, daß sich schon in der Gegenwart die Auferstehung bzw. die Erlangung des ewigen Lebens ereignen. Allerdings wird in den nachösterlich geprägten Schilderungen des Wirkens Jesu und auch der Wiedergabe seiner Worte sehr stark betont, daß die für die Zukunft und nach jüdischer Vorstellung für den kommenden Äon erwartete Wende sich schon in der Gegenwart anzeigt. Jesu Taten sind Zeichen für die schon in der Gemeinde erfahrbare Errettung aus der Macht der Sünde und des

358 Brown (Anm. 100), 446; vgl. Wengst (Anm. 100), z. St.

Todes (z. B. Mk 2,5. 10; 5,34. 36. 41). Aufschlußreich sind diesbezüglich auch die Schilderungen des urkirchlichen Gemeindelebens in der Apg, das als ein Vorschein des für die Zukunft erst erwarteten Heils betrachtet werden darf und deshalb Anlaß zu eschatologischem Jubel gibt (Apg 2,42–47; 4,32–35). Aus der Sicht des Lukas kann Jesus bei der „Umkehr" des Zachäus sagen: „Heute ist diesem Haus Heil widerfahren" (19,9). Von diesem bekehrten Sünder wie von jedem anderen gilt das, was in dem Gleichnis der Vater des verlorenen Sohnes unter Verwendung der Auferstehungsterminologie ausspricht: „Denn dieser mein Sohn war tot und ist wieder aufgelebt, er war verloren und wurde gefunden" (Lk 15,24. 32). Ein Vergleich dieses Spruchs mit den Aussagen des Johannesevangeliums lehrt allerdings, daß diese Totenerweckung in der „Umkehr" noch nicht explizit als eine solche Lebendigmachung durch Christus verstanden wird, wie im vierten Evangelium.

(4) Die verschiedenartigen Ansätze und Ausprägungen urkirchlicher präsentischer Eschatologie sind wesentlich durch das Wissen um die Auferstehung Jesu, aber auch durch die urkirchliche Geisterfahrung veranlaßt worden. Sie haben aber nicht zuletzt einen Haftpunkt im *Wirken Jesu*. Bei einem Vergleich mit der Predigt des Täufers fällt nämlich auf, daß Jesus nicht bloß über die zukünftige Gottesherrschaft gesprochen hat, sondern auch ihre Nähe (Mk 1,15), ja ihren Anbruch proklamierte (vgl. Lk 17,21)[359]. Letzteres bezeugen seine Taten, die Exorzismen und Heilungen (Mt 12,28/Lk 11,20; vgl. Lk 7,22par); sie sind „Zeichen" der jetzt schon erfolgenden Entmachtung Satans (Lk 10,18) und damit der Todesmacht. Anzeichen für die mit Jesu Wirken angebrochene Wende der Geschichte sind nicht zuletzt die Schaffung des Kreises „der Zwölf" und die Mahlgemeinschaft mit einer größeren Schar, wie sie in der Überlieferung von der großen Speisung (Mk 6,32–42par) ihren Niederschlag gefunden hat. In symbolhafter Weise nahm Jesus damit die noch ausstehende neue Gemeinschaft Gottes mit den Menschen vorweg, und zwar in engster Bindung an seine Person. Alte Belege dafür, daß Jesus selbst die Gegenwart schon als Zeit des Heils deutete, sind das Apophthegma der Fastenfrage (Mk 2,18–20) wie auch die Seligpreisung der Augen- und Ohrenzeugen seiner

[359] Das gilt auch dann, wenn man diese Deutung der Gleichnisse Jesu im Sinn einer "realized eschatology" (C. H. Dodd) nicht kritiklos übernimmt.

Taten (Lk 10,23 f./Mt 13,15 f.)[360]. Wie nahe eine Explikation dieser impliziten präsentischen Eschatologie nach Ostern lag, zeigen verwandte Redeweisen im Judentum und Alten Testament.

2. Verwandte Angaben im frühen Judentum und in Altisrael

(1) Eine auffallende Parallele zu den neutestamentlichen Angaben über eine präsentische Eschatologie findet sich in dem jüdischen Roman ›*Josef und Aseneth*‹ (1. Jh. v. oder n. Chr.). Dort bittet Josef um die Bekehrung der ägyptischen Priestertochter Aseneth mit den Worten:

> Herr, der Gott meines Vaters Israel,
> der Höchste, der Starke des Jakob,
> der (da) lebendigmachte die (Dinge) alle (ὁ ζωοποιήσας τὰ πάντα)
> und rief von der Finsternis in das Licht
> und von dem Irrtum in die Wahrheit
> und von dem Tode in das Leben (ἀπὸ θανάτου εἰς τὴν ζωήν),
> du, Herr, segne diese Jungfrau,
> und wiedererneuere sie (mit) deinem Geiste (τῷ πνεύματί σου),
> und wiederforme sie (mit) deiner Hand, der verborgenen,
> und wiederlebendigmach sie (ἀναζωοποίησον) (mit) deinem Leben,
> und sie esse Brot deines Lebens
> und trinke Kelch deines Segens,
> und zähle dazu sie deiner Nation,
> die du auserwähltest, bevor wurden die (Dinge) alle,
> und sie gehe hinein in deine Ruhe,
> die du bereitest deinen Auserwählten,
> und sie lebe in deinem ewigen Leben in die Ewigkeit-Zeit
> (8,9 [49, 18–22])[361].

[360] Vgl. dazu insgesamt H.-W. Kuhn, Enderwartung und gegenwärtiges Heil. Untersuchungen zu den Gemeindeliedern von Qumran mit einem Anhang über Eschatologie und Gegenwart in der Verkündigung Jesu (StUNT 4), Göttingen 1966, 189–204.

[361] Übersetzung von C. Burchard, Unterweisung in erzählender Form. Joseph und Aseneth (JSHRZ II/4), Gütersloh 1983; die griechischen Zitate nach der Ausgabe von M. Philonenko, Joseph et Aséneth. Introduction. Texte critique. Traduction et notes (StPB 13), Leiden 1968. Die Stellenangaben in dieser Arbeit entsprechen der Zählung von Batiffol, die Fischer u. a. übernehmen (Fischer [Anm. 142] 106–123). Zu den christlichen Zusätzen vgl. T. Holtz, Christliche Interpolationen in ‚Joseph und Aseneth': NTS 14 (1967/68), 482–497; Cavallin (Anm. 1), 218.

Die Bekehrung zum jüdischen Glauben wird unmißverständlich als eine Lebendigmachung und Neuschöpfung aufgefaßt, und zwar in enger Anlehnung an die alttestamentliche Gottesbezeichnung, die im Judentum sonst im Blick auf die endzeitliche Auferweckung aufgegriffen wurde. (Die Angaben über das Essen und Trinken sind vermutlich eine spätere christliche Ergänzung.) Der Bitte Josefs entspricht auch die Zusage, die Aseneth von einem Engel erhält:

Sei getrost, Aseneth, die keusche Jungfrau.
Siehe nämlich, es ward geschrieben dein Name in dem Buch der Lebenden im Himmel,
in (dem) Anfang des Buches (als) erster aller ward geschrieben dein Name
(mit) meinem Finger und wird nicht ausgetilgt werden in die Ewigkeit.
Siehe doch, von dem (Tage) heute (an) wirst du
wiedererneuert und wiedergeformt und wiederlebendiggemacht werden
(ἀνακαινισθήσῃ καὶ ἀναπλασθήσῃ καὶ ἀναζωοποιηθήσῃ) . . .
(15, 4f. [64, 3f.]).

Aseneth selbst kann nach ihrer Bekehrung bekennen:

Herr, mein Gott, der (da) wiederlebendigmachte mich
und (der) erlöste mich aus den (Götzen)bildern
und der (Ver)wesung des Todes . . . (27, 10 [82, 5]).

Mehrfach wird in diesem Roman ferner angedeutet, daß durch die Neuschöpfung bei der Bekehrung auch das Aussehen der Priestertochter verwandelt wurde (20, 7 [70, 19f.])[362].

Nicht zu übersehen ist, daß diese „Neuschöpfung“ bei der Bekehrung eine Unsterblichkeit bewirkt, die hingeordnet ist auf ein Leben, das diese irdische Welt übersteigt (15, 4f.; 8, 11). Diese Unsterblichkeit betrifft aber nicht bloß die Seele, sondern den ganzen Menschen und wird diesem vermutlich unmittelbar nach dem Tod zuteil[363]. Auffallend ist auch, daß zwar von Lebendigmachen, Neugestalten und Erneuern die Rede ist, der Terminus Auferstehung bzw. Auferwecken aber nicht verwendet wird.

Die Deutung der Bekehrung als gegenwärtige Errettung vom Tod und als Neuschöpfung hat eine Entsprechung in den Schriften des jüdischen Philosophen *Philo*. In seiner philosophischen Auslegung des Gottesnamens von Ex 3, 14 (LXX) ἐγώ εἰμι ὁ ὢν erklärt

[362] Vgl. Fischer (Anm. 142), 108f.

[363] Zur Diskussion darüber vgl. Fischer (Anm. 142), 111–113. – Zur religionsgeschichtlichen Einordnung der Texte aus Joseph und Aseneth vgl.

er, daß die Gemeinschaft mit Gott und somit auch die echte Philosophie schon Unsterblichkeit bedeutet, während die Gottlosen im Tod bleiben:

> ... denn in der Tat sind ja die Gottesleugner seelisch tot,
> während diejenigen, die sich um den wirklichen Gott geschart haben,
> ein unsterbliches Leben führen
> (ὄντως γὰρ οἱ μεν ἄθεοι τὰς ψυχὰς τεθνᾶσιν,
> οἱ δὲ τὴν παρὰ τῷ ὄντι θεῷ τεταγμένοι
> τάξιν ἀθάνατον βίον ζῶσιν, SpecLeg I, 345)[364].

Für Philo leben darum die Therapeuten als die idealen Philosophen, die im Blick auf das unsterbliche und ewige Leben sich jetzt schon für tot betrachten und ihren Besitz verschenken (Vita cont. 13). Die Philosophie selbst kann nach Philo – in der Nachfolge Platos – als eine Art des Sterbens gelten, die den leiblichen Tod vorwegnimmt, der diesem gegenüber fast bedeutungslos wird[365]. Wenn Philo wie auch andere hellenistische Autoren das Thema Auferstehung der Toten vermeidet, aber auch nicht dagegen polemisiert, schließt das nicht aus, daß er mit einem personalen Leben nach dem Tod rechnet[366].

Höchst beachtenswert für die neutestamentlichen Aussagen über eine präsentische Eschatologie[367] sind die betreffenden Angaben in den Texten von *Qumran*, auf die in letzter Zeit mehrfach hingewiesen wurde. Die mitunter als Beleg für die Hoffnung auf eine endzeitliche Auferstehung herangezogenen Stellen erweisen sich nämlich bei näherer Betrachtung als Belege dafür, daß schon der Eintritt in die Gemeinde als Neuschöpfung gewertet wurde. In dem Loblied 1 QH XI preist der Beter das Erbarmen Gottes, das all den Söhnen seines Wohlgefallens gilt:

> ... und dein Erbarmen gilt allen Söhnen deines Wohlgefallens.
> Denn du hast sie belehrt im Rat deiner Wahrheit,

---

noch K. Berger, Jüdisch-hellenistische Missionsliteratur. Apokryphe Apostelakten: Kairos 17 (1975), 232–240; D. Sänger, Antikes Judentum und die Mysterien. Religionsgeschichtliche Untersuchungen zu Joseph und Aseneth (WUNT II, 5), Tübingen 1980.

364 Vgl. Cavallin (Anm. 1), 289f.

365 Vgl. Cavallin (Anm. 1), 290.

366 Vgl. Cavallin (Anm. 1), 292f.

367 PsSal 3, 12 ist nach Stemberger (Anm. 1), 445f., möglicherweise auch noch im Sinn präsentischer Eschatologie zu verstehen; hingegen bedeutet „Auferstehen" in äthHen 91, 10 nur „erstarken" (wie 92, 3); vgl. Stemberger (Anm. 142), 40.

und in deinen wunderbaren Geheimnissen hast du sie unterwiesen.
Um deiner Ehre willen hast du den Menschen von Sünde gereinigt,
daß er sich heilige für dich
von allen unreinen Greueln und von schuldhafter Untat;
daß er vereint sei [mit] den Söhnen deiner Wahrheit
und im Los mit deinen Heiligen;
um aus dem Staub zu erhöhen den Wurm der Toten zu [ewigem] Rat
und vom verkehrten Geist zu [deiner] Einsicht,
daß er hintrete an den Standort vor dir
mit dem ewigen Heer und den Geistern [des Wissens],
um sich zu erneuern mit allem, was ist,
und mit den Wissenden in gemeinsamem Jubel (1 QH XI, 9b–14)[368].

Der V. 12 greift hier das vorher erwähnte Motiv auf: „Ich preise dich, mein Gott! Denn du hast wunderbar am Staube gehandelt und am Gebilde von Lehm dich überaus herrlich erwiesen" (1 QH XI, 3). In diesem Lied werden demnach „drei eschatologische Akte" nacheinander genannt, die sich alle auf den Eintritt in die Gemeinde beziehen: „Auferstehung, Aufstellung vor Gott mit den Engeln und Erneuerung des Menschen im Zusammenhang der Erneuerung der Schöpfung"[369]. Dies bestätigt der Text eines anderen Liedes:

Ich preise dich, Herr!
Denn du hast meine Seele erlöst aus der Grube
und aus der Unterwelt des Abgrundes hast du mich hinausgehoben
zu ewiger Höhe.
Ich wandle auf ebener Bahn, die nicht auszuforschen ist,
und erkannte, daß es Hoffnung gibt für den,
welchen du aus Staub gebildet hast zu ewigem Rat.
Und den verkehrten Geist hast du gereinigt von großer Missetat,
daß er sich stelle an den Standort mit dem Heer der Heiligen
und in die Gemeinschaft eintrete mit der Gemeinde der Himmelssöhne.
Und du warfst dem Mann ein ewiges Los mit den Geistern des Wissens,
daß er deinen Namen preise in gemeinsamem J[ub]el
und deine Wunder erzähle vor all deinen Werken (1 QH III, 19–23).

Wer in die Gemeinschaft von Qumran eintritt, hat also jetzt schon Anteil an der Errettung der Menschen aus der Sünde und Todesver-

[368] Übersetzung von E. Lohse, Die Texte aus Qumran. Hebräisch und Deutsch. Mit masoretischer Punktation, Übersetzung, Einführung und Anmerkungen, Darmstadt [2]1971, 155.

[369] Kuhn (Anm. 360), 113.

fallenheit; er gehört zur Gemeinschaft der „Heiligen“ und Engel. Der Fromme ist also im Besitz der Heilsgüter, die der Apokalyptiker erst für die Zukunft erwartet: „Einsicht“, „Wissen“ und „Klugheit“, „Gerechtigkeit“, „Stärke“, „Herrlichkeit“ und „die Gemeinschaft mit den Engeln“ (vgl. auch 1 QS X, 9–XI, 22)[370]. Diese präsentische Eschatologie schließt nicht jeden Aspekt des Zukünftigen aus. Doch ist der Heilsbesitz der Gegenwart so gewichtig, daß demgegenüber der Tod an Bedeutung verliert. Auffallend ist – im Unterschied zu neutestamentlichen Aussagen –, daß für die Bösen das Gericht erst in Zukunft erwartet wird[371]. Als Wurzel für dieses Selbstverständnis der Gemeinde von Qumran wird mit Recht auf ihr priesterliches Selbstverständnis und die Übertragung des Tempelbegriffs auf die Gemeinde verwiesen[372].

(2) Wie die zuletzt angeführten Texte aus Qumran andeuten, finden sich schon Spuren und erste Ansätze einer präsentischen Eschatologie im *Schrifttum Altisraels.* Als das Volk Jahwes rühmte sich Israel seiner Nähe und Gegenwart – z. B. in der Wolke (Ex 13, 21; 16, 10; Dtn 1, 33; Neh 9, 12; 1 Kön 8, 10f. u. ö.), im Zeichen des Bundeszeltes (Ex 25, 22; 33, 9–11; 34, 40f. u. ö.) und später im Tempel (1 Kön 8, 11–13. 16. 29)[373]. Getragen von dem Wissen, daß Jahwe als ihr Retter in ihrer Mitte weilt, konnten die Angehörigen des auserwählten Volkes bei den großen Festen Gott feiern und sich seiner erfreuen[374]. In der Auseinandersetzung über das Todesverständnis Israels konnte mit Recht geschrieben werden, daß mehr als der Tod „die Lebenssphäre Gottes“ in die Gegenwart hineinreicht: „Mit der jetzt bestehenden Lebensgemeinschaft mit Jahwe

[370] Kuhn (Anm. 360), 116, 170.

[371] Kuhn (Anm. 360), 180.

[372] Kuhn (Anm. 360), 182.

[373] Im Hinblick auf heilschaffende Gegenwart Jahwes im Kult schreibt Füglister (Anm. 205), 2: „Cum grano salis kann hier von einer realisierten, präsentischen innergeschichtlichen und innerweltlichen Eschatologie gesprochen werden, erscheint doch das Heiligtum mit seinem Gottesdienst und seiner Gottesgegenwart als das bereits jetzt realisierte Endziel des Geschichtsplanes Gottes“.

[374] Vgl. C. Westermann, Lob und Klage in den Psalmen, Göttingen [6]1983, bes. 72, 185–188; G. Braulik, Die Freude des Festes. Das Kultverständnis des Deuteronomium – die älteste biblische Festtheorie: R. Schulte (Hrsg.), Leiturgia – Koinonia – Diakonia (FS F. König), Wien 1980, 127–179.

ist eigentlich alles weitere schon gegeben"[375]. Dies gilt um so mehr, als dem hebräischen Zeitdenken bekanntlich „ein Ineinander von Vergangenheit und Gegenwart, aber auch von Zukunft und Gegenwart eigentümlich ist"[376]. In der Verkündigung konnte das Vergangene z. B. vergegenwärtigt werden:

> Der Herr, unser Gott, hat am Horeb einen Bund mit uns geschlossen.
> Nicht mit unseren Vätern hat der Herr diesen Bund geschlossen,
> sondern mit uns, die wir heute hier stehen,
> mit uns allen, mit den Lebenden (Dtn 5, 2–3).

Ebenso konnte auch die Zukunft, Gottes universale Herrschaft, schon in Verkündigung und Kult vorweggenommen werden, wie z. B. in einigen Psalmen[377]. Als Beispiel diene:

> Ihr Völker alle, klatscht in die Hände;
> jauchzt Gott zu mit lautem Jubel! . . .
> Er unterwirft uns Völker
> und zwingt Nationen unter unsre Füße.
> Er wählt unser Erbland für uns aus,
> den Stolz Jakobs, den er liebt . . .
> Denn Gott ist König der ganzen Erde.
> Spielt ihm ein Psalmenlied!
> Gott wurde König über alle Völker,
> Gott sitzt auf seinem heiligen Thron.
> Die Fürsten der Völker sind versammelt
> als Volk des Gottes Abrahams.
> Denn Gott gehören die Mächte der Erde;
> er ist hoch erhaben (Ps 47,2. 4f. 8–10).

Im Blick auf die Thematik Auferstehung hat von frühester Zeit an das Wort große Beachtung gefunden, das später im Judentum immer wieder zitiert wird: „Der Herr macht tot und lebendig, er führt zum Totenreich hinab und führt auch herauf" (Dtn 32,39;

[375] G. v. Rad, Theologie des Alten Testaments I. Die Theologie der geschichtlichen Überlieferungen Israels (Einführung in die evangelische Theologie 1), München 1957, 420.

[376] Vgl. Kuhn (Anm. 360), 183; vgl. dazu auch die Ausführung von Westermann (Anm. 374), 123f., über das „Loben im Warten".

[377] Vgl. M. Noth, Die Vergegenwärtigung des Alten Testaments in der Verkündigung: C. Westermann (Hrsg.), Probleme alttestamentlicher Hermeneutik. Aufsätze zum Verstehen des Alten Testaments (TB 11), München ^{2}1963, 54–68, bes. 59–63; vgl. auch Kuhn (Anm. 360), 183.

1 Sam 2,6). Wie in der Vergangenheit erweist Jahwe sich auch in der Gegenwart als der Retter seines Volkes:

> Gepriesen sei der Herr, Tag für Tag,
> Gott trägt uns, er ist unsere Hilfe,
> Gott ist ein Gott, der uns Rettung bringt,
> Gott, der Herr, führt uns heraus aus dem Tod (Ps 68,21).

Die Frommen Israels haben, von diesem Glauben getragen, auch auf die Errettung aus ihrer eigenen Krankheit, ihrem „Tod" in der Gegenwart gehofft und dafür schon gedankt (vgl. Ps 116,1–8 mit Ps 86,12–13). Aus der gläubigen Deutung dieser Gotteserfahrung festigte sich in ihnen – im Lauf der Zeit immer mehr – die Hoffnung, daß Sünde und Tod diese Nähe Gottes nicht für immer zerstören können, da Gott mächtig ist, Tote lebendig zu machen und seinem Volk, ja allen Menschen eine bleibende Nähe zu gewähren.

ZUSAMMENFASSUNG

Die wichtigsten Ergebnisse der bibeltheologischen Studie sollen hier im Blick auf ihre Relevanz für das heutige Glaubensverständnis thesenartig zusammengefaßt werden. Wer den Ausführungen nicht in allem zustimmt, möge darin Impulse sehen, wie die biblische Botschaft heute vermittelt werden kann, so daß ihre Annahme nicht durch zeitbedingte Vorstellungen verstellt wird.

1. „Auferstehung der Toten" bzw. „Auferweckung der Toten" sind semantisch keine eindeutigen, sondern vieldeutige (polyseme) Wortbildungen. Wer erfassen will, was in den einzelnen biblischen Schriften jeweils damit gemeint ist, muß über die Wortbedeutung hinaus vor allem den Kontext und die (textpragmatische) Funktion der Aussagen bestimmen. Ohne solche Bemühungen um ein echtes Verstehen verfällt der Bibelleser leicht irrtümlichen Vorstellungen und Auffassungen von der Auferstehung der Toten.

Im Neuen Testament steht „Auferstehung" meistens – wie auch im Alten Testament – in deutlicher Abhängigkeit von der apokalyptischen Vorstellung eines Auferstehens bzw. Aufwachens aus dem Grab, manchmal jedoch bloß als Bezeichnung für die Erlangung des neuen, ewigen Lebens, das auch unabhängig von einer Auferweckung aus dem Grab erreicht werden kann (etwa durch eine Verwandlung). Mehrfach bezeichnet „auferstehen" im Neuen Testament – ähnlich wie „lebendig machen" im frühen Judentum – die schon in diesem Leben bei der Taufe bzw. Bekehrung erfolgende „Auferstehung".

Im Unterschied zum Begriff „ewiges Leben" bringt das Wort „Auferweckung" (bzw. „Auferstehung") einmal den Aspekt der „Rettung" (Befreiung aus der Macht des Todes) und zum anderen den Bezug auf die Mitmenschen sowie die gesamte Schöpfung (Auferweckung des Leibes) zum Ausdruck.

Die verschiedenartigen Schilderungen der Auferstehung bei der Parusie haben immer eine dienende Funktion. Die mit „Auferstehung der Toten" gemeinte Wirklichkeit hingegen ist als solche nicht an apokalyptische Zeit- und Raumvorstellungen gebunden.

2. Die Schriften des Neuen Testaments bezeugen unmißverständlich die Hoffnung auf eine personale Auferstehung bzw. Erlangung

eines postmortalen ewigen Lebens aller, die an Jesus Christus glauben. Dies besagt auch die Rede vom „Leib“ der Auferstandenen und von der erhofften ewigen Gemeinschaft mit dem auferweckten Jesus von Nazaret.

Über die Art der postmortalen Existenz spricht die Bibel nur in Metaphern und mit Hinweis auf „die Herrlichkeit“ des auferstandenen Gekreuzigten bzw. auf seinen neuen Leib, der als σῶμα πνευματικόν der Sphäre des πνεῦμα und damit Gottes angehört. Wer den Bildcharakter dieser biblischen Aussagen nicht beachtet, verkennt ihre Botschaft und erschwert ihre gläubige Annahme.

Anders als in Kreisen der griechisch-hellenistischen Umwelt, die zum Teil die jüdischen Schriften beeinflußten, kommt nach dem Neuen Testament den Verstorbenen das neue Leben nicht aufgrund einer unsterblichen Seele zu, sondern aufgrund der ihnen geschenkten pneumatischen Existenz (σῶμα πνευματικόν). Dieses „ewige Leben“ ist die Erfüllung dessen, was schon im Alten Bund als Leben in der Gemeinschaft mit Jahwe, dem Quell des Lebens, ersehnt wurde.

Paulus und die Leser seiner Briefe waren an dieser Zukunft der Entschlafenen sehr interessiert. Der Apostel fordert die Thessalonicher ausdrücklich auf, die Trauernden in diesem Sinne zu trösten. Das Verlangen nach einer Antwort darauf, ob die Toten „auferstehen“, darf darum nicht als unbiblische oder ungeziemende Neugierde abgewertet werden. Wer die „Auferstehung der Toten“ leugnet oder als nicht zu beantwortendes Problem offenläßt, muß konsequenterweise auch die Auferstehung des gekreuzigten Jesus von Nazaret und damit das Fundament des christlichen Glaubens bestreiten bzw. dahingestellt sein lassen.

3. „Leibliche Auferstehung“ ist vom Neuen Testament her mehr als eine bloße Erneuerung des irdischen Lebens. „Auferstehung“ meint aber auch nicht eine totale Neuschöpfung aus dem Nichts (creatio ex nihilo). Es geht vielmehr um die Errettung aus einem „Tod“, der tiefer reicht als das biologische Sterben, d. h. aus einer Existenzweise, die den Namen Leben nicht verdient und deren Grauen letztlich in einer bleibenden Trennung von Gott besteht; sie wurde im jüdischen und christlichen Schrifttum später oft als „Hölle“ ausgemalt. Ewiges Leben ist demgegenüber die dem verstorbenen, jedoch im Tod nicht völlig ausgelöschten Individuum, geschenkte Gemeinschaft mit Jahwe und Jesus Christus, ein „Leben“, von dem das irdische nur ein schwacher Abglanz ist.

Die biblische Verkündigung der Auferstehung geht davon aus,

daß alle Menschen in die Sünde verstrickt sind, sich nicht in eigener Kraft aus ihr und demzufolge aus der Macht des ewigen Todes befreien können. Dabei unterschlägt die Bibel nicht, daß diese Todesverfallenheit einmal durch das Hineingeborenwerden in eine Welt der Sünde bedingt ist, zum anderen aber in der persönlichen Sünde ihren Grund hat. Die Einsicht in diese Zusammenhänge zwischen Sünde und Tod verdankt die Kirche wesentlich der Offenbarung über die Heilsbedeutung des Todes und der Auferstehung Jesu, die an jüdische und altisraelitische Gedanken (Trennung von Jahwe in der scheol; relecture von Gen 3) anknüpfen konnte.

Wegen dieser Verstrickung in die Sünde und der allgemeinen Todesverfallenheit ist die Auferstehung aller Toten einzig durch Jesus Christus möglich. Jahwe, der sich im Alten Bund wesentlich als der Retter offenbart, errettet nach dem Neuen Testament durch seinen Sohn alle Menschen, die an diesen glauben, aus dem ewigen Tod. Ohne Christus blieben sie, die im Sterben der Gottesferne (Hölle) anheimfallen, verloren. Insofern sich die Bibel an Glaubende wendet und diese im Glauben an Jesus Christus bestärken will, kann aus ihr nicht gefolgert werden, auf welche Weise Jahwe auch jene Menschen aus dem Tod retten kann, die in ihrem Leben Christus niemals richtig kennenlernen und somit keine volle Glaubensentscheidung treffen (soweit Menschen darüber urteilen können).

4. Das Neue Testament verknüpft die leibliche Auferstehung oft mit damaligen apokalyptischen Vorstellungen von Endgericht und Parusie. Die Mannigfaltigkeit der Bilder zeigt, daß diese keine Vorausschau auf das Programm der letzten Tage bieten. Die Schilderungen vom Ende der Welt bedürfen ebenso einer Interpretation wie die von der Erschaffung der Welt und vom Paradies auf den ersten Seiten der Bibel. Die früher geläufigen zeitlichen Vorstellungen vom Anfang und Ende der Welt können heute ebensowenig wie die damaligen räumlichen Vorstellungen von Himmel, Erde und Unterwelt naiv übernommen werden. In den unterschiedlichen apokalyptischen Bildern von der Auferstehung am Ende, in Verbindung mit der Parusie und dem Gericht, kommt aber wesentlich zum Ausdruck, daß das ewige Leben eine christologische, ekklesiale und kosmische Dimension hat: Bevor nicht alle, sofern sie sich nicht selbst ausschließen, an der Herrlichkeit des Auferstandenen Anteil erhalten und der ganze Kosmos eine neue Gestalt erhält, wird wie die Auferstehung Jesu so auch die der Glieder seines Leibes noch nicht vollendet sein.

Wie Jesus mit vielen Juden seiner Zeit voraussetzt, daß die

Patriarchen schon bei Gott leben, so kennen auch die Apostel und Evangelisten die Hoffnung auf eine Gemeinschaft mit dem auferstandenen Christus unmittelbar nach dem Tod und vor dem Ende der Welt. In der Bibel gibt es keinen Anhaltspunkt dafür, daß dieses ewige Leben einzig einer leiblosen „Seele" (erst recht nicht aufgrund ihrer „Unsterblichkeit") zukommt. Insofern dieses „Leben" den ganzen verwandelten Menschen erfaßt (mit Leib und Seele), kann in einem wahren Sinn von „Auferstehung im Tod" gesprochen werden, mag auch die Bibel das Wort „Auferstehung" nicht für die im Sterben geschenkte Befreiung aus der Todesmacht verwenden (wohl aber vereinzelt, wie Mt 27,52, für eine Auferstehung vor dem Jüngsten Tag). Der Grund dafür liegt vermutlich in der engen Bindung an das apokalyptische Weltbild, vor allem aber im Wissen darum, daß die unmittelbar nach dem Tod erfolgende Errettung und Verleihung des ewigen Lebens erst am Ende der Zeit in der Gemeinschaft mit allen Erretteten ihre Vollendung finden wird.

Die häufige Verwendung von „Auferstehung" und „Aufleben" für die Annahme des Glaubens bzw. für die Taufe zeigt, daß die Errettung aus der Todesmacht schon in der Gegenwart ihren Anfang nimmt. Von dorther kommt dem Leben der Christen in dieser Welt eine große Bedeutung zu: erstens im dankenden, Gott preisenden Annehmen des neuen Lebens als „Auferstandene"; zweitens im Einsatz für alle Menschen, besonders auch in der Mission, damit möglichst viele jetzt schon der Macht des Todes entrissen werden und immer mehr Anteil an dem Geist sowie der Herrlichkeit des erhöhten Herrn erhalten; drittens in der Mitarbeit an der Erneuerung und Vollendung dieser Welt im Sinn eines von Gott ernstgenommenen menschlichen Beitrags zur neuen und bleibenden Schöpfung.

Zweiter Teil

THEOLOGIEGESCHICHTLICHE UND SYSTEMATISCHE UNTERSUCHUNGEN ZUM VERSTÄNDNIS DER AUFERSTEHUNG

Von GISBERT GRESHAKE

EINLEITUNG

Zu Fragestellung, Methode, Intention

Die im ersten Teil aus exegetischer Sicht entfaltete Botschaft der Heiligen Schrift war und ist Grundlage und kritische Norm jener Glaubensüberzeugung, in die alle christlichen Symbola einmünden („Ich glaube an die Auferstehung der Toten und das ewige Leben") und in der sich – gleich einem Fokus – nahezu alle anderen Glaubenswahrheiten bündeln.

Doch die Aussagen der Bibel insgesamt und erst recht ihre Brennpunkte sind keine abgeschlossenen, erratischen Größen, welche die Geschichte hindurch im Bekenntnis des Glaubens je nur „wiederholt" und im Glaubensakt „für wahr gehalten" werden. Der Glaube richtet sich nach seinem eigenen Selbstverständnis auf eine Wirklichkeit, die mit den übrigen Faktoren des Lebens, wie z. B. mit Philosophie, Kunst und Wissenschaft, mit kultureller Lebenswelt und sozioökonomischen Situationen in ein oft hochkomplexes Kräftespiel tritt und dabei selbst nicht unverändert bleibt. Konkret für unser Thema: In der nachneutestamentlichen Zeit wird die uns in verschiedenen biblischen Kontexten und Einzelüberlieferungen tradierte Glaubensaussage von der Auferstehung der Toten, motiviert von Auseinandersetzungen mit nichtchristlichen Anschauungen und heterodoxen Glaubenssystemen, nicht nur neu reflektiert und systematisch entfaltet, es werden im Laufe der weiteren Geschichte auch immer neue Fragen an dieses Bekenntnis gestellt, so daß es – wie ein dunkler Weg unter dem Licht eines grellen Scheinwerfers – in bestimmten Ausschnitten und Teilmomenten ausgeleuchtet, bisweilen aber auch überleuchtet und verfremdet wird. Nicht zuletzt wird der Glaube an die Auferstehung der Toten in ständig neuen geschichtlichen Situationen und unter wechselnden Problemkonstellationen gelebt. Dieses experimentum vitae bringt gleichfalls Neuentdeckungen, neue Pointierungen, Verkürzungen und/oder Überzeichnungen mit sich, die gelegentlich weit über das ursprüngliche Zeugnis der Heiligen Schrift hinausgehen. *Hermeneutisch gesehen* nimmt also der Glaube an die resurrectio, wie andere Wahrheiten und Einsichten auch, an einem geschichtlichen Traditionsprozeß teil – man mag ihn mit H.-G. Gadamer „Wirkungsgeschichte“ nennen –, der allererst die inneren Potentialitäten der ursprünglich in einem bestimmten historischen Kontext gegebenen Wahrheit heraustreibt und sie zu sich selbst bringt. *Theologisch gesehen* wird man darüber hinaus vom Wirken des Heiligen Geistes sprechen, der durch das je geschichtlich neue Ineinander von “challenge and response” das Ursprungsbekenntnis des Glaubens verflüssigt und verlebendigt und dadurch die Glaubensgemeinschaft „in alle Wahrheit einführt“ (Joh 16,13).

Damit ist nicht jedem beliebigen Verständnis Tür und Tor geöffnet, denn das Zeugnis der Heiligen Schrift bleibt Basis und unbedingt geltende Orientierung; es hält sich gerade auch im geschichtlichen Neuverstehen als kritischer und kritisch weitertreibender stimulus durch – bis heute.

Dieser wirkungsgeschichtliche Prozeß der „resurrectio“, der unsere heutige Verstehenssituation bestimmt und der die unabdingbare Voraussetzung für jedes Neuverstehen bildet, soll im folgenden an vier Problem- und Spannungsfeldern aufgezeigt werden. Wir werden gleichsam vier „Längsschnitte“ durch das komplexe Phänomen der resurrectio mortuorum ziehen, in denen *die* Fragen und Probleme offengelegt werden, welche bis heute diesen Glaubenssatz begleiten: die Totenauferstehung 1. im Spannungsfeld von Auferstehung des Leibes und Unsterblichkeit der Seele; 2. im Spannungsfeld von Glaube und Vernunft; 3. im Spannungsfeld von Universalität und christologischer Vermittlung; 4. im Spannungsfeld von Gegenwart und Zukunft. Jedem dieser „Schnitte“ soll ein eigenes Kapitel gewidmet werden. Da der geschichtliche und systematische „Stoff“ in den einzelnen Problemfeldern nicht selten teilweise identisch ist, wird das erste Kapitel am ausführlichsten sein, zumal sich, historisch gesehen, in den Koordinaten von „Auferstehung des Leibes“ und „Unsterblichkeit der Seele“ faktisch die meisten Fragen ergeben haben und sich daher auch erörtern lassen. Die folgenden Kapitel werden entsprechend kürzer sein können.

Jeder dieser vier „Schnitte“ beginnt mit einem geschichtlichen Problemabriß, da die verschiedenen Fragestellungen und ihre Herausforderung an uns nur von der historischen Genese und Situiertheit her verständlich werden. Diese Darbietung des nicht selten umfangreichen und geschichtlichen Materials darf jedoch nicht die Meinung aufkommen lassen, hier werde eine Geschichte des Glaubenssatzes von der resurrectio mortuorum geboten. Was R. Staats über die Frühe Kirche sagt, gilt von allen Epochen der Theologie und Kirchengeschichte: „Die Quellen über das altkirchliche Auferstehungsverständnis fließen so reich, daß sie sich schwer in eine geschlossene Darstellung fügen“ [1]. Eine auch nur halbwegs vollständige Geschichte dieser Glaubensüberzeugung steht deshalb angesichts der Fülle und Differenziertheit des Materials noch aus und soll auch hier nicht einmal im Ansatz versucht werden. Es geht vielmehr darum, an einigen geschichtlichen Kristallisationspunkten neue Weichenstellungen, Umorientierungen und Umpointierungen des Bekenntnisses zur resurrectio mortuorum aufzuzeigen. Dabei wird vieles völlig ausgeklammert bleiben müssen, so vor allem die Begegnung und Verschränkung der christlichen Auferstehungsvorstellungen mit nichtchristlichen Todes- und Auferstehungsmythen und -vorstellungen, mit künstlerischen und literarischen Gestaltungen sowie – vor allem – mit dem Volksglauben und der Volksfrömmigkeit [2].

Im Anschluß an und im „Herauswachsen“ aus dem problemgeschichtlichen Abriß soll dann jeweils der gegenwärtige status quaestionis bestimmt und systematisch erörtert werden mit dem Ziel, eine Lösung oder wenigstens Lösungsperspektiven für das Hier und Heute anzugeben.

[1] R. Staats, Auferstehung der Toten: TRE IV, 468.

[2] Siehe dazu bes. die Arbeiten von F. Cumont, Lux perpetua, Paris 1949; ders., Recherches sur le Symbolisme Funéraire des Romains, Paris 1960; Ph. Ariès, Studien zur Geschichte des Todes im Abendland, dt. München–Wien 1976; ders., Geschichte des Todes, dt. München–Wien 1980; G. Condreau, Der Mensch und sein Tod, Zürich–Einsiedeln 1984; R. Winau/H. P. Rosemeier (Hrsg.), Tod und Sterben, Berlin 1984.

Erstes Kapitel

RESURRECTIO MORTUORUM IM SPANNUNGSFELD VON AUFERSTEHUNG DES LEIBES UND UNSTERBLICHKEIT DER SEELE

Die anthropologischen, kosmologischen und chronologischen Implikationen des Glaubens an die Totenauferstehung

Ja, das Leibliche ist eben das Schwierigste
(Martin Heidegger*)

Für die meisten Christen steht die Rede von der Totenauferstehung in folgendem Vorstellungs- und Assoziationszusammenhang, der nicht nur entscheidend die Glaubensverkündigung bestimmt, sondern auch Kunst, Literatur und Philosophie des Abendlandes tiefgreifend geprägt hat: Im Tod trennt sich die Seele vom Leib und kehrt heim zu Gott. Dort ist sie nach günstigem Ausgang des Gerichts in vollendeter Seligkeit. Am Jüngsten Tag werden auch die im Grab ruhenden Leiber wieder auferweckt und erneut mit ihren Seelen vereinigt, so daß nun auch jene am ewigen Geschick der Seele teilhaben dürfen: die Leiber der Seligen sind dann verklärt in Gottes Herrlichkeit, die Leiber der Verdammten werden gequält und haben so teil an der gerechten Strafe. Kurz: die resurrectio mortuorum scheint einen *Teil* des Menschen, eben den *Leib* zu betreffen. Deshalb ist auch der Ausdruck „Auferstehung der Toten" äquivalent mit „Auferstehung des Leibes" oder „Auferstehung des Fleisches". Das Spezifische christlicher Hoffnung scheint damit eine Art „Zusatz"-Hoffnung zu sein: Nicht nur das Geistige im Menschen überwindet den Tod, sondern auch der Leib hat ewige Zukunft bei Gott. Daß *dieses* Verständnis von resurrectio nicht der ursprünglichen christlichen Hoffnung entspricht, hat bereits der exegetische Teil klargestellt. Wie und warum sich im Laufe der Glaubensgeschichte dieses Verständnis herausgebildet hat, was seine Tragweite und seine Aporien sind, schließlich welche Perspektiven für ein Neuverständnis sich anbieten, soll in diesem Kapitel behandelt werden.

* Gesprächsäußerung, wiedergegeben durch M. Boss, Das Verhältnis von Leib und Seele im Lichte der Daseinsanalytik: M. Boss u. a., Leiben und Leben, Bern 1977, 39.

I. Problemgeschichtliche Kristallisationspunkte

1. Altertum

a) Der Kontext: Leben nach dem Tod in der frühen griechischen Kultur, bei Platon und in der Gnosis

Eines der ersten, gewiß aber das sachlich ursprünglichste und am meisten erörterte Problemfeld, in das der biblisch-christliche Glaube von der Auferstehung der Toten in der nachneutestamentlichen Zeit trat, ist die Auseinandersetzung um seine anthropologischen und kosmologischen Implikationen, insbesondere um sein Verhältnis zur Überzeugung von der Unvergänglichkeit der Seele. Dies geschah nicht von ungefähr. Denn allgemein dürfte gelten: „Das Problem vom Verhältnis ‚Leib und Seele' ist vielleicht das älteste, das sich der Mensch als denkendes Wesen gestellt hat . . . Soweit in die Vergangenheit die Forschungen reichen, stellt man immer fest, daß die Menschen für jene, deren Leib ‚gestorben' war, noch Sorge getragen haben in der Meinung offenbar, daß deren ‚Seele' noch weiter bestehen würde" [3]. Wo also vom Tod und vom „Leben danach" die Rede ist, kommt unweigerlich der Seelenbegriff ins Spiel. Ursprünglich freilich in einem anderen Sinn, als es heute nach einer langen, von Platon und Aristoteles entscheidend mitgeprägten abendländischen Geschichte der Fall ist. Seele ist nach altgriechischer (homerischer) Auffassung kein „Teil" des Menschen – der vom Leib unterschiedene Teil –, sondern eher der entseelte Leib selbst, das Schattenbild des Menschen, das nach dem Tod in der Nähe des Grabes und/oder der Totenwelt verbleibt, ohne Leben und Kraft, ohne Licht, Hoffnung und Zukunft [4]. Damit sind die altgriechischen Auffassungen gar nicht sehr weit von den alttestamentlichen „nephesch"- und „scheol"-Vorstellungen

[3] A. Mercier, Vorwort zu: Seele und Leib – Geist und Materie, hrsg. v. M. Svilar, Bern 1979, 7. – Siehe im gleichen Band auch von E. Zbinden, Die Seele im Glauben früher Kulturen, 39–58.

[4] Dies ist genauer und differenzierter – unter Hinzuziehung der wichtigsten Literatur – dargestellt bei H. Sonnemans, SEELE. Unsterblichkeit – Auferstehung. Zur griechischen und christlichen Anthropologie und Eschatologie, Freiburg–Basel–Wien 1984, 28–88. An Literatur, die nach dieser Studie erschien, ist zu nennen: J. Bremmer, The early Greec concept of the soul, Princeton 1983: J.-P. Vernant, Le refus d'Ulysse: Le temps de la réflexion III, Paris 1982, 13–18 (Lit.).

entfernt (vgl. S. 30[58], 73f.). Erst in einem allmählichen Umformungsprozeß kommt es zunächst im Rahmen der griechischen Mysterienkulte, welche die Überschreitung menschlicher Bedingtheit auf das unbedingt Göttliche hin zum Ziel haben, dann in der daran anknüpfenden orphischen und pythagoräischen Weisheitslehre und schließlich in der platonischen Philosophie zur neuen Überzeugung von der Seele: Diese – ein eigenes, ja *das* eigentliche Wesen des Menschen – trennt sich im Tod vom sterblichen Leib, um dorthin zurückzukehren, wo ihre wahre Heimat ist, zu den Göttern, in die göttliche Welt, der sie ursprünglich angehört und der zufolge sie unsterblich ist. Denn „unsterblich" ist das erste und ursprünglichste Prädikat des Göttlichen. „Wer unter Griechen unsterblich sagt, sagt Gott"[5].

Von ihrer Herkunft in der griechischen Mysterienreligion her steht diese Unsterblichkeitsüberzeugung im Kontext eines pointierten anthropologischen Dualismus von Leib und Seele: die Seele ist infolge eines selbstverschuldeten „Urfalls" (oder auch auf Grund einer „Entfremdung" des Göttlichen von sich selbst) in den sterblichen Leib verbannt, den sie als Kerker, ja als Grab erfährt (σῶμα – σῆμα). Je mehr sie sich darum vom Leib befreit – ein Vorgang, der im Tod seine Krönung erhält –, findet sie zu ihrer ursprünglichen göttlichen Bestimmung zurück.

Diese pauschale Charakterisierung trifft allerdings für Platon selbst in dieser Form nicht zu[6]. Gerade in den letzten Jahrzehnten weisen Platon-Interpreten[7] darauf hin, daß bei ihm die oft duali-

[5] G. Pfannmüller, Tod, Jenseits und Unsterblichkeit, München–Basel 1953, 21.

[6] Zu Platons Seelenvorstellung vgl. die letzte größere, alle wichtige vorhergehende Literatur einbeziehende Arbeit von Sonnemans (Anm. 4), 216–291. An danach erschienener Lit. ist zu nennen: N. Loraux, Donc Socrate est immortel: Le temps de la réflexion III, Paris 1982, 19–46 (Lit.); H. Dörrie, Platons Begriff der Seele und dessen weitere Ausgestaltung im Neuplatonismus: Kl. Kremer (Hrsg.), Seele, Leiden–Köln 1984, 18–45.

[7] So z. B. C. A. van Peursen, Leib–Seele–Geist, Gütersloh 1959, bes. 43–54; C. Huber, Anamnesis bei Plato, München 1964, bes. 222–241; H. Kuhn, Plato über den Menschen: Die Frage nach dem Menschen, FS M. Müller, Freiburg 1966, 284–310; J. Hirschberger, Seele und Leib in der Spätantike = Sitzungsber. d. wiss. Gesellsch. a. d. J. W. Goethe-Univ., Frankfurt, Bd. 8, Jg. 1969, Nr. 1, Wiesbaden 1969, 5–22; U. Duchrow, Christenheit und Weltverantwortung, Stuttgart 1970, 61–80; K. P. Fischer, Der Tod – „Trennung von Seele und Leib"?: Wagnis Theologie, hrsg. v.

stisch (im Sinne eines *anthropologischen* Dualismus) klingende orphisch-pythagoräische Sprache nur Begriffsinstrumentarium, ja „Bildmaterial“ [8] zur Bezeichnung eines *ethisch-religiösen* Dualismus ist. Das heißt: Platons „Abwertung“ des Leibes meint „nicht das leiblich-seelische *Wesen* des Menschen, sondern die schuldhafte, leidenschaftliche Hingabe der Seele an die Bedürfnisse des Leibes . . ., die faktisch allerdings stets schon eingetreten ist“ [9]. Der Mensch, der seine Identität im Hinblick auf die Seele, ihre göttliche Herkunft und Bestimmung, und seine Nichtidentität im Hinblick auf die sinnlich-weltliche Zerstreuung und Entfremdung erfährt, ist gerufen, in einem Prozeß ethischer Reinigung im Hier und Jetzt des Lebens – gerade *mittels* der sinnenhaft-leiblichen Schönheit [10] – aufzusteigen zu dem, „was mehr schön ist“: zum Urschönen-Göttlichen und damit zur eigenen Wahrheit und Bestimmung.

Doch bei aller Anerkennung der ethischen Intention Platons kann bei ihm „ein ontologisch-theoretischer Dualismus nicht übersehen werden“ [11]. Denn wenn in der Weisung: „Heraus aus Schat-

H. Vorgrimler, Freiburg–Basel–Wien 1979, 311 ff. – Und schon früher: J. Bernhart, Metaphysik und Formideal des Leibes in der griechischen Antike: Vom Wert des Leibes in Antike, Christentum und Anthropologie der Gegenwart, Salzburg–Leipzig 1936, 9–35.

[8] Duchrow (Anm. 7), 73.

[9] G. Krüger, Eros und Mythos bei Plato, hrsg. v. R. Schaeffler, Frankfurt 1978, 77[9]. – Siehe dazu bes. Phaid. 81c (= WW Darmstadt III, 83), wo das „Im-Leib-Sein“ praktisch gleichgesetzt wird mit dem „Verzaubert-Sein“ von den Lüsten und Begierden, „so daß sie (die Seele) glaubte, es sei überhaupt gar nichts anderes wahr als das Leibliche, was man betastet und sieht, ißt und trinkt und zur Liebe gebraucht“ und sie deshalb „das für die Augen Dunkle und Unsichtbare, der Vernunft hingegen Faßliche und mit Weisheitsliebe zu Ergreifende gewohnt gewesen ist zu hassen und zu scheuen und zu fürchten“.

[10] Zumal in dieser Vermittlungsfunktion des Leiblichen zeigt sich: „Der Leib mit seinen Sinnesorganen ist nicht nur das Grab der Seele, sondern auch das Werkzeug der *Auferstehung* aus diesem Grab . . . Die Jenseitigkeit der Weltordnung, in die bei Plato die terrestrische Sphäre eingebettet ist, nimmt dem menschlichen Leben hier und jetzt nichts von seiner Bedeutung“: Kuhn (Anm. 7), 287, 303.

[11] Sonnemans (Anm. 4), 278. – Vgl. auch die Bemerkung von J. Pieper, Tod und Unsterblichkeit, München 1968, 61: „Wer den Tod die Befreiung der Seele aus dem Kerker des Leibes nennt, der hat tatsächlich zugleich und zuvor gedacht, daß ihre Einsperrung in den Leib ein Unglück sei. Und wie man weiß, hat Platon wirklich, wiewohl er damit nicht schon alles

ten und Schein, weg von dem vielen Zerstreuenden, los von dem nach unten Drängenden!", Schatten und Schein, Zerstreuendes und Herabziehendes faktisch mit der leiblich-irdischen Existenz identifiziert werden, dagegen im Imperativ: „Hinauf zum wahrhaft Seienden: zum Ideell-Göttlichen!" das wahrhaft Seiende mit der über alles erhabenen überirdisch-geistigen Dimension gleichgesetzt wird, so werden Leib, irdische Existenz und materielle Welt letztlich zum verschwindenden Moment eines Vollendungsprozesses, in welchem der Mensch das in Wahrheit wird, was er kraft seiner Seele vom Ursprung her immer schon ist: Teil der unvergänglich-göttlichen Wirklichkeit. Dann aber stehen Leib und materielle Welt, als entfremdende und nur-transitorische Momente, der Seele und der göttlichen Welt als der eigentlichen und gültigen Wirklichkeit gegenüber.

Diese dualistischen Implikationen wurden in den verschiedenen späteren platonischen Schulen immer mehr ausgezogen [12] und galten im christlichen Altertum und Mittelalter – zu Recht oder zu Unrecht – als schlechthin platonisch [13].

sagt, was er für Wahrheit hält, die Entstehung des leibhaftigen Menschen in einer kosmischen Allegorie als den Absturz eines reinen Geistwesens in den materiellen Körper beschrieben." Zum „Dualismus" Platons siehe auch G. Greshake, Die Leib-Seele-Problematik und die Vollendung der Welt: G. Greshake/G. Lohfink, Naherwartung – Auferstehung – Unsterblichkeit, Freiburg–Basel–Wien [5]1986, 157ff.

[12] Bei aller Verschiedenheit im Detail ist eine „dualistische" Interpretation Platons bereits eine durchgehende Interpretation der Antike. Siehe dazu S. Pétrement, Le dualisme chez Platon, les Gnostiques et les Manichéennes, Paris 1947, 11ff.; H. Dörrie, Logos-Religion oder Nous-Religion? Die hauptsächlichen Aspekte des kaiserzeitlichen Platonismus: J. Mansfeld/L. M. de Rijk (Hrsg.), Kephalaion, FS C. J. de Vogel, Assen 1975, 115–136. – In den mittel- und neuplatonischen Schulen wurde der Dualismus in die Seele selbst eingetragen, indem man in ihr zwei Teile oder Potenzen unterschied: irrational/sinnenhafte – rational/geistige Seele. Dabei ist die erste Seele sterblich, die zweite unsterblich. Siehe dazu W. Deuse, Untersuchungen zur mittelplatonischen und neuplatonischen Seelenlehre, Mainz–Wiesbaden 1983, 79f., 92ff., 100ff., 112.

[13] Vgl. z. B. die Qualifikation durch Tertullian, De an. 53 (= CSEL 20, 385f.); Thomas v. Aquin, STh I, 89,1. – Über die bedeutungsgeschichtl. Problematik der sehr unscharfen und vieldeutigen Vokabel „Platonismus" und „platonisch" informiert H. Dörrie, Was ist „spätantiker Platonismus"? Überlegungen zur Grenzziehung zwischen Platonismus und Christentum: ders., Platonica minora, München 1976, 508–523. Kritisch da-

Dies war in ganz besonderer Weise seit dem Anfang des zweiten Jahrhunderts der Fall, seit jener Zeit also, in der sich bei den sog. Apologeten die erste nachbiblisch-christliche Theologie ausbildete. In dieser Epoche lebten, verursacht von tiefgreifenden politischen und gesellschaftlichen Umbrüchen, platonisch-dualistische Ideen mit großer Vitalität wieder auf. Konnte bis dahin – pauschal gesagt – der antike Mensch seine Lebenswelt als Raum der Geborgenheit und Heimat erfahren, so führte die jetzt mit Wucht einsetzende und immer mehr zunehmende Destabilisierung der äußeren Verhältnisse dazu, die Welt als beängstigende Fremde und das eigene Selbst als in dieser Fremde einsam und verloren zu erleben. Dies brachte den einzelnen zur Überzeugung, „in seinem Inneren etwas zu besitzen, das unendlich wertvoll war, und gleichwohl auf schmerzliche Weise einer Verbindung zur äußeren Welt ermangelte“ [14]. Die von solcher Erfahrung motivierte Abwendung vom Außen und Hinkehr zum Innenbereich der am unerschütterlich Göttlichen teilhabenden Seele – ein handgreifliches Zeichen dafür war der Rückzug vieler „Intellektueller“ aus dem traditionellen Staatsdienst in das Privatleben – erklärt, daß jetzt eine Reihe von philosophischen Traktaten sowie zahlreiche philosophische Handbücher über die Seele entstanden [15], die bei aller Prägung durch stoische Ideen auch wichtige platonische Gedankengänge aufgriffen, und zwar in dezidiert dualistischer Weise [16]: in ihnen wurde die

gegen: E. P. Meijering, Wie platonisierten Christen? Zur Grenzziehung zwischen Platonismus, kirchlichem Credo und patristischer Theologie: VigChr. 28 (1974), 15–28.

[14] P. Brown, Welten im Aufbruch: Die Zeit der Spätantike, dt. Bergisch Gladbach 1980, 68. – Siehe auch M. Eliade, Geschichte der religiösen Ideen II, dt. Freiburg–Basel–Wien 1979, 180.

[15] Siehe dazu A. J. Festugière, Philosophie und Gnosis in ihrer Stellung zur Seele: Jahresber. d. Görres-Gesellsch. 1951, Köln 1952, 53–68.

[16] So weist Festugière (Anm. 15), 67f., darauf hin, daß jetzt nicht mehr die durch den „Timäus“ und die „Gesetze“ markierte „kosmische Richtung“ Platons maßgebend war, sondern der „Dualismus“ des Phaidon und die Idee der Verinnerlichung: „Ich bin davon überzeugt, daß diese Rückkehr zu dualistischen Doktrinen und zur Form des Mythos eine Rückkehr zur platonischen Ideenwelt des Phaidon bedeutet, und daß diese Rückkehr von der geistigen Atmosphäre der Epoche bestimmt wurde; man hatte den Rationalismus satt, man sehnte sich nach einem Glauben, nach einer einfachen, lebenspendenden Wahrheit, die die Seele in der Vereinigung mit Gott zum Frieden führt“. Ähnlich F. W. Korff, Vorwort zum wahren Wort des

Abkehr vom Äußeren, Sinnenhaften, Welthaften gelehrt, die Einkehr nach innen sowie eine Erlösungshoffnung, die sich auf die Trennung der Seele von Leib und Welt und ihre dadurch erreichbare offenbare Teilhabe an der unsterblichen göttlichen Natur richtete.

Waren solche Auffassungen mit der christlichen Auferstehungshoffnung vereinbar? Ja, konnte es überhaupt zwischen dem platonischen Vorstellungsrahmen eines „Aufstiegs" der Seele weg von Leib und Welt auf der einen Seite und der „inkarnatorischen" christlichen Heilsökonomie auf der anderen Seite einen Waffenstillstand geben? Platonisch war es jedenfalls – wie H. Sonnemans zu Recht bemerkt – „undenkbar, daß die Idee, an der alles teilhat und nach der alles strebt, um ihr ähnlich zu werden, diese ontologische Wirklichkeit umkehren könnte, um selbst das Niedrige, das Andere ihrer selbst zu werden" [17]. Aber genau dies behauptet der christliche Glaube. Der Logos ist σάρξ (Fleisch) geworden, ein konkreter, leibhaftiger Mensch, „ein Stück Welt", nicht nur vorübergehend-episodenhaft, und schon gar nicht nur zum Schein. Vielmehr zeigen Leben und Sterben, Auferstehung und Erhöhung des Logos, daß Gott sich wirklich und wesenhaft und in alle Ewigkeit mit dem „Fleisch" verbunden hat und gerade so dem „sarkischen", konkret-leibhaftigen Menschen Heil bringt. Wie kann da die Auferstehung – sowohl die Auferstehung des menschgewordenen Logos wie auch die Auferstehung der von ihm Erlösten und an seiner Auferstehung Teilhabenden – eine, wie Plotin später sagen wird, ἀπὸ σώματος, οὐ μετὰ σώματος ἀνάστασις sein, „eine Auferstehung weg vom Leib und nicht mit dem Leib zusammen"? (Enn. III,6,6) [18]. So konnten trotz aller Übernahme von begrifflichen Anspielungen, bildhaften Assoziationen und formalen rheto-

Celsus: Celsus, Gegen die Christen, hrsg. v. Th. Keim, München 1984, 14: „Im zweiten Jahrhundert entstehen die zwei Welten, das unglückliche Bewußtsein, in dieser leben zu müssen, obwohl die jenseitige mit aller Macht anzieht . . . An der Philosophie Platons faszinierte eben das, was als Flucht aus der Welt verstanden werden konnte."

[17] Sonnemans (Anm. 4), 290.

[18] Für den Platonismus würde ein auferstandener Leib nur einen neuen „Kerker" der Seele bedeuten, d. h. ein neues Eingehen in Vergänglichkeit. Denn nach Platon, Phaid. 78c, „ist alles, was zusammengesetzt ist oder eine zusammengesetzte Natur hat, der Notwendigkeit unterworfen, wieder in seine Teile aufgelöst zu werden". Somit ist Leiblichkeit mit Sterblichkeit geradezu identisch, und eine Überschreitung der Todesgrenze

rischen Strukturen in diesem entscheidenden Punkt christlicher Glaube und christliche Theologie den Platonismus nicht rezipieren[19].

Der Widerspruch der christlichen Auferstehungshoffnung spitzt sich aber noch mehr in der Auseinandersetzung mit der *Gnosis* zu. Zu ihrer Charakterisierung läßt sich sehr verallgemeinernd – und das mag für unseren Zusammenhang genügen – sagen, daß sich in den verschiedenen gnostischen Systemen die dualistischen Tendenzen platonisierenden Denkens radikalisierten, weswegen Tertullian sich nicht scheute, Platon als „Gewürzkrämer" (condimentarius) und „insinuator" der von ihm bekämpften Gnostiker zu bezeichnen[20]. Doch während in den platonischen Schulen bis hin zum Mittel- und Neuplatonismus die Spannungspole von göttlicher und irdischer Welt, Geist und Materie, Seele und Leib in der Einheit des alles umfassenden Kosmos miteinander verfugt blieben, zerbricht diese Einheit in der Gnosis[21]. Sie sieht den Kosmos selbst zerspalten in eine göttliche und eine widergöttliche Region; und der Mensch befindet sich in der Gewalt der widergöttlichen, die sich in Leib, Materie und sichtbarer Welt manifestiert und realisiert. Κόσμος – σκότος (Welt – Finsternis) heißt die neue gnostische Formel. Im Leib eingeschlossen, empfindet der Gnostiker an ihm den Widerhall der kosmischen Urdissonanz. Deshalb hofft er, von seinem faktischen leibverfaßten Menschsein befreit zu werden, auf daß das pneumatische Selbst (die höhere Seele) zu seiner ursprünglichen göttlichen Bestimmung „rück"-erlöst wird. Verliert die (höhere) Seele im Tod den letzten Kontakt zur versklavenden Materie, kann sie die „Himmelsreise" beginnen, zurück in das Reich des Geistes, aus dem sie präexistierend gefallen war.

Typisch für die gnostische Eschatologie war mithin die Überzeugung von einer Vollendung der Pneuma-Seele aus Leib, Welt und

durch Auferstehung des Leibes ist in sich selbst widersprüchlich. Siehe dazu auch S. 184f.

[19] Vgl. Dörrie (Anm. 13), 515ff., 522: „In seiner Substanz ist der Platonismus nicht rezipiert worden." Denn im christlichen Glauben wird „in den Mittelpunkt gerückt, was der Platonismus in keiner seiner Phasen zuließ: Gott wendet sich zurück, seinen Geschöpfen zu, die sonst, in Schuld verstrickt, verlorengingen".

[20] Tertullian, De an. 23 (= CSEL 20, 336).

[21] Siehe dazu und zum Folgenden: F. Leist, Biblische und gnostische Seinserfahrung: Die Frage nach dem Menschen, FS M. Müller, hrsg. v. H. Rombach, Freiburg–München 1966, 326–351.

Geschichte heraus und folglich die Ablehnung einer Auferstehung des Leibes. Eine solche Auferstehung würde ja bedeuten, daß der Zustand der Entfremdung in alle Ewigkeit perenniert wäre. Auferstehung muß für den Gnostiker darum Befreiung *vom* Leib und *von* der materiellen Welt sein und nicht Befreiung *des* Leibes und *der* Welt von Sünde und Tod. Denn von der σάρξ – über diesen Begriff wird später noch zu handeln sein – weiß der Gnostiker eines: μὴ δεκτικὴ σωτηρίας – „sie ist heilsunfähig".

Ist diese gnostische Grundauffassung aber zu vereinbaren mit dem biblisch-christlichen Glauben, daß Gott seine Verheißungen einlösen wird, die der ganzen von ihm gesetzten und darum im Herzen guten Schöpfung gelten? Bedeutet gnostische Auferstehungshoffnung nicht, daß je nur das einzelne geistige Selbst eine postmortale Zukunft hat, alle übrigen Wirklichkeitsdimensionen dagegen von vornherein der Hoffnungslosigkeit überlassen werden? Wo bleibt die Hoffnung für das Ganze der Schöpfung und die Solidargemeinschaft Menschheit?

In einer durch platonische und gnostische Ideen gekennzeichneten „Atmosphäre" mußte die christliche Auferstehungsbotschaft nicht nur erstmals öffentlich behauptet und reflektiert werden: sie kam dadurch auch erstmals zu einem grundlegenden Verständnis ihrer eigenen Implikationen. Dies sei im folgenden an einigen wichtigen Stationen der Glaubens- und Theologiegeschichte gezeigt.

b) Resurrectio mortuorum bei den sog. Apostolischen Vätern

Das frühchristliche Schrifttum, das unter dem Namen „Apostolische Väter" läuft, weist formal wie inhaltlich einen ungemein unterschiedlichen Charakter auf. Doch ist in allen Schriften als Endziel der christlichen Hoffnung die resurrectio mortuorum bezeugt[22], freilich in sehr verschiedenen Kontexten und mit unterschiedlichen Akzentuierungen. Das ist nicht überraschend, inso-

[22] Zur Eschatologie der Apostolischen Väter vgl. W. Haller, Die Lehre von der Auferstehung des Fleisches bis auf Tertullian: ZThK 2 (1882), 274–342; R. Knopf, Der zweite Clemensbrief, Tübingen 1923; J. A. Fischer, Studien zum Todesgedanken in der Alten Kirche, Bd. I, München 1954; O. Knoch, Eigenart und Bedeutung der Eschatologie im theologischen Aufriß des ersten Clemensbriefes, Bonn 1964; A. P. O'Hagan, Material Re-creation in the Apostolic Fathers, Berlin 1968; H. C. van Eijk, La résurrection des morts chez les Pères Apostoliques, Paris 1974.

fern sich die Variationsbreite der alt- und neutestamentlichen Schriften wie auch die unterschiedlichen Vorstellungen der zeitgenössischen jüdischen Literatur zunächst in nahezu gleicher Weise auch in der frühchristlichen Literatur niederschlagen.

So stehen möglicherweise hinter der Eschatologie der Did und des I Clem, die beide nur eine Auferstehung der Gerechten kennen – ähnlich wie in manchen Apokalypsen (s. S. 66f.) –, millennaristische Ideen, nach welchen mindestens die erste Auferstehung in *diese* erneuerte Welt stattfindet, während z. B. in II Clem, der von einer Auferstehung der Gerechten *und* Ungerechten spricht, die Auferstehung der Gerechten sogleich in ein himmlisches Paradies hinein geschieht[23].

Für die weitere Entwicklung ist besonders wichtig, daß ausdrücklich erstmals in II Clem 9,1, implizit jedoch bereits in I Clem 26,3 für die resurrectio mortuorum die Formulierung „Auferstehung des Fleisches" gebraucht wird. Cl. Tresmontant[24] hält die Formel „Auferstehung des Fleisches" für eine bibelfremde Formulierung, die im Kontext eines platonisch-dualistischen Denkens die integrale Wahrheit der Auferstehung der Toten retten wollte. Diese Interpretation ist aber mindestens für die frühen Textbelege nicht zutreffend. Σάρξ (Fleisch) hat ursprünglich eine andere Bedeutung als die eines anthropologischen Teilprinzips. Fleisch meint biblisch die geschaffene Welt in ihrer geschöpflichen Hinfälligkeit. So ist schon im Alten Testament „die entscheidende Gegenüberstellung, deren eines Glied ‚basar' darstellt, ... (nicht die zur Seele, sondern) die zu Gott ...: Jahwe ist *Gott*, der (ganze) Mensch dagegen, ja alles Geschaffene ‚basar'"[25]. Auferstehung des Fleisches bedeutet auf dieser Linie soviel wie neues Leben für die *ganze Schöpfung*. Zwar ist richtig, daß der Terminus Auferstehung des Fleisches für Paulus nicht denkbar gewesen wäre, weil für ihn σάρξ wesentlich die Sphäre des Sündhaften (mit)meint. Doch greifen andere Stränge des frühchristlichen Schrifttums auf die alttestamentliche Bedeutung zurück, wo „Fleisch" den geschöpflich-sterblichen Menschen im Gegensatz zum göttlich-unsterblichen πνεῦμα (Geist)[26] bezeichnet. In dieser nichtdualistischen Bedeutung – „nichtdualistisch" im Sinne eines anthropologischen Dualismus – wird die Formulierung „Ich glaube an die Auferstehung des Fleisches" vermutlich bereits im frühen stadtrömischen Symbol gebraucht, auf das I Clem 26,3 anspielt[27]. Dieses römische Glau-

[23] Vgl. zu diesem umstrittenen Sachverhalt O'Hagan (Anm. 22), 28ff., 44ff., 82f. – Zum Millennarismus siehe S. 193f.

[24] Cl. Tresmontant, La métaphysique du Christianisme et la naissance de la philosophie chrétienne, Paris 1961, 614.

[25] So zu Recht R. Schulte, Leib und Seele: CGG V, 19.

[26] Siehe z. B. Herm.sim. 5,7,2. Dazu: v. Eijk (Anm. 22), 93f.

[27] Zum Symbolum-Befund vgl. L. Boliek, The resurrection of the flesh, Michigan–Amsterdam 1962, 13–39; G. Kretschmar, Auferstehung des

bensbekenntnis wurde von der Afrikanischen Kirche übernommen. Und so gehört nach Tertullian das Bekenntnis zur resurrectio carnis zur überlieferten Glaubensregel[28].

Angesichts der in der damaligen Umwelt bekannten platonischen und beginnenden gnostischen Auffassungen von der Unsterblichkeit der Seele ist es höchst auffällig, daß in den Schriften der Apostolischen Väter der Glaube an die resurrectio mortuorum *niemals ausdrücklich* zu einer eschatologischen Seelenvorstellung in Beziehung gesetzt wird[29].

Jedoch wird in einer Reihe von Schriften, so z. B. in den Ignatianen, in Polyc, II Clem und Herm, auf unterschiedliche Weise mit großem Nachdruck der σάϱξ-Charakter des Heils insgesamt, besonders aber der der Auferstehung betont. Diese Pointierung steht zumeist in einem dezidiert paränetischen Kontext: Weil unser Heil ἐν σαϱκί (im Fleisch) gewirkt ist und gewirkt wird und weil diese unsere σάϱξ auferstehen und ins Gericht kommen wird, ist sie hier und jetzt rein und heilig zu halten. Sie darf nicht vergleichgültigt oder libertinistisch überspielt werden mit der Parole von „schlechten Lehrern" (II Clem 10,5): „Dieses Fleisch wird nicht gerichtet und steht nicht auf" (II Clem 9,1). Im Hintergrund solcher Aussagen steht mit großer Wahrscheinlichkeit nicht nur eine antidoketische, sondern auch eine frühe antignostische Polemik[30]: Gegen die

Fleisches: Leben angesichts des Todes, FS H. Thielicke, Tübingen 1968, 101–137.

[28] Siehe z. B. Tertullian, De virg. vel. 1 (= CSEL 76, 79); De praescr. h. 13 (= SChr 46, 106).

[29] Sieht man von einem synoptischen Zitat in II Clem 5,4 und einem vermutlich später interpolierten Text im MartPol 14 (s. dazu Anm. 34) sowie einer sehr vagen Formulierung in IgnPhld 11,2 ab, so bezeichnet ψυχή bei den Apostolischen Vätern niemals einen „Teil" oder einen „Pol" des Menschen, dessen Gegenstück der Leib wäre. Die Bedeutung von „Seele" liegt vielmehr auf der biblischen Linie von Leben, Lebendigkeit, Personmitte u. dgl. Und wenn gelegentlich vom Menschen im Spannungsbogen von σάϱξ (Fleisch) und πνεῦμα (Geist) gesprochen wird, so meint πνεῦμα nicht die menschliche Seele, sondern den im Menschen einwohnenden Geist *Gottes.*

[30] Zweifellos antidoketisch ist die Betonung der σάϱξ bei Ignatius. Hier ist ἐν σαϱκί (im Fleisch) nahezu gleichbedeutend mit ἀληθῶς (wirklich). Siehe z. B. IgnTrall 9; IgnSm 1, wo σάϱξ als die „Sphäre" des *wirklich* Menschlichen dem πνεῦμα als der Sphäre Gottes entgegengestellt wird. Antignostisch dürfte die Polemik mit einiger Sicherheit in Polyc 7 sein, wo

(früh-)gnostische Eschatologie, wonach eben nicht „dieses Fleisch“ – sondern nur die (freilich niemals erwähnte) Geistseele – das Heil erlangt und das Fleisch mithin mißbraucht werden kann, wird gerade die σάρξ sowohl als Subjekt gegenwärtiger christlicher Praxis wie auch zukünftiger Hoffnung herausgestellt. Das aber bedeutet, daß sich mindestens in II Clem und Herm implizit das Verständnis von „Fleisch“ (in der Formulierung „Auferstehung des Fleisches“) wandelt. Allerdings findet eine genaue Reflexion auf die anthropologischen Implikate der resurrectio noch nicht statt, auch jetzt wird σάρξ niemals *explizit* als Gegenbegriff zur Seele verstanden. Wichtig ist allein die paränetische Intention, welche die Bedeutung der σάρξ hier und jetzt im Blick auf die erhoffte Auferstehung des Fleisches herausstellen will. Indem aber die σάρξ so sehr herausgehoben wird, ist damit *implizit* eine ausschließlich an der Geistseele orientierte Hoffnung über den Tod hinaus abgelehnt.

Damit ist ein Weiteres verbunden: Indem die Paränese gerade darauf abhebt, daß das Fleisch *gerichtet* wird, die resurrectio aber nur die Vorbedingung für das Gericht ist, wird faktisch das Auferstehungsgeschehen „neutralisiert“. Das heißt: es ist nicht mehr wie etwa bei Paulus eindeutiges Heilsgeschehen, nämlich Auswirkung der Auferstehung Christi auf die an ihn Glaubenden, sondern ein noch „ambivalentes“ Ereignis, das erst durch das Gericht Eindeutigkeit erhält. Die resurrectio wird gleichsam zum Bindeglied zwischen ethischem Leben und kommendem Gericht. Dieses unpaulinische Verständnis der Auferstehung, das in der späteren antignostischen Polemik noch verstärkt wird, dürfte mit ein Motiv dafür sein, daß in den Glaubenssymbolen dem Bekenntnis zur Auferstehung der Toten der Zusatz „und an das ewige Leben“ beigefügt

die entsprechenden Aussagen gegen Marcion und seine gnostische Parole: „Es gibt keine Auferstehung und kein Gericht!“ formuliert sind. – Für den antignostischen Hintergrund der Aussagen von II Clem, Herm und Polyc treten ein: W. Lütgert, Amt und Geist im Kampf, Gütersloh 1911, 111–118; Knopf (Anm. 22), 166f., 173ff.; J. N. D. Kelly, Early Christian Doctrines, London 1958, 463; G. Greshake, Auferstehung der Toten, Essen 1969, 211ff.; H. Köster, Einführung in das Neue Testament im Rahmen der Religionsgeschichte und Kulturgeschichte der hellenistischen und römischen Zeit, Berlin–New York 1980, 670ff. Ihm schließt sich an K. Wengst, Einleitung zu: Schriften des Urchristentums, Darmstadt 1984, 226, 273[70]. – v. Eijk (Anm. 22), 148f. urteilt dagegen in diesem Punkt eher zurückhaltend.

wird; erst damit schließt das Symbol mit einer eindeutigen Heilsaussage[31].

Wenn sich bei den Apostolischen Vätern die Hoffnung über den Tod hinaus niemals auf eine unvergängliche Seele, sondern allein auf die Auferstehung der Toten bzw. des Fleisches richtet, so stellt sich zwangsläufig die Frage: Was ist mit den Toten zwischen Tod und Auferstehung?

In I Clem 50,3 heißt es: Die in Liebe ihr Leben vollendeten, „haben den Ort der Seligen – χῶρον εὐσεβῶν – erreicht. Sie werden bei der Erscheinung des Reiches Christi offenbar werden. Denn es steht geschrieben: Kommt für kurze Zeit in die Kammern, bis mein Zorn beendet ist. Ich werde mich des guten Tages [Gerichtstages?] erinnern und euch aus euren Gräbern auferwecken“[32]. Χῶρος εὐσεβῶν ist ein verbreitetes Bild der römischen Bestattungspoesie, vermutlich orphischen Ursprungs, ein Bild, das I Clem auf die (besseren) Kammern anwendet, in denen sich die Gerechten für kurze Zeit vor der Auferstehung aufhalten. Diese Vorstellung, die ihre perfekte Entsprechung in 4 Esra und in der Baruch-Apokalypse hat, meint zweifellos den Zwischenzustand im Hades, in welchem die Seelen – Seele, alttestamentlich verstanden, nicht Teil des Menschen, sondern der ganze leibhaftige Mensch in verminderter Lebenskraft (vgl. S. 72f., 98) – auf die Auferstehung warten. Allerdings ist auffällig, daß der Autor des Briefes die Gerechten im Hades nicht als Seelen bezeichnet und somit das Subjekt der postmortalen Existenz nicht begrifflich schärfer faßt. Subjekt der Auferstehung ist nach I Clem 26,3, einem modifizierten Ijob-Zitat, jedenfalls „dieses Fleisch“.

Eine ganz andere Vorstellung bezüglich des postmortalen Geschicks eröffnen die Ignatius-Briefe (ähnlich MartPol und vielleicht

[31] Allerdings liegen für diesen Vorgang bereits verschiedene altkirchliche Interpretationen vor. So bezieht z. B. Justin die „Auferstehung“ auf das Millennium, das „ewige Leben“ dagegen auf die allgemeine Totenauferstehung. – Nach Chrysosthomus und Augustinus soll der Zusatz „ewiges Leben“ aufzeigen, daß die im Glaubenssymbol bekannte Auferstehung nicht der des Lazarus ähnlich ist, der in das irdische Leben zurückkehrt, sondern der Jesu Christi, die ins ewige Leben führt.

[32] Siehe zu dieser Stelle: L. Sanders, L’héllenisme de St. Clément de Rome et le paulinisme, Louvain 1943, 103ff.; Fischer (Anm. 22), 235; A. Stuiber, Refrigerium interim. Die Vorstellungen vom Zwischenzustand und die frühchristliche Grabeskunst, Bonn 1957, 44; v. Eijk (Anm. 22), 57f.

auch I Clem 5,4). Die ganze Aufmerksamkeit des Ignatius ist auf seine eigene eschatologische Vollendung gerichtet. Es geht ihm um das unmittelbar in seinem Tod geschehende ϑεοῦ bzw. Χριστοῦ ἐπιτυχεῖν (Gott- bzw. Christus-Begegnen), genauer: es geht ihm um seine persönliche Auferstehung. Denn wer am Geschick des Herrn, an seinem Leiden und Sterben so sehr Anteil hat wie der Märtyrer, gewinnt auch in unmittelbarer Weise Anteil an seiner Auferstehung[33]. Das galt nach Ignatius bereits für die Propheten des Alten Testaments, die mit den Patriarchen und Aposteln zusammen „durch Christus, die Tür zum Vater, hindurchgegangen sind" (IgnPhld 9,1); weil sie Jünger im Geiste waren und ihn erwarteten, „hat (!) er sie ... von den Toten erweckt" (IgnMagn 9,2). In diesen Texten wird eine Tradition greifbar, die in Weiterführung spätjüdischer Märtyrertheologie (vgl. S. 132ff.) von einer leiblichen Auferstehung der Märtyrer (wie auch der Patriarchen, s. S. 130f.) *im Tode*, also vor der Parusie, weiß und mithin ohne einen Hadesaufenthalt auskommt[34]. „Auferstehung" ist hier praktisch identisch

[33] Am deutlichsten erscheint die Unmittelbarkeit der Beziehung zwischen Leiden und Auferstehung in IgnRöm 4,3: Das Leiden des Ignatius führt zur gleichen Freiheit, die Petrus und Paulus bereits jetzt besitzen, und eben diese Freiheit ist in der Auferstehung gegeben. Auch hinter Ign Pol 7,1 stehen die gleichen Ideen: hier spricht Ignatius von der künftigen Auferstehung der Gemeinde als ἀνάστασις ὑμῶν (eure Auferstehung), bei der er als μαϑητής (Jünger = Märtyrer?) erfunden werden möchte. Er setzt also sein eigenes eschatologisches Geschick von der ἀνάστασις aller anderen ab. Das kann nur bedeuten, daß seine eigene ἀνάστασις schon vorher, eben im Märtyrertod, geschehen ist. – Vgl. zum ganzen Fragenkomplex und zur Einzelexegese v. Eijk (Anm. 22), 117–126. Kurz: «Il s'ensuit que la passion du martyr signifie sa résurrection: la passion elle-même est sa montée vers Dieu».

[34] Diese Tradition wird vermutlich schon greifbar in Offb 6. W. Bousset, Die Offenbarung Johannis = Krit.-exeget. Kommentar über das NT, Göttingen 1906, 271, versteht das den Märtyrern gegebene Gewand mit Hinweis auf slawHen 22,8 und ascJes 9,2 als „neuen Leib". Ähnlich E. Lohmeyer, Die Offenbarung des Johannes = HNT 16, Tübingen [2]1953, 64. (Siehe auch S. 115.) Zur Wirkungsgeschichte dieser Tradition siehe vor allem H. Zeller, „Corpora Sanctorum": ZKTh 71 (1949), 385–465, und die Modifikationen dazu von H. Winklhofer, Corpora Sanctorum: ThQ 133 (1953), 30–67, 210–217.

Daß im Polyc und im MartPol vermutlich die gleichen Auffassungen vorliegen, sei nur anmerkungsweise hinzugefügt. In Polyc 9,2 heißt es, daß die Jünger, die mit dem Herrn gelitten haben, „an dem ihnen geschuldeten

mit einer im Tod geschehenden „Erhöhung" zu Gott bzw. zu Christus (s. dazu S. 273[307]).

Daß es hier wirklich um *leibliche* Auferstehung geht, läßt sich von ignatianischen Texten her zwar nicht mit *letzter* Schlüssigkeit zeigen, weil das eschatologische Geschick noch nicht auf dem Hintergrund einer durchreflektierten und begrifflich klar differenzierten Leib-Seele-Konstitution des Menschen thematisiert wird, doch gibt es mindestens einige Anhaltspunkte dafür, daß die von Ignatius gemeinte Auferstehung als „leibliche" verstanden ist[35].

Deutlicher noch tritt dies in späteren Texten der gleichen Tradition hervor. So heißt es etwa in den um 250 entstandenen Märtyrerakten des Pionios in fast ignatianisch anmutender Weise: „Ich (Pionios) eile (zur Hinrichtung), damit ich schneller auferweckt werde und die Auferstehung von den Toten kundtue". Und zur Bestätigung heißt es dann: Sobald die Flamme seinen Leib verbrannt hatte, „sahen alle, die das Mitleid oder die Neugierde dorthin (zum Richtplatz) geführt hatte, den Leib des Pionios so, als ob er neue Glieder bekommen hätte. Er hatte erhobene Ohren, schönere Haare, einen jung aufsprossenden Bart. Alle seine Glieder waren so wohlgestaltet, daß man ihn für einen Jüngling hielt. Das Feuer hatte seinen Leib gleichsam verjüngt, ihm zur Ehre und zum Erweis der Auferstehung"[36].

Ort beim Herrn sind". Ihr Status wird nicht näher charakterisiert. Aber in MartPol 14, das nach einigen Autoren ein späterer Einschub ist (siehe dazu v. Eijk [Anm. 22], 135[16], 137), heißt es: „Ich preise dich, daß du mich . . . gewürdigt hast, Anteil zu haben an der Zahl der Märtyrer am Kelche deines Christus, zur Auferstehung des ewigen Lebens mit Seele und Leib in der Unvergänglichkeit Heiligen Geistes". Auch wenn sich Seele und Leib auf das ewige Leben und nicht auf die Auferstehung beziehen sollten, ändert dies sachlich am Sinn nicht viel: Polykarp dankt dafür, bereits jetzt teilhaben zu dürfen an der lebenspendenden Auferstehung, die Seele *und* Leib erfaßt.

[35] Nach IgnTrall 9,2 geschieht unsere Auferstehung κατὰ τὸ ὁμοίωμα Χριστοῦ (nach dem Bild Christi). Christi Auferstehung aber war σαρκικὴ τε καὶ πνευματική (fleischlich und geistig) (IgnSm 12,2). Christus war nach seiner Auferstehung kein δαιμόνιον ἀσώματον (leibloser Dämon); so werden es auch die Jünger nicht sein. Wer dies aber in Frage stellt, der wird selbst ἀσώματος und δαιμονικός (leiblos und dämonengestaltig) sein (IgnSm 1,2–3,3). Kurz: nach Ignatius ist eine leiblose Auferstehung undenkbar.

[36] Ausgewählte Märtyrerakten, hrsg. v. R. Knopf = Sammlung ausgew.

Der postmortale „Zwischenzustand" – wenn überhaupt dieser Ausdruck angebracht ist – heißt demnach für den Märtyrer (und für andere „privilegierte" Personen, wie z. B. für Propheten und Patriarchen) *Auferstehung*, für die anderen dagegen Wartezustand im Hades[37] bis zur Auferstehung, deren „sarkischer", leibhaftiger Charakter mit Nachdruck betont wird.

c) Das Auferstehungsverständnis bei den frühchristlichen Apologeten und antignostischen Theologen

Bei den Apologeten finden wir die erste *ausdrückliche* Auseinandersetzung des christlichen Bekenntnisses zur „Auferstehung der Toten" mit der platonischen und gnostischen Hoffnungsfigur „Unvergänglichkeit der Seele".

Man hat nicht ohne jedes Recht darauf hingewiesen, daß die

kirchen- und dogmengesch. Quellenschr. II,2, Nr. 21, Tübingen–Leipzig 1901, 73f. Die (sekundäre) lateinische Textfassung in: Acta martyrum, ed. Th. Ruinard, Regensburg ^{5}1859, 197f. glättet den ersten Teil des obigen Zitats. P. Stockmeier, Patristische Literatur und kirchliche Lehrdokumente als Zeugen der historischen Entwicklung der Lehre von Himmel, Hölle, Fegfeuer und Jüngstem Gericht: Tod – Hoffnung – Jenseits, hrsg. v. F. Dexinger, Wien–Freiburg–Basel 1983, 44, bemerkt jedenfalls zur oben zitierten Stelle: „Das Martyrium führt . . . zu einem neuen Leben, und zwar im Sinne einer leiblichen Unsterblichkeit." Ähnliche Vorstellungen finden wir in den Acta SS. Fructuosi et sociorum (+ 259): AS, Jan. II, 704: Die Märtyrer sterben „de resurrectione securi" und werden sogleich nach ihrem Tod vom zusammengelaufenen Volk in den Himmel aufsteigen gesehen, und zwar „zusammen mit den Pfählen, an denen sie gebunden waren". Auch hier sind also offenbar nicht einfach leiblose Seelen gemeint. – Von der Verwandlung der „caro" der Märtyrer sprechen auch die Acta Montani et sociorum XI: AS, Febr III, 464. – Zum Kontext vgl. K. Holl, Die Vorstellung vom Märtyrer und die Märtyrerakte in ihrer geschichtlichen Entwicklung: ders., Gesammelte Aufsätze zur Kirchengeschichte II, Tübingen 1928, bes. 72ff., 80; H. v. Campenhausen, Die Idee des Martyriums in der alten Kirche, Göttingen ^{2}1964.

37 Dabei mag sachlich die Seele gemeint sein, die hier zu warten hat. Doch dies ist niemals ausdrücklich gesagt. „Die Seele (ψυχή) spielt keine Rolle in der Eschatologie, d. h. nirgends wird sie als das Element im Menschen betrachtet, das dem Tod entgeht, oder als Subjekt des Zwischenzustandes . . . Ψυχή scheint den Sinn beibehalten zu haben, den sie in der LXX hat": v. Eijk (Anm. 22), 154.

Reflexion über das Verhältnis von Leib und Seele im eschatologischen Vollendungsgeschehen mit dem Nachlassen der Naherwartung nahezu synchron ist; sie hebt gerade zu der Zeit an, als der Christ „das Gefühl menschlicher Ganzheit verliert und sich wiederum zerrissen sieht in die alten Seinspole, in Leib und Seele“[38]. Doch ist der eigentliche und zentrale Grund der nun beginnenden Auseinandersetzungen die Herausforderung von außen, nämlich die Notwendigkeit, die christliche Auferstehungshoffnung gegen platonische und gnostische Verkürzungen und Bestreitungen zu verteidigen. Gewiß, wir werden noch sehen, daß auch hier – wie sonst in der Geistesgeschichte – die Auseinandersetzung nicht nur im Modus des Widerspruchs, sondern ebenso der Anknüpfung erfolgte: die griechische Philosophie bot mit ihrer Lehre von der unvergänglichen Seele einen Ansatzpunkt, um gegen Hoffnungslosigkeit und Skepsis (s. dazu S. 280f.) eine Zukunft über den Tod hinaus überhaupt plausibel und denkbar zu machen. Doch andererseits konnte die platonisch und/oder gnostisch gestimmte gebildete Welt von damals im Gedanken einer Auferstehung des *ganzen* Menschen (einschließlich seines Leibes) nur den Unsinn einer Perennierung entfremdender Bedingungen über den Tod hinaus entdecken. So stellte gerade der Glaubenssatz von der Auferstehung des Fleisches für die damalige Kulturwelt eine der größten, wenn nicht *die* größte Schwierigkeit dar. Er war sozusagen die offene Flanke des christlichen Glaubens, die vom Anfang an bis weit ins 5. Jahrhundert hinein immer neue Gelegenheiten zu glaubensfeindlichen Attacken bot[39].

[38] E. Dinkler, Die Anthropologie Augustins, Stuttgart 1934, 3. Zustimmend zitiert von H. Karpp, Probleme altchristlicher Anthropologie, Gütersloh 1950, 25.

[39] Siehe dazu H. I. Marrou, La résurrection des morts et les Apologistes des premiérs siècles: LV 3 (1952), 83–92; W. Delius, Ps. Justin: „Über die Auferstehung“: TheolViat 4 (1952), 181–204; L. W. Barnard, Athenagoras: De Resurrectione. The background and theology of a second century treaties on the resurrection: StTh 30 (1976), 1–42; H. Chadwick, Origèn, Celsus and the resurrection of the body: HThR 41 (1948), 83–102. Siehe ferner: P. Courcelle, Propos antichrétiens rapportés par saint Augustin: RechAug. 1 (1958), 149f., 163–170. Noch Augustinus schreibt: „In nulla ergo re tam vehementer, tam pertinaciter, tam obnixe et contentiose contradicitur fidei Christianae, sicut de carnis resurrectione. Nam de animi immortalitate multi etiam philosophi gentium multa disputaverunt, et immortalem esse animum humanum pluribus et multiplicibus libris conscriptum memoriae reliquerunt; cum ventum fuerit ad resurrectionem

Die Kritik des 2. Jahrhunderts ist unüberbietbar zusammengefaßt im Spott, den der aufgeklärte Philosoph Celsus über das – wie er abschätzig sagt – φιλοσώματον γένος, über das „in den Leib verliebte Geschlecht" der Christen sowie über deren „wahnsinnige Lehre" ausgießt[40]. „Daß man aus der Erde aufsteigt mit dem gleichen Fleisch wie ehedem: wahrlich eine Hoffnung würdig für Würmer! Welche menschliche Seele könnte wünschen, wieder in einen verfaulten Körper einzugehen ... Der Seele kann Gott sehr wohl ein unsterbliches Leben schenken. ‚Aber die Kadaver sind' – wie schon Heraklit sagt – ‚weniger wert als Mist'. Aber ein Fleisch unsterblich machen, das voll von Eigenschaften ist, die man dezenterweise nicht einmal nennen möchte, das will Gott nicht und könnte er auch nicht. Denn Gott ist die Vernunft von allem, was existiert, und es ist ihm ebenso unmöglich wider die Vernunft zu handeln wie wider sich selbst"[41]. An die Unsterblichkeit der Seele zu glauben, ist sinnvoll, der Glaube an die Auferstehung des Leibes aber macht die Christen zu „Genossen des Aufruhrs", was soviel bedeutet wie Kündigung des Einverständnisses mit den Zeitgenossen[42].

Gegen solche und ähnliche Vorwürfe betonen die frühchristlichen Apologeten die aus Seele *und* Leib bestehende *Einheit* des Menschen. Folgender Text von Pseudo-Justin[43] kann dafür exemplarisch stehen: Gott „hat auch das Fleisch zur Auferstehung berufen und ihm das ewige Leben versprochen. Denn da er *dem Menschen* die Frohbotschaft von der Erlösung verkündet, verkündet er sie auch dem Fleisch. Denn was ist der Mensch anderes als ein vernünftiges Lebewesen (ζῷον λογικόν), zusammengesetzt (συνεσθώς) aus Seele und Leib? Ist etwa die Seele für sich ein Mensch? Doch nicht! Wohl ist sie vom Menschen die Seele. Oder wird etwa der Leib Mensch genannt? Doch nicht! Wohl aber wird er Leib des

carnis, non titubant, sed apertissime contradicunt": En. in Ps. 138 II,5 (= CC 39, 1237).

40 In: Origenes, C. Cels. VII,36 (= GCS 2, 186).

41 C. Cels. V,14 (= GCS 2,15). – Denn – so begründet es Celsus in IV,52 (= GCS 1,325): „Die Seele ist zwar Gottes Werk, der Leib aber ist anderer Natur ... Alle Leiber sind aus gleichem Stoff gebildet und der Vergänglichkeit in gleicher Weise unterworfen."

42 C. Cels. VIII,49 (= GCS 2,263); VIII,2 (= ebd. 220).

43 Für die Verfasserschaft Justins tritt u. a. Kretschmar (Anm. 27), 119[38] ein. Anderer Meinung sind Delius (Anm. 39), 199ff.; Staats (Anm. 1), 475. Denkbar ist, daß Melito von Sardes diese Schrift um 170 verfaßt hat.

Menschen genannt. Wenn nun je für sich keines von beiden der Mensch ist, sondern die Zusammensetzung (συμπλοκῆς) von beiden Mensch genannt wird und wenn Gott den Menschen zum Leben und zur Auferstehung gerufen hat, so hat er nicht einen Teil, sondern das Ganze berufen, und das heißt die Seele und den Leib"[44]. Diese Einheit von Seele und Leib kann von den Apologeten schöpfungstheologisch thematisiert werden, so wenn darauf hingewiesen wird, daß nicht die Seele allein, sondern der ganze leibliche Mensch nach Gottes Bild gemacht ist[45]. Der Gedanke der Einheit kann auch im Blick auf das Handeln des Menschen einsichtig gemacht werden: „Wer alle Taten des Lebens, die gerichtet werden, vollbracht hat, war der Mensch, nicht die Seele für sich"[46]. Wie auch immer im einzelnen die Argumentationsform lautet: Ein durchlaufender Faden der apologetischen Beweisführung ist jener Gedanke, den Tertullian in die Kurzform kleidet: Der Mensch ist „carnis animaeque textura"[47]. Darum hofft der Christ auf die Auferstehung des Leibes bzw. des Fleisches, d. h. des einen und ganzen Menschen.

Daß in diesen Argumentationsformen – philosophisch gesehen – eine Korrektur der platonischen durch die peripatetische Anthropologie vorliegt, sei nur am Rande, aber mit Nachdruck hervorgehoben[48].

Die Hoffnung auf die Auferstehung des Leibes ist für die Apologeten das eigentlich Neue des Christentums und die schlechthinnige Überbietung all jener Unsterblichkeitslehren, die sich allein an der Unvergänglichkeit der Seele festmachen. „Wenn der Erlöser ...

[44] Ps-Justin, De res. 8 (= CA 2,238).

[45] Vgl. z. B. Ps-Justin, De res. 7 (= CA 2,232f.). – Tertullian vertieft diesen Gedanken durch das folgende schöne Bild: Gott ist nicht nachlässiger als der Mensch, der seine Edelsteine kostbar einfaßt. Und so hat Gott die Seele aufs engste mit dem Leib, ihrer kostbaren Einfassung, verbunden, so daß man sogar zweifeln kann, ob der Leib die Seele, oder die Seele den Leib trägt: Tertullian, De res. 7 (= CSEL 47,35f.).

[46] Athenagoras, De res. 20 (= TU 4, 73).

[47] De res. 34 (= CSEL 47,75).

[48] Vgl. dazu G. Florovsky, Eschatology in the Patristic Age: Studia patristica II,2, hrsg. v. K. Aland u. F. L. Cross = TU64, Berlin 1957, 248: "One cannot fail to acknowledge the Aristotelian origin of the main anthropological idea in the early Christian theology." So schon früher M. Pohlenz, Die griechische Philosophie im Dienste der christlichen Auferstehungsbotschaft: ZWTh 47 (1904), 241–250.

als gute Nachricht nur das Leben der Seele verkündet hätte, was Neues hätte er dann gebracht im Vergleich mit Pythagoras, Platon und dergleichen Männer?", ruft Pseudo-Justin aus[49]. So aber ist – bemerkt Tertullian – die christliche Hoffnung „vollständiger als die platonische, indem sie dir auch die Ausstattung mit dem Leib zurückgibt"[50]. Erst darin besteht das Einmalige und Großartige der christlichen Auferstehungshoffnung. „Denn wo ist der Erweis von Gottes Macht und Güte, wenn er nur das retten wird, was ohnehin von Natur aus schon gerettet wird ...?"[51]. Diese und ähnliche Aussagen spitzen sich zu in Justins erster Apologie, wo der Vf. darauf hinweist, daß auch die griechischen Denker und Dichter an das Weiterleben der Seele glauben. Dann ruft er aus: „Versteht, daß auch wir ihnen wenigstens gleichkommen. Denn nicht weniger als jene vertrauen wir auf Gott, sondern mehr ..."[52]. „Mehr", weil – wie Justin anfügt – die Christen *außerdem* noch die Auferstehung des Leibes erhoffen, da für Gott nichts unmöglich ist.

Wir haben hier die typisch apologetische Figur von Anknüpfung und Überbietung vor uns: Die Heiden hoffen *so* – wir *auch* so *und* zugleich *noch mehr*. Gerade diese, wie auch schon die vorher angeführten Formulierungen, haben nun aber eine für das christliche Verständnis der resurrectio äußerst mißliche Konsequenz, die hinfort die weitere Geschichte dieses Glaubenssatzes bestimmen wird: In der genannten Argumentationsfigur kommt die Auferstehung des Leibes in die Gefahr, zu einer überbietenden *Zusatz*-Auskunft und *Zusatz*-Hoffnung über die Unsterblichkeitslehre hinaus zu werden. Sprechen die Heilige Schrift und die frühen Texte der Apostolischen Väter noch von der Auferstehung des einen und ganzen Menschen, so entsteht nun die Tendenz, die Hoffnung auf Auferstehung des Leibes als etwas zur Unsterblichkeit der Seele gleichsam additiv Hinzukommendes zu betrachten, sozusagen als eine „Sonderveranstaltung" Gottes, die allein die leibliche Dimension des Menschen betrifft.

Diese Tendenz spitzte sich in den spezifisch antignostischen Auseinandersetzungen noch zu.

[49] Ps-Justin, De res., fragm. 109 (= TU 16,48).
[50] Tertullian, De test. an. 4 (= CSEL 20,138).
[51] Ps-Justin 8 (= CA 2,240).
[52] Justin, Apol. I, 18 (= ed. J. M. Pfättisch, Justinus' des Philosophen und Märtyrers Apologien, Bd. I, Münster 1912, 19f.).

Es wurde bereits S. 175f. die dualistische Grundtendenz gnostischer Welterfahrung und gnostischen Denkens skizziert, ein Dualismus, der sich in der Erlösungslehre und Eschatologie dahin auswirkte, daß Erlösung und eschatologische Vollendung als vollendete Loslösung aus Leib, Welt und Geschichte *heraus* verstanden wurden. Wo gnostische Systeme und Schulen sich mit dem christlichen Glauben verbanden – was nicht selten der Fall war[53] – oder wo sie sogar aus einer bestimmten Auslegung des christlichen Glaubens heraus entstanden, wurden die biblischen Texte und kirchlichen Bekenntnisse, die von einer Auferstehung des Leibes (oder Fleisches) sprachen, spiritualistisch umgedeutet[54]: Auferstehung geschieht jetzt schon als ein permanentes „Erlösungs- und Aufstiegsgeschehen", und zwar dort, wo „Gnosis" und damit die Distanzierung *von* und die Rückkehr *aus* der bösen Welt heraus geschieht: in der wahren Erkenntnis, in der Taufe und einmal endgültig im Tod, wenn das Pneuma-Selbst sich von den irdisch-materiellen Bedingungen löst und die Himmelsreise zurück in das Reich des Geistes durchführt[55].

[53] W. Bauer, Rechtgläubigkeit und Ketzerei im ältesten Christentum, Tübingen ²1964, meint sogar, daß weite Teile der römischen Ostprovinzen den christlichen Glauben zunächst in gnostischer Form kennenlernten. Zustimmend dazu H. G. Gaffron, Eine gnostische Apologie des Auferstehungsglaubens. Bemerkungen zur „Epistola ad Rhegium": Die Zeit Jesu, FS H. Schlier, hrsg. v. G. Bornkamm u. K. Rahner, Freiburg–Basel–Wien 1970, 219.

[54] Dabei hat eine spiritualistische Uminterpretation des Auferstehungsglaubens nicht zum erstenmal in der Gnosis ihren Platz, sondern bereits im hellenistischen Judentum, wie etwa bei Philo und Josephus, die beide den biblischen Auferstehungsglauben ihren vom griechischen Geist geprägten Zeitgenossen auf dem Wege der Lehre von einer unsterblichen Seele nahezubringen versuchten (wobei offenbleiben kann, wieweit sie selbst die Unsterblichkeitsüberzeugung „als ein entmythologisiertes Äquivalent des Auferstehungsglaubens ansahen": H. v. Campenhausen, Tod, Unsterblichkeit und Auferstehung: Pro veritate, FS L. Jäger u. W. Stählin, Münster 1963, 309).

[55] Vgl. z. B. Acta Pauli et Theclae 14 (= Hennecke 200): „Wir werden dich über die Auferstehung belehren, von der dieser (Paulus) sagt, daß sie geschehe, nämlich daß sie schon in den Kindern, die wir haben, geschehen ist und wir auferstanden sind, indem wir den wahren Gott erkannt haben". Ähnlich weist Irenäus, Adv.h. II, 31,2 darauf hin, daß bei den Anhängern des Simon und Karpokrates „die Auferstehung von den Toten nichts anderes sei als die Erkenntnis ihrer sogenannten Wahrheit".

Dabei konnten einige gnostische Systeme auf verschiedene Weise durchaus das bedeutungsoffene Wort „σάρξ" (im Bekenntnis zur Auferstehung des Fleisches) aufgreifen: Man konnte unter „σάρξ" *entweder* eine subtile geistige Materie verstehen, so daß man – wie z. B. im EvPhil – von einer Auferstehung des Fleisches Christi sprach, wobei dieses Fleisch nicht das irdische ist, in dem der Erlöser uns gleich wurde, sondern ein „Fleisch", das der Erlöser „vom Himmel her" mitbrachte und in dem er uns wiederum in den Himmel zurückführt[56]. *Oder* man konnte auch zur Interpretation von „Fleisch" das paulinische σάρξ-Verständnis aufgreifen, wonach σάρξ nichts Stoffliches meint, sondern die durch Sünde und Tod gekennzeichnete irdische „Sphäre". So gesehen, bezeichnete „Auferstehung *im* Fleisch" soviel wie Erlösung aus der sündig-irdischen Verfaßtheit heraus[57].

Von dieser Auseinandersetzung mit gnostischen Vorstellungen wurde die christliche Lehre von der resurrectio mortuorum maßgeblich und nachhaltig geprägt.

Zunächst einmal wird – ganz auf der schon in II Clem beginnenden Linie – die resurrectio mortuorum aufs engste mit dem Gerichtsgedanken verbunden: Während bei den Gnostikern die Auferstehung eindeutiges Heilsgeschehen ist, „einfach identisch mit Erlösung"[58], führt bei den antignostischen Theologen die Auferstehung wesentlich in das Gericht Gottes, das über Heil und Unheil allererst entscheidet.

Dann aber muß die antignostische Polemik gegen alle Weisen sublimer Verflüchtigung den Akzent auf die absolute Identität des Auferstehungsleibes mit *diesem* irdischen Leib legen, gilt es doch, Erlösung und Heil als Vollendungsgeschehen *an* dieser unserer irdischen Existenz selbst (und nicht *aus* ihr *heraus*!) mit Nachdruck zu vindizieren. Diese Betonung der Identität zwischen Erden- und Auferstehungsleib ging dann auch seit dem 5. Jahrhundert in viele

[56] Siehe dazu H. J. Schoeps, Vom himmlischen Fleisch Christi, Tübingen 1951.

[57] Beispiele bzw. Hinweise für gnostische Uminterpretationen der resurrectio carnis finden sich angeführt und analysiert bei: Stuiber (Anm. 32), 99–105; M. Hornschuh, Studien zur Epistula Apostolorum = Patr. Texte u. Studien 5, Berlin 1965, 53–61; Kretschmar (Anm. 27), 121 ff.; H. M. Schenke, Auferstehungsglaube und Gnosis: ZNW 59 (1968), 123–126; Gaffron (Anm. 53), 218–227; A. H. C. v. Eijk, The gospel of Philip and Clement of Alexandria. Gnostic and ecclesiastical theology on the resurrection and the eucharist: VigChr. 25 (1971), 94–120.

[58] v. Eijk (Anm. 57), 96.

Glaubenssymbole ein[59] und wurde zum entscheidenden Kriterium rechtgläubigen Auferstehungsverständnisses. Damit aber trat konsequenterweise die Auferstehung als *gegenwärtige* Heilswirklichkeit zurück; auch hatte sie nicht ihren bevorzugten Ort im Tod des einzelnen (also im Augenblick der Trennung der Seele von der Materie) – beides waren ja gnostische Verstehensformen –, vielmehr wurde sie von der kirchlichen Theologie vornehmlich als ein massiv-materielles, geradezu „physizistisches" Geschehen am „Jüngsten Tag" verstanden[60].

Diese Pointierung der „sarkischen" Dimension des Heils wird bei den großen antignostischen Theologen, wie z. B. Irenäus von Lyon[61] und Tertullian, zum entscheidenden antignostischen Schibboleth und die Lehre von der Auferstehung *dieses* Fleisches zum deutlichsten Kontrapunkt gegen die gnostische Behauptung: „σὰρξ μὴ δεκτικὴ σωτηρίας" – „das Fleisch ist heilsunfähig".

[59] Angefangen von der Fides Damasi bis hin zur Professio Fidei des Michael Palaeologus (1274) wird in sehr vielen Glaubensbekenntnissen die Identität mit Nachdruck herausgestellt. „Ich glaube an die wirkliche Auferstehung dieses Fleisches, das ich jetzt trage" (DS 684). Die Texte sind zusammengestellt bei E. Gutwenger, Auferstehung und Auferstehungsleib Jesu: ZkTh 91 (1969), 44f. Dabei hatten die mittelalterlichen Glaubensformulierungen als Gegenüber die Sekten ihrer Zeit (Albigenser, Katharer, Waldenser), die z. T. einen der antiken Gnosis ähnlichen Dualismus vertraten.

[60] Für die „physizistische" Sicht der Auferstehung, wie sie etwa Irenäus v. Lyon vertritt, siehe z. B. J. Pietron, Die Auferstehung des Fleisches und das Gericht über die Toten bei Irenäus von Lyon, Diss. Münster 1969, 63ff. Nach Irenäus steht der Mensch am Jüngsten Tag „mit Knochen, Nerven und Sehnen" auf, mit Organen, die so selbig sind, wie die Organe, die Jesus bei seinen Wunderheilungen wiederherstellte. Selbst die gleiche Anfälligkeit für Krankheiten bleibt! Dabei mußte Irenäus wie den anderen in antignostischer Polemik befangenen Vätern die paulinische Aussage in 1 Kor 15, 50: „Fleisch und Blut können das Reich Gottes nicht erben; das Vergängliche erbt nicht das Unvergängliche" unendliche Schwierigkeiten bereiten. Denn hier schien die Schrift selbst gegen eine absolute Identität des Auferstehungsleibes zu sprechen. Deshalb bemerkt Irenäus, daß alle Gnostiker diesen Vers benutzen, „um darzutun, daß das Geschöpf Gottes nicht gerettet werden könne". Adv. h. V, 9, 1 (= Harvey II, 342ff.). Deswegen mußten die kirchlichen antignostischen Väter gerade diese Stelle gewaltsam uminterpretieren, während die gnostische Exegese ihren Sinn oft getreuer trifft als die kirchliche Schriftauslegung.

[61] Vgl. dazu G. Joppich, Salus carnis. Eine Untersuchung in der Theologie des hl. Irenäus von Lyon, Münsterschwarzach 1965.

Denn für die kirchliche Theologie laufen im Glauben an die Auferstehung des Fleisches die fünf tragenden Fäden des ganzen christlichen Bekenntnisses zusammen: *Erstens* der Glaube, daß die σάρξ, d. h. die ganze Schöpfung und der ganze Mensch, von Gott geschaffen sind und daß Gott die σάρξ, sein ganzes Werk, vollenden wird. *Zweitens* der Glaube, daß alles erlöst ist und daß diese Erlösung sich gerade dadurch verwirklichte, daß der Erlöser in die σάρξ kam, sie angenommen und in Gottes Leben hineingetragen, ja hineinverwandelt hat. *Drittens* der Glaube, daß Erlösung und Heil durch die σάρξ (Kirche und Sakramente, bes. Eucharistie) vermittelt werden. *Viertens* der Glaube, daß ein gerechtes Handeln ἐν σαρκί, d. h. in Leib und Welt, von höchster Bedeutung ist, weil die σάρξ Zukunft hat und von Gott gerichtet wird. *Fünftens* der Glaube, daß die Heilsgeschichte nicht – wie die Gnostiker (ganz auf der Linie platonischen Denkens) meinten – eine zyklische Rückkehr in das, was immer ist, in den ewig-göttlichen Grund, bedeutet, sondern eine „restitutio in melius", einen „progressus in novitatem", weil Gott durch sein neuschaffendes Handeln auch das sterbliche Fleisch in das Heil einbezieht[62].

Der innere Zusammenhang dieser Glaubensüberzeugungen und ihre Zusammenfassung im Satz von der Auferstehung des Fleisches wird – zumal von Irenäus und Tertullian – immer wieder neu herausgestellt. Besonders für Irenäus ist „σάρξ die ‚Chiffre' für die Einheit der ganzen Heilsgeschichte"[63].

Somit ist die Hoffnung auf Auferstehung des Fleisches *im letzten* nicht einfach nur eine Art „christlicher Zusatzhoffnung" zur Überzeugung von der Seelenunsterblichkeit. Fleisch ist nicht allein Komplementärprinzip zur Seele im Sinne von individueller Leiblichkeit, obwohl dies durchaus auch gemeint sein kann[64], weil ja

[62] Schon Celsus hatte begriffen: Wenn Gott selbst zu den Menschen herabkommt und „Fleisch" wird, dann bringt er in die Welt eine „Revolution", da so die ganze, in sich gefügte Naturordnung umgestürzt wird. Vgl. Origenes, C. Cels. IV, 5 (= GCS 1, 278). Siehe zu diesem Problemkreis: C. Andresen, Logos und Nomos, Berlin 1955, 87–96; Florovsky (Anm. 48), 235–250; G. B. Ladner, The Idea of Reform, its Impact on Christian Thought and Action in the Age of the Fathers, Cambridge 1959; H. I. Marrou/A.-M. La Bonnardière, Le dogme de la résurrection des corps et la théologie des valeurs humaine selon l'enseignement de saint Augustin: REA 12 (1966), 125.

[63] v. Eijk (Anm. 22), 179.

[64] So z. B. bei Irenäus, Adv. h. V, 6, 1 (= Harvey II, 332): „Der vollkom-

die Leiblichkeit des Menschen teilhat an der Dimension der σάρξ. Nein, für die antignostische Theologie meint σάρξ in ihrer letzten Tiefe und Bedeutungsfülle die ganze vorfindlich-erfahrbare Schöpfung, wie sie Gott in ihrer Begrenztheit, Niedrigkeit, Geschöpflichkeit, aber auch gegenseitigen Verwobenheit gegenübersteht[65]. Hinter dem bedeutungsoffenen und darum auch so mißverständlichen Schlüsselbegriff σάρξ[66] steckt somit verborgen die uralte biblische Idee von der Schöpfung als πᾶσα σάρξ – „alles Fleisch", dem die Verheißungen Gottes gelten (vgl. S. 264[291]). Bei der Betonung der Auferstehung des Fleisches geht es deshalb zutiefst – wie G. Kretschmar betont – um „Gottes Treue zu seiner Schöpfung in der Geschichte"[67], um die Gültigkeit seiner messianischen Verheißungen[68]. An der Vollendung der σάρξ entscheidet sich letztlich, ob

mene Mensch ist eine Verbindung und Vereinigung der Seele, die den Geist des Vaters empfängt, und einer *Hinzufügung des Fleisches,* das nach dem Bild Gottes geformt wurde."

[65] Vgl. die adversative Formulierung Tatians, Oratio ad Gr. 15 (= ed. M. Whittaker, Oxford 1982, 30): „Fleischlos (ἄσαρκος) ist der vollkommene Gott, der Mensch aber ist Fleisch." Eben dies ist auch der lexikographische *Ursinn* von Leiblosigkeit. A-somatie bedeutet Grenzenlosigkeit, das, was „starrer Grenzen ermangelt": H. Gomperz, ΑΣΩΜΑΤΟΣ: Hermes 67 (1932), 164.

[66] Wie mißverständlich und befremdlich das Wort σάρξ in der griechischen Sprache war, illustriert der Dialog des Origenes mit Celsus. Aber der Ausdruck war auch mißverständlich unter Christen. Denn σάρξ konnte *erstens* (ähnlich wie σῶμα) von der alttestamentlichen Sprache her den ganzen Menschen in seiner Verflochtenheit in die übrige Menschenwelt und seiner Fähigkeit zur Kommunikation (vgl. S. 30f.) meinen und πᾶσα σάρξ die ganze Schöpfung bedeuten. Σάρξ konnte *zweitens* aber auch, identisch mit σῶμα (Leib), das Komplementärprinzip zu ψυχή bezeichnen. Auf dieser Linie ist „caro" als pejorativer Ausdruck für Leib auch in der Sprache der römischen Stoa gebräuchlich. Siehe z. B. Seneca, Ad Luc. ep. 3,65 (= ed. O. Hense, Leipzig 1914, 209); Consul. ad Marc. 24,1 = Dial. VI (= ed. J. Viansino, Turin 1963, 58). Σάρξ konnte *drittens* im Anschluß an die paulinische Sprache den „Leib der Sünde" bezeichnen, also Träger und Ausdruck der Sünde und des Todes sein. Es war nicht zuletzt die Gnosis, die sich die Vieldeutigkeit dieses Ausdrucks für ihre Uminterpretationen und antikirchlichen Polemiken zunutze machte.

[67] Kretschmar (Anm. 27), 132. – Irenäus verwendet den Ausdruck πᾶσα σάρξ insgesamt achtmal, zweimal in eigener Formulierung (Adv. h. III, 9.2; III, 10,2 [= Harvey II, 31,34]) und sechsmal als Schriftzitat.

[68] Der Ausdruck πᾶσα σάρξ steht in einigen frühjüdischen Schriften in

sich die Heilsgeschichte nur als ein ewiges kosmisches Drama vom Urfall des Geistes in die Materie und von seiner Rückkehr in die Urheimat abspielt und mithin das Eschaton nur das zu sich selbst gekommene Proton ist, oder ob Schöpfung, Geschichte und Vollendung in einem unableitbaren und durch Neuheit gekennzeichneten Tun des Schöpfers an seiner Schöpfung gründen. Deshalb kann Irenäus seinen Einspruch gegen die Gnosis kurz so zusammenfassen: „Was auch immer die Häretiker mit Nachdruck behaupten: zuletzt läuft alles darauf hinaus, daß sie den Schöpfer schmähen und dem Geschöpf Gottes, d. h. dem Fleisch das Heil absprechen“ [69]. Vollendetes Heil aber ist für den Bischof von Lyon letztlich das Heil *allen Fleisches*. „Wie Christus, das Haupt, von den Toten erstand, so ersteht auch der übrige Leib, nämlich jeder Mensch, wieder durch Bänder und Gelenke zusammenwachsend ... Und so hat jedes der Glieder eine besondere passende Stelle im Leib“, gemeint ist: im Leib Christi, der die Kirche ist [70]. Kurz: Bei der Auferstehung des Fleisches geht es um das nichts auslassende Heil der ganzen Welt und damit zugleich um die Überzeugung, daß der einzelne seine Vollendung nur im Zusammenhang der πᾶσα σάρξ findet.

Dieser „welthafte“ Charakter der resurrectio wird bei einer Reihe frühchristlicher Theologen noch durch die millennaristische Konzeption einer doppelten Auferstehung abgestützt. Die erste Auferstehung führt nur die gerechten Toten in das Tausendjährige Reich des Glücks, des Friedens und der Freude, die zweite Auferstehung betrifft alle und führt in den kommenden himmlischen Heilsäon. Der Millennarismus, der jüdisch-apokalyptischen Ursprungs ist, drang von Kleinasien, einer von stark jüdischem und judenchristlichem Milieu geprägten Region aus, in weite Teile frühchristlicher Theologie ein. A. v. Harnack meint sogar, „Der sog. Chiliasmus ... findet sich überall, wo das Evangelium noch nicht hellenisirt ist ... und muß als ein Hauptstück der ältesten Verkündigung gelten“ [71]. Diese Be-

---

einem betont messianischen Kontext. Vgl. z. B. Mose-Apok. 14: „Dann wird alles Fleisch (πᾶσα σάρξ) von Adam bis zu jenem großen Tag auferstehen, alle, die heiliges Volk sind. Dann wird ihnen alle Freude des Paradieses gegeben werden, und Gott wird in ihrer Mitte sein.“

[69] Adv. h. IV, praef. (= Harvey II, 146).

[70] Adv. h. III, 20,3 (= Harvey II, 105). – Zu dieser nur im lateinischen Text überlieferten, sehr unklaren Stelle vgl. F. Sagnard in der Ausgabe des SChr 34, 336f. Anders – aber wohl kaum zutreffend – übersetzt Joppich (Anm. 61), 61.

[71] A. v. Harnack, Lehrbuch d. Dogmengeschichte Bd. I, Darmstadt 1964 (= Tübingen ^{4}1909), 187.

hauptung dürfte aber in dieser Form kaum zutreffen [72]. Doch konnte gerade im antignostischen Kampf der Millennarismus brauchbare Dienste tun. Zeigt doch die Idee eines tausendjährigen irdischen Vollendungszustandes anschaulicher als jede andere Vorstellung, daß Gott diese seine sichtbar-erfahrbare Schöpfung zur Vollendung führt. Gerade das Millennium war der eindringlichste Beweis dafür, daß Vollendung nicht Auszug (der Seele) aus Leib, Welt und Geschichte bedeutet, sondern wesentlich das Heil der σάρξ: der vorfindlichen Welt in ihrer ganzen Vieldimensionalität [73].

Wenn also das Verständnis von „Fleisch" bei Irenäus (wie auch z. T. noch bei Tertullian) eine viel tiefere und umfassendere Sinnbedeutung als nur die einer anthropologischen Komplementäraussage zur Seele hat, so wird faktisch doch – zumal im Zusammenhang mit der Frage nach dem postmortalen Geschick – das, was σάρξ ist und was sie erhoffen darf, am Individuum aufgezeigt, so daß in diesem Kontext σάρξ praktisch mit σῶμα identisch ist und mithin zum Gegenbegriff zu ψυχή wird. So erhält – in Verlängerung des im II Clem sich anbahnenden Verständnisses – nun vollends der ursprünglich den ganzen Menschen bezeichnende Ausdruck „Fleisch" eine neue Pointierung: es geht um die Rettung *auch* des Leibes gegen die gnostische Spiritualisierung, ja „Halbierung" des Menschen. Über die Vollendung der Seele bei Gott, an der man selbstverständlich festhält, braucht die rechtgläubige Theologie mit den Gnostikern nicht zu streiten. „Es ist nicht nötig" – sagt Tertullian –, „über das Heil der Seele zu handeln, fast alle Häretiker akzeptieren es irgendwie und leugnen es jedenfalls nicht" [74].

Während also die Auseinandersetzung um das gegenwärtige und künftige Heil des Fleisches = Leibes geht, wird die Seele jetzt jenes Moment am Menschen, an dem die kirchliche Theologie aufzeigt, daß ihre Rettung „noch nicht das ganze Tun Gottes ist" [75]. Durch

[72] Siehe dazu O'Hagan (Anm. 22), 31 ff.; v. Eijk (Anm. 22), 186 f.

[73] Zum Millennarismus vgl. K.-H. Schwarte, Die Vorgeschichte der augustinischen Weltalterlehre, Bonn 1966, 70–85; W. Bauer, Chiliasmus: RAC II, 1073–1078 (Lit.); J. Daniélou, Théologie du Judéo-Christianisme, Tournai 1958, 342–366; J. G. Davies, Factors leading to the emergence of belief in the resurrection of the flesh: JThS 23 (1972), 449–453 (Lit.).

[74] Tertullian, De res. 2 (= CSEL 47, 28). – Ähnlich Tertullian, C. Marc. V, 9 (= CSEL 47, 601): „Es ist immer die Auferstehung des Fleisches, die man leugnet. Denn wenn es um die Seele geht, so halten die meisten Weisen sie für göttlich und verheißen ihr das Heil."

[75] Ps-Justin 7 (= CA 2, 234).

den Ausbau der schon von der frühjüdischen Theologie übernommenen Vorstellung eines Hadesaufenthaltes der Seele nach dem Tod wird das Noch-Nicht des Heils nachdrücklich herausgestellt. So heißt es etwa bei Irenäus: „Die Seelen gehen (nach ihrem Tod) an den ihnen von Gott bestimmten Ort und verweilen dort wartend bis zur Auferstehung. Dann erst, wenn sie ihren Leib zurückempfangen haben und *vollständig, d. h. leiblich* auferstanden sind, wie der Herr selbst auferstand, werden sie zur Anschauung Gottes kommen“ [76].

Wenn auch bei Irenäus der Hadesaufenthalt der Seele gegenüber der ausführlichen Hervorhebung eines millennaristischen Zwischenreiches nur relativ kurz erwähnt wird, so findet die Wartezeit in der Unterwelt doch eine nachdrückliche christologische Abstützung: So wie Christus nach seinem Tod erst drei Tage in der Unterwelt bei den Seelen der Verstorbenen weilte und *dann erst* leibhaftig auferstand, so hat auch der Jünger, der den Weg Jesu nachzugehen hat, erst in der Unterwelt zu weilen [77]. Es wäre Hochmut, sogleich im Tod aufsteigen zu wollen, wo doch der Herr selbst nach seinem Tod erst zu warten hatte, bemerkt Irenäus gegen die Gnostiker. Dabei waren diese nur konsequent, wenn sie die Auferstehung Christi gleich vom Kreuz aus vertraten, wo die Geistseele des Herrn sich vom Leib trennte und die Hülle des verlassenen Leibes am Kreuz zurückließ [78].

Der Zwischenzustand nach dem Tod, der ursprünglich „kein entscheidendes, selbständiges Element der christlichen Lehre, sondern nur das notwendige Korrelat zur leiblichen Auferstehung“

[76] Adv. h. V, 31,2 (= Harvey II,412f.). – Eine eigentümliche Sequenz weist die Formulierung von Irenäus, Epideixis 42 auf (Übersetzung des armenischen Textes in K. Ter-Mekerttschian: TU 31, 1,23). Hier heißt es: „Denn auch der Seele wird Auferstehung zuteil, indem die Leiber der Gläubigen von neuem Person annehmen und mit ihr zusammen durch die Kraft des Heiligen Geistes auferweckt werden.“ Nach dieser Formulierung ist geradezu der Leib das primäre Subjekt der Auferstehung, welches die Seele in das Auferstehungsgeschehen einbezieht! Jedenfalls geschieht für Irenäus die Vollendung in (heils-)geschichtlichen Stadien: Tod – Zwischenzustand im Hades – erste Auferstehung ins Millennium – zweite Auferstehung – himmlische Herrlichkeit. Diese letztere ist „der absolute Endpunkt der Heilsgeschichte; eine vorläufige Aufnahme nur der Seele in den Himmel und eine darauffolgende Rückkehr zur Erde zur leiblichen Auferstehung kann er nicht in Betracht ziehen“: Stuiber (Anm. 32), 50.

[77] Vgl. Adv. h. V, 31,2 (= Harvey II,412).

[78] Vgl. zu diesen gnostischen Auffassungen ActJoh. 102; EvPetr. 19 (= Hennecke 189,61).

ist[79], spielt bereits ab Justin die Rolle des entscheidenden Kriteriums, das die kirchliche Hoffnung auf resurrectio von gnostischen Vollendungskonzeptionen, die alle eine unmittelbar im Tod anhebende Himmelsreise der Seele kennen, scheidet. „Wenn ihr" – sagt Justin eindringlich – „zusammenkommt mit solchen, die sich Christen nennen und . . . behaupten, es gäbe keine Auferstehung der Toten, sondern ihre Seelen würden sogleich im Tod in den Himmel aufgenommen, so haltet sie nicht für Christen" [80]. Der Sache nach wird dies auch von den anderen antignostischen Theologen vertreten. Denn – so bemerkt A. Stuiber zu Recht – „leibliche Auferstehung und sofortige endgültige Belohnung durch Aufnahme der Seele zu Gott schließen sich gegenseitig aus; die leibliche Auferstehung kann nur im Zwischenzustand erwartet werden und die Annahme des Zwischenzustandes ist der konkrete Ausdruck der Auferstehungshoffnung" [81]. Deshalb wird die Lehre vom Zwischenzustand, von dem im übrigen, alter Tradition folgend, immer *wenigstens* die Märtyrer ausgenommen sind[82], praktisch von allen kirchlichen Schriftstellern vertreten (sieht man von den großen alexandrinischen Theologen ab).

Da die Lehre vom Zwischenzustand wichtige anthropologische Implikationen zur Folge hat, sei sie am Beispiel Tertullians noch genauer betrachtet.

d) Die Seele im Hades (nach Tertullian)

Die Seelenlehre Tertullians[83] zeigt sich ganz und gar von der antignostischen Kontroverse her geprägt. Zur Definition der Seele ge-

[79] Stuiber (Anm. 32), 88. – Ebenso auch H. Finé, Die Terminologie der Jenseitsvorstellungen bei Tertullian, Bonn 1958, 111.

[80] Justin, Dial. 80,9ff. (= CA 2,278).

[81] Stuiber (Anm. 32), 31.

[82] So ist auf Grund der Märtyrerakten Justins 5 (= Ausgew. Märtyrerakten, ed. Knopf 19) klar, daß er selbst nach seiner Hinrichtung gleich in den Himmel aufgenommen zu werden hofft (während er sonst davon spricht, daß die Gläubigen bis zum Jüngsten Tag zu warten haben). Nach Irenäus, Adv.h. IV,44 (= Harvey II,263) sind die Märtyrer jene, „welche die Kirche an jedem Ort auf Grund ihrer Liebe zu Gott zu jeder Zeit zum Vater vorausschickt". Für Tertullian, De an. 55 (= CSEL 20,388) befinden sich die Märtyrer auf Grund von Offb 6,9 und der Paradiesesvision der Perpetua bereits im Paradies.

[83] An Literatur zum Seelenverständnis Tertullians und zu seiner Kon-

hört nach ihm wesentlich, daß sie „corporalis" und „effigiata" ist[84]. Das heißt: sie besitzt die Eigenschaften eines Körpers: drei Dimensionen, Aussehen, Farbe, abbildungsfähige Gestalt sowie die Fähigkeit zu äußeren und inneren Wahrnehmungen. Es wird oft behauptet, Tertullian habe damit stoische Vorstellungen übernommen, zumal für seine ausgearbeitete Seelenlehre die Bücher des Soranus „Περὶ ψυχῆς" Pate gestanden haben[85]. Doch dienen, genauer betrachtet, stoische Vorstellungen bei ihm – wie bei anderen Theologen seiner Zeit – nur als Begriffsinstrumentaria im antignostischen Kampf[86]. Tertullian selbst schreibt: Wenn es keine Häretiker gäbe, „würden wir mit den Philosophen überhaupt nicht über die Seele streiten"[87]. Tertullians Beschäftigung mit der Seele zielt einen strikt theologischen Sachverhalt an: Die Seele im Hades muß leiblich konzipiert werden, um dem biblischen Befund, wie er im Gleichnis „Vom armen Lazarus und reichen Prasser" gegeben ist (Lk 16,19ff.), gerecht zu werden. Diese Perikope, die in den antignostischen Auseinandersetzungen überaus oft angeführt wird, zeigt, daß die Seelen in der Unterwelt sehen und hören, körperlich leiden und froh sein können, daß sie sich gegenseitig erkennen und Kontakt miteinander aufnehmen. Kurz: Ihre Leiblichkeit zeigt, daß es wirklich um *den konkreten Menschen* geht, der nach seinem Tod zunächst in einen Wartestand auf die Auferstehung versetzt ist[88].

zeption des postmortalen Zustandes vgl. bes.: A. Quacquarelli, Antropologia e escatologia secondo Tertulliano, in: RSFil 2 (1949), 14–47; Karpp (Anm. 38), 40–91; Stuiber (Anm. 32), 51–62; Fischer (Anm. 22), 28f., 170–178; Finé (Anm. 79); U.-M. Duval, Tertullien contre Origène sur la résurrection de la chair dans le Contra Johannem Hierosolymitanum, 23–26 de saint Jérôme: REA 17 (1971), 227–278.

84 „Definimus animam dei flatu natam, immortalem, corporalem, effigiatam ...": De an. 22 (= CSEL 20,335). – Anfangs vertrat Tertullian einen durch und durch geistigen Seelenbegriff, weswegen diese für *jedes* Tun und Erleiden des Leibes bedarf. Vgl. apol. 48,4 (= CSEL 69,114) und De test.an. 4 (= CSEL 20,138). Erst allmählich findet Tertullian – veranlaßt durch die Auseinandersetzung mit der Gnosis – zur Konzeption einer leiblichen Seele.

85 Siehe dazu Karpp (Anm. 38), 71–75.

86 So zu Recht C. Fabro, L'anima nell' età patristica e medievale: L'anima, hrsg. v. N. F. Sciacca, Cremona 1954, 75f.; ähnlich Finé (Anm. 79), 62.

87 De an. 3 (= CSEL 20,302).

88 Darum reicht es nicht aus zu sagen, daß Tertullians Begriff einer

Dieser Zwischenzustand wird von Tertullian eingehender als von allen anderen frühchristlichen Schriftstellern behandelt und nachdrücklicher als bei ihnen dessen vorläufiger Charakter, also das „Noch-Nicht" dieses Status betont. Diese Schlagrichtung ist eindeutig antignostisch, insbesondere antimarcionitisch. Denn für Marcion gewährt der gute Gott des Neuen Testamentes seinen Anhängern *sofort* die himmlische Seelen-Vollendung, der Gott des Alten Testamentes dagegen schenkt seiner Klientel *sofort* eine irdisch-diesseitige Vollendung in sinu Abrahae. Dem setzt Tertullian einen vorläufigen Wartezustand auch für die gerechte Seele entgegen[89].

Deshalb werden alle positiven oder etwas Positives assoziierenden Bezeichnungen für den Zwischenzustand vermieden. Sein häufigster und wichtigster Name ist „inferi", eine Bezeichnung, die an heidnische Vorstellungen erinnert (und deswegen außer bei Tertullian in der christlichen Literatur selten anzutreffen ist), bei Tertullian aber vom Lazarus-Gleichnis her konkretisiert wird.

Sodann wird häufig der aus dem Lazarus-Gleichnis stammende Name „sinus Abrahae" gebraucht, diese Bezeichnung aber mit anderen Bedeutungsnuancen verbunden, als sie bisher gebräuchlich waren. Denn während bei einer Reihe anderer Theologen vor und neben Tertullian der sinus Abrahae entweder den Zustand der Auferstehung bezeichnet oder das Paradies für alle Gerechten, wird hier gegen Marcion das Vorläufige dieses Status nachdrücklich urgiert. (Erst in der Zeit nach Tertullian „vermischt" sich das Bild vom sinus Abrahae wieder mit dem des himmlischen Gastmahls mit Abraham, Isaak und Jakob und wird so erneut zum Bild der himmlischen Vollendung.)

---

anima corporalis „‚zunächst und hauptsächlich' die Substantialität und Realität der Seele [bedeutet] und ausschließt, daß diese etwa als bloße Bestimmtheit des Körpers angesehen werde" (: Karpp [Anm. 38], 47), selbst wenn sich dafür einige Aussagen anführen lassen. – Auch reicht es zur Erklärung nicht aus, darauf zu verweisen, daß „corpus" (σῶμα) in der biblischen und hellenistisch-philosophischen Tradition eine weitergefächerte Bedeutung hat, insofern z. B. auch die beseelten Himmelsgestirne und -mächte „corpora sui generis" sind. Wo dieser weite corpus-Begriff im christlichen Bereich rezipiert ist, besagt corpus (ähnlich wie caro) soviel wie Geschöpflichkeit, Begrenztheit. *Aber* diese Bedeutungsebene meint Tertullian gerade nicht, wenn er von der leiblichen Seele in der Unterwelt spricht. Vielmehr geht es ihm – wie das Lazarus-Gleichnis anzeigt – um einen engeren Sinn von Leiblichkeit, der am konkret-erfahrbaren Im-Leib-Sein des Menschen orientiert ist.

[89] Vgl. dazu und für das Folgende die Studien von Stuiber (Anm. 32), 51–62 und Finé (Anm. 79), bes. 84ff.

Niemals wird bei Tertullian von den Verstorbenen gesagt, daß sie „in coelis" sind. Dieser Ausdruck kann nur für das Millennium oder den endgültigen Vollendungszustand gebraucht werden. Nur ganz selten und dann *nur* in ganz frühen Schriften verbindet Tertullian den Zwischenzustand mit der Formel des Beim-Herrn-Sein, was H. Finé als „rhetorische Staffage" einschätzt. Jedenfalls war für Tertullian „dieser Glaube an die Christusgemeinschaft unmittelbar nach dem Tod nie [innere Herzenssache], sonst hätte er später nicht so leicht das penes dominum durch das penes inferos ersetzt"[90]. Auch die urchristliche Qualifikation des „in pace" bezieht Tertullian nie auf den Hades, sondern auf den Seelenzustand des Sterbenden. Auffällig ist auch, daß er zur Bezeichnung des Interims nie von „locus" spricht, sondern diesen Namen für die himmlische Seligkeit vorbehält. Denn „locus" assoziiert nach Joh 14,2 den himmlischen Ort, den Jesus den Seinen bereitet hat.

Kurz: Das Interimistische des postmortalen Zustandes, von dem allein die Märtyrer ausgenommen sind[91], und damit der Charakter des Wartens auf die Auferstehung erhält bei Tertullian eine äußerst zugespitzte Pointierung[92].

Zwar gibt es beim Eintritt in den Hades ein „praeiudicium" über

[90] Finé (Anm. 79), 199.

[91] Sie allein sind im Paradies. Wobei „Paradies" nicht einfach identisch zu sein scheint mit dem Himmel, da dieser sich erst am Ende der Zeit öffnet. Siehe dazu: I. de Vuippens, Le paradis terrestre au troisième ciel, Paris–Fribourg 1925. – Auffällig ist, daß Tertullian nicht auch die Patriarchen und Propheten vom Hadesaufenthalt ausnimmt, wie dies bei anderen Theologen seiner Zeit durchgehend geschieht. Der Grund dürfte darin liegen, daß *erstens* durch die Beschränkung auf den Märtyrer der universale Charakter des Interim stärker betont wird und daß *zweitens* die Anwesenheit Abrahams in der Unterwelt „gebraucht" wird, um den Gedanken des *sinus Abrahae realistisch* durchzuhalten.

[92] Darum sind die stark verallgemeinernden Aussagen von J. Ratzinger, Eschatologie – Tod und ewiges Leben, Regensburg 1977, wonach die frühchristlichen Bilder vom Zwischenzustand „letztlich keine Orte, sondern Christus umschreiben" (112), kaum zu halten. „Die in der alten Kirche entwickelten Auffassungen über das Fortleben des Menschen zwischen Tod und Auferstehung beruhen auf den durch das Neue Testament in christologischer Zentrierung übermittelten Überlieferungen von der Scheol-Existenz des Menschen. Jede andere Behauptung muß an den geschichtlichen Tatsachen scheitern" (124). Doch genau diese geschichtlichen Tatsachen sehen bei Tertullian, der sich am meisten mit dem Zwischenzustand beschäftigt hat, (und schon vorher in I Clem und bei Irenäus) ganz anders aus! Von christologischer Zentrierung ist dort nichts oder kaum etwas zu erfahren.

Lohn und Strafe, so daß die Seele erfährt, was sie einmal endgültig zu erwarten hat. Aber auch der Gerechte muß sich in sinu Abrahae noch erst an Gottes ewiges Leben gewöhnen. Und da nicht alle gerechten Seelen vom Zwischenzustand aus sogleich bei Beginn des Millenniums in dieses hinein auferstehen, sondern nur die, welche gebührend gereinigt sind und ihre Schuld „bis zum letzten Heller bezahlt haben“, nimmt dieser Status auch für die Frommen den Charakter der Kerkerhaft an[93]. Die spätere Idee des Purgatoriums wirft ihren Schatten voraus.

Was aber bedeutet in diesem Kontext die resurrectio, für welche die ganze Menschheit in einen Wartezustand versetzt ist?

Man hat darauf hingewiesen, daß doch, wenn die Seele ohnehin nach ihrem Tod in leiblicher Weise weiterexistiert, an sich eine künftige leibliche Auferstehung entfallen könne[94]. Doch niemals problematisiert Tertullian diesen Sachverhalt, eben weil für ihn hier gar nichts zu problematisieren ist. Denn Auferstehung muß sich auf diesen hier und jetzt gegebenen und erfahrbaren Leib beziehen. Das beweist schon der Sprachgebrauch: „Resurgere autem non potest, nisi quod cecidit“[95]. Nun ist aber nur der Leib, das Fleisch „gefallen“, d. h. vom Tod zerstört – cadaver kommt nach Tertullian von cadere –, „die Seele hat keinen Namen, der ‚fallen‘ bedeutet, weil sie in ihrem eigenen Wesen nicht zusammenbricht“[96]. Wenn also die Seele schon von Natur aus unvergänglich ist, muß sich das Vollendungshandeln Gottes auf die Auferstehung des Leibes beziehen, dessen die Seele zu ihrer Vollendung bedarf. Denn wenn auch die Seele leiblich ist, hat sie doch zu ihrer *vollen* Handlungsfähigkeit den Leib notwendig: „Quantum enim ad agendum de suo sufficit, tantum et ad patiendum. Ad agendum autem minus de suo sufficit. Habet enim de suo solummodo cogitare, velle, cupere, disponere. *Ad perficiendum* autem operam carnis expectat“[97]. Deshalb bedeutet Auferstehung die restitutio in integrum des ganzen Men-

[93] Siehe dazu Stuiber (Anm. 32), 54; Finé (Anm. 79), 108f. – Dies tritt vor allem in den späteren Schriften immer mehr hervor. Hier spielt offenbar der montanistische Rigorismus eine bedeutende Rolle.

[94] So: Haller (Anm. 22), 329f.

[95] Adv.Marc. V,9 (= CSEL 47,601f.). Siehe auch: De res. 18 (= CSEL 47,49). – Zu diesem, von den frühchristlichen Theologen sehr oft gebrauchten Adagium vgl. A. H. C. van Eijk, “Only that can rise which has previousely fallen”: The history of a formula: JThS 22 (1971), 517–529.

[96] De res. 18 (= CSEL 47, 50).

[97] De res. 17 (= CSEL 47, 48).

schen mit allen Gliedern, Organen und leiblichen Funktionen[98]. Die Würde des Fleisches und das, was es erhoffen darf, hat Christus, der selbst im Fleisch gekommen und im Fleisch auferstanden ist, aufgezeigt. Deshalb erfüllen sich auch die Verheißungen Gottes erst in der Auferstehung des Fleisches. Ohne diese bliebe der Mensch „halbiert". Und eben dies wirft Tertullian den Gnostikern vor: „Dimidiam agnoscunt resurrectionem, solius scilicet animae"[99]. Ihnen fehlt also die andere „dimidia pars": die resurrectio carnis bzw. die „plenitudo resurrectionis"[100]. Es ist aber „Gottes unwürdig: nur dem halben Menschen das Heil zu bringen"[101].

Diese von der Auseinandersetzung mit den gnostischen Gegnern her verständliche Ausdrucksweise von den „zwei Hälften" der resurrectio, die nur beide zusammengenommen die „perfectio resurrectionis" ergeben – eine Vorstellung, der wir ähnlich schon einige Male begegnet sind (S. 187) –, trägt nun aber eine eigene Logik und Schwerkraft in sich, welche das Verständnis der resurrectio mortuorum in der weiteren Geschichte bestimmen wird: Die Auferstehung (des Fleisches) erscheint als zusätzliche, vollendende „zweite Hälfte" zur „ersten Hälfte", nämlich der Seele (die von ihrem Wesen her unvergänglich ist und in der Taufe erlöst wird). Die „ganze" Auferstehung erscheint so als ein substantiell gedoppeltes Vollendungsgeschehen: *erstens* die Seele, *zweitens* der Leib. Mindestens dem assoziierten Bild nach wird also das vollendete Heil durch Addition zweier Hälften: immortalitas (resp. resurrectio) animae + re-

[98] Vgl. De res. 60 (= CSEL 47, 120f.). – Dabei ist Tertullian sich durchaus darüber im klaren, daß er keine letzte Antwort auf die Frage hat, was diese körperlichen Glieder, Organe, Funktionen im Himmel noch für eine Aufgabe haben. Gott wird es wissen . . .

[99] De res. 2 (= CSEL 47, 26).

[100] Vgl. De res. 25 (ebd. 61).

[101] De res. 34 (ebd. 73). – Wenn Tertullian hier die gnostische Redeweise von einer „resurrectio animae" aufgreift, so ist damit nicht – jedenfalls nicht primär – eine Auferstehung im Tod gemeint, sondern die in der wahren Erkenntnis und in der Taufe geschehende geistliche Erlösung der Seele. Siehe dazu De res. 19 (= CSEL 47, 52). v. Eijk (Anm. 95), 522, bemerkt dazu: "As this conception of a spiritual resurrection has disappeared completely from the ecclesiastical literature after S. Paul, we may safely assume, that Tertullian takes it up again under pressure of his opponents, who denying the resurrection of the flesh, believed in a solely spiritual resurrection . . .". Denn in seinem frühen Traktat ›De baptismo‹ kommt die Idee einer geistigen Auferstehung noch nicht vor.

surrectio carnis erreicht. Mit dieser Konzeption sind die Grundprobleme der ganzen folgenden Theologiegeschichte vorgegeben: Da die resurrectio carnis sich – nur! – auf die „zweite Hälfte", auf den Leib bezieht, wird die Identität von Erden- und Auferstehungsleib zum entscheidenden Kern des Auferstehungsgeschehens. Und da es eine „doppelte" Auferstehung gibt, stellt sich das Problem, wie sich beide „resurrectiones" zueinander verhalten. Ein Vermittlungsmodell, das zwischen Erden- und Auferstehungsleib, zwischen geistlicher und fleischlicher Auferstehung hätte vermitteln können, lag bei Tertullian an sich in der Konzeption einer *leiblichen Seele* vor. Aber diese Vermittlungsfigur wurde nicht aufgegriffen, offenbar weil sie in den antignostischen Auseinandersetzungen mißbrauchbar war.

Genau dieses Vermittlungsmodell einer leiblichen Seele benutzen nun aber – auf je verschiedene Weise – die großen alexandrinischen Theologen Klemens und Origenes zur Lösung der mit der Totenauferstehung gegebenen Probleme.

e) Hinweise auf das alexandrinische Auferstehungsverständnis

Klemens von Alexandrien[102] übernimmt zur Klärung des postmortalen menschlichen Zustandes – ähnlich wie Tertullian – stoische Seelenvorstellungen: Die *eine* Seele übt als πνεῦμα σαρκικόν (fleischlicher Geist) leibliche und als πνεῦμα ἡγεμονικόν (bestimmender Geist) geistige Funktionen aus. Der Christ besitzt darüber hinaus das Πνεῦμα ἅγιον (Heiligen Geist). Und es kommt nun alles darauf an, sich ganz von diesem göttlichen Geist bestimmen zu lassen. Das aber setzt voraus, daß der Mensch den niederen Seelenteil mit seinen σαρκικαὶ ἐπιθυμίαι (fleischlichen Begierden) und den πάθη (Leidenschaften), die nach unten ziehen und ihn von sich selbst entfremden, der Reinigung unterzieht und in das vom Heiligen Geist bestimmte πνεῦμα ἡγεμονικόν integriert. Dieser aufsteigende Reinigungs- und „Integrations"prozeß heißt bei Kle-

[102] Reichhaltige Literatur zum Thema der resurrectio bei Klemens von Alexandrien findet sich bei K. Schmöhle, Läuterung nach dem Tode und pneumatische Auferstehung bei Klemens von Alexandrien, Münster 1974. Danach: F. Altermath, Du corps psychique au corps spirituelle. Interprétation de 1 Cor. 15,35–49 par les auteurs chrétiens des quatre premiers siècles, Tübingen 1977, 93–103.

mens ἀνάστασις – Auferstehung. Der Prozeß der ἀνάστασις beginnt mit der Taufe, verwirklicht sich in christlicher Gnosis und Praxis, findet einen ersten Höhepunkt im Tod und geht weiter in einem postmortalen Aufstieg, wo das Seelen-σῶμα im Reinigungsfeuer seine letzte Neubildung erfährt. In diesem ganzen Prozeß legt die Seele alles Entfremdend-Sarkische ab. Aber dadurch wird sie nicht etwa leibfrei – sie bleibt ja „somatisch" –, vielmehr kommt es zu einer neuen und höheren Art von Leiblichkeit: Die Seele wird zum σῶμα der göttlichen δύναμις (Macht), zum σῶμα πνευματικόν (Geist-Soma), zu einem vom heiligen Πνεῦμα bestimmten σῶμα. Kurz: der Prozeß der ἀνάστασις verwandelt die Seele „in ein Soma von immer größerer Vollkommenheit, eine Anschauung, die keinen Raum mehr läßt für die Unterscheidung von Seele und verklärtem Leib. Beide Komponenten verschmelzen in dem verklärten Subjekt miteinander zur Identität" [103].

Dabei ist das Vollendungsgeschehen keineswegs ausschließlich am Individuum orientiert. Denn nach Klemens erreicht das σῶμα πνευματικόν des einzelnen seine Vollendung erst in der himmlischen Kirche. „Τὸ δὲ τοῦτο τὸ σῶμα πνευματικόν, τουτέστιν ἡ ἁγία ἐκκλησία" [104]. So finden nach Klemens geistliche und leibliche, individuelle und universale, präsentische und futurische Dimensionen der resurrectio ihre Vermittlung im Aufstiegsprozeß der vom Heiligen Geist erfüllten *leiblichen Seele*.

Auch wenn der ontologische und kosmologische Kontext des *Origenes* ganz anders als der des Klemens ist und auch sein Seelenverständnis nicht auf die stoische Konzeption einer leiblichen Seele zurückgreift, so gibt es doch bei ihm vergleichbare Gedankengänge zum Verstehen der resurrectio, Gedankengänge, die freilich bis heute hinsichtlich ihrer Authentizität und genauen Interpretation umstritten sind und darum im folgenden auch nur in allgemeinster Form skizziert werden sollen [105].

[103] Schmöhle (Anm. 102), 135.

[104] Klemens v. A., strom. VII, 87,4 (= GCS 3,62).

[105] Zum Auferstehungsverständnis des Origenes vgl. folgende Literatur: M. Alexandre, Le statut des questions concernant la matière dans le Περὶ Ἀρχῶν: Origeniana, Bari 1975, 63–81; Altermath (Anm. 102), 104–119; G. Bardy, Origène: DThC XI/2, 1489–1565; Boliek (Anm. 27), 40–68; Chadwick (Anm. 39), 83–102; H. Cornélis, Doctrine des Pères: La résurrection de la chair, hrsg. v. H. Cornélis u. a., Paris 1962, 215–243; H. Crouzel, La «première» et la «seconde» résurrection des hommes d'a-

Origenes kämpft in der theologischen Auslegung des in seinem positiven Gehalt für ihn niemals fragwürdigen Glaubens an die resurrectio an zwei Fronten:
(1) gegen jene, welche den irdischen Leib nicht vom Auferstehungsgeschehen erfassen lassen und mithin die Auferstehung umdeuten[106], (2) gegen jene, welche Auferstehung als Reanimation des Kadavers verstehen und damit eine naive Identität zwischen Erden- und Auferstehungsleib behaupten[107].

Demgegenüber geht es Origenes darum, Identität und Differenz von irdischer und verklärter Leiblichkeit im Auferstehungsgeschehen zu vermitteln. Die Vermittlungsfigur dafür ist die Seele. Denn wenn diese ihrer Natur nach auch leiblos ist[108], „bedarf sie doch

près Origène: Didaskalia 3 (1973), 3–19; ders., Mort et immortalité selon Origène: BLE 79 (1978), 19–38; 81–96; 181–196; M. Eichinger, Die Verklärung Christi bei Origenes, Wien 1969; Karpp (Anm. 38), 186–229; W. L. Knox, Origen's conception of the resurrection body: JThS 39 (1938), 247–248; H. d. Lubac, „Du hast mich betrogen, Herr!", dt. Einsiedeln 1984; J. Rius-Camps, La suerte final de la naturaleza corpórea según el Peri Archon de Origenes: Studia Patristica XIV = TU 177, 167–179; A. Vitores, Identidad entre el cuerpo muerto y resucitado en Origenes según el «De Resurrectione» de Metodio de Olimpo, Jerusalem 1981, sowie die Kommentare von Görgemans und Karpp zu den einschlägigen Stellen von De principiis (= GK).

[106] Gegen diese Gegner formuliert er z. B.: „Von der Natur des Leibes ist anzunehmen, daß es nicht ein anderer ist, den wir jetzt ‚in Niedrigkeit, Vergänglichkeit und Schwäche' besitzen, und dann ein anderer, den wir ‚in Unvergänglichkeit, Kraft und Herrlichkeit' haben werden (vgl. 1 Kor 15, 42–43), sondern daß eben dieser Leib die Schwäche ablegen wird, die er jetzt hat, und zur Herrlichkeit umgewandelt wird und so zum ‚geistigen Leib' wird": De pr. III, 6, 6 (= GK 658 f.).

[107] Gegen solche Tendenzen betont Origenes: „Weder wir selbst noch die Heiligen Schriften lehren, daß die längst Verstorbenen wieder auf der Erde zu neuem Leben erstehen werden in demselben Fleisch und dieses keine Umwandlung in einen besseren Zustand erfahren hätte": C. Cels. V, 19 (= GCS 2, 19 f.). – Auf diese doppelte Schlagrichtung des Origenes weist auch Hieronymus in C. Joh. Hier. 25 (= PL 23, 392) hin: „Dicit . . . Origenes . . . duplicem errorem versari in Ecclesia nostrorum et haereticorum: Nos simplices et philosarcas dicere, quod eadem ossa, et sanguis, et caro, id est, vultus et membra, totiusque compago corporis resurgat in novissima die . . . Haereticos vero . . . penitus et carnis et corporis resurrectionem negare: et salutem tantum tribuere animae . . ."

[108] Vgl. C. Cels. VII, 32 (= GCS 2, 182): „Ἡ τῇ ἑαυτῆς φύσει ἀσωμάτως καὶ ἀόρατος ψυχή."

nach ihrem Scheiden aus dieser Welt eines ‚Vehikels' (ὄχημα) und eines Gewandes. Denn sie kann nicht nackt existieren"[109]. Die Seele ist nie ohne irgendeine Form von Leib[110]. Diese These gibt eine verbreitete neuplatonische Überzeugung wieder[111]. Nun ist aber der die Seele in diesem Leben begleitende Leib bezüglich seines materiellen Substrats in einem dauernden Wechsel. „Obwohl die erste Materie in unseren Körpern nicht zwei Tage lang die gleiche bleibt, so bewahren z. B. Peter und Paul dennoch ihre Identität, nicht nur in bezug auf die Seele, deren Substanz sich nicht verändert und die nichts von außen annimmt, sondern auch in bezug auf den Leib, dessen Natur, obwohl sie sich in einem unaufhörlichen Fluß befindet, doch in ihrer charakteristischen Form gleichbleibt. Auf Grund ihrer gleichbleibenden τύποι weisen die Körper von Peter und Paul unterschiedliche Eigenheiten auf. Der τύπος bewirkt auch, daß von Kindheit an bestimmte Narben oder andere markante Besonderheiten am Körper bleiben . . . Wenn es also eine spezifische Form (εἶδος) für Peter und Paul gibt, so ist es eben diese Form, die die Seele bei der Auferstehung aufs neue umhüllen wird, aber zum Besseren verändert. Es ist aber nicht absolut die gleiche Materie, die zuvor das Substrat des Leibes war"[112]. Was also im Wechsel identisch bleibt, ist das εἶδος des Leibes, die leibliche Form, die dem Leib Identität, Individuation und charakteristische Merkmale gibt, ohne daß deshalb die *Verwirklichungen* des εἶδος in der Materie identisch bleiben. Im Gegenteil: Das εἶδος ist offen für vielfältige Weisen verwirklichter Leiblichkeit. Eben dieses der Seele mitgegebene bzw. sie begleitende εἶδος, das als leibliche Wirklichkeit nicht das Leben in sich selbst trägt, sondern sterblich ist und der lebenerweckenden Gnade des Heiligen Geistes bedarf, garantiert nun auch die Identität des verklärten mit dem irdischen Leib[113].

[109] So gibt Methodius, De res. III, 18 (= GCS 27, 415) die Auffassung des Origenes wieder. Siehe Anm. 110.

[110] In De pr. II, 3, 3 (= GK 304) heißt es von der materiellen Leiblichkeit, daß diese „stets von der Seele gebraucht wird (cuius materiae anima usum semper habet) in allen möglichen Beschaffenheiten: Jetzt in der fleischlichen, später aber in der feineren und reineren, die ‚geistig' (spiritalis) heißt".

[111] Siehe dazu Crouzel (Anm. 105 II), 26 f.; Vitores (Anm. 105), 36 ff.; Deuse (Anm. 12), 218 ff.

[112] In Ps I, 5 (= PG 12, 1093).

[113] Diese Lehre vom εἶδος wird – im Hinblick auf den paulinischen Ver-

Die Endauferstehung in Herrlichkeit ist für Origenes eine künftige Wirklichkeit, wobei diese auf Grund der Unvergänglichkeit der Seele und ihres sich durchhaltenden εἶδος „nicht so sehr eine Neuschöpfung ist als die Frucht eines Reifungsprozesses“ [114], der jetzt bereits anhebt und als ganzer vom stets neu schaffenden Geist Gottes getragen ist. Denn wie es nicht nur den physischen Tod am Ende des Lebens gibt, sondern bereits jetzt den Tod der Sünde [115], so gibt es für Origenes schon in der Gegenwart eine geistliche Auferstehung, die im Glauben und in der Ausrichtung vom Irdischen weg zum Himmlischen hin geschieht [116]. Darüber hinaus wird man auch mit einiger Vorsicht von einer Art „Auferstehung im Tod“ sprechen müssen. Denn – wieder einmal (!) – im Hinblick auf das Lazarus-Gleichnis bemerkt Origenes, daß die Seele auch nach dem Ablegen des Leibes im Tod noch vor der eschatologischen Auferstehung ihr σχῆμα (sachlich wohl identisch mit εἶδος), das dem irdischen Leib ähnlich ist, bewahrt und in diesem Sinn auch nach dem Tod einen Leib hat [117]. Freilich ist dies noch nicht der „Leib der Herrlichkeit“, sondern eine Etappe auf dem Weg dorthin. So zeigt sich, daß Auferstehung bei Origenes – wie schon vorher bei Klemens – ein progressiver Prozeß mit vielen Stationen ist, wobei für die sprachliche Benennung ἀνάστασις bedacht werden muß, daß „die dauernde Polysemie einer der charakteristischen Züge der Sprache des Origenes ist“ [118]. Jedenfalls: wenn die Seele sich im Tod vom irdischen Leib trennt, wird sie nicht einfach leiblos, sondern sie gewinnt eine Leiblichkeit feinerer und reinerer Qualität, und dies in einem aufwärtsführenden Reifungsprozeß, bis – und hier schwankt Origenes selbst und noch mehr seine späteren Inter-

gleich mit dem Samenkorn (1 Kor 15,37f.) – noch dahin variiert, daß es im Leib einen σπερματικὸς λόγος gibt, der als inneres Prinzip auch nach dem Sterben in der Seele bleibt und dem Auferstehungsleib die neue Gestalt verleiht. Vgl. De pr. II, 10,2–3 (= GK 424f.).

114 Cornélis (Anm. 105), 240.

115 Vgl. dazu den Beitrag von Crouzel (Anm. 105 II).

116 Siehe dazu Crouzel (Anm. 105 I).

117 So die Wiedergabe des Origenes durch Methodius, De res. III, 17,2–5 (= GCS 27, 413f.). – Dem widersprechen nicht andere Aussagen des Origenes, wonach die postmortale Seele ohne Leib ist. Denn dies kann bedeuten «seulement être sans corps terrestre sans exclure absolument un corps plus subtil»: Crouzel (Anm. 105 II), 181.

118 Crouzel (Anm. 105 II), 96.

preten[119] – entweder der feinste Leib abgestoßen wird oder zu seiner äußersten geistigen Vollendung kommt.

Dieses eher am Individuum orientierte Auferstehungsgeschehen wird durch einen sehr pointierten ekklesialen Kontext in Waage gehalten. Denn letztlich geht es um „das Geheimnis der Auferstehung des ganzen Leibes Christi" [120], so wie es auch Paulus – nach Origenes – um das Ganze geht: „Der Apostel hofft auf die Erlösung des ganzen Leibes der Kirche und ist der Ansicht, daß die Vollendung den einzelnen Gliedern nicht zuteil werden kann, wenn nicht der ganze Leib zur Einheit versammelt ist" [121]. Das letzte Ziel der Auferstehung ist darum das „corpus ecclesiae" bzw. das „totum corpus Christi", das in das göttliche Leben des „Gott – alles in allem" eingeht (s. auch S. 331 f.).

Bei allen Unterschieden im philosophischen Kontext und im Detail ist beiden großen alexandrinischen Theologen gemeinsam, daß sie Auferstehung nicht als „zusammengesetzt" aus „zwei Hälften" (Unsterblichkeit [resp. Auferstehung] der Seele + Auferstehung des Fleisches) denken und daß sie eine scharfe Trennung zwischen irdischer Existenz im Glauben, Zwischenzeit und letzter Vollendung vermeiden. Die Auferstehung von Seele und Leib geschieht – vermittelt durch die Seele – jetzt schon und im Tod sowie im Reifeprozeß danach. Resurrectio, verstanden als umfassende Neugestaltung der Leib-Seele-Einheit des Menschen zum σῶμα πνευματικόν, ist der verbindende rote Faden, gleichsam die durchgehende Chiffre aller Stationen des christlichen Lebens.

Warum konnte sich diese Konzeption großkirchlich nicht durchsetzen, mehr noch, warum wurde sie in den antiorigenistischen Auseinandersetzungen dezidiert abgelehnt? [122]

Es ist – kurz gesagt – die Befürchtung, hier finde im Grunde

[119] Siehe zu diesem Problemfeld: De pr. I, 6,4; II, 3,2–3; III, 6,4–6; IV, 4,8–9 (= GK 230; 300f.; 552ff.; 812), sowie die entsprechenden Kommentare z. St. von Görgemans und Karpp.

[120] Origenes, In Jo 10,35 (= GCS 4,209).

[121] In Rom VII,5 (= PG 14,1117).

[122] Allerdings gab es unter den von Origenes beeinflußten Theologen zahlreiche Vermittlungsversuche zur großkirchlichen Theologie hin. Siehe bes. Gregor von Nyssa, De an. et res. Vgl. dazu J. Daniélou, La résurrection des corps chez Grégoire de Nysse: VigChr 7 (1953), 154–170, sowie J. Barbel (Hrsg.), Gregor v. Nyssa. Die große katechetische Rede, Stuttgart 1971.

doch eine, extrem platonistischem bzw. gnostischem Denken sehr ähnliche Verflüchtigung der σάρξ statt. Ein menschlicher Leib, reduziert auf das Seelen-σῶμα (Klemens) oder auf eine dem Seelen-εἶδος anhaftende geistige Materie ohne irdische Eigenschaften (Origenes), ist – so der Grundtenor altkirchlicher Kritik – undenkbar. Man wirft insbesondere Origenes vor, mit der Vieldeutigkeit des σῶμα-Begriffs zu spielen und sich nicht zur Auferstehung des *Fleisches* zu bekennen. Denn – so sagt Hieronymus – „alles Fleisch ist ein corpus, doch nicht jedes corpus ist Fleisch. Fleisch im eigentlichen Sinn ist das, was durch Blut, Sehnen, Knochen und Nerven zusammengehalten wird“ [123]. Dieser geradezu physizistische – und unbiblische! – Fleisch-Begriff, den Origenes durch sein Verständnis von Auferstehung gerade vermeiden wollte, wird nun zum Kriterium der kirchlich-rechtgläubigen Auferstehungslehre. Denn – so behaupten etwa Hieronymus und Methodius –: „Resurrectionis veritas sine carne et ossibus, sine sanguine et membris, intelligi non potest“ [124].

So führt der antiorigenistische Streit zum gleichen Ergebnis, das wir bereits an den antignostischen Theologen betrachtet haben: resurrectio besagt wesenhaft Auferstehung des *Fleisches*, und zwar „dieses Fleisches, in dem wir nun leben“ [125].

Diese Position wurde vor allem durch Augustinus an die mittelalterliche westliche Theologie weitergereicht. Darum soll als Abschluß unseres Durchgangs durch einige Stationen altkirchlicher Theologie ein Blick auf Augustinus geworfen werden.

f) Resurrectio mortuorum bei Augustinus

Augustinus knüpft zur Beschreibung des postmortalen Geschehens [126] nicht an Tertullians Konzeption eines dunklen Zwischenzustandes an, sondern eher an dessen Weiterführung, ja Korrektur durch Cyprian.

[123] Hieronymus, C. Joh. Hier. 27 (= PL 23,396). – Siehe auch ebd. 28 (= 397): „Post resurrectionem eadem habebimus membra, quibus nunc utimur, easdem carnes (!) et sanguinem et ossa; quorum in scripturis sanctis opera, non natura damnantur.“

[124] Hieronymus, C. Joh. Hier. 31 (= ebd. 399).

[125] Vgl. dazu auch J. Auer, Auferstehung des Fleisches: MThZ 26 (1975), 27.

[126] Zur Auferstehungslehre Augustins vgl. folgende Literatur: L. Bal-

Nach Cyprian werden auch die Nichtmärtyrer, genauer: die unblutigen Märtyrer – die gottgeweihten Jungfrauen und Asketen –, und schließlich alle gerechten Christen sofort in den Himmel bzw. in das Paradies aufgenommen[127]. Das heißt: im Tod kommt der Jünger Christi zu Christus, erreicht er Frieden und endgültige Heimat; er wartet nur noch auf die Auferstehung des Fleisches.

Über das Gewicht dieser Korrektur durch Cyprian ist man in der Literatur unterschiedlicher Auffassung. Während J. A. Fischer von einem „Wendepunkt" in den eschatologischen Auffassungen spricht, lehnt A. Stuiber eine solche Einschätzung ab: Trotz des Einflusses Cyprians habe man noch lange an den älteren Auffassungen vom Hades-Interim festgehalten. Die eigentliche Wende sei erst in aszetisch-mönchischen Kreisen, die stark von gnostischen Vorstellungen beeinflußt waren, zu finden. Diese Auffassung Stuibers dürfte dem Sachverhalt näherkommen. Denn noch sehr lange hält sich die Idee, daß auch die Gerechten, ja selbst die Märtyrer, ihre letzte himmlische Vollendung nicht erreicht haben, sondern in – verschieden qualifizierten und lokalisierten – Paradiesesräumen die Heilsvorstellung erst am Ende der Welt erlangen werden[128]. So wird noch im 4. Jahrhundert in Can. 34 des Konzils von Elvira untersagt, Kerzen auf den Friedhöfen anzuzünden, aus Furcht, „die Geister der Heiligen zu beunruhigen"[129], eine

lay, Der Hoffnungsbegriff bei Augustinus, München 1964, bes. 171–281; T. J. van Bavel/B. Bruning, Die Einheit des „Totus Christus" bei Augustinus: Scientia Augustiniana, FS A. Zumkeller, hrsg. v. C. B. Mayer u. W. Eckermann, Würzburg 1975, 34–75; K. G. Börresen, Augustin, interprète du dogme de la résurrection: StTh 23 (1969), 143–155; H. Eger, Die Eschatologie Augustins, Greifswald 1933; Marrou (Anm. 62), 111–136; J. Rivière, La situation des âmes après la mort: BAug 9, 419; H.-G. Surmund, „Factus eram ipse mihi magna quaestio", Diss. Münster 1978.

[127] „In der Verfolgung wird der Kriegsdienst gekrönt, im Frieden das Gewissen", sagt Cyprian in: Ad Fortunatum 13 (= CSEL 3, 347). Dieser Gedanke wird dann vor allem in De mortalitate 21 (= CSEL 3, 310) weiter entfaltet. – Zu Cyprian vgl. bes. Fischer (Anm. 22), 264 ff.; Stuiber (Anm. 32), 68 ff. – Himmel und Paradies müssen dabei nicht schlechthin identisch sein. Siehe dazu die Anmerkung 91.

[128] Siehe dazu die allerdings nicht immer zuverlässige Arbeit von Vuippens (Anm. 91), die den schillernden Begriff „Paradies" zu wenig in den jeweiligen Kontext stellt und auch die mögliche Bildhaftigkeit der Sprache zu wenig in Rechnung setzt, aber doch an Hand des Begriffes „Paradies" die bei nicht wenigen Theologen herrschenden differenzierten Vollendungsgestalten herausarbeitet.

[129] F. Lauchert, Die Kanones der wichtigsten altkirchlichen Concilien, Freiburg i. Br. 1896, 19. – Siehe dazu auch G. Radhuber, Studien zu den

Bestimmung, welche die Überzeugung voraussetzt, daß die Seelen der Verstorbenen sich noch in der Nähe ihres Leibes aufhalten. Auch die Passio S. Saturnini (Anfang des 5. Jh.) berichtet von den Skrupeln des Bischofs Exuperius, die sterblichen Reste seines Vorgängers umzubetten. Dahinter stehen wohl gleichfalls Vorstellungen von einem Zwischenzustand der Seele in der Nähe ihres Leibes – was den Auffassungen von einem Hades-Interim völlig entspricht, da das Grab bzw. der Friedhof als Teil der Hades-Region betrachtet wurde[130]. Ph. Ariès verdeutlicht noch an einer ganzen Reihe anderer (liturgischer) Phänomene, daß mindestens im Volksglauben diese „alte" Auffassung vom Interim der Seele noch lange weiterbestanden hat[131].

Dabei dürfte „Seele" (wie auch „Geist") ganz auf der Linie des alttestamentlichen und antiken Denkens sowie der antignostischen Theologie (Tertullian) verstanden worden sein, nämlich nicht als Teil des Menschen, sondern als der verstorbene (leibhaftige) Mensch selbst in verminderter Lebenskraft. Dem entspricht auch eine sprachliche Besonderheit. Zur Bezeichnung der Seele als „Teil" des lebenden Menschen wird zumeist „animus" oder „mens" gebraucht; dagegen wird die „Seele" des Verstorbenen als „anima" oder „spiritus" bezeichnet. Deswegen ist auch in den altrömischen christlichen Totenliturgien ganz entsprechend dem vorangehenden heidnischen Sprachgebrauch das Wort anima allein herrschend[132].

Wenn man bedenkt, daß über die Einschätzung des Zwischenzustandes noch lange Unklarheit herrschte, ist es nicht verwunder-

Wörtern für Seele im altchristlichen Latein mit besonderer Berücksichtigung der Inschriften (= Diss. phil. Wien 1940, 42f.). Weitere Beispiele sind angeführt bei Crouzel (Anm. 105 II), 188f.; Stuiber (Anm. 32), 120ff.

[130] Wessen Leib dagegen nicht einmal bestattet wurde, kann auch am Jüngsten Tag nicht auferweckt werden. Siehe dazu Ariès (Anm. 2 II), 45f. (mit Belegen 792).

[131] Ph. Ariès, Une conception ancienne de l'au-delà: Death in the Middle Ages, hrsg. v. H. Braet u. a., Löwen 1983, 78–89.

[132] Vgl. dazu S. K. Birngruber, Studien zu den Wörtern für Seele in der altrömischen Liturgie, Diss. Wien 1948; Radhuber (Anm. 129); H. Reis, Die Vorstellung von den geistig-seelischen Vorgängen und ihrer körperlichen Lokalisation im Altlatein, München 1962. – Auch Ariès (Anm. 2 II), 318, weist auf Grund der Ikonographie bis zum 13. Jh. nach, „daß das Wort anima das ganze Wesen bezeichnete und den Leib nicht ausschloß". „Es hat lange Zeit gebraucht, bis die volkstümliche Vorstellung des homo totus, Leib und Seele, vor der Vorstellung der Seele, die vom Körper getrennt und von ihm befreit ist, zurückwich. Die Seele wird dann das wesentliche Sein, sein unsterblicher Teil" (580). Ariès meint, erst im 17. Jh. (!) zweifellose Anzeichen dieser Entwicklung im Volksglauben festzustellen. Siehe dazu auch S. 268[298] dieser Studie.

lich, daß auch die augustinischen Auffassungen zu diesem Punkt nicht kohärent und eindeutig sind [133]. Es gibt Texte, welche eher die Vorläufigkeit des postmortalen Status hervorheben. So heißt es im Enchiridion: „Die Zeit zwischen Tod und letzter Auferstehung des Menschen bewahrt die Seelen in abgelegenen Aufbewahrungsorten (receptacula), und zwar so, wie eine jede der Ruhe oder der Trübsal würdig ist als Vergeltung für ihr Leben im Fleisch“ [134]. In anderen Texten bekennt er sein Nichtwissen und seine Verlegenheit [135], in wieder anderen thematisiert er die gegenwärtige Seligkeit der Seele in der Anschauung Gottes [136]. Jedenfalls haben die gerechten Seelen nach ihrem Tod ein gewisses Maß an Seligkeit; doch selbst der Märtyrer erlangte bisher nur „kleine Teilchen der Verheißung“ [137]. Erst die Auferweckung des Leibes am Jüngsten Tag bringt die eigentliche Vollendung.

Wie aber verhalten sich postmortaler Zustand der Seele und Auferstehung des Leibes zueinander?

Auf Grund seines neuplatonisch gefärbten Seelenverständnisses kennt Augustinus weder – wie Tertullian – eine leibliche Seele [138], noch übernimmt er die origenistische Auffassung von einem bleibenden εἶδος des Leibes in der Seele, zumal die origenistischen Auffassungen von der Großkirche schon abgelehnt waren [139]. Die Seele ist vielmehr nach Augustin rein geistig, leiblos und steht als solche dem Leib gegenüber. Ein gewisser Dualismus von Leib und Seele – Reste manichäischen Denkens und Folgen neuplatonischen

[133] «Augustin n'offre pas de doctrine cohérente sur la question du sort de l'âme individuelle, parce que sa perspective est celle de la collectivité de la cité de Dieu . . .»: Börresen (Anm. 126), 151. Vgl. zu diesem schwierigen Punkt die entsprechenden Texte und Interpretationen bei Rivière (Anm. 126), 419f.; Eger (Anm. 126), 32–37.

[134] Ench. XXIX, 109 (= BAug 9, 303). Ähnlich: De civ. D. XII, 9; XIII, 8 (= BAug 35, 178f., 268).

[135] So z. B. retr. I, 14, 2 (= BAug 12, 356): „Quinam sint illi beatissimi, qui iam sunt in ea possessione [beatitudinis], quo ducit haec vita, magna quaestio est. Et angeli quidem sancti quod ibi sint, nulla quaestio est. Sed de sanctis hominibus iam defunctis, utrum ipsi saltem dicendi sint iam in illa possessione consistere, merito quaeritur . . .“

[136] So z. B. De trin. XV, 25 (= BAug 15, 542).

[137] Sermo 280, 5 (= PL 38, 1283).

[138] Gegen diese polemisiert er ausdrücklich. Siehe De gen. ad lit. X, 25–26 (= CSEL 28, 1, 328ff.).

[139] Siehe die implizite Polemik gegen Origenes in De civ. D. XIII, 20 (= BAug 35, 20).

Einflusses – läßt sich in manchen seiner Formulierungen kaum übersehen [140]. Im einzelnen gehen die Interpretationen des augustinischen Leib-Seele-Verständnisses auseinander [141]. Dies braucht uns hier im einzelnen nicht zu beschäftigen. Wichtig ist, daß trotz allem Augustinus die Einheit des Menschen entschieden betont, auch wenn er sie im einzelnen nicht zu durchschauen vermag [142]. Jedenfalls ist die Seele während des Lebens auf geheimnisvolle Weise eng mit dem Leib verbunden – als „Lenkerin“ [143] und „Benutzerin“ [144] des Leibes. Mit ihm zusammen bildet sie die eine natura humana und bleibt eben deswegen nach dem Tod, durch welchen sie vom Leib getrennt wird, mit einem naturalis appetitus auf den Leib hingezogen [145]. Und dieser appetitus kommt erst durch die Auferstehung des Leibes zur Ruhe [146].

140 Dabei ist freilich zu bedenken, daß „dualistische“ Aussagen eher im Zusammenhang einer ethischen Fragestellung stehen, wo es nicht eigentlich darum geht, “*what is man* in his physical or metaphysical elements, but *how is man ordered to his end;* and how he is ruled so as to obtain that end”: M. Murray, The “man” of St. Augustine and St. Thomas: PACPA 24 (1950), 91. Siehe auch J. Hessen, Augustins Metaphysik der Erkenntnis, Berlin–Bonn 1931, 34: „Es ist ein wertendes, von religiösen und ethischen Motiven getragenes Denken, das diese Anthropologie aufbaut.“

141 Siehe dazu bes. folgende Autoren: W. Götzmann, Die Unsterblichkeitsbeweise in der Väterzeit und Scholastik bis zum Ende des 13. Jahrhunderts, Karlsruhe 1927, 80–104; J. Goldbrunner, Das Leib-Seele-Problem bei Augustinus, Diss. München 1934; M. Grabmann, Die Grundgedanken des hl. Augustinus über Seele und Gott in ihrer Gegenwartsbedeutung, Darmstadt 1967 (= Köln ^{2}1969); Th. Schneider, Die Einheit des Menschen, Münster 1973, 48ff. (Lit.); R. Schwarz, Die leib-seelische Existenz bei Aurelius Augustinus: PhJ 63 (1954), 323–360.

142 Vgl. De mor.eccl. I, 4,6 (= BAug 1, 144). Dazu E. Gilson, Der Geist der mittelalterlichen Philosophie, dt. Wien 1950, 198ff.

143 Vgl. z. B. die Definition der Seele als „rectrix corporis“: De act. c. Felice Manich. II, 17 (= PL 8, 547) oder auch als „substantia quaedam rationis particeps regendo corpori accomodata“: De qu. an. XIII, 22 (= BAug 5, 272).

144 Vgl. De mor. eccl. I, 27,52 (= BAug 1, 212): „homo . . . anima rationalis est mortali atque terreno utens corpore“.

145 De gen. ad lit. XII, 35 (= CSEL 28, 1, 432). – Der Sache nach auch in De civ. D. XIII, 20 (= BAug 35, 308).

146 Dies betont Augustinus mit Nachdruck, auch wenn er eigentlich nicht genau zu ergründen weiß bzw. in seiner Meinung hin und her schwankt, welche Rolle der Leib in der visio eigentlich spielen kann. Siehe dazu Börresen (Anm. 126), 151f.

Resurrectio bedeutet also auch bei Augustinus – ganz auf der Linie der theologischen Entwicklung vor ihm – die erneute Rückgabe des Leibes an die Seele, ohne welche diese ihre letzte Erfüllung und Vollendung nicht findet. Entsprechend betont der Bischof von Hippo auch die absolute Identität zwischen Erden- und Auferstehungsleib, zumal er sich in den leibfeindlichen Manichäern vor ähnliche Gegner gestellt sieht wie die antignostischen Theologen vor ihm[147]. Gewiß, Augustinus kann ebenso grob-sinnlichen Vorstellungen von der Auferstehung des Leibes entgegentreten[148]. Doch insgesamt herrscht ein massiver anschaulicher Realismus: Es ist dieser sichtbare irdische Leib, der – wenn auch in verklärter Gestalt – in absoluter, geradezu physizistischer Identität aufersteht[149]. Der Mensch wird entsprechend der schon in seinem Samen keimhaft verborgenen Körperproportionen, -größe und -eigenart auferstehen. Alle leiblichen Organe werden erweckt, nicht weil der Mensch ihrer bedarf, sondern um ihn in seiner ursprünglichen Schönheit wiederherzustellen, „ad speciem, non ad usum“[150]. Selbst die Speisen, die der Leib sich zu eigen gemacht hat, werden auferweckt.

Augustinus weiß und erfährt immer wieder aufs neue, welch unendliche Schwierigkeiten das Verständnis der resurrectio seinen Zeitgenossen macht[151]: Das Bekenntnis zur resurrectio carnis scheidet nicht nur die Christen von den Heiden, sondern selbst Christen untereinander[152]. Dennoch, oder besser: deshalb kommt er immer neu auf die damit gestellte Problematik zurück.

Dabei ist auf ein wichtiges sachliches und sprachliches Novum bei Augustinus hinzuweisen. Während es die ganze theologische Tradition vor ihm vermied, von einer „Auferstehung der Seele“ zu sprechen, da dies ein zu großes Entgegenkommen gegenüber der

147 Auch die Manichäer suchten wie die Gnostiker, mit Hinweis auf 1 Kor 15,50 („Fleisch und Blut können das Reich Gottes nicht erben“), dem Leib die Vollendungsmöglichkeit abzusprechen. Entsprechend oft kommt Augustinus gerade auf diesen Vers zurück. Siehe dazu Marrou (Anm. 62), 115; Börresen (Anm. 126), 152f.

148 Siehe dazu Surmund (Anm. 126), 454f. mit einigen Textverweisen, sowie Marrou (Anm. 126), 123.

149 Vgl. bes. De civ. D. XXII, 12f. (= BAug 37, 608ff.).

150 Sermo 243,4 (= PL 38, 1145).

151 Siehe die Zusammenstellung von Courcelle (Anm. 39), 163–170.

152 „Multis (scil. christianis) visum est resurrectionem quidem fieri, sed per solas animas“: serm. 362,6 (= PL 39, 1614).

gnostischen Herausforderung bedeutet hätte [153], erweitert der Bischof von Hippo den christlichen Sprachgebrauch im Anschluß an einige von ihm zitierte Schriftstellen wie Kol 3, 1; Röm 6, 4; Eph 5, 14 sowie an Andeutungen in Sir 2, 7; Röm 14, 4; 1 Kor 10, 12, welche – nach seinem Verständnis – von einem „Fall“ der Seele sprechen. Wenn es aber einen „Fall“ = einen Tod der Seele gibt, so darf und muß auch von einer „resurrectio animae“ gesprochen werden. Damit bricht Augustinus den verengten antignostischen Sprachgebrauch auf, mehr noch: er revitalisiert den „vergessenen Glauben an eine geistliche Auferstehung, die in der Taufe geschieht“ [154], und spricht deutlich von „duae resurrectiones“: die erste ist die, „welche jetzt geschieht, die der Seelen; sie gewährt der Seele, nicht in den zweiten Tod zu kommen. Die zweite ist die, die jetzt nicht geschieht, nicht die der Seele, sondern die des Leibes, die durch das letzte Gericht die einen in den zweiten Tod, die anderen zum Leben, das keinen Tod kennt, schickt“ [155]. Die resurrectio animae wird dabei gelegentlich als Unterpfand und Antizipation der resurrectio carnis bestimmt [156].

Auch wenn das letzte Ziel: die Auferstehung des Fleisches, bei Augustinus wie bei den Theologen vor ihm Rückgabe und Verklärung des Leibes an den je einzelnen bedeutet, so meint es darüber hinaus und in letzter Konsequenz ein kommuniales Ziel: die „tota

[153] Gegen die Gnostiker argumentierte man ja gerade mit der Formel: „Auferstehen kann nur das, was gefallen ist“, und es ist der Leib, der im Tod zusammenbricht (cadaver – cadere), und nicht die Seele. Siehe dazu v. Eijk (Anm. 95). Einzig und allein Tertullian war von den gnostischen Gegnern her, welche auf paulinischen Texten, wie z. B. Kol 2, 12–13 insistierten, gezwungen, eine „resurrectio spiritalis“ oder ein „spiritaliter resuscitari“: De res. 25, 23 (= CSEL 47, 57f., 61) als „dimidia resurrectio“ anzuerkennen (vgl. S. 201), während die Redeweise von einer „resurrectio animae“ auch bei ihm nur zur Bezeichnung der gegnerischen Position dient.

[154] “The spiritual resurrection, which takes place at baptism, becomes a forgotten truth in the ecclesiastical literature after the Pauline Antilegomena (Eph. and Col.). At this point Augustine’s application of the formula on the resurrection of the soul unmistakably means the overcomming of a one-sidedness in the ecclesiastical theology of the resurrection”: v. Eijk (Anm. 95), 529.

[155] De civ. D. XX, 6, 2 (= BAug 37, 2087). Der Sache nach auch in ev. Joh. XIX, 15 (= CC 36, 198).

[156] Vgl. z. B. De spir. et lit. XXIX, 51 (= ALG I, 396).

ipsa redempta civitas, hoc est congregatio societasque sanctorum" [157]. Die Auferstehung des Fleisches führt dahin, eins in Christus zu werden und mit ihm zusammen den einen Leib Christi zu bilden.

g) Zwischenergebnis

Die Begegnung der christlichen Auferstehungshoffnung mit platonisch gestimmten Philosophien sowie – vor allem – mit der Gnosis, der ersten großen Herausforderung des christlichen Glaubens, hatte für die Auslegung des Bekenntnisses der resurrectio eine vierfache Konsequenz:

(1) Weil die Formel von einer geschehenen bzw. geschehenden Auferstehung der Seele oder auch des „inneren Menschen" gnostisch mißverständlich war, richtete sich die Aufmerksamkeit der kirchlichen Theologie von der präsentischen Dimension der Auferstehung weg auf die futurische hin. Auferstehung als gegenwärtige Wirklichkeit oder auch als ein Geschehen im Tod wird *allenfalls* zur „uneigentlichen" Rede. Ein weiteres kam hinzu: da es galt, gegen einen gnostisch verstandenen, quasi-naturalen Vollendungsprozeß des menschlichen Geistes das einmalige endzeitliche göttliche Wunder der ἀνάστασις zu betonen, geriet der Prozeßcharakter der Auferstehung aus den Augen. Für die kirchliche Theologie meint Auferstehung das letzte und größte geschichtsbeschließende Wunder Gottes am „Jüngsten Tag".

(2) Weil die Rettung des vorfindlich-sichtbaren Leibes aus der platonischen und gnostischen Hoffnung herausgehalten, ja zurückgewiesen bzw. uminterpretiert wurde, erhielt im Gegenzug von seiten der kirchlichen Theologie die σάρξ als eigentlicher Gegenstand der resurrectio eine deutliche Pointierung. Dabei wurde σάρξ – ursprünglich eine die ganze Schöpfung, insbesondere die Menschheit in ihrer Einheit sowie zugleich in ihrer geschöpflichen Begrenztheit und Hinfälligkeit thematisierende Bezeichnung – mehr und mehr zum anthropologischen Gegenbegriff zur Seele.

Dies hatte eine geradezu epochale Konsequenz: eine neue Anthropologie, ja eine neue Sicht der ganzen Wirklichkeit entstand, in welcher Leib und leibliche Vollzüge, die sichtbar-materielle Welt sowie die gesellschaftlichen Relationen eine ungeheuer positive Einschätzung erhielten. Die Botschaft von der resurrectio wurde

[157] De civ. D. X, 6 (= BAug 34, 446).

zum großen „praeconium carnis" (Preislied auf das Fleisch), das mehr und mehr auch das ethische Verhalten bestimmte.

(3) Allerdings entstand dadurch, daß σάρξ zum Gegenbegriff der Seele wurde, in den eschatologischen Vorstellungen eine neue Art von „Dualismus". Auch die jüdische Apokalyptik war nicht ohne eine Form von „Dualismus" ausgekommen, aber es war ein Dualismus von Vollendung des einzelnen und Vollendung des Ganzen: Die (einzelne) Seele – nicht Teil des Menschen, sondern der ganze Mensch in einem lebensgeminderten Status – wartet in einem vorläufigen Vollendungsstand auf die Vollendung des Ganzen (Israel, Menschheit, Schöpfung), worin sie erst ihre letzte Vollendung findet. Dagegen führen die antiplatonischen und antignostischen Auseinandersetzungen zu einem anders akzentuierten Dualismus: Die Vollendung des aus Leib und Seele bestehenden *einzelnen* ist selbst doppelpolig: erst Vollendung der (unsterblichen) Seele – dann Rückgabe des Leibes in verklärter Gestalt. Dennoch scheint hinter diesem „neuen Verständnis" immer noch – wie gezeigt wurde – der „alte" Dualismus: einzelner – Ganzes durch.

(4) Die neue Sicht von resurrectio hatte eine bestimmte Zwischenzustandslehre (Warte- und vorläufiger Vollendungsstand der Seele) sowie ein quasi-physizistisches Verständnis von Auferstehung des Fleisches/Leibes zur Folge. Zum Auferstehungsproblem Nr. 1 wird das Problem der Identität von Erden- und Auferstehungsleib.

Diese Konsequenzen der frühchristlichen Auferstehungstheologie gaben neue Probleme auf, welche zu Herausforderungen der mittelalterlichen Scholastik wurden.

2. Mittelalterliche Scholastik

a) Allgemeine Merkmale

In der eschatologischen Arbeit des Mittelalters ist eine Akzentverschiebung unübersehbar[158]. Ging es in den ersten Jahrhunderten bei den Fragen um die Vollendung von Seele und Leib letztlich

[158] An Monographien zur Eschatologie der Scholastik seien genannt: R. Heinzmann, Die Unsterblichkeit der Seele und die Auferstehung des Leibes, Münster 1965; N. Wicki, Die Lehre von der himmlischen Seligkeit in der mittelalterlichen Scholastik von Petrus Lombardus bis Thomas v. Aquin, Freiburg/Schweiz 1954; H. J. Weber, Die Lehre von der Aufer-

um das uneingeschränkte Heil Gottes gegen alle Verkürzungen und stellten dafür die anthropologischen Aussagen nur das konkrete Begriffs- und Vorstellungsinstrumentarium dar, so erhält in der Scholastik die Anthropologie zunehmend auch ein Interesse „an sich", und die gefundenen anthropologischen Einsichten werden gleichsam in die Eschatologie hinein „verlängert". Überpointiert gesagt: War in der Frühen Kirche die Anthropologie eine Funktion der Eschatologie, so wird jetzt die Eschatologie eine Funktion der Anthropologie. Doch handelt es sich eher um eine Verschiebung des Schwergewichtes als um einen völlig neuen Ansatz. Denn die eschatologischen Probleme und zumal die Lehre von der Auferstehung wurden „nicht allein als folgerichtige Durchführung eines Menschenverständnisses entwickelt, sondern vor allem auch in direktem Anschluß an die Tradition der kirchlichen Lehre" [159], die niemals strittig war. Und nicht wenige eschatologische Fragen wurden dezidiert von der Christologie her angegangen. Dennoch erhält jetzt in einer neuen Weise die Anthropologie selbst ein Interesse, so daß die verschiedenen anthropologischen Ansätze auch die verschiedenen eschatologischen Konzeptionen spezifizieren.

Gemeinsam ist allen Schulen und Theologen die Überzeugung von einer Zusammensetzung des Menschen aus Leib und Seele sowie die Hoffnung auf Unsterblichkeit der Seele *und* Auferstehung des Leibes. Die Unvergänglichkeit der Seele zeigt, *daß* der Mensch vor Gott steht und zum ewigen Leben der Vollendung mit ihm berufen ist, die Auferstehung des Leibes artikuliert die *konkrete Weise* dieser Vollendung. Wie aber das Zueinander von Leib und Seele im eschatologischen Kontext genauer zu denken ist, hängt von den unterschiedlichen Anthropologien ab, deren Bandbreite – holzschnittartig gesagt – sich zwischen den Polen einer eher augustinisch-neuplatonischen und einer eher aristotelischen Sicht des Menschen erstreckt.

Auf der einen Seite stehen die meisten Schulen der Frühscholastik, an ihrer Spitze Hugo von St. Viktor und seine Schüler. Für sie ist nicht nur Augustinus die bestimmende Autorität, sondern platonisch-neuplatonische Vorstellungen und Kategorien sind auch das entscheidende Denkinstrumentarium [160]. Und so herrscht in der

stehung der Toten in den Haupttraktaten der scholastischen Theologie, Freiburg–Basel–Wien 1973.

[159] Heinzmann (Anm. 158), 147.

[160] Deshalb formuliert Weber (Anm. 158), 127, kurz und bündig: „Die

Betrachtung des Menschen seine Bestimmung als Seele vor, wenn man auch prinzipiell daran festhält, daß die Seele zusammen mit dem ihr wesensverschiedenen Leib das eine menschliche Wesen ausmacht. Aber gerade darin: in der starken Betonung von Leib und Seele als gegensätzlicher Komponenten im Menschen und in ihrer unterschiedlichen Bewertung zeigt sich das Fortwirken augustinisch-neuplatonischen Denkens[161]. Nach Hugo und den ihm nahestehenden Theologen trifft z. B. allein auf die Seele die Person-Definition des Boethius zu. Zwar ist die Seele im irdischen Leben zusammen mit dem Leib Person, insofern sie diesem an ihrem Person-Sein Anteil gibt. Doch „durch die Identifizierung der Personalität mit der Seele wird die Bedeutung des Leibes ... so stark beeinträchtigt, daß Hugo die Ansicht vertreten konnte, im eigentlichen Sinne sei die Seele der Mensch. Diese wurde als vernünftiges Geistwesen erniedrigt bis zur Teilnahme an einem irdischen Leib, an der ‚schmutzigen Materie'"[162]. Und weil die Seele ihre innere Einheit aufgeben mußte, um sich mit dem Leib zu vereinen, bedeutet der Tod Befreiung zum wahren Menschsein. Ja, nach Abaelard und Petrus von Poitiers besitzt die Seele erst nach ihrer Trennung vom Leib Personalität.

Damit stellt sich zwangsläufig die Frage: Was kann in dieser „spiritualistischen" Sicht des Menschen überhaupt noch Auferstehung des Leibes bedeuten?

Zur rechten Einschätzung der augustinisch-neuplatonisierenden scholastischen Schulen ist nun freilich zu bedenken, daß das Seelen- und Leibverständnis – mindestens der Intention nach – unter

Frühscholastik muß als neuplatonischer Augustinismus gekennzeichnet werden". Siehe dazu auch Heinzmann (Anm. 158), 2; ders., Das Verhältnis von Leib und Seele im Verständnis der Frühscholastik: ThPh 49 (1974), 545. – Diese Anthropologie wird auch in der mittelalterlichen Profanliteratur greifbar. So zeigt z. B. R. Schwarz, Leib und Seele in der Geistesgeschichte des Mittelalters: DVfLG 16 (1938), 309 ff. an vielen Beispielen die pessimistisch-dualistische oder dualismusnahe Wertung des Leibes. Siehe dazu auch H. R. Schlette, Leib und Seele in der Philosophie: Was weiß man von der Seele?, hrsg. v. H. J. Schultz, Stuttgart 1967, 159.

[161] So ist z. B. für Robert v. Melun, einen Schüler Hugos und Abaelards, die Verbindung von Seele und Leib eine compositio contrariorum, von der er sagt: „Multo enim magis differt natura corporis a natura animae quam natura spiritus creati a natura spiritus Creatoris": zit. nach Heinzmann (Anm. 158), 113[147].

[162] Heinzmann (Anm. 158), 80 (mit Textbelegen).

einer stark *religiös-ethischen*, d. h. existentiell und *nicht ontologisch wertenden* Perspektive steht: kraft seiner Seele erfährt der Mensch seine überzeitlich-göttliche Bestimmung, während er kraft des Leibes *faktisch* in die Niederungen des Sinnlich-Stofflichen herabgezogen wird. So kommt es zu gelegentlich extrem abwertenden Qualifikationen von Sinnlichkeit, Leib und Welt, die, ohne Beachtung des hermeneutischen Kontextes, fälschlicherweise auf einen radikalen anthropologischen Dualismus von Leib und Seele hin interpretiert werden können. Doch zeigt gerade die Eschatologie, daß diese Deutung unzutreffend ist. Denn auch in den neuplatonisch-augustinischen Schulen findet sich die Überzeugung vertreten, daß die selige Seele nach dem Tod des Leibes danach verlangt, sich wieder einen Leib zu eigen zu machen, um ihn zu „regieren". Ja, der leiblosen Seele wird nicht ohne weiteres die Bezeichnung Mensch gegeben. Dies tritt vor allem in einer christologischen Fragestellung hervor, an der seit der Frühscholastik die Situation des Menschen nach dem Tod vornehmlich diskutiert wurde. Es ist das Problem: „Utrum Christus fuerit homo in triduo mortis"[163]. Diese Frage wird nicht mit einem einfachen „sic" beantwortet unter Hinweis darauf, Christus lebe ja als Seele weiter. Vielmehr wird auf verschiedene Weise herausgestellt, daß für das Menschsein Jesu in triduo mortis die Beziehung zum Leib wesentlich ist. Kurz: Auch bei den Theologen der neuplatonisch-augustinischen Richtung bleibt die Seele nach ihrem Tod auf die Auferstehung des Leibes hingeordnet.

Dies wird allerdings viel deutlicher bei den um den anderen Pol scholastischer Anthropologie sich gruppierenden Schulen: Es sind z. B. die sog. Porretaner und – einige Jahrzehnte später – viele andere Lehrer der beginnenden Hochscholastik. In ihrer Anthropologie kommen trotz bleibendem neuplatonischem Einfluß schon aristotelische Ideen mit zum Tragen. Die Einheit von Seele und Leib wird hier so eng gefaßt, daß der Tod, die separatio animae a corpore, wirklich als Ende des *Menschen* verstanden und der anima separata konsequenterweise das Personsein abgesprochen bzw. nur deshalb zugesprochen wird, weil in ihr wesenhafte Beziehungen zum Leib bleiben, „die sie zur Person *machen*", wie Anselm von

[163] Siehe dazu A. M. Landgraf, Dogmengeschichte der Frühscholastik, Bd. II/1, Regensburg 1953, 273–319; ders., Das Problem Utrum Christus fuerit homo in triduo mortis in der Frühscholastik: Mélanges August Pelzer, Louvain 1947, 109–158.

Laon sagt[164]. Weil es zur Seele gehört, sich wesenhaft dem Leib mitzuteilen, existiert sie nach dem Tod „in einem Zustand des Nichtmitgeteiltseins, sie ist gewissermaßen im Gefängnis ihrer selbst eingeschlossen und entbehrt darum ihr wahres und eigentliches Sein“[165]. Deshalb ist sie geradezu auf die Auferstehung des Leibes angelegt, aber nicht nur im Sinn eines „Wiederempfangs“ des Leibes, sondern im Sinne einer Neukonstitution der integralen, als Leib-Seele-Einheit existierenden menschlichen Natur.

Diese mindestens in ihren Akzentsetzungen einander polar entgegengesetzten Richtungen scholastischer Anthropologie zeigen auch in zwei anderen eschatologischen Fragekreisen spezifische Unterschiede:

(1) Von der frühkirchlichen antignostischen Eschatologie her war über die Vermittlung Augustins den Scholastikern als Auferstehungsproblem par excellence die Frage nach der Identität zwischen Erden- und Auferstehungsleib überkommen und auch die Lösungsrichtung vorgegeben: Es galt, gegen alle Verflüchtigung auf der Identität des Leibes in der Vollendung zu bestehen[166]. Deshalb ist allen Scholastikern die Überzeugung gemeinsam, daß das, was zur „veritas naturae humanae“ gehört, auch auferstehen muß, wenn es wirklich der gleiche Leib sein soll, den die Seele empfängt. *Aber*: Quid est de veritate naturae humanae? Wird z. B. auch die durch Nahrungsaufnahme im Laufe des Lebens gewachsene Quantität mitauferstehen? Hieße das aber nicht, daß dann auch die „oves et boves“ mitverklärt würden? Und was ist mit der ungeheuren Quantität der Auferstehungsleiber? Welcher Status und welches Ensemble von Eigenschaften also gehört zur „veritas naturae humanae“?

In ihrer Antwort relativieren bzw. modifizieren die meisten neuplatonisch beeinflußten Theologen eher die materielle Identität, in-

[164] „Post dissolutionem animae et corporis manent quidam nexus qui faciunt ea unam personam. Nexus dicimus quod anima Petri plus respicit et exspectat corpus Petri quam corpus Pauli“: Anselm v. Laon: O. Lottin, Psychologie et Morale aux XIIe et XIIIe siècles, Bd. V, Louvain 1960, 78.

[165] So charakterisiert Heinzmann (Anm. 158), 237, die diesbezügliche Position von Gaufried v. Poitiers und Guido v. Orchelles.

[166] Dabei hatten die Scholastiker in den leibfeindlichen Katharern einen den Gnostikern vergleichbaren Gegner vor sich und mußten sich einer ähnlichen Herausforderung stellen wie die antignostischen Theologen der Frühen Kirche.

dem sie entweder von einer „Vergeistigung des Leibes" sprechen (Honorius von Autun) oder nur eine Auferstehung der ursprünglich im Samen vorhandenen Materie, der sog. „caro radicalis" bzw. des Leibes „secundum partes primi conceptus", vertreten und eine Auferstehung des im Leben gewonnenen Quantitätszuwachses ablehnen[167].

Demgegenüber besteht im allgemeinen die aristotelische Richtung der Scholastik auf einer Identität im striktesten Sinn. Da mit Ende der Frühscholastik insgesamt eine stärkere Hinwendung zu aristotelischen Ideen erfolgte, nimmt auch das Insistieren auf der materiellen Identität zu. Ihre Sicherung ist das entscheidende Auferstehungsproblem, das bis ins Detail hinein durchreflektiert wird. „Die mittelalterlichen Auferstehungsquaestionen entbehren [darum] für den Nichtfachmann nicht der Komik", bemerkt H.-J. Weber[168], aber alles zielt letztlich darauf ab, herauszustellen, daß *dieser* Mensch, wie er leibt und lebt, Hoffnung über den Tod hinaus haben kann, daß – anders gesagt – die Vollendung des Menschen in gratia et in gloria auch wirklich die Vollendung der hier und jetzt existierenden natura humana ist[169]. Deshalb werden die biblischen Aussagen über den Auferstehungsleib Christi sowie das naturwissenschaftliche und medizinische Wissen der Zeit (aber auch dichterische Phantastik) zu Ausgangspunkten einer tiefsinnigen Reflexion über die Leiblichkeit, deren die Seele bedarf, um wahrer Mensch zu sein. Damit intensivieren die Scholastiker jenes Verständnis von resurrectio, das bereits den frühchristlichen Vätern von den Gnostikern her „aufgezwungen" war: gegen die Verflüchtigung und Verkürzung der integralen christlichen Hoffnung auf der Identität des Leibes in der Vollendung zu bestehen.

(2) Auch bzgl. der Seligkeit der vom Leib getrennten Seele im Verhältnis zur Seligkeit der Leib-Seele-Einheit Mensch sind zwischen den beiden Polen scholastischer Anthropologie spezifische Unterschiede anzutreffen.

Zwar werden seit der Frühscholastik die bei Augustinus noch

[167] Gelegentlich verband sich bis ins 17. Jahrhundert hinein diese Lehre mit der talmudisch-rabbinischen Überzeugung vom *Luz* als dem Keim der Auferstehung des Leibes. Siehe dazu U. Kölling, Luz: HWP V, 569–571.

[168] (Anm. 158), 120.

[169] Denn – so bemerkt später Thomas v. Aquin – „non enim perfectio beatitudinis esse poterit, ubi deest naturae perfectio": De pot. 5, 10.

nicht kohärenten Aussagen über den Zwischenzustand insofern vereindeutigt, als weithin die Überzeugung vertreten wird, die Seligkeit der Seele beginne unmittelbar nach dem Tod. Daneben aber findet man bis zum Ende des 12. Jahrhunderts – gleichberechtigt sogar, wie N. Wicki meint[170] – noch die Meinung, mit Ausnahme der Märtyrer und anderer „privilegierter“ Heiliger setze die beseligende Gottesschau erst mit der Auferstehung des Leibes am Jüngsten Tag ein, bis dahin komme der Seele nur die Schau der menschlichen Natur Christi zu. Prominentester Vertreter dieser Überzeugung dürfte Bernhard von Clairvaux gewesen sein, auf den sich später Papst Johannes XXII. beruft[171].

Blicken wir aber auf die vorherrschende Meinung, nach welcher die Seligkeit sofort beginnt, so ist es einhellige Überzeugung, daß die Seligkeit der Seele durch die Auferweckung des Leibes gesteigert wird, extensiv (durch Ausweitung der Seligkeit auch auf den Leib) oder extensiv *und* intensiv (nämlich durch die Zunahme der Seligkeit auch in sich selbst)[172]. Obwohl die platonisierenden Schulen eher den nur extensiven Zuwachs vertreten, finden sich selbst hier Stimmen, welche die Seligkeit der Seele so lange für gemindert halten, als diese nach ihrem Leib Ausschau hält und dadurch gleichsam von der Gottesschau „abgelenkt“ wird.

Summa summarum läßt sich also sagen, daß bei aller Verschiedenheit der Schulen aufs ganze gesehen die Fortdauer der Seele nach dem Tod als etwas buchstäblich Vorläufiges betrachtet wird. Dabei hat die postmortale Existenz der Seele im Hinblick auf die Auferstehung des Leibes eine doppelte Funktion: Sie garantiert *erstens* die Kontinuität und Identität zwischen dem Menschsein im Erden- und (künftigen) Auferstehungsstand und macht *zweitens* die neutestamentliche Überzeugung vom „Beim-Herrn-sein auch vor dem Tag des Herrn begreiflich“[173].

[170] Wicki (Anm. 158), 293.

[171] Nach H. de Lubac, Glauben aus der Liebe («Catholicisme»), dt. Einsiedeln 1970, 109, steht hinter der Idee vom Aufschub der Seligkeit – gerade auch bei Bernhard – letztlich „der immer lebendige Glaube an die Gemeinsamkeit des Heils . . ., weil man – und zwar mit Recht – an ein persönliches Heil nur im Rahmen des Heiles der Gesamtheit glaubte“.

[172] Vgl. zu diesem Problemkreis die Arbeiten von Wicki (Anm. 158), 280–288; Weber (Anm. 158), 202–217; F. Wetter, Die Lehre Benedikts XII. vom intensiven Wachstum der Gottesschau, Rom 1958.

[173] Weber (Anm. 158), 172.

b) Resurrectio mortuorum bei Thomas von Aquin

Statt nun die weitere geschichtliche Entwicklung zum hochscholastischen Auferstehungsverständnis kontinuierlich zu entfalten, soll sogleich Thomas von Aquin in den Mittelpunkt gerückt werden, da dieser das vor ihm Gedachte aufgreift und zugleich auf eine ganz neue Stufe stellt[174]. Was ist das Neue bei ihm?

Schon die Frühscholastiker waren in ihren anthropologischen Reflexionen zunehmend auf die Aporien der überkommenen augustinischen Lehre gestoßen: einerseits galt es, den Menschen von der Seele her zu bestimmen und andererseits zugleich an der unbedingten Einheit des Menschen aus Seele *und* Leib festzuhalten, ohne jedoch – und hier macht sich das platonische Erbe bemerkbar – die wesenhafte Zugehörigkeit des Leibes zur Seele begrifflich eindeutig und schlüssig fassen zu können. So hatte man mit den beiden augustinischen Fixpunkten: Die bestimmende Wirklichkeit des Menschen ist die Seele, und: Der Mensch ist eine Einheit aus Seele und Leib, zwar „die beiden Stücke der Kette in der Hand, wenn man auch nicht genau sah, wo sie ineinandergriffen“ [175]. Kein Wunder, daß schon bald einige Scholastiker erwogen, die aristotelische Anthropologie zum Verstehen der Einheit von Seele und Leib heranzuziehen. Denn indem Aristoteles die Seele als Form des Leibes bestimmte, analog dem universalen Aufbau alles Seienden aus Form und Materie, war für ihn die strikte Einheit des Menschen gewährleistet. Aber diese Konzeption schien zunächst Konsequenzen zu haben, die christlich inakzeptabel waren[176]. Denn der Stagirite bestimmt im ersten Ansatz den Menschen als ein Wesen im Rahmen der übrigen Körperwelt. Das hat zur Folge, daß die Trennung der Wesensform Seele von ihrem Ermöglichungsgrund, der ὕλη, wie

[174] Daß Thomas ein „Neuerer“ ist, betont Schneider (Anm. 141), 48, 57 u. ö. Allerdings zog Thomas die letzten Konsequenzen aus Ansätzen, die schon vor ihm bestanden. Siehe dazu: D. A. Callus, The problem of the plurality of forms in the thirteenth century. The Thomist innovation: L'homme et son destin d'après les penseurs du moyen âge, Louvain–Paris 1960, 577–585.

[175] Gilson (Anm. 142), 203.

[176] Diese mißlichen Konsequenzen wurden im Mittelalter durch eine unter dem Namen des Gregor von Nyssa überlieferte, in Wirklichkeit von Nemesius v. Emesa stammende Schrift ›Premnon physikon‹ in aller Deutlichkeit herausgestellt, wobei aber Aristoteles gründlich mißverstanden wurde.

bei den übrigen Körpern zur Vernichtung des ganzen Seienden, also auch der Seele führt. Denn – so bemerkt Aristoteles ausdrücklich – „οὔκ ἔστιν ἡ ψυχὴ χωριστὴ τοῦ σώματος" (Es gibt keine Seele losgelöst vom Körper)[177]. Zwar ist der Mensch noch durch ein „Mehr" ausgezeichnet, nämlich durch den Geist (νοῦς). Aber Form und Geist sind nicht wesenhaft miteinander verbunden. Der νοῦς tritt „θύραθεν" („von außen") in den Menschen hinein, bleibt eine getrennte Wesenheit und verläßt beim Tod den Menschen, um selbst unsterblich weiterzuexistieren, ohne aber, da er ja in die konkrete Individualität nicht eingeht, dem einzelnen Anteil an der Unsterblichkeit zu geben[178]. An dieser aristotelischen Lösung wird etwas vom Dilemma der griechischen philosophischen Seelenlehre deutlich. Sie stand – wie O. Gigon bemerkt – „immer vor der Alternative, die Seele entweder so nah an die Gottheit . . . heranzurücken, daß die organische Einheit des Menschen zerfällt und die Philosophie nur noch die Flucht aus der Körperlichkeit empfiehlt ([platonischer] Dualismus), oder aber die Seele . . . als Prinzip des Lebens . . . so eng an den Körper zu binden, daß für ein selbständiges Weiterleben nach dem körperlichen Tode kein Raum mehr bleibt"[179].

Dieses letztere = aristotelische Glied der Alternative war natürlich christlich nicht rezipierbar. Deshalb versuchten die Theologen der beginnenden Hochscholastik, einen Weg des „Kompromisses" zwischen Platon und Aristoteles zu gehen. Als Beispiel sei ein bezeichnendes Wort Albert d. Gr. angeführt: „Wenn man die Seele in sich betrachtet, werden wir Platon folgen; wenn man sie aber als die den Leib belebende Form betrachtet, werden wir Aristoteles zustimmen" (STh II, 12, 69, 2, 2,)[180]. So blieben augustinisch-

[177] De an. II, 1 (= ed. Gigon 413a). – Zum Seelenbegriff des Aristoteles siehe: F. Inciarte, Der Begriff der Seele in der Philosophie des Aristoteles: Kremer (Anm. 6), 46–65.

[178] So jedenfalls die Interpretation des Averroes, der als *der* Aristoteles-„Kommentator" den Meister im wesentlichen richtig interpretiert haben dürfte. Dagegen gibt es auch andere Interpretationen. Siehe z. B. W. D. Ross, Aristotle, London ^{4}1945; Peursen (Anm. 3), 118–121.

[179] O. Gigon, Psyche: LAW 2469.

[180] Viele dieser Kompromißversuche orientierten sich an Avicenna. Denn dieser hielt die neuplatonische Kompilation „Theologie des Aristoteles" für ein genuines Werk des Meisters und bemühte sich darum, die hier vertretene – in Wirklichkeit platonische – Position mit dem echten Aristoteles zu versöhnen. Vgl. dazu Gilson (Anm. 142), 204 ff.

neuplatonische Bestimmungen und Vorstellungen unausgeglichen neben aristotelischen Begriffen stehen[181].

Dies zeigt sich besonders dort, wo Theologen wie Alexander von Hales, Bonaventura, Albert d. Gr. u. a. die aristotelische These übernahmen, daß die Seele *Form des Leibes* ist. Doch diese These erhielt bei ihnen die Einschränkung: sie ist Form des Leibes *ihren Potenzen* (Funktionen), *nicht ihrem Wesen nach*. Das bedeutet, daß die Seele gleichsam nur „akzidentell" den Leib in-formiert und damit die Leib-Seele-Einheit des Menschen nicht radikal genug zum Tragen kommt[182]. Für den Leib hat dies zur Konsequenz, daß er eine Eigenwirklichkeit *neben* der Geistseele hat, eine „forma corporeitatis", die tatsächlich – gut aristotelisch – dem Vergehen unterworfen ist. Somit blieb in der Kompromißformel: Die Seele ist Form des Leibes ihren Potenzen, nicht ihrem Wesen nach, ein Hiatus zwischen unsterblicher Geistseele, die sich als Form sozusagen nicht voll in die Materie begibt, *einerseits* und der Leiblichkeit, die von einer eigenen Form geprägt ist und damit der Seele auch „gegenübersteht", *andererseits*.

Den gordischen Knoten des ewigen „griechischen Dilemmas", von dem soeben die Rede war, löst nun *Thomas*, indem er die Seele so konzipiert, daß sie beides zusammen in Identität ist: ihrem Wesen nach ganz Form des Leibes *und* ganz subsistenter unzerstörbarer Geist. Ihre Substantialität ist in ihrem Formsein begründet und umgekehrt. Oder anders: Die Seele ist „eine Form, die Substantialität *hat* und *verleiht*" [183].

Dieser neue thomanische Ansatz ist auf der einen Seite konse-

[181] Vgl. die zusammenfassende Charakterisierung durch F. van Steenberghen, in: A. Forest u. a., Le mouvement doctrinal du XIe au XIVe siècle, Paris 1956, 220: «En somme le mouvement philosophico-théologique antérieur à 1250 n'est ni traditionnel, ni essentiellement augustinien: Il a pris naissance vers 1225 sous l'influence de la littérature nouvelle; c'est un aristotélisme néoplatonisant assez peu homogène, qui, chez les théologiens, fusionne avec les doctrines traditionelles de la théologie latine, dont la source principale est saint Augustin . . .»

[182] Schon Avicenna hatte aus dieser Einschränkung eine Konsequenz gezogen, die geradezu Descartes vorwegnimmt: „Ist die Seele eine Substanz, deren Wesen eine Trennung vom Leibe nicht zuwiderläuft, dann meine ich mit den Worten: Ich denke, immer nur meine Seele, und behaupte mit dem daraus gefolgerten: Ich bin, immer nur die Existenz meiner Seele": zit. nach Gilson (Anm. 142), 206.

[183] Gilson (Anm. 142), 207.

quentester Aristotelismus, aber auf der anderen Seite trägt er mit seiner Hervorhebung der Seelen-Subsistenz einen durch und durch unaristotelischen Zug in sich. Die thomanische Konzeption gibt – wie Th. Schneider treffend bemerkt [184] – „das augustinische Menschenbild in aristotelischer Gewandung" wieder und steht damit in gewisser Weise Platon näher als Aristoteles [185].

Aus der neuen thomanischen Lösung folgt für das Verständnis von Leib, daß diesem nicht ein eigener Seinsakt, eine irgendwie geartete eigene Bestimmung zukommt. Die ganze Bestimmung des Leibes, sein ganzes Sein, ist das Sein der Seele, „die es sozusagen der Materie mitteilt" (ScG II,78). Das bedeutet – mit den Worten von N. Luyten –, „der Geist ruht nicht auf der Materie auf, sondern in überraschender Umkehrung der Verhältnisse ruht die Materie im Geist. ... Er ... teilt [sein Sein] dem Körper mit, so daß dieser innerhalb der Subsistenz des Geistes existiert" [186].

Wie es also der Seele als geistiger Substanz wesentlich ist, „vor Gott" zu stehen, so ist ihr *ebenso* wesentlich, materia zu aktuieren und sich in materia, d. h. im Leib und damit im Gefüge der Welt und das bedeutet näherhin unter den Bedingungen von Raum und Zeit, von Weltbezug und sozialer Relationalität auszudrücken und

[184] (Anm. 141), 54f.

[185] Siehe dazu A. C. Pegis, At the origins of the Thomistic notion of Man, New York 1963, 3. – An neueren Arbeiten zur thomanischen Anthropologie, die für unseren Zusammenhang wichtig sind, siehe ferner: R. Spiazzi, Unità dell' anima e del corpo secondo San Tomaso d'Aquino: Humanitas 7 (1952), 849–858; E. v. Ivánka, Aristotelische und thomistische Seelenlehre: Aristote and Saint Thomas d'Aquin, hrsg. v. P. Mouraux u. a. Louvain 1957, 221–228; H. Seidl, Zur Leib-Seele-Einheit des Menschen bei Thomas v. Aquin: ThPh 49 (1974), 548–553; Kl. Kremer, Wer ist das eigentlich – der Mensch? Zur Frage nach dem Menschen bei Thomas v. Aquin: TrThZ 84 (1975), 73–84, 129–143; J. Moreau, L'homme et son âme selon S. Thomas d'Aquin: RPhL 74 (1976), 5–29; H. Mundhenk, Die Seele im System des Thomas v. Aquin. Ein Beitrag zur Klärung und Beurteilung der Grundbegriffe der thomistischen Psychologie, Hamburg 1980; W. Kluxen, Seele und Unsterblichkeit bei Thomas v. Aquin: Kremer (Anm. 6), 66–83.

[186] N. Luyten, Das Leib-Seele-Problem in philosophischer Sicht: Geist und Leib in der menschlichen Existenz = Naturwissenschaft und Theologie, H. 4, Freiburg–München 1961, 171. – Die o.a. Formulierung ist sachlich identisch mit dem Wort des Thomas: „Esse est corpori ab anima; ita quod anima humana esse suum in quo subsistit corpori communicat": QD de anima 14 ad 11 (ebenso: 1 ad 1).

zu verwirklichen[187]. Thomas macht dies am höchsten Selbstvollzug der geistigen Substanz, an der Erkenntnis, klar: Erkennen kann die menschliche Seele nur in und durch den Leib. Im Leib drückt sie sich vor Gott und in der Welt aus und erhält eben darin erkennend communio mit dem, was sie selbst nicht ist.

So ist also – mit den Worten von J. B. Metz – der Leib „nichts anderes als seine wirkliche Seele, insofern diese nur dadurch wirklich sein kann, daß sie *sich selbst* ausdrückt und darstellt in einer vorgegebenen Raumzeitlichkeit . . . Von der einen und ständig ganzen Wirklichkeit des Menschen her gesehen, ist deshalb der Leib nicht einfach etwas anderes als die Seele, sondern diese selbst in ihrer ‚Außenerfahrung', in ihrer welthaften, raumzeitlichen Selbstgegebenheit" [188] und – so ist unbedingt hinzuzusetzen – in ihrer Relationalität auf das andere und auf die anderen hin.

Es würde zu weit führen, hier auf die tiefgreifenden Konsequenzen dieses Menschenbildes näher einzugehen. Nur soviel: In dieser Konzeption wird der Mensch radikal als Einheit begriffen[189]. „Es

[187] Dabei darf man – in einer Pointierung, die zwar über Thomas hinausgeht, aber durchaus in seinem gedanklichen Kontext verbleibt – nicht übersehen, daß im Sich-Einwirken der Seele in die materia auch die „welthaften Objektivationen anderer Seelenformen übernommen werden. Demzufolge ist das leibliche Sein des Menschen schon in seiner ontologischen Konstitution eingewiesen in dem ‚Mit' und ‚Zusammen' von Menschen, es ist ontologisch ein ‚plurale tantum' . . . In diesem Sinn ist die in der Leiblichkeit erscheinende Geschichtlichkeit und ‚Sozialität' des Menschen kein nachträglich Hinzugefügtes, sondern eine ursprüngliche und ständig ganze Weise menschlichen Daseins in der Welt. Der Mensch erscheint . . . durch seine Leiblichkeit als Glied des Menschengeschlechtes, er steht in ihr in Gemeinschaft mit seinen Mitmenschen. . . . [So] ist der Leib zugleich Ort der Gemeinschaft und Offenheit zur Begegnung": F. P. Fiorenza/J. B. Metz, Der Mensch als Einheit von Leib und Seele: MySal. II, 612 mit Verweis auf M. D. Chenu und P. Engelhardt. Ähnlich auch G. Scherer, Das Leib-Seele-Problem in seiner Relevanz für die individuelle Eschatologie: Dexinger (Anm. 36), 72[10]: Im Leib ist der Mensch „für die anderen und für das andere offen".

[188] J. B. Metz, Caro cardo salutis: Hochland 55 (1962), 103f. Ähnlich auch K. Rahner, Zur Theologie des Symbols: Schr. IV, 305.

[189] Diese Einheit ist so groß, daß Philosophen wie J. Seifert, Das Leib-Seele-Problem in der gegenwärtigen philosophischen Diskussion, Darmstadt 1979, 160 sogar bezweifeln, ob die o. a. Lehre „die echte thomistische Auffassung ist, da diese These [gemeint ist eine radikal verstandene Anima-

gibt in diesem Leben keinen Akt des Menschen, an welchem der Leib nicht teilhat" (Quodlib. VII,5,1 ad 3). Nur die lebendige Einheit von Leib und Seele, die beide aufeinander einwirken, ist der Mensch[190]. Vor allem aber kommt darin zum Ausdruck, daß *der* Akt, mit dem der Mensch als „anima" vor Gott steht, der gleiche ist, mit dem er sich „in materia": in Leib, Welt und Gesellschaft verwirklicht. Es ist ein und derselbe Akt, in dem er in der Welt und zugleich darüber hinaus ist. Pointiert gesagt: In dem Maß, wie der Mensch in der Welt ist, ist er auch das Du Gottes, und umgekehrt. Genaugenommen stehen sich im Menschen nicht Leib und Seele „gegenüber", sondern – wenn schon, dann – Seele und materia, welch letztere aber als reine Potenz nicht eine der Seele gegenüberständige Wirklichkeit bildet, sondern jener „Faktor" ist, der das Geist-Sein des Menschen („Sein vor Gott") zum Geist-*in-Welt*-Sein bestimmt.

Die Folgen dieser anthropologischen Konzeption für die Eschatologie und insbesondere für das Verständnis der resurrectio sind beträchtlich. Dies sei im folgenden betrachtet.

Für Thomas, wie für die übrigen Scholastiker, ist es keine Frage, daß die Seele als subsistentes Geistwesen unzerstörbar ist, da sie „von Natur her" – was bei Thomas immer soviel bedeutet wie „vom schöpferischen Willen Gottes her" – als unvergänglich geschaffen wurde[191]. Sie existiert also nach ihrer Trennung vom Leib im Tode

forma-corporis-These] u. E. einen krassen Materialismus und eine Verwischung des Unterschiedes von Geist und Materie einschlösse". Einmal davon abgesehen, daß Seifert Thomas an entscheidender Stelle mißversteht, ist es jedenfalls nicht uninteressant zu vernehmen, daß man Thomas sogar auf einen „krassen Materialismus" hin interpretieren kann.

[190] Die gegenseitige Beeinflussung geht bei Thomas aus Gedankengängen hervor, welche den höchsten Selbstvollzug einer geistigen Substanz, das Erkennen, beschreiben. Aktprinzip des Erkennens ist zunächst einmal die Seele. Sie kann aber nur mittels des Leibes erkennen. Und darum erfährt die Seele erkennend ihre Aktualisierung durch den Leib. Somit ist nicht nur die Seele das Aktprinzip des Leibes, sondern auch der (von der Seele aktualisierte Leib) in gewissem Sinne das Aktprinzip des Intellekts „und weiterhin der Seele": Mundhenk (Anm. 185), 22. Siehe dazu auch J. Trapp, Humanae animae competit uniri corpori: Schol. 27 (1952), bes. 390–396. Wenn es also auch ein *gegenseitiges* Aufeinanderwirken von Leib und Seele gibt, so ist doch zu beachten: „Magis anima continet (!) corpus, et facit ipsum esse unum, quam e converso": STh I, 76,3.

[191] Siehe dazu Pieper (Anm. 11), 116f.

weiter. Doch diese Ausdrucksweise ist äußerst mißverständlich. Präziser gesagt, trennt sich die Seele nach thomanischer Auffassung nicht von einem gewissermaßen in sich bestehenden Teil des Menschen „Leib“, sondern sie hört auf, materia zum menschlichen Leib zu informieren sowie sich in Leib und Welt auszudrücken und zu verwirklichen. Das hat eine dreifache Konsequenz:

(1) Der Tod ist wirklich Zerstörung und Ende des Menschen. Denn – so kommentiert H.-J. Weber – „das größte Übel für jegliches Seiende liegt in seiner Vernichtung. Im Tod aber hört der Mensch auf zu sein, als Mensch verfällt er dem Nichts, so daß die Hochscholastik unter diesem Gesichtspunkt nur den Ganztod lehrt, da allein die lebendige Einheit aus Leib und Seele Person und Mensch ist“ [192]. Und weiter: Tod ist Weltuntergang, da von sich her weder die Seele ohne Leib noch erst recht der Leib ohne die Seele mit irgendeiner Wirklichkeit Kommunikation aufnehmen kann.

(2) Was im Tod zurückbleibt, ist nicht ein menschlicher Leib, sondern ein Leichnam, der infolgedessen nur „aequivoce“ Leib genannt werden kann [193].

(3) Die Seele existiert nur als „Bruchstück“ und „Krüppelwesen“ weiter. Ihr Fragmentsein wird von Thomas verglichen mit dem Status einer abgehauenen Hand (vgl. STh I,75,4 ad 2). Obgleich das Sein der Seele – auch hinsichtlich dessen, daß es Seinsakt des Leibes ist – erhalten bleibt, obgleich die im Leib gewonnene Individualität nicht verlorengeht [194], ja, obgleich die Seele jenes Sein bewahrt, das sie als „Ergebnis der menschlichen Existenz“ erbracht hat, „so kann sie deshalb doch nicht Person genannt werden“ [195]. Denn zum menschlichen Personsein gehört Leiblichkeit; Personsein – als vollkommenster Seinsstatus – verlangt, daß sich die anima wie-

[192] Weber (Anm. 158), 154. Ähnlich auch Pieper (Anm. 11), 110ff.

[193] Vgl. z. B. STh III, 25,6 ad 3; QD de an. 9 u. ö. Diese Ausdrucksweise findet sich auch schon vor Thomas. Vgl. dazu Weber (Anm. 158), 130ff. – Das Sein des Leichnams ist gleichsam „Erinnerung“ an die ehemalige Prägung durch die Seele.

[194] Das ist eindeutige thomanische und traditionelle Lehre. *Gegen* H. Vorgrimler, Auferstehung des Fleisches. Der Stand der theologischen Frage: Leb. Zeugnis 1 (1963), der fälschlich behauptet, die anima separata entbehre nach traditioneller Lehre der Individualität.

[195] W. Kluxen, Anima separata und Personsein bei Thomas v. Aquin: W. P. Eckert (Hrsg.), Thomas v. Aquino, Mainz 1974, 106.

derum im Leib ausdrückt[196] und in materia verwirklicht, so daß sie kraft ihres Leibes erneut in communio mit allem stehen kann.

Dies wird deutlich in thomanischen Gedankengängen über den höchsten Selbstvollzug der Seele: das Erkennen. In sich gesehen ist die anima separata eine „kommunikationslose und weltlose Monade“[197]. Es gibt für sie – so W. Kluxen – „keine neue Erfahrung mehr, die ihr ein Handlungsfeld öffnen würde. Ihre Existenz ähnelt mehr der Nacht, in der niemand mehr wirken kann, als einem Leben im Licht . . . Existentiell genommen, ergibt das eine nicht zu bewältigende, aber zwangsläufige Situation: es ist diejenige der ‚Angst‘“. Eine solche „unvergängliche Existenz“ ist „wahrhaft ‚unmenschlich‘, und vom schönen Pathos des ‚Personalen‘ läßt sich gewiß nichts darin spüren. Es ist dann schon nötig, daß von ‚oben‘ . . . ein Licht . . . in das triste Grau-in-Grau dieser Unsterblichkeit fällt“[198]. Gewiß, dieses Licht gibt es! Es ist die Einwirkung höherer Mächte, die ein Erkennen „absque phantasmate“ ermöglicht. Aber solche Erkenntnis ist als ein Erkennen „in quadam universalitate et confusione“ höchst defizitär[199]. Für die *Seligen* – aber nur für sie! – gibt es darüber hinaus die visio der göttlichen Wesenheit, welche die Rolle der species impressa für die Erkenntis übernimmt, so daß faktisch der Selige „plenissime“ alles erkennt (QD de an. 15c). Aber auch diese Erkenntnisweise ist ein Ersatz, ein Medium „praeter naturam“, welches die anima separata in ihrem höchsten Selbstvollzug nicht bei sich selbst sein läßt. Die anima separata ist also in einem „unnatürlichen Zustand“, kurz: „contra naturam animae absque corpore esse“ (ScG IV,79)[200].

Und so ist noch einmal deutlich, daß die Seele, die im Tod vom Leib getrennt wird, für Thomas nicht so etwas wie ein „unzerstörbarer Personkern“ ist[201]. Denn zur Person gehört erkennende Selbstverwirklichung und darin Kommunikation mit dem Ganzen der Wirklichkeit, Realisierungen, die für die menschliche Seele we-

[196] „Nec homo posset esse perfectus, nisi totum quod in anima implicite continetur, exterius in corpore explicetur“: In sent. IV, 44, 1, 2, 1.

[197] Scherer (Anm. 187), 79.

[198] Kluxen (Anm. 195), 114f., 108. Vgl. auch G. Scherer, Sinnerfahrung und Unsterblichkeit, Darmstadt 1986, 83.

[199] Von dieser Erkenntnis heißt es weiter: „Non causavit scientiam ita perfectam et ita determinatam ad singula, sicut est scientia quam hic accipimus per sensus“: QD de an. 15c.

[200] Weitere Texte dazu bei Mundhenk (Anm. 185), 66ff.

[201] Darum kann man auch nach Thomas *im strengen Sinn* nicht zum

sensmäßig nur durch den Leib möglich sind[202]. Nein, „die abgeschiedene Seele ist [nur] jenes ‚Überbleibsel', dessen ontologischer Sinn die Sicherung der Identität zwischen dem Verstorbenen und dem Auferstandenen ist, und der entscheidende Punkt ist die ungebrochene Identität des Seins", nicht aber die Erfüllung des menschlichen Sehnens nach Vollendung[203]. Darum ist die Seele, die ihrem *Wesen* nach forma corporis ist, auch durch einen *wesensmäßigen* appetitus naturalis ad corporis unionem charakterisiert[204]. Anders gesagt: Die anima separata *erfordert* geradezu die resurrectio corporis.

Die thomanischen Darlegungen und Analysen geraten nun aber in eine tiefe Aporie. Denn trotz aller „Widernatürlichkeit", in der sich die anima separata befindet, ist diese nach Thomas (und vielen anderen Scholastikern) *in vollkommener Seligkeit.* „Was die vollkommene Seligkeit angeht, die in der Anschauung Gottes besteht, so haben einige behauptet, daß sie der Seele ohne ihren Leib nicht zukommen kann... Das aber ist offenbar falsch... Weil die vollkommene Seligkeit des Menschen in der Schau der göttlichen Wesenheit besteht, hängt diese nicht vom Leib ab. Daher kann die Seele ohne Leib selig sein. Aber man muß bedenken, daß etwas auf zweifache Weise zur Vollkommenheit einer Sache gehören kann. Erstens kann es zur Wesenskonstitution einer Sache gehören, so wie die Seele zum vollkommenen Menschsein erforderlich ist... Zweitens gehört zur Vollkommenheit einer Sache, was sich auf die bessere Qualität ihrer Wirklichkeit bezieht; so gehören z. B. die Schönheit des Leibes und die Schnelligkeit des Geistes zur Vollkommenheit des Menschen. Obgleich nun der Leib nicht auf die

hl. Petrus beten, sondern eigentlich nur zur Seele des hl. Petrus. Wenn die Kirche trotzdem zu Petrus betet, so deshalb, um ihn mit dem Namen anzureden, den er früher besessen hat und unter dem er uns bekannt ist sowie um der Hoffnung auf Auferstehung willen. Vgl. STh II/II, 83, 11 obi. 5 et ad 5.

202 Deshalb ist auch L. Hödl, Anima forma corporis: ThPh 41 (1966), 551, nicht zuzustimmen, wenn er sagt, daß im Tod „eine Aufhebung der substantialen Form ins Wesentliche" geschieht. Oder wenn J. Bauer, Leib, Seele, Person: SJP 15/16 (1971/72), 240, vermeintlich auf Grund thomanischer Prinzipien, aber gegen ausdrücklich thomanische Aussagen behauptet, die abgeschiedene Seele des Menschen sei im wahren Sinne des Wortes Person.

203 Kluxen (Anm. 185), 83.

204 Vgl. dazu ScG IV, 90; STh suppl. 70, 3, wonach es eine Beziehung geistiger Substanzen zum materiellen Sein gibt, die gleichwohl keine informatio, sondern nur eine gewisse „alligatio" bedeutet.

erste Weise zur Vollkommenheit der menschlichen Seligkeit gehört, so gehört er doch zu ihr auf die zweite Weise" (STh I/II, 4, 5). Wenn also die Seligkeit der Seele durch den Leib auch akzidentell gesteigert werden kann, so spricht Thomas doch von der *vollkommenen* Seligkeit der Seele. Ja, auch das Erkennen der anima separata gelingt – nach einigen Texten – ohne die aggravatio des Leibes besser. Denn „anima nostra quanto magis a corporalibus abstrahitur, tanto intelligibilium abstractorum fit capacior" (STh I, 12, 11c)[205]. All diese und andere widersprüchliche Äußerungen zeigen, daß es Spannungen bei Thomas gibt, die – wie einige Autoren hervorheben – letztlich von „neuplatonischen Resten" herrühren[206].

Liegt Thomas mit seinen Darlegungen (und Aporien) zur anima separata und ihrer Hinordnung auf die resurrectio trotz aller Zuspitzung prinzipiell noch auf der Linie der scholastischen Tradition, so eröffnet seine neue Lehre von der „anima – unica forma corporis" die Möglichkeit, das überkommene wichtigste Auferstehungsproblem, nämlich die Identität von Erden- und Auferstehungsleib ganz neu zu reflektieren: Wenn die Seele unica forma corporis ist und über den Tod hinaus das (ganze) Sein des Menschen und darin auch das des Leibes trägt, so ist die Selbigkeit des Auferstehungsleibes allein durch die Selbigkeit der Seele und nicht der Materie garantiert. Resurrectio bedeutet dann Ermächtigung der Seele, wiederum materia zu informieren und sich in materia auszudrücken und zu verwirklichen. Tatsächlich kennt Thomas im Spätwerk – entgegen anderslautender Meinung im Frühwerk[207] –

[205] Siehe zum ganzen: Mundhenk (Anm. 185), 124 ff.; Weber (Anm. 158), 166 f.

[206] Vgl. z. B. J. Hirschberger, Platonismus und Mittelalter: Platonismus in der Philosophie des Mittelalters, Darmstadt 1969, 71: „Wenn wir dann noch lesen, daß die Seele in ihrer Verbindung mit dem Leibe durch die motus corporei und die occupationes sensuum im Wahrheitsstreben behindert wird, und daß sie frei vom Leibe die ewigen species unmittelbar schauen könnte, dann glauben wir überhaupt, den Phaidon zu vernehmen." – Siehe ferner: Mundhenk (Anm. 185), 122 ff.; Pieper (Anm. 11), 118 f.; Scherer (Anm. 187), 78 f. Am extremsten: K. Bernath, Anima Forma Corporis. Eine Untersuchung über die ontologischen Grundlagen der Anthropologie des Thomas v. Aquin, Bonn 1969. Auch wenn Schneider (Anm. 141), 30–43, an diesem Werk überzeugende Kritik geübt hat, gibt er zu, daß diese Arbeit trotz allem zeigt, „wie sehr auch Thomas vom neuplatonischen Denken geprägt war" (43).

[207] Im Frühwerk, dessen Positionen praktisch auch in das „Supplemen-

prinzipiell keine Ausrichtung der Seele mehr auf *diese* bestimmte Materie, also auch nicht auf die Materie des früheren irdischen Leibes[208]. Denn materia wird erst durch die Form zur bestimmten materia; es ist die gleiche Materie, insofern es die gleiche Form ist[209]. Doch zieht Thomas aus seinen anthropologischen Prinzipien noch nicht die logische Konsequenz, daß somit auch die Identität des Auferstehungsleibes mit dem irdischen Leib *allein* durch die Identität der Form gewährleistet ist. Dieser Konsequenz stand offenbar zu sehr das Gewicht der Väteraussagen mit ihrer Insistenz auf der numerischen Identität des Leibes sowie die kirchliche Praxis der Reliquienverehrung entgegen. „Darum also, trotz der aristotelisch-metaphysischen Anthropologie, spricht Thomas dem Auferstehungsleib dieselbe Materie zu, die früher irgendwann einmal den Leib mitgebildet hat, und erwähnt eine von Gott gesetzte Hinordnung des Staubes auf den ehemaligen und zukünftigen Leib. Der Einschnitt gegenüber der Tradition schien zu kraß zu sein. Hätte er doch, wenn er konsequent nur seinen anthropologischen Voraussetzungen gefolgt wäre, die alte Frage nach der materiellen Identität samt ihren Antworten geradezu vom Tisch gefegt“[210].

tum“ zur STh (cfr. 79, 1) eingedrungen sind, hat Thomas den averroistischen Begriff der „interminatae dimensiones materiae“ aufgegriffen, welche – durch die Seele einmal aktuiert – nach dem Zerfall des Leibes erhalten bleiben, so daß die Seele zu ihnen eine größere Affinität bewahrt. Vgl. zu dieser frühthomanischen Lehre E. Hugueny, Résurrection et identité corporelle selon les philosophies de l'individuation: RSPhTh 23 (1934), 98–103; I. Klinger, Das Prinzip der Individuation bei Thomas v. Aquin, Münsterschwarzach 1964, 58ff.

208 Zu dem scheinbar im Widerspruch zur obigen Aussage stehenden Text ScG IV, 81 siehe den überzeugenden Kommentar von Weber (Anm. 158), 229.

209 Thomas verdeutlicht diesen Gedanken – allerdings nicht in einem eschatologischen Zusammenhang, sondern in bezug auf den schon im irdischen Leben stattfindenden Wechsel der Materie – durch das Bild des Feuers: Wie ein Feuer das gleiche bleibt, auch wenn die zuerst angezündete Materie verbrannt und andere nachgelegt ist, so bleibt der Leib kraft der Form der gleiche, auch wenn sich in ihm nicht mehr die ursprüngliche Materie befindet. Textbelege für dieses und ähnliche Bilder sind angeführt bei Weber (Anm. 158), 228f.

210 Weber (Anm. 158), 234, mit Hinweis auf E. Hugueny und J. Feuling.

Doch nicht erst Durandus von St. Pourçain hat – wie zumeist behauptet wird – die Fäden thomanischer Anthropologie für das Neuverständnis der resurrectio ausgezogen. Nach ersten vorsichtigen Andeutungen bei Aegidius Romanus[211] war der erste ausdrückliche Vertreter einer konsequent-thomanischen Eschatologie Petrus von Auvergne[212]; dann folgen Johannes von Paris, gen. Quidort, und Jakob von Metz[213]. Beide weilten eine Zeitlang im Dominikanerkloster St. Jacques in Paris und haben vermutlich dort diese Lehre an Durandus weitergegeben. Die Meinung, Durandus sei ihr Urheber, wurde zu Unrecht durch Suarez aufgestellt und durch ihn von der Neuscholastik übernommen und fälschlich weitertradiert. Jedenfalls ist die Überzeugung, daß die Identität des Auferstehungsleibes allein durch die Identität der Seele gegeben ist (und nicht durch die Identität derselben ehemaligen Leibesmaterie), eindeutige Konsequenz thomanischer Anthropologie.

Von dieser Feststellung her aber läßt sich fragen, warum dann Auferstehung nicht im Tod selbst stattfindet und sich mithin das ganze aporetische Konstrukt einer anima separata erübrigt? Denn im konsequent thomanischen Kontext bedeutet die Tatsache, daß der Leichnam uns doch sichtbar nach der Todestrennung erhalten bleibt, kein Argument dagegen, daß die Seele sich aufs neue und auf ganz neue (verklärte) Weise Materie zu eigen macht und also eine resurrectio corporis schon stattgefunden hat.

Dieses Problem nach dem Zeitpunkt der Auferstehung stellt sich um so mehr, als viele Scholastiker, unter ihnen auch der Lehrer des Thomas, Albert d. Gr., drei Gruppen von Auferstandenen unterscheidet: 1. Die mit Christus durch hervorstechende Heiligkeit besonders Verbundenen, wie Maria und Johannes, die ohne Verwesung sogleich zur Auferstehung gelangt sind; 2. die mit Christus gemäß Mt 27,52f. Auferstandenen; und 3. alle übrigen, die der Verwesung anheimfallen und erst am Ende der Tage auferstehen werden[214].

Wenn also prinzipiell eine sofortige Auferstehung möglich ist, warum dann nicht bei allen Menschen?

[211] Siehe dazu K. Nolan, The immortality of the soul and the resurrection of the body according to Giles of Rome, Rom 1967, 233ff.

[212] Siehe dazu Weber (Anm. 158), 238; Quellenbelege ebd. 372.

[213] Texte bei Weber (Anm. 158), 379f. und 385f.

[214] Siehe dazu W. Kübel, Die Lehre von der Auferstehung der Toten nach Albertus Magnus: Studia Albertina, FS B. Geyer, Münster 1952, 308f.

Auch wenn Thomas bezüglich der Annahme einer Voraus-Auferstehung einiger weniger schwankt[215], so hat doch die Auferstehung nach Thomas ihren eigentlichen Zeitpunkt am Jüngsten Tag. Es sind vor allem wohl die von ihm als normativ vorausgesetzten biblisch-apokalyptischen Endaussagen, die ihn hindern, auf die Frage nach einer Auferstehung im Tod positiv zu antworten[216]. Dazu kommen noch spezifische Argumente, die gegen eine Auferstehung im Tod sprechen:

(1) Gott würde, wenn er die Auferstehung sogleich im Tod stattfinden ließe, gegen seine eigene Weltordnung handeln, wonach nämlich – so die Konzeption der antiken und mittelalterlichen Kosmologie – die niederen Körper (mithin auch die Leichname) den höheren Körpern (gemeint sind die Himmelskörper) untergeordnet sind[217]. Eine Auferstehung im Tod würde mithin ein mirakulöses Durchbrechen der kosmischen Ordnung bedeuten[218]. Plausibel ist aber dieses Argument nur unter der Voraussetzung, daß die Auferweckung des Leibes als ein *sichtbares* Hinweggenommen- und Verwandeltwerden des Leichnams verstanden wird. Dann wäre eine Auferstehung im Tod in der Tat ein je neues Mirakel gegen die schöpfungsmäßige Verfaßtheit der Welt. Aber genau dieses Verständnis widerspricht einer konsequent durchgehaltenen thomanischen Anthropologie, wonach die Auferweckung des Leibes es nicht mit der numerischen Identität des früheren Leibes/Leichnams zu tun hat. Und darum dürfte es wohl nicht von ungefähr sein, daß sich dieses Argument nur im Frühwerk findet.

(2) Als zweites Argument gegen eine je im Tod stattfindende Auferstehung wird von Thomas die „unitas corporis mystici“ namhaft gemacht, die durch die *gemeinsame* Endauferstehung deutlicher

[215] Textbelege bei Weber (Anm. 158), 306f.

[216] Vielleicht kommt auch eine antijoachitische Intention hinzu, wie Weber (Anm. 158), 302, meint: „Wenn es keine Auferstehung vor der allgemeinen Neuwerdung gibt, kann es auch kein Drittes Reich oder keine tausendjährige Herrschaft auf Erden vor dem allgemeinen Ende geben.“

[217] Vgl. In sent. IV, 41, 1, 3, 1; STh suppl. 77, 1. Siehe dazu auch A. Hoffmann (Hrsg.), Auferstehung des Fleisches = Dt. Thomas-Ausgabe 35, Heidelberg u. a. 1958, 566.

[218] Damit würde – bemerkt Bonaventura ganz auf der gleichen Linie – das „meritum fidei“ beseitigt: „Multum meretur in credendo, nos remunerari, qui videmur similes bestiis in moriendo; quod si illud experimento videret (!), non haberet meritum, quia humana ratio sibi praeberet experimentum“: In sent. IV, 43, 1, 3.

zum Tragen kommt. Das „omnes simul resurgere" geschieht, „ut in communi gaudio omnium maius fieret gaudium singulorum"[219]. Dieser Beweisgang zielt also auf die Solidarität und Gemeinschaftsbezogenheit der Vollendung, die nicht in der Seligkeit des je einzelnen, sondern in der gemeinsamen communio des Reiches Gottes besteht[220].

Dieses Argument hat eine tiefe Bedeutung, zumal sich die Idee der resurrectio als communialer Vorgang sowohl bei vielen anderen Scholastikern als auch – wie immer wieder gezeigt wurde – in der altchristlichen Tradition findet. Doch damit ist nicht ausgeschlossen – wie H.-J. Weber zeigt –, „daß die Auferstehung in oder unmittelbar nach dem Sterben erfolgt. Kein [thomanischer oder überhaupt scholastischer] Grundsatz läßt sich aufzeigen, der prinzipiell eine vollmenschliche Verklärung – [„vollmenschlich" im Sinne von: Seele *und* Leib erfassend] – vor dem Ende der Zeit als unmöglich darstellt"[221]. Nach thomanischen Prinzipien *brauchten* die beiden sachlich und zeitlich auseinandergespannten Pole der Eschatologie *nicht* zu heißen: „Vollendung der Seele" – „Vollendung des Leibes" (resurrectio carnis), sondern sie *könnten* auch als „Vollendung des einzelnen" – „Vollendung der Gemeinschaft" gefaßt werden. Die Übermacht der Tradition dürfte wohl maßgeblich dafür sein, daß Thomas diese Folgerungen nicht zieht.

[219] In sent. IV, 43, 1, 3, 1, 2.

[220] Zwar ist richtig, daß Thomas seine Eschatologie *aufs ganze* gesehen eher am Individuum orientiert (siehe dazu auch S. 336f.). So formuliert R. N. Flew, The idea of perfection in Christian theology, Oxford 1934, 241: "It must be regretfully admitted that he [Thomas] seems to contemplate a *solus cum solo* beatitude" mit Hinweis auf STh I/II, 4,8, wo es heißt, daß die einzelnen sich nur „extrinsece" „de sua societate gaudent". Doch gibt es auch ganz andere Texte, welche herausstellen, daß der Himmel als Erfüllung der menschlichen Sehnsucht nach communio zu verstehen ist. Vgl. dazu vor allem R. C. Petry, The social character of heavenly beatitude according to the thought of St. Thomas Aquinas: The Thomist 7 (1944), 65–79; de Lubac (Anm. 171), 115f. Vgl. vor allem ScG IV, 50: „Finis enim omnis rationalis creaturae est ut ad beatitudinem perveniat, quae esse non potest nisi in *regno dei,* quod quidem nihil est aliud quam *ordinata societas* eorum qui divina visione fruuntur, in qua vera beatitudo consistit."

[221] Weber (Anm. 158), 344.

c) Die Entwicklung nach Thomas

Die thomanische Anthropologie fand schärfsten Widerspruch im sogenannten Korrektorienstreit, durch den sich wie ein roter Faden die Kritik an der anthropologischen Konzeption, vor allem am Seelenbegriff des Thomas zog[222]. Neben einer Reihe anderer theologischer Schwierigkeiten spielte dabei insbesondere das Problem des Auferstehungsleibes und die damit verbundene Frage nach der Legitimität der Reliquienverehrung eine gewichtige Rolle[223]. Die Gegner des Thomas beharrten darauf, daß das, was nach der Trennung der Seele zurückbleibt, ein „corpus" ist, der sein Sein nicht allein von der Seele herleiten kann, sondern eine eigene Form, die forma corporeitatis, besitzen muß. Damit stellt sich die Frage nach der Identität von Erden- und Auferstehungsleib neu.

Weder der Ablauf des Korrektorienstreites noch die darin behandelten anthropologischen Probleme können hier weiterverfolgt werden. Für unsere Fragestellung ist zweierlei festzuhalten:

(1) Im Hintergrund des Streites steht – philosophisch gesehen – ein anderes Verständnis von Materie, nämlich das einer physikalischen, der empirischen Erfahrung zugänglichen Materie. Die Thomas-Gegner betonten, die metaphysische Betrachtung dürfe die Erfahrung nicht ignorieren[224]. Gerade die Beobachtung der verschiedenen Erfahrungsebenen im Menschen führt aber zur Annahme eines Wirklichkeits- und damit eines Formenpluralismus. Th. Schneider hat im einzelnen herausgestellt, daß es nicht von ungefähr war, daß die Thomas-Gegner nicht von dem einen ganzheitlichen Existenzakt des Menschen ausgingen, sondern von Grenzphänomenen wie Zeugung, Vererbungsfragen, Wirklichkeitsstatus des Leichnams u. dgl. Damit kündigt sich an, daß jetzt, in der Zeit

[222] Siehe dazu L. Hödl, Neue Nachrichten über die Pariser Verurteilungen der thomasischen Formenlehre: Schol. 39 (1964), 178–196; ders., Geistesgeschichtliche und literarkritische Erhebungen zum Korrektorienstreit (1277–1287): RThAM 33 (1966), 81–114; ders. (Anm. 202), 536–556; Schneider (Anm. 141); Weber (Anm. 158), 150ff.

[223] Eine überzeugende Lösung des Reliquienproblems im Kontext thomanischen Denkens wird im Korrektorienstreit von Johannes v. Paris gegeben. Er versteht Reliquien als Erinnerungsstücke an das Leben und Sterben der Heiligen, die, unabhängig von der Identitätsfrage, die Funktion haben, eine Beziehung zu bestimmten Heiligen herzustellen. Siehe dazu Weber (Anm. 158), 151[179] mit Hinweis auf F. Pelster.

[224] Vgl. Schneider (Anm. 141), 127.

nach Thomas, langsam eine neue, die „neuzeitliche" Sicht der Wirklichkeit anhebt, eine Sicht, in welcher nicht der eine Seinsakt, in welchem sich der Mensch im Leib und durch den Leib in der Welt verwirklicht, maßgebend ist, sondern in welcher der Mensch als Subjekt sich den verschiedenen Erfahrungsbereichen als Objekt gegenüberstellt, diese auf den Begriff zu bringen sucht und damit notwendig auf einen Formenpluralismus stößt. Kurz: eine, am Seinsakt orientierte ontologische Sicht der Wirklichkeit wird durch eine ontisch-sachhafte, am „Wesen" orientierte Sicht abgelöst[225].

Zwar hat das Konzil von Vienne (1312) auf dem Hintergrund der Auseinandersetzungen um Petrus Johannis Olivi[226] die Einheit des Menschen in der Formel „anima – forma corporis" gelehrt, damit aber keineswegs die thomanische Anthropologie definiert, sondern eine – eben die hylemorphistische – Terminologie verwendet, die von Thomisten und Pluralisten sehr verschieden interpretiert wurde. Faktisch hat sich dann auch nach Vienne eine an Thomas orientierte „strenge Sicht der Einheit des Menschen nicht durchgesetzt . . ., ja nicht einmal eine ‚thomistisch inspirierte' Exegese der Vienner Definition. Man muß fast noch weiter gehen: Die im Gefolge der franziskanischen Anthropologie in der Kirche beharrlich sich durchhaltende ‚dualistisch' gefärbte Sicht des Menschen als

[225] Siehe dazu Seidl (Anm. 185), 550f. – Diese Umschichtung des Seinsverständnisses läßt sich deutlich bei Duns Scotus ablesen, der ähnlich wie die Gegner des Thomas im Korrektorienstreit argumentiert. Während Thomas das Sein vom actus essendi her, vom „Wirklichkeitsvollzug" und von der „Wirklichkeitsfülle" her versteht, sucht Duns Scotus das Sein von der Wesensstruktur her zu begreifen: Wenn das Wesen zusammengesetzt ist, ist auch das Sein zusammengesetzt, was eo ipso Formenpluralismus bedeutet. Siehe dazu H. Schulte, Johannes Duns Scotus: Der Mensch – Einheit in Differenz. Zur Auseinandersetzung des Duns Scotus mit der Anthropologie des Thomas v. Aquin: ThPh 49 (1974), 554–560.

[226] Vgl. dazu A. Emmen, Die Eschatologie des Petrus Johannis Olivi: WW 24 (1961), 113–144; 25 (1962), 13–48; Schneider (Anm. 141), 208ff. – Die anthropologische Konzeption des Olivi ist ein hochkompliziertes System, das die verschiedenen Ebenen des Menschseins miteinander vermitteln will. Dabei kann sich die Geistseele nur in ihrer sensitiven Potenz mit dem Leib verbinden, so daß „die anima als Gesamtform nur einen vermittelten, indirekten Formcharakter gegenüber dem Leibe hat": Schneider (Anm. 141), 233. Damit gelingt es Olivi nicht, die Einheit des pluralschichtigen Menschen überzeugend zu explizieren.

aus Leib und Seele zusammengesetzt, ist hinter der Aussage von Vienne erheblich zurückgeblieben“ [227].

Durch diese stärkere dualistische Sicht erhielt zwangsläufig die Seele und ihr postmortales Geschick eine größere Akzentuierung. Nimmt man noch hinzu, daß wenige Jahre nach dem Konzil von Vienne Papst Benedikt XII. im Jahre 1336 die Dogmatische Konstitution ›Benedictus Deus‹ (DS 1000f.) erließ, die – gegen die anderslautende Meinung Papst Johannes' XXII. – die unmittelbar nach dem Tod beginnende selige Gottesschau der Seele lehrte, so ist noch einmal mehr verständlich, daß die Seele und ihr eschatologischer Status die ganze Aufmerksamkeit auf sich zog. Die unmittelbare Seligkeit der Seele trat „so stark in das gläubige Bewußtsein, daß die Hoffnung auf die Totenerweckung mehr und mehr an den Rand des Glaubens und der Hoffnung gedrängt wurde“ [228].

(2) Hinter den thomanischen Gegnern im Korrektorienstreit stand von Anfang an bis ins 15./16. Jahrhundert hinein immer auch die Befürchtung, die These von der „anima – unica forma corporis“ führe letztlich zur aristotelischen Konsequenz einer mit dem Leib untergehenden Seele. Die Befürchtung vertraten z. B. Duns Scotus, aber auch Olivi, für den diese mögliche Konsequenz sogar einer der Anlässe war, seine spezifische Seelenlehre zu entwickeln. Und schließlich läßt sich die Linie bis Cajetan und Pomponazzi ausziehen, welch letzterer die – philosophisch begründete – Unsterblichkeit der Seele u. a. mit Hinweis auf die „Anima-forma-corporis-Lehre“ ablehnte.

Somit hatte – geschichtlich gesehen – die thomanische Anthropologie keine Chance, sich in ihren eschatologischen Konsequenzen durchzusetzen, und das heißt: die Einheit des Menschen auch in seiner Vollendung radikal zu denken und den Glauben an die resurrectio von quasi-physizistischen Auffassungen zu befreien, die – wie wir gesehen haben – Folgen altkirchlicher Apologetik waren und die auch noch die mittelalterliche Scholastik weithin bestimmten.

[227] Schneider (Anm. 141), 258.

[228] M. Schmaus, Unsterblichkeit der Geistseele oder Auferstehung der Toten?: Pro veritate, FS L. Jäger u. W. Stählin, Münster 1963, 318.

3. Neuzeit

a) Bemerkungen zum neuzeitlichen Verständnis der Relation „Unsterblichkeit der Seele – Auferstehung des Leibes"

Mit der bisher skizzierten Entwicklung war – aufs Ganze gesehen – das weitere Schicksal der theologischen Reflexion auf das Verhältnis von Unsterblichkeit und Auferstehung zunächst vorgezeichnet. Ja, die Hervorhebung der nach dem Tod einsetzenden Seligkeit (oder Verdammnis) der Seele gegenüber der endzeitlichen Auferstehung des Leibes wurde durch einen mächtigen Strang der mit Beginn der Neuzeit sich von der Theologie mehr und mehr emanzipierenden Philosophie noch gefördert.

Denn neben einer eher empirisch-aristotelischen Sicht des Menschen und seiner Seele (an die später die verschiedenartigsten materialistischen Anthropologien anknüpften[229]) ist die Zeit der Renaissance und des Humanismus durch einen vital aufflammenden Platonismus gekennzeichnet, der freilich in einem neuen Kontext steht. Während für Platon die menschliche Seele die höhere *Substanz* ist, so ist für Marsilius Ficinus die Seele das wahre *Subjekt*, „das in sich selbst steht" («la quale . . . sostiene se medesima») und für das der Leib und die leiblichen Funktionen nur „Arbeitsinstrumente" sind («strumenti ad operare»; «come per instrumenti . . . varie operazioni esercita»)[230]. In solchen Formulierungen kündigt sich das neuzeitliche Subjekt an[231], das sich allem anderen, auch seinem eigenen Leib „gegenübersetzt" und alle Wirklichkeit auf sich hin instrumentalisiert.

Von der platonischen Richtung der beginnenden Neuzeit aus führt ein direkter Weg zu Descartes. Seine radikale Aufteilung des Menschen in die Seele als „res cogitans" und den Leib als „res extensa" mit den vielschichtigen und tiefgreifenden Konsequenzen für die gesamte Neuzeit ist genugsam bekannt und braucht hier nicht weiter erörtert zu werden[232]. Gewiß will auch Descartes die

[229] Vgl. dazu O. Finger, Von der Materialität der Seele, Berlin 1961.

[230] Zit. nach S. Caramella, L'anima nell' Umanesimo e nel Rinascimento: L'anima (Anm. 86), 138.

[231] Vgl. Caramella (Anm. 230), 138: «La sua concezione dell' anima come umanità integra . . . era matura per generare la storia del soggettivismo moderno . . .: questo soggetto, l'anima umana, era la sostanza dell'esperienza.»

[232] Zum Seelenbegriff Descartes' vgl. A. Guzzo/F. Barone, Il concetto

Leib-Seele-Einheit des Menschen zur Geltung bringen[233], jedoch ist es der Systemansatz des „cogito", d. h. der Ansatz beim Menschen als denkendem Geistsubjekt, der verhindert, die *gleichursprüngliche* Einheit von Leib und Seele und ihre *wesensmäßige* Zuordnung zu erfassen: Gegen die cartesianische Entgegensetzung von Geist und Materie vermag die in der alltäglichen, vorphilosophischen Erfahrung offenbare Einheit von Leib und Seele oder auch die auf dem Wege der Reflexion gefundene Theorie einer Wechselwirkung von Seele und Leib kein adäquates Gegengewicht zu bilden.

Die von Descartes aus weitergehende philosophische Entwicklung gibt H. Schöndorf in äußerster Kürze so wieder: „Die radikale *Entgegensetzung von Materie und Geist* macht es für die nachfolgende Philosophie zu einem fundamentalen Problem, deren Einheit zu verstehen ... Denn die cartesische Lösung erwies sich als inkonsistent. Okkasionalismus, monistischer Parallelismus (Spinoza), prästabilierte Harmonie (Leibniz), Materie als Erscheinung (Leibniz, Kant), spiritualistischer (Berkeley) oder materialistischer Reduktionismus, idealistische oder materialistische Dialektik können als Versuche verstanden werden, an Descartes' Verständnis von Geist und Materie festzuhalten und dabei doch die Einheit von Mensch und Welt zu denken"[234], jene Einheit, die ihrerseits in der Einheit von Leib und Seele gründet. Insgesamt kommt im Zuge dieser wohl mächtigsten Richtung neuzeitlichen Denkens – schlagwortartig gesagt: der Geist-Philosophie – die Dimension der Leiblichkeit zu kurz. Dies aber hat unmittelbare Konsequenzen für die Vorstellung von der menschlichen Vollendung, die in der Philoso-

di anima da Cartesio a Hegel: L'anima (Anm. 86), 229–233; L. Oeing-Hanhof, „Seele" und „Geist" im philosophischen Verständnis Descartes': Kremer (Anm. 6), 84–99; J. Moltmann, Gott in der Schöpfung, München 1985, 252ff.

233 So heißt es in den Meditationes VI, 13 (= Œuvre IX, Paris 1904, 64): „Durch die Empfindungen von Schmerz, Hunger, Durst usw. lehrt mich die Natur, daß ich nicht nur so in meinem Leibe bin wie ein Seemann in seinem Boot, sondern mit ihm aufs engste verbunden und gewissermaßen vermischt bin, so daß ich mit ihm zusammen eine Einheit bilde ..." Siehe dazu auch van Peursen (Anm. 7), 25ff.

234 H. Schöndorf: E. Coreth/H. Schöndorf, Philosophie des 17. und 18. Jahrhunderts, Stuttgart u. a. 1983, 33. – Siehe dazu auch E. Coreth, Was ist der Mensch?, Innsbruck–Wien–München 1973, 148ff.

phie fast ausschließlich als Vollendung des Geistes bzw. der Seele konzipiert wird.

So ist etwa für Kant der Tod „das Aufhören der Sinnlichkeit und der Anfang des spirituellen und intellectuellen Lebens“ [235]; und hinsichtlich der Auferstehung des Leibes bemerkt er, diese könne „uns in praktischer Absicht ganz gleichgültig sein; denn wem ist wohl sein Körper so lieb, daß er ihn gern in Ewigkeit mit sich schleppen möchte, wenn er seiner entübrigt sein kann?“ [236] Er rückt eine „Palingenesis durch Resurrection“ in die Nähe eines sublimen Materialismus. „Was soll unser teigerdigter, kalkerdigter Leib im Himmel?“ [237] In der nachkantisch-idealistischen Philosophie hält man ebenso an der unsterblichen Seele – Ausdruck der unendlichen ewigen Bestimmung des Menschen, Bürger im Reich Gottes zu sein – fest und übernimmt die traditionelle Idee einer Auferstehung des Leibes allenfalls als deren bildhaft-mythologische Ausdrucks- und Darstellungsweise [238]. Auch in der aufgeklärten Religiosität des 18./19. Jahrhunderts ist der Gedanke der Seelenunsterblichkeit – zumal in einer oft extrem am Individuum orientierten Form – nahezu für alle eschatologischen Vorstellungen exklusiv leitend. D. Fr. Strauß bemerkt dazu bissig: „Den ganzen reichen Hausrath der kirchlichen Eschatologie überläßt das moderne Ich ohne sonderliche Gemüthsbewegung dem kritischen Brande, zufrieden, aus demselben seine nackte Fortdauer nach dem Tode zu retten. Mit Continuität des Bewußtseins, versteht sich; sonst würde es ja nicht als Ich fortbestehen. Dieser Unsterblichkeitsglaube ist die Seele der jetzigen Gefühls- und Verstandesreligiösität: Der gebildete Fromme läßt sich eher noch seinen Gott und Christus, als die Hoffnung auf Fortdauer nach dem Tode nehmen . . . Nach der Kantischen Sichtung der alten Ideenwelt blieben noch Gott, Freiheit und Unsterblichkeit, diese drei, aber die Unsterblichkeit ist die grösseste unter ihnen. Der Spruch des Psalmisten: Wenn ich nur dich (Gott) habe, so frage ich nichts nach Himmel und Erde . . . hat sich in der Denkweise der neueren Zeit so

[235] Kant's handschriftlicher Nachlaß = Ges. Schriften (PrAkW), Bd. XVIII, 423f.

[236] I. Kant, Der Streit der Fakultäten = WW IX (ed. Weischedel), 305.

[237] Zit. nach A. Winter, Seele als Problem in der Transzendentalphilosophie Kant's unter besonderer Berücksichtigung des Paralogismus-Kapitels: Kremer (Anm. 7), 158. In dieser Studie (100–168) auch weitere einschlägige Texte.

[238] Vgl. z. B. G. W. F. Hegel, Sämtl. Werke (ed. Glockner) XVI, 312f.

umgekehrt, daß es jetzt heißt: Wenn ich nur mein Ich in Sicherheit habe, so frage ich nichts nach Gott und Welt"[239].

In diesem geistigen Klima stand auch die kirchliche Theologie, wo sie sich allzusehr auf den „geist-philosophischen" Trend der Neuzeit einließ, in Gefahr, entweder die Auferstehung (des Leibes) auf eine Unsterblichkeit (der Seele) umzuinterpretieren (wobei ein idealistisch verstandener Platon zumeist das begriffliche Rüstzeug lieferte) oder der Auferstehung als vom Glauben her gefordertes Bekenntnis einen allenfalls nur marginalen Rang einzuräumen. Dabei dürfte die evangelische Theologie, weil sie insgesamt enger mit der neuzeitlichen Philosophie verbunden war, sich eher auf diese reduktive „Seelen-Eschatologie" eingelassen haben. Doch blieb auch die katholische Theologie davon nicht ungeschoren, zumal hier die dogmatische Tradition (vor allem ›Benedictus Deus‹, dann aber auch die exklusive Behandlung der Seele auf dem 5. Laterankonzil) der Seelenunsterblichkeit ein solches Gewicht gegeben hatte, daß die Hoffnung auf Auferstehung demgegenüber zurücktrat oder – vor allem in der Aufklärungstheologie (F. Oberthür!) – auf eine Seelenunsterblichkeit hin uminterpretiert wurde[240]. Dort aber, wo man noch die Wirklichkeit von Auferstehung herausstellte – so z. B. im Zusammenhang mit der Auferstehung Jesu –, stand sie in einem dezidiert (anthropologisch-)dualistischen Kontext[241].

Blickt man in die entsprechenden Kapitel vieler katholischer

[239] D. Fr. Strauß, Christliche Glaubenslehre, Bd. II, Tübingen 1841, 697. Ähnlich auch C. Stange, Die Unsterblichkeit der Seele, Gütersloh 1925, 11. – Diese übertreibende „Zusammenfassung" wird freilich den meisten Philosophen und Theologen dieser Zeit nicht gerecht, so z. B. nicht dem wohl bedeutendsten Theologen des 19. Jahrhunderts Schleiermacher. Beim frühen Schleiermacher der „Reden" hat Unsterblichkeit, die „als Surrogat für den in diesem Umkreis gänzlich deplazierten und deshalb gar nicht auftauchenden Auferstehungsbegriff verwendet" wird, nichts mit dem Interesse am Fortbestand des Individuums zu tun, sondern mit dem fühlenden „Einswerden" und Aufgehen im Universum: H. Thielicke, Glauben und Denken in der Neuzeit, Tübingen 1983, 233f. Demgegenüber begründet der spätere Schleiermacher die Hoffnung auf (persönliche) Unsterblichkeit von der Christologie her (siehe ebd. 252ff.).

[240] Siehe dazu P. Müller-Goldkuhle, Die Eschatologie der Dogmatik des 19. Jahrhunderts, Essen 1966, 25–88. Siehe ferner S. 296 dieser Studie.

[241] Dies ging so weit, daß selbst in den Katechismen bis unmittelbar in die Zeit des II. Vatikanischen Konzils hinein Formulierungen zu finden sind wie „Welches Wunder hat Jesus am dritten Tage nach seinem Tode gewirkt? [Antwort:] Am dritten Tage nach seinem Tode vereinigte Jesus seine

Dogmatiken, schien an der Auferstehung nicht so sehr ein existentielles als vielmehr ein spekulatives Interesse zu haften, da hier vorwiegend das uralte Identitätsproblem von Erden- und Auferstehungsleib mit riesigem gedanklichem Aufwand verhandelt wurde[242]. Was P. Althaus vom evangelischen Raum bemerkt[243], gilt ebenso auch vom katholischen, daß nämlich im 17. Jahrhundert und – so muß man hinzufügen – weit bis in das 20. Jahrhundert hinein „verschwindend wenig [Kirchen-]Lieder von der Auferstehung und vom Jüngsten Tag“ handeln, „man singt vom Tode, vom Heimgang, vom ewigen Leben“!

Eine gewisse „Unterbrechung“ dieser gegen Mitte des 14. Jahrhunderts einsetzenden und in der Neuzeit sich mehr und mehr stabilisierenden Herausstellung der Seelenunsterblichkeit (und Marginalisierung der resurrectio) findet sich bei *Martin Luther*. Zwar vertritt auch Luther mit Nachdruck – wenngleich mit neuen Akzenten (S. 294f.) – die Unsterblichkeit der Seele. So heißt es noch in seiner letzten Promotionsdisputation vom Juli 1545: „Die Seele des Menschen ist unsterblicher Geist, der nach der Vernichtung des Körpers überlebt ... Unsterblich ist er nicht aus sich heraus, sondern per

Seele wieder mit dem Leibe und stand glorreich von den Toten auf“: Katholischer Katechismus der Bistümer Deutschlands, Freiburg 1955, 62.

242 Für die traditionelle Behandlung der Identitätsproblematik siehe zuletzt F. Segarra, De identitate corporis mortalis et corporis resurgentis, Madrid 1929. Weitere Beispiele bei W.-R. Schmidt, Die Eschatologie in der neueren römisch-katholischen Theologie von der Schuldogmatik bis zur „politischen Theologie“, Diss. FU, Berlin 1974, Bd. I, 28ff. Noch 1960 kann man in der Dogmatik von J. Pohle/J. Gummersbach, Lehrb. d. Dogmatik, Bd. III, Paderborn 1960, 715, lesen: „Nicht als ob der Mund, der Eßschlund und die inneren Verdauungswerkzeuge zerstört würden – alles dies gehört ja zur Identität und Integrität des Auferstehungsleibes –, sondern sie werden nur außer Wirksamkeit gesetzt. Was dagegen die *sensitiven* Sinnesverrichtungen angeht, so bleiben namentlich die höheren Sinne, *Auge und Ohr*, in Tätigkeit, um sich am erhebenden Anblicke des Erlösers und seiner heiligsten Mutter und aller Mitauferstandenen sowie an den entzückenden Gesängen und heiligen Reden der Seligen zu erbauen und zu ergötzen.“

243 P. Althaus, Die letzten Dinge, Gütersloh [10]1977, 155[2]. – Differenzierteres über die Entwicklung im evangelischen Bereich findet sich bei F. W. Kantzenbach, Leib und Seele in der Auferstehungshoffnung der nachreformatorischen Zeit: Christliches ABC heute und morgen, Heft 5/1984, 39–47 (Lit.).

accidens, weil nämlich Gott gewährt, daß der Teil der menschlichen Natur, in den er sein Bild hineingelegt hat, nicht sterblich ist, sondern nach dem Tod des Körpers lebt, auf daß er in der Zwischenzeit, während der Körper schläft und bis er auch dem Leib, der aus der gleichen Materie entstanden ist, beim Jüngsten Gericht Unsterblichkeit verleiht, von der Seele gelobt werde“ [244]. Das klingt traditionell. Doch auf der anderen Seite steht bei Luther in einer mit den eben angeführten Aussagen kaum zu vereinbarenden Spannung die Redeweise vom *Todesschlaf*, der unmittelbar mit dem Sterben des Menschen einsetzt und in den Jüngsten Tag einmündet [245]. Luther benutzt dieses Bild, um unter Ausschaltung irdischer Zeitvorstellungen die Unmittelbarkeit des Menschen zu Auferstehung, Gericht und Gottesbegegnung zu thematisieren. „Weil nun vor Gottes Angesicht keine Rechnung der Zeit ist, so müssen tausend Jahre für ihn sein, als wäre es ein Tag. Darum ist ihm der erste Mensch Adam ebenso nah als der zum letzten wird geboren werden vorm Jüngsten Tag . . . So stirbt nun der Mensch, der Leib wird begraben und verweset, liegt in der Erden und weiß nichts. Wenn aber der erste Mensch am Jüngsten Tage auferstehet, wird er meinen, er sei kaum eine Stund gelegen. Da wird er sich umsehen und gewahr werden, daß so viel Leut vor ihm geboren und nach ihm kommen sind, davon er nichts gewußt hat . . . Darumb sollt ihr gerüstet sein auf den Jüngsten Tag, denn er wird einem jeglichen nach seinem Tod bald genug kommen, daß er sagen wird: Siehe, bin ich doch erst jetzt gestorben“ [246]. Deshalb gilt auch: „Quando

[244] WA 39, II, 400f. – Weitere ähnliche Texte sind angeführt bei F. Heidler, Luthers Lehre von der Unsterblichkeit der Seele, Erlangen 1983, 46ff. Vor allem ist hier der Nachruf Luthers auf seinen Freund Urbanus Rhegius aus dem Jahr 1541 hervorzuheben. In diesem heißt es, daß dieser unser Urbanus „selig ist und das ewige Leben und die ewige Freude hat in der Gemeinschaft Christi und der himmlischen Kirche, da er jetzt(!) selbst lernt, sieht und hört, worüber er hier nach Gottes Wort gehandelt hat. . . . Er hört jetzt(!) die ersten Doktoren und Christus, der sie auslegt, freut sich, daß sein Glaube mit dem Wort Christi selbst und dem der Väter übereinstimmt, dankt Gott für das geschenkte Wahrheitslicht, durch das, bevor er sich von hier trennte, in ihm die Sünde zerstört wurde und das ewige Leben seinen Anfang genommen hat“: WA 53, 400.

[245] Texte bei E. Kunz, Protestantische Eschatologie von der Reformation bis zur Aufklärung = HDG IV/7c–1, Freiburg–Basel–Wien 1980, 18f.; Heidler (Anm. 244), 49ff.

[246] Die ander Epistel S. Petri . . . = WA 14, 70f.

mortui sumus, quisque suum habebit extremum diem"[247]. Das Bild vom Todesschlaf verdeutlicht mithin die unmittelbare Angrenzung des Lebens und Sterbens an das Auferstehungsgeschehen des Jüngsten Tages.

Offenbar sucht Luther durch das Bild vom Todesschlaf den neutestamentlichen Aussagen gerecht zu werden, die von der Vollendung des Menschen unter der Bezeichnung „Auferstehung" sprechen, ohne über den Zwischenzustand und erst recht über den Zwischenzustand einer leiblosen Seele zu reflektieren. Denn im Kontext der Rede vom Todesschlaf heißt die eschatologische Vorstellung nur „Auferstehung". Durch die Konzeption vom Todesschlaf wird mithin – gleich einem Husarenritt – die in der Geschichte gewachsene und jahrhundertelang vertretene Zweiteilung der Eschatologie wieder auf ihr biblisches Zentrum „Auferstehung" zurückgenommen[248].

Doch wie verhalten sich dazu die anfangs wiedergegebenen Aussagen über die Unsterblichkeit der Seele, von der Luther sogar sagen kann: „Da mus ein nerrische seel sein, wenn die im hiemel were, das sie des leibs begeren wolte!"[249]

Die hier zutage tretenden Widersprüche bei Luther sind nicht zu lösen, sei es weil er – so P. Althaus[250] – „eine bestimmte Lehre [über den Zwischenzustand] nicht gehabt" hat oder weil – wie F. Heidler bemerkt[251] – seine Lehre „nicht durchreflektiert" ist.

Doch sind gerade die Aussagen Luthers über den Todesschlaf mit ihrer exklusiven Hervorhebung der Auferstehung – eine Konzeption, die zunächst weder von den anderen Reformatoren noch von der altprotestantischen Orthodoxie übernommen wurde – *ein* Motiv unter anderen für eine Neuorientierung der Lehre von der

[247] Ebd. 71.

[248] Dabei zieht Luther die Redeweise „Auferstehung des *Leibes*" vor. So heißt es im Großen Katechismus, Art. 3: „Daß aber hier [im Apostolicum] ‚Auferstehung des Fleisches' steht, das ist auch nicht gut Deutsch geredet. Denn wenn wir Deutschen ‚Fleisch' hören, denken wir nicht weiter als an die Fleischerläden (non ulterius cogitamus quam de macello). Auf recht Deutsch aber würden wir so sagen: ‚Auferstehung des Leibes (oder Leichnams)'. Doch kommt darauf nicht viel an, wenn man nur die Worte recht versteht."

[249] Tischreden = WA TR 5, 219.

[250] Althaus (Anm. 243), 146.

[251] Heidler (Anm. 244), 51.

resurrectio, die zunächst in der evangelischen Theologie des 20. Jahrhunderts einsetzte.

b) Resurrectio in der evangelischen Theologie des 20. Jahrhunderts

Die liberale evangelische Theologie des 19. Jahrhunderts verstand das Christentum vornehmlich als einen, ja den entscheidenden sittlichen, religiös-kulturellen Faktor von Welt und Gesellschaft. Ihre Eschatologie war bestimmt von der Idee einer innerweltlichen Verwirklichung des Gottesreiches in edler Menschlichkeit[252]. So war es kein Wunder, daß diese Theologie „im Grunde keine Auferstehungstheologie entfaltete, daß sie an dieser Wahrheit mehr oder weniger achtlos vorüberging“[253]. Dagegen fügte sich die Überzeugung von der unsterblichen Seele, die den Tod als harmonischen Übergang von diesem zum künftigen Leben verstand, adäquat in ein durch Kontinuität ausgezeichnetes theologisches Denken ein. Aber aus dem Christusereignis folgen nicht nur ethische Impulse zur besseren Gestaltung des Lebens. Es ist wesenhaft durch Diskontinuität ausgezeichnet, da es ein neues Sein und neues Leben gewährt im Bruch zum alten und vergangenen. Diese Urwahrheit des christlichen Glaubens setzte sich in der krisengeschüttelten Zeit um den Ersten Weltkrieg herum, in einer Zeit, welche ohnehin das Lebensgefühl der liberalen Theologie in Frage stellte, erneut durch und führte zunächst im evangelischen Lager zu einer Neuorientierung der Eschatologie. Diese wurde noch unterstützt durch eine neue *Hinwendung zu Luther*, durch die *historisch-kritische Exegese* (die einen deutlichen Gegensatz zwischen uneschatologischer Aufklärungsfrömmigkeit und biblischer Eschatologie sowie zwischen hebräischer und griechischer Anthropologie herausstellte) und nicht zuletzt durch den seitens der *dialektischen Theologie* hochstilisierten Gegensatz zwischen Religion/Philosophie auf der einen und Glaube auf der anderen Seite. Es gab aber auch Gründe nichttheologischer Art, wie z. B. die durch die *neuzeitliche Metaphysikkritik* und die *modernen Naturwissenschaften* entstandene Infragestellung eines ontologisch-substantiellen See-

[252] Siehe dazu E. Fastenrath, In vitam aeternam, St. Ottilien 1982, 80–107.

[253] L. Scheffczyk, Auferstehung. Prinzip christlichen Glaubens, Einsiedeln 1976, 229.

lenverständnisses, das der Idee der Unsterblichkeit den Boden entzog. Dieses ganze, höchst komplexe Motivbündel führte zu einer These, die in der Folgezeit geradezu das Schibboleth neuerer evangelischer Eschatologie wurde: „Auferstehung des Leibes und nicht Unsterblichkeit der Seele!" [254]

Bei vielen evangelischen Theologen steht die Alternative Unsterblichkeit – Auferstehung im größeren Kontext einer spezifisch protestantischen Soteriologie. Unsterblichkeit (der Seele) würde Ausdruck der eingebildeten Selbstmacht des Menschen sein, über sein Dasein selbst verfügen und dessen Todeslinie aus eigenem Können und Vermögen überspringen zu können, während der Glaube an die Auferstehung der Toten bekennt, daß der Mensch vor Gott *grundsätzlich* im Tod, ja im Nichts steht und durch Gnade allein, d. h. durch eine „nova creatio ex nihilo", wahres Leben erhält. Diese Grundsituation des Menschen vor Gott kommt angesichts seines *leibhaftigen* Todes am deutlichsten heraus. Ganz und gar erfaßt der Tod den Menschen. Er bedeutet annihilatio, Vernichtung. Es gibt nichts, was den Tod – ihn im Grunde nur verharmlosend – überdauert, kein unbetroffener Personkern, keine Seele, nichts. Die philosophischen Unsterblichkeitslehren sind darum Chimären und Narkotika, welche durch leere, nichtssagende Beschwichtigungen die Angst vor der Vernichtung des Todes nehmen wollen [255]. Über den Abgrund des Todes vermag allein die unverfügbare erweckende Kraft Gottes zu retten, die sich an Jesus Christus

[254] Nach A. Ahlbrecht, Tod und Unsterblichkeit, Paderborn 1964, 12f., driften zum erstenmal bei Th. Kliefoth, Christliche Eschatologie, Leipzig 1886, Unsterblichkeitslehre und Auferstehungshoffnung auseinander und werden zu Gegensätzen. Siehe dazu reichliches Material in der genannten Arbeit von Ahlbrecht, sowie bei Schmaus (Anm. 228), 311–337; G. Greshake: Das Verhältnis „Unsterblichkeit der Seele" und „Auferstehung des Leibes" in problemgeschichtlicher Sicht, in: Greshake/Lohfink (Anm. 11), 98–113 (Lit.).

[255] Darauf wiesen nicht nur die evangelischen Theologen hin, darauf hatte u. a. auch schon F. Rosenzweig hingewiesen, der sein Werk ›Der Stern der Erlösung‹, Heidelberg 1954, 7f. mit den Worten beginnt: „Vom Tode, von der Furcht des Todes hebt alles an ... Aber die Philosophie leugnet diese Ängste der Erde. ... Sie läßt den Leib dem Abgrund verfallen sein, aber die freie Seele flattert darüber hinweg. Daß die Angst des Todes von solcher Scheidung in Leib und Seele nichts weiß, daß sie ich, ich, ich brüllt und von der Ableitung der Angst auf einen bloßen ‚Leib' nichts hören will – was schert das die Philosophie ... Die Philosophie lächelt zu all dieser Not ihr leeres Lächeln und weist mit ausgestrecktem Zeigefinger

wirkmächtig erwiesen hat. Sein Sterben, das ganz anderer Art war als das des Sokrates, weist nicht nur auf das völlig disparate christliche und philosophische Todesverständnis hin, sondern auch auf die Unvergleichlichkeit der Hoffnungskonzepte. Hie, bei Sokrates, der „schöne Tod", „der Tod als Freund der Seele", der in wunderbarer Harmonie gestorben wird in der Sicherheit, kraft der unsterblichen Seele den Tod zu überwinden. Dort, bei Jesus, der Tod als Katastrophe, vor der geweint, gezittert, geschrien wird. Hie harmonischer Übergang, dort Vernichtung und Neuschöpfung. Aber eben nur so Neuschöpfung, weil vorher Vernichtung[256]. Christliche Hoffnung baut auf den Auferstandenen und nicht auf eine irgendwie geartete Seelenunsterblichkeit. „Auferstehung: das ist das *gesprengte* Grab (aber eben das vorher auch *benutzte* Grab); Unsterblichkeit: das ist das verleugnete Grab", bemerkt H. Thielicke[257].

Während der Tod somit den Menschen ganz und gar vernichtet, bleibt doch eines: Gottes Treue, d. h. ein Verhalten Gottes zum Menschen, das freilich auf menschlicher Seite keinen Beziehungsträger hat. Die Formulierung, die Karl Barth in seiner Kirchlichen Dogmatik gebraucht: Was vom Menschen bleibt, ist „weder ein göttliches noch ein geschöpfliches Etwas, sondern ein *Tun* und *Verhalten* des Schöpfers seinem Geschöpf gegenüber"[258], darf beispielhaft stehen für den größten Teil gegenwärtiger protestantischer Theologie. Die schroffe Entgegensetzung von Unsterblichkeit und Auferstehung hat sich – wie der evangelische Theologe W. Trillhaas behauptet – „in der letzten Generation bis zu einer selbstverständlichen These verstärkt, welche jeder Theologe [= protestantischer Theologe] zu vertreten hat"[259].

das Geschöpf, dem die Glieder in Angst um sein Diesseits schlottern, auf ein Jenseits hin, von dem es gar nicht wissen will."

256 Siehe zu dieser Gegenüberstellung von Sokrates und Jesus: O. Cullmann, Unsterblichkeit der Seele oder Auferstehung der Toten?, Stuttgart–Berlin ³1964, 29; E. Jüngel, Tod, Stuttgart–Berlin 1971, 57ff.

257 H. Thielicke, Tod oder Leben, Tübingen 1946, 100.

258 K. Barth, Kirchliche Dogmatik, Bd. II, 2, Zollikon–Zürich ⁴1959, 428.

259 W. Trillhaas, Einige Bemerkungen zur Idee der Unsterblichkeit: NZSTh 7 (1965), 146. – Dieses Urteil wird auch durch die Arbeit von Ahlbrecht bestätigt. Jedoch scheint sich hier gegenwärtig ein Wandel zuzutragen. So urteilt z. B. H. Thielicke, Der evangelische Glaube, Bd. III, Tübingen 1978, 550–552, in diesem Punkt sehr viel vorsichtiger als in seinen

Wenn aber der Mensch im Tod ganz und gar vom Nichts erfaßt und allein durch Gottes erweckende Macht wieder neu ins Dasein gestellt wird: was ist dann zwischen Tod und Auferweckung? Die Antworten der evangelischen Theologie sind unterschiedlich. Einige Theologen, z. B. C. Stange, E. Brunner u. a., vertraten eine Auffassung, die auch von einigen katholischen Theologen übernommen wurde, daß nämlich jeder Sterbende aus der Zeit in die Zeitlosigkeit Gottes hineinstirbt und so mit dem Tod sofort den Jüngsten Tag und die resurrectio erreicht. Andere evangelische Theologen nehmen eine zeitliche Erstreckung zwischen Tod und Auferstehung an. Aber was ist in dieser Zeit mit den Toten? Gelegentlich wird dieser Zwischenzustand im Anschluß an Luther als eine Art Seelenschlaf ausgelegt (P. Althaus[260], O. Cullmann, H. Thielicke). Für viele andere dagegen ist und bleibt der Mensch

früheren Schriften. Ebenso auch G. Ebeling, Dogmatik des christlichen Glaubens, Bd. III, Tübingen 1979, 458f.: „Wenn man das biblische Verständnis von Auferstehung mit aller Schärfe gegen den Gedanken der Unsterblichkeit der Seele meint ausspielen zu müssen, so trifft man damit zwar die griechisch-philosophische Fassung, nicht aber ohne weiteres die traditionelle theologische Verarbeitung dieses Gedankens." – W. Stählin, Symbolon, Bd. II, Stuttgart 1963, 111, bemerkt: „Die Rede vom Ganztod ist ein erschreckendes Beispiel für die Gefahr, der die Theologie immer wieder erlegen ist, in der Abwehr eines Irrtums in einen entgegengesetzten Irrtum zu verfallen, also anstelle einer Irrlehre eine neue Irrlehre zu setzen." Und A. Köberle, Das griechische und das biblische Verständnis von Seele: Christliches ABC heute und morgen, H. 5/1984, 45f., stimmt ihm zu. Positiv zu „Seele" als Ausdruck der Kontinuität zwischen sterblichen und auferweckten Menschen steht auch Kantzenbach (Anm. 241), 44f. Erst recht bricht mit dem oben dargestellten Unisono F. Heidler, Die biblische Lehre von der Unsterblichkeit der Seele, Göttingen 1983 (eine, was die exegetischen Begründungen angeht, allerdings eher fundamentalistische Studie).

[260] Allerdings hat Althaus seine Einstellung in diesem Punkt verschiedentlich modifiziert. In der letzten Auflage seines Werkes ›Die letzten Dinge‹ lehnt er eine Zwischenzustandslehre ausdrücklich ab: „Gibt man der . . . Auferstehung ihre volle Bedeutung, so muß die Lehre von der Lebendigkeit im Zwischenzustande preisgegeben werden. Hält man aber diese Lehre fest, so verliert der Jüngste Tag mit der Auferstehung . . . jeden Ton . . . Die aus dem Spätjudentum überkommene Vorstellung eines Zwischenzustandes ist der Schlupfwinkel für den Platonismus, für den Dualismus und Individualismus der hellenistischen Eschatologie geworden und geblieben" (155, 157).

im Tod vernichtet und Gott in dieser „Zwischenzeit" bis zur Auferweckung der – so H. Ott – „einzig in Frage kommende Sinn-Träger" des durch den Tod vernichteten menschlichen Daseins[261] (ähnlich auch: K. Barth, E. Jüngel).

c) Auferstehung und Unsterblichkeit in der katholischen Theologie des 20. Jahrhunderts

Die katholische Theologie, deren Eschatologie-Traktat um die Jahrhundertwende und in den ersten Dezennien dieses Jahrhunderts zunächst ohne ausdrücklichen Kontakt mit der evangelischen Eschatologie entfaltet wurde[262], hat im allgemeinen die schroffe Kontrastierung von Unsterblichkeit und Auferstehung sowie die Ablehnung der ersteren nicht geteilt[263], sondern sich seit den fünfziger Jahren kritisch mit der protestantischen Position auseinandergesetzt[264]. Dabei wurden vor allem folgende Überlegungen vorgetragen:

(1) Nach katholischem Schöpfungsverständnis ruft Gott das Geschöpf unwiderruflich ins „Eigene", in die Selbständigkeit, und zugleich in die unausweichliche Beziehung zu ihm. Diese Unwiderruflichkeit und Unausweichlichkeit kann auch der Tod nicht zu-

[261] H. Ott, Eschatologie, Zollikon 1958, 53.

[262] Zur katholischen Eschatologie des 20. Jahrhunderts vgl. die umfangreiche Arbeit von Fastenrath (Anm. 252).

[263] Als eine der wenigen Ausnahmen vgl. den Beitrag von Abt Athanasius Polag, der ausgerechnet in der Osterausgabe einer Kirchenzeitung (Paulinus, 1970, Nr. 13, 2) in einem Leitartikel „Seine Auferstehung und unser Tod" schrieb: Die Sünder „sind dem Tod verfallen. Das Gegenteil vom Leben bei Gott ist der Tod, das völlige Ausgelöschtwerden [!]. Für Paulus gibt es kein Zwischending zwischen Tod und Leben. Entweder man wird bei Gott leben, oder man ist dem Erlöschen, dem Verschwinden preisgegeben". Dagegen in Nr. 20, 10 der gleichen Kirchenzeitung der Beitrag von B. Weiß, Ist der Sünder dem Erlöschen und Verschwinden preisgegeben?, der auf die „Besorgnis und Unruhe" Bezug nimmt, die der erstgenannte Beitrag geweckt hat. Siehe ferner S. 39[83].

[264] Siehe dazu M. Schmaus, Unsterblichkeit der Geistseele oder Auferstehung der Toten: Universitas 14 (1959), 1241–1250; ders. (Anm. 228), 311–337; J. Pieper, Tod und Unsterblichkeit: Pro veritate (Anm. 228), 274–293; Ahlbrecht (Anm. 254); Greshake (Anm. 11); W. Breuning, Systematische Entfaltung der eschatologischen Aussagen: MySal. V, 876–881.

nichte machen, da Gottes Ruf und Wille stärker sind als er. Darum ist der Mensch unvergänglich. Seine Unvergänglichkeit hat also ihren Grund nicht in einer Art Wesenstand des Menschen, über den er gleichsam verfügen könnte, sondern in dem von Schöpfung her begonnenen und vom Christusereignis her trotz menschlicher Schuld und Sünde unrücknehmbar bestätigten Dialog Gottes mit dem geistbegabten Geschöpf (s. auch S. 302 ff.).

(2) Ohne Annahme eines – von Gott gewollten und gewirkten – „Kontinuums" (unvergängliche Seele) kann die Identität zwischen irdischer und postmortaler Existenz nicht zureichend gedacht werden. Wer meint, „im Tod werde der Mensch in dem Sinn ‚ganz' zerstört, daß er schlechthin aufhöre zu sein, der kann dann auch nicht mehr von einer ‚Auferweckung', sondern nur noch von der Erschaffung eines anderen Menschen an der Stelle des ersten sprechen, mag dieser neue dem alten noch so ähnlich sein" [265].

(3) Die Überzeugung von der Unvergänglichkeit der Seele bedeutet keine Verharmlosung des Todes. Denn es ist wirklich der Mensch und nicht ein Teil des Menschen, der stirbt. Darüber hinaus steht gegen alle Verharmlosung der in der Heiligen Schrift – aber auch schon bei Platon (was vielfach übersehen wird) – mit dem Tod aufs engste verbundene Gerichtsgedanke. Gerade dieser hebt den bedrohlichsten Aspekt des Todes hervor, viel schärfer als jede Ganztod-Theorie, die zudem in kaum lösbare Aporien kommt [266].

(4) Für katholisches Verständnis gründet Hoffnung über den Tod hinaus nicht *ausschließlich* in der Offenbarungsbotschaft, sondern sie besitzt einen Bezugspunkt im menschlichen Erkennen, wie sie auch einen Bezugspunkt im menschlichen Sein hat, und darum kann sie sich auch durch die Idee einer philosophisch gewonnenen Unsterblichkeit plausibel machen und denkerisch verantworten [267] (s. S. 277–324).

[265] G. Haeffner, Jenseits des Todes: StdZ 193 (1975), 777.

[266] Wenn nämlich die Identität des Menschen über den Tod hinaus allein durch Gott selbst vermittelt wird, ist radikale Verantwortung über den Tod hinaus kaum noch verstehbar zu machen. Was ist mit denen, die ihr Leben schuldhaft pervertiert haben? Wird auch die Identität des pervertierten geschöpflichen Seins in Gott selbst bis zur Auferweckung aufgehoben? Ein nur schwer vollziehbarer Gedanke!

[267] Umgekehrt führt die Eliminierung des Unsterblichkeitsgedankens letztendlich auch zur Krise des Auferstehungsglaubens. Zu Recht schreibt dazu F. Wintzer, Auferstehung III: TRE IV, 539: „Die Erosion des Auferstehungsglaubens in der Neuzeit hängt, frömmigkeitsgeschichtlich gese-

(5) In der Gezweiung von Seelen-Unsterblichkeit und resurrectio carnis läßt sich die Vollendung des Menschen, der *wesenhaft* immer zugleich Individuum und ens sociale ist, in ihrer – auch eschatologischen – Doppelpoligkeit verstehbar machen.

Somit gibt es in der katholischen Theologie eine vielfache Zuordnung von Unsterblichkeit und Auferstehung. Dennoch bedeutete die protestantische Alternative „Auferstehung contra Unsterblichkeit" insofern eine Herausforderung, als man sich fragen lassen mußte, ob im eigenen Haus nicht die Seelenunsterblichkeit existentiell überpointiert ist und ob die Unterbewertung der Auferstehung, die im gängigen Glaubensbewußtsein vielfach nur als „Hinzufügung des Leibes" zur ohnehin seligen Seele verstanden wird, nicht schriftwidrig, gedanklich oberflächlich und dualismusfördernd ist.

Diese Herausforderung sowie die vertiefte Kenntnisnahme des exegetischen und dogmengeschichtlichen Befundes führte bei nicht wenigen neueren katholischen Theologen zur These von einer „Auferstehung im Tod".

Die These nahm in diesem Jahrhundert ihren leisen Anfang bei Romano Guardini, der gegenüber dem aporetischen Gedanken einer leiblosen postmortalen Seele erwog, ob der Leib nicht „in der Seele" sei, insofern diese ihn als Stoff und Frucht ihres geschichtlichen Daseins enthalte[268]. Einen weiteren Fortgang erfuhren solche

hen, mit der Bestreitung des Unsterblichkeitsgedankens zusammen. Die Synthese von Auferstehungsglauben und Unsterblichkeitsgedanken charakterisiert ja ... nicht nur eine philosophische Verfremdung des christlichen Glaubens. Die höchst abstrakte Vorstellung von der Unsterblichkeit der Seele ... hatte ... die Funktion, die christliche Hoffnung mit den Mitteln einer dichotomischen Anthropologie als denkmöglich zu erweisen. Darum kann die theologische Kritik des Unsterblichkeitsgedankens die Bestreitung des Auferstehungsglaubens nicht verhindern ... Die rationalen Gründe, die gegen die Unsterblichkeit als ‚Fortleben nach dem Tode' aufgeboten werden, richten sich partiell ebenfalls gegen den Glauben an die Auferstehung der Toten."

268 Siehe dazu R. Guardini, Die letzten Dinge, Würzburg ^{5}1952, bes. 59: Man könnte sagen, „der Leib sei ‚in der Seele', und damit meinen, diese enthalte ihn als Mittel ihres Wirkens, als Offenbarung ihrer Verborgenheit, als Ort, Situation und Stoff ihres geschichtlichen Daseins, Gestalt, Handlung. Gestalt und Schicksal des Leibes sind der Lebendigkeit der Seele eingegeben. Wenn sich also beim Tode die Seele vom Körper

Überlegungen in der um das Dogma von der „leiblichen Aufnahme Mariens in den Himmel“ (1950) sich bewegenden theologischen Arbeit, bis dann in den sechziger Jahren die These von der Auferstehung im Tod – nicht ohne vorwärtsweisende Beiträge von J. Ratzinger[269] – weiteren Fuß faßte[270] und sich auch in einigen offiziösen kirchlichen und theologischen Texten niederschlug[271]. Dem-

trennt, dann streift sie den Leibesbereich nicht einfach von sich weg und aus sich hinaus. Sie wird kein Engel, sondern bleibt Menschenseele. Als solche trägt sie den Leib in sich. Daß sie die Voraussetzung seines Lebens war und ihrerseits sich in seinem Leben ausgewirkt hat, bleibt in ihr ...“ Allerdings spricht Guardini gleichwohl noch von einer Auferweckung der Toten, die an die Wirklichkeit der Seele, die den Leib in ihre eigene Wirklichkeit aufgenommen hat, anknüpft. Siehe dazu Schmidt (Anm. 242), 124f.; Fastenrath (Anm. 252), 785–790.

[269] Vgl. dazu J. Ratzinger, Auferstehung: SM I, 397–402; ders., Einführung in das Christentum, München ^{2}1968, 289–300. Dazu Sonnemans (Anm. 4), 434–440.

[270] Vertreter einer „Auferstehung im Tod“ sind genannt bei M. Dumais, Résurrection au moment de la mort?: L. Audet u. a., Résurrection. Espérance humaine et bon de Dieu, Paris u. a. 1971, 68f. (Lit.); Breuning (Anm. 264), 883f.; Greshake (Anm. 254), 118f. Über die bereits hier genannten Theologen hinaus ist noch auf folgende Vertreter einer „Auferstehung im Tod“ hinzuweisen: B. Lagrange/M. Oraison, ailleurs existe ... La résurrection, Paris 1969, 101f. Hier heißt es sogar: «Penser que la résurrection des morts, donc la nôtre, est immédiate et co-incide avec la mort n'est nullement embarrasant du point de vue théologique. Or, c'est la seule conception admissible pour notre réflexion moderne» (102). Ähnlich pointiert auch P. Masset, Immortalité de l'âme, résurrection des corps: NRTh 105 (1983), 337, der als Vertreter dieser Meinung noch auf F. Varillon, Joie de croire, joie de vivre, Paris 1981, 173–191 verweist. Zu nennen ist weiter: G. Bachl, Über den Tod und das Leben danach, Graz–Wien–Köln 1980, 127f.; in modifizierter Form auch J. L. Ruiz de la Pena, Die Frage des „Zwischenzustandes“: ThGw 15 (1972), 94–97. Auch H. U. v. Balthasar, Pneuma und Institution. Skizzen zur Theologie, Bd. IV, Einsiedeln 1974, 445, scheint dem Gedanken einer „Auferstehung mitten in der ablaufenden Weltgeschichte“ positiv gegenüberzustehen.

[271] Vgl. Glaubensverkündigung für Erwachsene = Deutsche Ausgabe des Holländischen Katechismus, Nijmegen–Utrecht 1968, 524f.; Neues Glaubensbuch. Der gemeinsame christliche Glaube, hrsg. v. J. Feiner u. L. Vischer, Freiburg u. a. ^{2}1973, 540–542. Kritisch zu den diesbezüglichen Aussagen des „Holländischen Katechismus“ äußert sich: G. Bevaud, La résurrection des corps commence-t-elle immédiatement après la mort?: Civitas 25 (1969), 74–76.

gegenüber stellte die 1977 erschienene Eschatologie von J. Ratzinger[272], in der er eine Reihe früherer Positionen revozierte, sowie das ›Römische Lehrschreiben über einige Fragen der Eschatologie‹ vom 17. 5. 1979[273] einen gegenläufigen Akzent dar[274].

Diese These soll hier nicht mehr nur „historisch" referiert werden, sondern sie soll, zumal diese Studie sie sich zu eigen macht, als systematisches Ergebnis, gleichsam als eine Frucht, welche die Geschichte der eschatologischen Leib-Seele-Problematik selbst hervorgebracht hat, entfaltet werden.

II. Systematische Erwägungen

1. „Auferstehung im Tod" – „Auferstehung am Jüngsten Tag"

Der problemgeschichtliche Durchblick hat gezeigt, daß das Bekenntnis zur resurrectio mortuorum schon sehr früh mit bestimmten anthropologischen Vorstellungen verknüpft wurde und

[272] Ratzinger (Anm. 92), bes. 91–160. – Zur Wandlung der Position Ratzingers vgl. Sonnemans (Anm. 4), 440–459.

[273] AAS 71 (1979), 939–943. – Die verschiedenen Kommentare und Äußerungen zu dieser römischen Erklärung sind umfassend zusammengestellt bei R. Blatnický, Tra la morte del Cristiano e la risurrezione universale: Salesianum 45 (1983), 63–77.

[274] Kritisch mit der Konzeption einer „Auferstehung im Tod" befassen sich z. B. A. Ziegenaus, Auferstehung im Tod: Das geeignetere Denkmodell?: MThZ 28 (1977), 109–132; C. Ruini, Immortalità e Risurrezione: Rassegna di teologia 21 (1980), 102–115, 189–206; W. Kasper, Die Hoffnung auf die endgültige Ankunft Jesu Christi in Herrlichkeit: IKZ 14 (1985), 5. Kasper fragt: „Darf die Theologie als kirchliche Glaubenswissenschaft die überlieferte Sprache der Kirche aufgeben bzw. umdeuten und etwa den Begriff Auferstehung in einer dem überlieferten Sprachgebrauch fremden Weise deuten?" Ferner ebd. 9: „Insofern ist die Redeweise von einer Auferstehung im Tod innerhalb des biblischen Gesamtkontextes schwerlich möglich." Allerdings dürfte Kasper, wie auch schon J. Ratzinger, übersehen, daß sowohl die biblische wie die frühchristliche Redeweise von der Auferstehung viel weiter ist als diejenige, die er als normativ überlieferte „Sprache der Kirche" voraussetzt (s. S. 181f., 202ff.). Weitere kritische Anfragen sowie eine Auseinandersetzung mit ihnen finden sich bei G. Greshake, Die Leib–Seele-Problematik und die Vollendung der Welt: Greshake/Lohfink (Anm. 11), 161–181; ders., Zum Römischen Lehrschreiben über die Eschatologie (17. 5. 1979), ebd. 185–192.

dadurch in eine ganz bestimmte Problemkonstellation geriet. Ursprünglich wollte die Hoffnung auf Auferstehung „nur" die schlichte Überzeugung zum Ausdruck bringen, daß Gott die in der Heils- und Offenbarungsgeschichte implizierte Verheißung allumfassenden „Schaloms" – Frieden, Gerechtigkeit, Glück, Leben in Fülle – auch gegen die Mächte des Todes und der zerstörerischen Sünde verwirklichen und den einzelnen wie die ganze Schöpfung zur Vollendung führen wird oder anders – vom Neuen Testament her – gesehen, daß Gott das neue „Auferstehungsleben" Jesu Christi gegen Tod und Sünde universal durchsetzen wird. Resurrectio mortuorum meint also – wie J. Ratzinger zu Recht sagt – das „Heil des *einen*, ungeteilten Menschen" sowie der einen und ganzen Menschheit und nicht „die Vorstellung von einer Rückgabe des Körpers an die Seele nach einer langen Zwischenzeit" [275].

Die Annahme einer Diastase zwischen Vollendung der Seele und Vollendung des Leibes sowie das damit gegebene Identitätsproblem von Erden- und Auferstehungsleib wurde dem Glauben an die resurrectio gleichsam von außen her aufgedrängt. *Erstens* ist hier an die bereits gegen Ende der alttestamentlichen Zeit anhebende Übersetzung des biblischen Menschenbildes in eine dichotomische griechische Anthropologie zu erinnern. Bedeutet ursprünglich der Wartezustand der nephesch auf die Auferstehung nicht das Warten eines „Teiles", sondern des ganzen Menschen – freilich in einem status geminderten Lebens –, bis „alles Fleisch", d. h. die ganze Schöpfung, zur Vollendung kommt, so wurde daraus die Konzeption einer anima separata, die „nur noch" auf die Steigerung ihrer Seligkeit durch Auferweckung ihres Leibes wartet. Die so entstehende Diastase von Vollendung der Seele und Vollendung des Leibes wurde *zweitens* noch verschärft durch die Auseinandersetzung mit Platonismus, Doketismus und – vor allem – Gnosis. Zwischen- und Wartezustand der anima separata, eine physizistische Sicht des Auferstehungsleibes sowie die reduktive Uminterpretation der biblisch verstandenen σάρξ auf einen „Teil" des Menschen waren in der damaligen Situation völlig zu Recht geforderte Mittel, um gegen verkürzende und verfälschende Vollendungsvorstellungen auf der Geltung *aller* Verheißungen Gottes zu bestehen. Zugleich aber kam es – wie gezeigt – sowohl zu neuen Verengungen (insofern die neutestamentliche Rede von der bereits jetzt geschehenen und geschehenden Auferstehung, weil gnostisch mißbrauch-

[275] Ratzinger (Anm. 269 II), 291, 295.

bar, zurücktrat) als auch zu unlösbaren Problemen (besonders hinsichtlich des Identitätsproblems und der Existenz und Vollzugsweise einer leibfreien Seele). Die ursprünglich mit dem Auferstehungsglauben gegebene Spannung zwischen postmortaler Vollendung des Individuums und endzeitlicher Vollendung des Ganzen wurde mithin umgeformt zur Spannung zwischen Vollendung der Seele und Vollendung des Leibes im Blick auf den je einzelnen Menschen.

Zur Einschätzung dieses Paradigmenwechsels ist aber ein Doppeltes in Rechnung zu stellen:

(1) Die von der geschichtlichen Situation her verständliche Umakzentuierung hat nie völlig die ursprüngliche Spannung zwischen postmortalem Geschick des einzelnen und eschatologischer Vollendung des Ganzen eliminiert. Diese schimmert – wie im geschichtlichen Überblick vielmals deutlich wurde – immer wieder durch.

(2) Obwohl die Umschichtung ein Erfordernis der geschichtlichen Herausforderungen war, ist sie nicht derartig „relativ", daß sie nur unter den (damaligen) bestimmten geschichtlich-kontingenten Bedingungen einen Sinn gewinnt und folglich gegenstandslos wird, wenn diese sich ändern. Ganz allgemein gilt: Das, was unter einem bestimmten geschichtlichen Horizont als *Wahrheit* gefunden wurde (Entdeckungszusammenhang!), gründet *im* und bezieht sich *auf* einen realen Aspekt der Sache selbst (Begründungszusammenhang!), deren eigene Potentialitäten in den wechselnden Situationskontexten sozusagen „herausgetrieben" werden. Konkret für unser Problem: Die ausdrückliche Reflexion, Berücksichtigung, ja Pointierung der individuellen Leiblichkeit in der eschatologischen Vollendung des Menschen ist eine Wahrheit, die nicht nur nicht wieder rückgängig gemacht werden kann, sondern die für das christliche Menschenbild geradezu epochemachend war und bleibend ist. Der Glaube an die Auferstehung des Leibes/Fleisches war und ist das große „praeconium carnis" [276], durch welches die Leiblichkeit des Menschen gegen alle, immer wieder durchbrechende Leibverachtung oder -vergleichgültigung geschützt, positiv gewertet und dem Denken als ständige Herausforderung gestellt wurde und gestellt bleibt.

Wenn darum auch bestimmte Vorstellungen des traditionellen eschatologischen Modells – Trennung der unsterblichen Seele vom Leib im Tod, postmortale leiblose Existenz der anima, Auferste-

[276] Tertullian, De res. 11 (= CSEL 47, 39).

hung und Verklärung des irdischen Leibes am Ende der Geschichte – eher transitorisches Bildmaterial sind, so bleibt doch die Aufgabe, die Vollendung des einen und ganzen Menschen gerade in seiner Pluralschichtigkeit zu erfassen, d. h. ihn als Individuum und ens sociale, als Geistwesen und Leibwesen auch in seiner Vollendung zu denken.

Wie dies geschehen *kann*, sei hier in einer kleinen, an thomanischen Gedankengängen orientierten Skizze ausgeführt.

Der eine und ganze Mensch ist *Seele*, insofern er Bild Gottes, Adressat Seines Wortes und Gegenüber Seiner Liebe ist, kurz: insofern er „vor Gott" steht, damit über alle endlichen Bedingungen wesenhaft hinausragt und seine Vollendung nur im Schöpfer findet. Der eine und ganze Mensch ist *Leib*, insofern er seine, ihn als Menschen konstituierende Relation zu Gott nicht in je individueller Innerlichkeit und Direktheit vollzieht, sondern in einer „Expression", in einem „Ausdrucks"-Leib, der ihn via Großleib Welt unaufgebbar mit den übrigen Menschenbrüdern und -schwestern verbindet.

So gesehen, bedeutet die anthropologische Größe „Leib" immer schon mehr als nur „individuelle Leiblichkeit". Denn der Leib (und das durch den Leib gegebene In-der-Welt-Sein) ist die transzendentale Bedingung dafür, daß der Mensch sich in die Welt hinein „auslegt", d. h., daß er durch den Ausdruck seiner Freiheit immer auch – und mag es auch noch so geringfügig sein – ein Stück Welt gestaltet, prägt, umformt, und zwar so, daß dies gleichzeitig in Relation zu den übrigen und für die übrigen Menschen geschieht. Das bedeutet: Der Mensch kann auf Grund des Leibes nur *so* „vor Gott" stehen („Seele-Sein"), daß er seine Beziehung zu Gott in einem schöpferischen Ausdruck „verleiblicht" und „verweltlicht" und sich eben dadurch im Mitsein und Fürsein mit und für andere verwirklicht. Der Leib konstituiert den Menschen also sowohl als kreatives In-der-Welt-Sein wie auch als Glied einer Interaktionsgemeinschaft, in der er seine ihm wesenhafte Relation des Vor-Gott-Stehens konkret und real vollzieht[277].

Dies ist noch genauer aufzuzeigen.

Eine phänomenologische Analyse von Leiblichkeit zeigt zwei signifikante Züge[278]:

[277] Von hier aus wäre auch ein transzendentaler Sinn von Materie zu gewinnen, die im ersten Ansatz alles andere ist als eine nur empirisch-physikalische Wirklichkeit.

[278] Vgl. für das folgende besonders H.-E. Hengstenberg, Mensch und

(1) Einerseits steht mein Leib „mir" gegenüber; er ist ein „äußerer Gegenstand", ja, er kann sich widerständig zu „mir" verhalten; auf der anderen Seite *bin ich* mein Leib: *Ich selbst* drücke mich (aktiv) in ihm aus[279] und *ich selbst* bin (passiv) in meinem Leib vom „anderen" erreichbar, greifbar, betreffbar und integriere das, was mich auf diese Weise trifft, in mich hinein, so daß das „andere" Teil meiner Identität wird. – Genau in dieser „Dialektik" von Identität und Differenz siedelt sich das Phänomen Leiblichkeit an.

(2) Die Grenze zwischen meinem Leib und der übrigen Welt ist fließend. Es ist nicht leicht zu bestimmen, wo der Leib aufhört und die Welt beginnt. Gewiß, „einerseits ist der Leib ein räumlich geschlossenes, definites, umgrenztes Ding. Man kann sagen, wo es anfängt und aufhört. Aber auf der anderen Seite ist er nicht, was er ist, ohne die Atmosphäre, die er ein- und ausatmet . . . Er *ist* nur als der Vollzug eines Verhältnisses, das über seine geschlossene Dinghaftigkeit weit, ja unbegrenzt hinausgeht. Nähme man die Fülle der kosmischen Bezüge von ihm weg, so bliebe als ,Rest' nicht ein ,reiner' Leib, sondern ein völlig Unbestimmtes: kein Auge zum Sehen, kein Ohr zum Hören, kein Fuß zum Gehen, ein Nichts. Der Leib ist zwar ein Ding in der Welt, aber er ,ist' zugleich *die* Welt, in seiner Weise"[280].

Materie, Stuttgart u. a. 1965, 42 ff.; ders., Der Leib und die letzten Dinge, Regensburg 1954; B. Welte, Leiblichkeit als Hinweis auf das Heil in Christus: Auf der Spur des Ewigen, Freiburg–Basel–Wien 1965, 83–112; Schulte (Anm. 25), 5–61. – Zur Phänomenologie des Leibes siehe außer der bereits genannten und in den folgenden Anmerkungen noch zu nennenden Literatur: M. Merleau-Ponty, La structure du comportement, Paris 1942; ders., Phénoménologie de la perception, Paris 1945; G. Marcel, Metaphysisches Tagebuch, dt. Wien–München 1955; ders., Sein und Haben, dt. Paderborn 1954; L. Landgrebe, Die Phänomenologie der Leiblichkeit und das Problem der Materie: ders. (Hrsg.), Beispiele, FS E. Fink, Den Haag 1965, 291–305 (im engen Anschluß an E. Husserl); C. Bruaire, Philosophie du corps, Paris 1968; H. Coenen, Leiblichkeit und Sozialität: PhJ 86 (1979), 239–261; R. Virgoulay, Phénoménologie du corps et théologie de la résurrection: RevSR 54 (1980), 323–336, 55 (1981), 52–75; Masset (Anm. 270), 327 ff. – Anders ansetzend, doch im gleichen Horizont bewegt sich die Studie von K. Rahner, Geist in Welt, Innsbruck 1939.

279 Siehe dazu D. Wendland, Ontologie des Ausdrucks, Würzburg 1957; P. Althaus, Von der Leibhaftigkeit der Seele: Die Leibhaftigkeit des Wortes, FS A. Köberle, hrsg. v. O. Michel und U. Mann. Hamburg 1958, 169–179; V. Poucel, Gegen die Widersacher des Leibes, dt. Freiburg 1955. Siehe auch Anm. 282.

280 Welte (Anm. 278), 83 f. – Siehe ferner G. Siewerth, Der Mensch und sein Leib, Einsiedeln ^{2}1963, 34.

Beide dialektische Phänomene von Leiblichkeit finden ihren gemeinsamen Grund darin, daß der Leib wesenhaft „Medium" zwischen mir und „dem anderen" ist, und zwar ein Medium, „das sich zwar als solches von uns selbst (als dem im Medium Lebenden) unterscheidet, das aber doch nicht unabhängig in sich neben unserem Sein liegt . . ., das vielmehr als Medium ein unmittelbares und wesentliches Element unseres Selbstseins ausmacht"[281]. Im Leib drücke ich mich so in „das andere" aus, daß ich mit diesem in Identität und Differenz verbunden bin, und im gleichen Leib drückt sich „das andere" in mir ein, so daß ich – in der gleichen Identität und Differenz – mit diesem verbunden bin, und zwar so, daß die Differenz in einem Prozeß möglicher zunehmender Einigung steht, welche nicht die Differenz zum Verschwinden bringt, wohl aber zur communio-Einheit (als Vermittlung von Identität und Differenz) „aufhebt"[282].

Den beiden Bewegungen, die für den medialen Charakter der Leiblichkeit konstitutiv sind (vom Ich – zum anderen; vom anderen – zum Ich), ist noch weiter nachzugehen:

Indem der menschliche Geist im Leib „dem anderen" ausgesetzt ist, nimmt er dessen Wirklichkeit in sich hinein. So wächst, reift und vollendet sich der Mensch in der Welt und an der Welt. Und diese nimmt somit am Prozeß des Geistes auf seine Vollendung hin teil[283]. Unter dem „anderen"

[281] Welte (Anm. 278), 85.

[282] Dies ist ein durch und durch thomanischer Gedanke. Thomas kann „Leib" als Ausdruck des geschaffenen Geistes verstehen. Siehe dazu P. Helwig, Seele als Äußerung. Untersuchungen zum Leib-Seele-Problem, Leipzig–Berlin 1936, 2 ff.; Trapp (Anm. 190); J. B. Metz, Zur Metaphysik der menschlichen Leiblichkeit: Arzt und Christ 4 (1958), 80 f.; J. Seifert, Leib und Seele, Salzburg–München 1971, 251–256. Durch die immer schon geschehene (und geschichtlich weiter geschehende) Entäußerung in „das andere" als dem „Urakt" des menschlichen Geistes wird der Geist selbst durch das andere (passiv) angegangen *und* verinnerlicht er (aktiv) das andere in sich selbst hinein. „Passio, sagt Thomas, incipit a corpore (sie erwächst aus der Ausgesetztheit des Menschen in seinem Leib) et terminatur ad animam secundum quod est corpori unita [De ver. 26, 9]: im Leib aber steht sie im Wirklichkeitsraum der Seele, von der gilt, quod super se ipsam reflectitur. Und dieses innere Übernehmen des von außen her Einbrechenden, also die dauernde Überwindung purer Passivität, ist nicht in das Belieben des Menschen gestellt, sondern Grundzug seines Seins, das in seinem unaufgebbaren Selbstsein unausweichlich und unabdingbar von außen angegangen, infrage gestellt ist, und deswegen sich selbst nur besitzen und behaupten kann in der Weise der Übernahme des Zustoßenden", eine Übernahme, die wesentlich im Modus der Freiheit geschieht. So faßt J. B. Metz (s. o.), 82, den thomanischen Gedankengang kurz zusammen.

[283] Siehe dazu Hengstenberg (Anm. 278 II), 105; N. A. Luyten, Der

der Welt soll dabei die Gesamtheit aller Bedingungen, die ich nicht selbst bin, verstanden werden, vor allem aber die Welt der Mitmenschen, die mich prägt und formt und meinem Leben Gestalt gibt. Am Leib erfährt der Mensch mithin seine konstitutive Verbindung mit der mitmenschlichen Gemeinschaft.

So hat das schöne Wort von Edouard le Roy: «Notre corps c'est l'univers entier en tant que vécu par nous»[284] seine tiefe Wahrheit, wenn es nicht als statische Bestimmung, sondern als Ausdruck des ganzen Lebensprozesses genommen wird: Die menschliche Person und ihr Werden auf erfülltes Personsein hin ist „dadurch gekennzeichnet, daß sie in zunehmendem Maß ‚Welt' auf sicht hin (kon)zentriert und sich dabei immer mehr in sich selbst zentriert . . . In diesem Prozeß der Gestaltung nun ereignet sich auch Gestaltung des Menschen selbst. Durch und in dieser Aneignung und ‚Vermenschlichung' der Welt ereignet sich Bereicherung, Vertiefung, ‚Vermenschlichung' des Menschen"[285]. Freilich kann auch das Gegenteil geschehen: Weil die Welt faktisch auch vom Bösen geprägt ist, bestimmt mich das durch den Leib geschehende Ausgesetztsein in „das andere" immer auch negativ. In jedem Falle aber gilt: Da der menschliche Geist sich auf Grund des Leibes in der Welt auszeitigt, wird Welt in ihn hineingezeitigt.

Doch damit ist erst die eine Richtung der medialen Funktion des Leibes betrachtet: die Richtung vom „anderen" auf mich hin. Es gilt ebenso, auf die entgegengesetzte Richtung zu blicken: von mir aus auf das „andere" hin. Der Leib ist auch insofern Ausdrucksmedium, daß ich mich durch ihn kreativ der Welt aufpräge, sie gestalte und forme sowie – via Großleib Welt – auf die (sich im gleichen Horizont der Welt leiblich vollziehenden) anderen Subjekte expressiv einwirke und darin meine wesenhafte Verbundenheit und Kommunikation mit der übrigen Menschheit realisiere.

Zwar sind Kommunikation (und Kommunikationsfähigkeit) als solche nicht Eigenschaften des Leibes, sondern des Geistes[286]. Jedoch bedeutet

---

Mensch als inkarnierter Geist: ders., Ordo rerum. Schriften zur Naturphilosophie, philosophischen Anthropologie und christlichen Weltanschauung, Freiburg/Schweiz 1969, 261.

[284] Zit. nach R. Marlé, La foi en la résurrection des morts: Le temps de la réflexion 3 = Paris 1982, 116.

[285] So – Teilhard interpretierend – Th. Broch, Das Problem der Freiheit im Werk von Pierre Teilhard de Chardin, Mainz 1977, 141.

[286] Allerdings führt A. Görres, Der Leib und das Heil: Caro cardo salutis: K. Rahner/A. Görres, Der Leib und das Heil, Mainz 1967, 15f., zustimmend einen bedenkenswerten Text von C. S. Lewis an: „Die Leute reden oft so, als sei für zwei nackte Geistwesen nichts leichter, als einander zu ‚begegnen' oder einander gewahr zu werden. Aber ich sehe keine Möglichkeit, daß sie so etwas zustande brächten, es sei denn in einem gemeinsamen Medium, das ihre ‚Außen-Welt' oder Umwelt bildet. Selbst ein vager

Kommunikation durch Leiblichkeit eine *ganz bestimmte Weise* der Kommunikation, daß nämlich leiblich verfaßte Subjekte so miteinander verbunden und verflochten sind, daß der eigene Selbstvollzug eo ipso im guten wie im bösen auf den Selbstvollzug der im gleichen Medium Welt sich ausdrückenden anderen Subjekte Einfluß nimmt und sie mitbestimmt. Der Mensch *kann nicht nur* in Freiheit – wie jeder Geist – Kommunikation mit den anderen *aufnehmen*, er *ist* unaufgebbar in seinem Wesen immer schon durch Kommunikation mit den anderen geprägt.

Versuch, uns solch eine Begegnung zwischen körperlosen Geistern vorzustellen, läßt verstohlen den Gedanken mindestens eines gemeinsamen Raumes und einer gemeinsamen Zeit einschlüpfen, um dem Wort ‚Miteinander-existieren‘ einen Sinn zu geben. Aber Raum und Zeit sind bereits eine Umwelt. Doch es ist mehr als dies gefordert. Wenn deine Gedanken und Regungen oder Gefühle mir unmittelbar gegenwärtig wären, so wie meine eigenen, ohne jedes Merkmal von ‚Draußen-bleiben‘ oder von ‚Andersheit‘ – wie sollte ich sie dann von den meinen unterscheiden? . . . ‚Gemeinschaft‘ also bedeutet einen gemeinsamen Spielraum, eine gemeinsame ‚Welt‘, in der ihre Glieder einander begegnen. Wenn es Gemeinschaft gibt unter den Engeln, was die Christen gemeinhin glauben, dann müssen auch die Engel solch eine Welt oder solch einen Spielraum haben, etwas, das für sie das gleiche ist, wie Materie für uns . . .“ – Allerdings ließe sich die Figur des Engels in diesem Zusammenhang auch anders „lesen“. Nach traditioneller Lehre ist jeder Engel ein eigenes genus, was auch heißt: er steht so in sich selbst, daß er seine Vollendung auch unabhängig und getrennt von den anderen Engeln finden kann. M. a. W.: Kommunikation ist für ihn nicht seinsentscheidend. Anders verhält es sich mit dem menschlichen Geist (als verleiblichtem Geist): Er kann ohne Kommunikation mit den anderen überhaupt nicht Person werden.

Ähnlich wie Görres und Lewis stellen auch Lagrange/Oraison (Anm. 270), 112, die Bedeutung des Leibes für die intersubjektive Kommunikation heraus: «Le corps est . . . le lieu de recontre avec l’autre, c’est-à-dire l’expression d’identité du sujet dans ca relation à l’autre sujet. On pourrait même dire que le corps est le ‹significant› du sujet, qui s’adresse à cet autre significant qu’est le corps de l’autre. Aucune communication ne se concoit autrement que par l’expression somatique. En d’autres termes, le ‹corps›, c’est le sujet *réel* dans sa totalité.»

Zu Materie und Leiblichkeit als Weise der Kommunikation vgl. weiter Luyten (Anm. 186), 113f.; W. Stählin, Vom Sinn des Leibes, Stuttgart [3]1952, 77ff. Selbst J. G. Fichte, Ideen über Gott und Unsterblichkeit = GA IV, 1, 167, bemerkte: „Das endliche Wesen kann nur mit einem artikulierten und organisierten Leibe bestehen, durch welchen es mit der Natur ausser ihm in Verbindung steht; in einem Körper bleiben wir immer, so gewiß wir endliche Wesen sind; aber alle Materie ist auflösbar . . .“

Das hat eine doppelte Konsequenz:

(1) Der verleiblichte Geist hat, vermittelt über die materielle Welt als dem gemeinsamen Wirkraum verleiblichter Freiheiten, mitschöpferisch mit Gott teil am Reife- und Vollendungsprozeß der anderen; was immer er tut oder läßt, bestimmt die anderen mit, so wie umgekehrt die anderen den eigenen Selbstvollzug mitbestimmen[287].

(2) Daraus folgt aber auch, daß die je eigene Vollendung gebunden ist an die Vollendung der durch Leiblichkeit intersubjektiv verfaßten Menschheit[288].

Man könnte hier geradezu von trinitarischen Analogien des Menschseins sprechen. Seele-Sein, Leib-Sein und (mittels des Leibes) Glied-des-„Großleibs"-Welt-Sein sind die wohl grundlegendsten trinitarischen Entsprechungen im Menschen. Die Seele entspricht dem Selbstgegebensein und Selbstdurchlichtetsein des Vaters, der Leib korreliert dem Selbstausdruck des Vaters im Sohn, und die Welt als Verflochtenheit alles Realen hat ihre Entsprechung zum Heiligen Geist, in dem und durch den Vater und Sohn zur communio-Einheit konstituiert sind[289]: Und wie bei Gott die trinitarischen constituentia mit dem Wesen Gottes identisch und nicht diesem untergeordnet sind, so sind auch die Spannungspole des Menschseins mit dem menschlichen Wesen identisch und nicht dessen, womöglich subordinierte, „Teile".

Aus diesen Überlegungen folgt, daß die Vollendung des Menschen nicht als Vollendung nur der Seele gedacht werden kann, sondern zugleich als Vollendung des Leibes, das heißt jenes Wesenselementes, durch das er sowohl im „Ackerfeld der Welt" tätig war und

[287] Von hier aus ergäbe sich auch ein theologischer Begriff von Materie – „der schwierigste, unbewältigtste und rätselhafteste Begriff dieses Jahrhunderts" (W. Stegmüller, Hauptströmungen der Gegenwartsphilosophie, Bd. 2, Stuttgart 1975, 341 f.) – und materieller Welt, nach welchem diese gerade in ihrer ungeheuren, durch den Menschen zu aktualisierenden Potentialität das Kommunikationsmedium der vielen ist und die transzendentale Voraussetzung dafür, daß der einzelne an der Vollendung seiner Brüder und Schwestern schöpferisch mittätig sein kann. Weiter ließe sich von hier aus verständlich machen, daß der göttliche Logos für sein Erlösungswirken nicht Engel, sondern Mensch, d. h. verleiblichter Geist, werden „mußte".

[288] Deshalb konnte K. Rahner, Zum Sinn des Assumpta-Dogmas: Schr. I, 244, den Gedanken erwägen, daß der Menschensohn gar nicht allein auferstehen „konnte" und mithin der biblische Hinweis (Mt 27, 52 f.) auf die (Mit-)Auferstehung auch der anderen Menschen nicht einfach „mythologische" Ausschmückung ist.

[289] Dieser Gedanke ist nicht weit von Thomas v. Aquin entfernt, wenn

die „Ernte seines Lebens" eingebracht hat, wie auch darin konstitutiv mit den übrigen Menschen verbunden war und ist. Deshalb ist auch die letzte Vollendung des einzelnen nur möglich in der Vollendung des Ganzen[290]. Dies dürfte im übrigen die eigentliche Sinnspitze der ursprünglichen apokalyptischen Hoffnungsfigur „Auferstehung des Leibes" sein: Die Verheißungen Gottes gelten Israel (und darüber hinaus der Welt) und dem einzelnen, insofern er Glied des Volkes Gottes (und darüber hinaus: der Schöpfung) ist. Die letzte Vollendung der Auferstehung ist also erst gegeben, wenn „alles Fleisch" in Gott vollendet ist[291]. So gesehen, kann die resurrectio erst am Ende der Geschichte ihre Erfüllung finden. Deshalb ist die Redeweise von einer Auferstehung „am Jüngsten Tag" sinnvoll und notwendig.

Genau diesen Sachverhalt bestreitet das neue Vorstellungsmodell einer „Auferstehung im Tod" nicht, sondern will ihn nur angemessener zur Geltung bringen.

(1) Der Gedanke einer Auferstehung im Tod will gegenüber dem einer Trennung der Seele vom Leib und ihrer leiblosen Weiterexistenz herausstellen, daß der Mensch auch in seiner postmortalen Seligkeit ein leibliches und welthaft verfaßtes Wesen ist, das sich niemals nur als „Seele" (anima separata) vollziehen kann. Denn wenn der Leib jener „Ausdruck" des Geistes ist, kraft dessen das Subjekt sich in und an der Welt auszeitigt, so bedeutet der Tod zwar ein Ende dieser sich unter Raum-Zeit-Bedingungen vollziehenden Auszeitigung, nicht aber (platonisch-gnostisch) ein Abstreifen des „Ertrages" der sich welthaft verwirklichenden Existenz. Leib (und damit Geschichte und Welt) werden im Tod nicht einfach zurückgelassen, sondern kommen im Subjekt zur Endgültigkeit: Der Mensch ist im Tode und in der hier stattfindenden Gottesbegeg-

dieser in STh I, 45,7 sagt, daß sich in allen Geschöpfen eine spurenhafte Vergegenwärtigung der Trinität findet: der Selbstand weise auf die Person des Vaters, die Form und Art auf die des Logos und die Hinordnung auf das andere auf den Heiligen Geist hin.

[290] Inwieweit zum „Ganzen" auch eine Vollendung der materiellen Welt „in sich" gehört, soll hier nicht weiter behandelt werden. Vgl. dazu Greshake (Anm. 274), 168ff., 188ff.; Ratzinger (Anm. 92), 157ff.; Sonnemans (Anm. 4), 460ff.; H. Spring, „Vollendung der Materie?" Zur gegenwärtigen Diskussion um die Vollendbarkeit der Materie, Dipl.-Arbeit, Hochschule Erfurt 1984.

[291] Siehe dazu Ch. Duquoc, Le salut des corps: De l'immortalité à la résurrection: LV 33, Nr. 166 (1984), 85–94.

nung genau das, was aus seiner „Leibhaftigkeit", d. h. Welt- und Geschichtsverwobenheit und -gebundenheit, geworden ist. So gesehen, trägt die Seele in ihrer Vollendung den erweckten verklärten Leib (und damit den vergangenen welthaften Ausdruck) in sich[292]. Oder anders gesagt: „Die auferweckte Leiblichkeit ist das ganze lebendige, organische Ensemble von Relationen und gegenseitigen Abhängigkeiten, die – offen auf das Ganze der Wirklichkeit – unser Leib von seiner wesenhaften partikulären Individualität her geprägt hat"[293]. Und weiter: wenn der Leib jenes Moment ist, kraft welchem Menschsein wesentlich als Mitmenschsein konstituiert ist, so wird auch diese Relation durch den Tod nicht zerstört. Im Gegenteil! Nach christlichem Glaubensverständnis wird die Interkommunikation der Menschen durch den Tod nicht geringer, sondern größer; die Heiligen stehen den Lebenden (und erst recht den übrigen Seligen) nicht ferner, sondern näher. Wenn man nun nicht (wie es die traditionelle, an der anima separata orientierte Zwischenzustandslehre tut) die postmortale Kommunikation völlig anders konzipiert als die während des irdischen Lebens durch den Leib geschehende – nämlich durch den „Ersatz" himmlischer Mächte bzw. der göttlichen Wesenheit, ein „Ersatz", der den Menschen von seinem eigentlichen Wesen entfremdet –, so muß communio nach dem Tod auch weiterhin durch Leiblichkeit geschehen[294].

Deshalb steht vieles dafür, den aporetischen Gedanken einer anima separata aufzugeben und statt dessen die Auferstehung des einen und ganzen Menschen im Tod zu betonen. Diese resurrectio erreicht allerdings wegen der wesenhaften Relation der einzelnen

[292] Vgl. auch Fischer (Anm. 7), 324 (in direktem Anschluß an Rahner, der wiederum thomanische Gedanken aufgreift): „Der Leib ist zeitlebens die Seele selbst in ihrer Begegnung mit Menschen und Dingen, als konkreter Inhalt ihrer Welterfahrung geht er in die Seele ein, sie behält diesen Leib bei sich und nimmt ihn als die geschichtlich erwirkte Fülle ihrer personalen Selbstauszeitigung."

[293] J. Moingt, Immortalité de l'âme et/ou résurrection: LV 107, XXI (1972), 73. Ähnlich auch W. Pannenberg, Das Glaubensbekenntnis, Hamburg 1972, 182f.

[294] Sonnemans (Anm. 4) akzeptiert diese Schlußfolgerung, meint aber, diese wäre „auch in traditioneller Theologie ohne den Gedanken der Auferstehung im Tod schon gegeben" (425). Dem vermag ich nicht zu folgen. Denn zwar hat auch die traditionelle Theologie mit Nachdruck an der communio sanctorum festgehalten, diese aber gerade nicht von der Idee der Leiblichkeit her begründet.

zum Ganzen erst in der Auferstehung aller am Ende der Geschichte ihre letzte Vollendung. Auferstehung im Tod und Auferstehung am Jüngsten Tag stehen dabei nicht als zwei punktuelle Ereignisse hintereinander, sondern sie sind durch einen dynamischen progressiven Prozeß miteinander verknüpft: Durch Leben, Sterben und Auferstehen des einzelnen kommt je und je ein Glied jenes „Leibes" zur Vollendung, der erst in der Vollendung aller sein Pleroma erreicht haben wird. In diesem Prozeß garantiert gleichsam die allen vorgegebene Auferstehung Christi, daß die resurrectio des einzelnen im Tod nicht ein je nur individuelles Geschehen ist. Die resurrectio des einzelnen geschieht vielmehr durch das Aufgenommen- und Eingefügtwerden in den Auferstehungsleib Christi[295], der selbst so lange unvollendet ist, als nicht der letzte Menschenbruder und die letzte Menschenschwester in ihn eingegliedert sind (s. S. 330ff.)[296].

[295] Biblisch dürfte dieser Gedanke wohl auch hinter 2 Kor 5,1–10 stehen. Siehe dazu A. Feuillet, La demeure céleste et la destinée des chrétiens (2 Cor V,1–10): RScRel 44 (1956), 377f.: «La demeure céleste est le corps glorieux du Christ . . . en tant qu'incluant virtuellement le corps de tous les chrétiens». (Siehe auch S. 120f.)

[296] Anders konzipiert G. Lohfink in: Greshake/Lohfink (Anm. 11), 59–75; 131–155; 193–207, das Vollendungsgeschehen. Ausgehend von der Inkommensurabilität von irdischer und „verklärter" Zeit, zu deren genauer Erläuterung er auf die scholastische aevum-Idee zurückgreift, geschieht für ihn die (auf der irdischen Zeitskala) ungleichzeitige Vollendung des einzelnen Menschen in der Dimension der verklärten, nicht durch „Dehnung" und „Abstand" qualifizierten Zeit *gleichzeitig.* – Ich halte diese Konzeption nicht nur für durchaus möglich und denkbar, sondern auch für einen sehr ernst zu nehmenden Beitrag zur Lösung der im Vollendungsgeschehen implizierten chronologischen Probleme. Wenn ich mir diese Konzeption dennoch nicht zu eigen mache, so deshalb, weil ich die Vorstellung einer echten – wenn auch verklärten – Zeitlichkeit in Gott beibehalten möchte. Sie stellt m. E. nicht eine anthropomorphe Verfremdung dar, sondern ist letzte Konsequenz jener „Verzeitlichung" Gottes, in der dieser in Freiheit sich dazu entschlossen hat, ein „Gott der Menschen" zu sein, ja selbst Mensch zu werden. Damit tritt Gott, obwohl Herr der Zeit und zeitüberlegen, so in das Gefüge der Zeit ein, daß die Zeit zum Attribut Gottes wird, so wie das Menschsein überhaupt seit der Inkarnation in alle Ewigkeit zum Attribut Gottes geworden ist. Daß diese „Zeit in Gott" (wie auch das verherrlichte Menschsein Christi in Gott) unseren irdischen Vorstellungen letztlich entzogen und nur als analoge Rede möglich ist, sei freilich ausdrücklich betont.

(2) Die Konzeption einer Auferstehung im Tod macht Ernst mit der Inkommensurabilität, mit dem ganz Neuen und Anderen der Auferstehungsleiblichkeit, wie sie z. B. Paulus in 1 Kor 15,44 darlegt. Sie lehnt es ab, verklärte Leiblichkeit physizistisch als Wiederbelebung des Leichnams und damit in Verlängerung empirischer Materialität zu denken. Dies ergibt sich bereits aus einer konsequenten thomanischen Anthropologie, wonach die Wirklichkeit des Leibes durch die Seele vermittelt wird und nicht empirisch-physikalisch zu verstehen ist. Dieser Gedanke läßt sich ansatzweise auch phänomenologisch erweisen, wenn man in Rechnung stellt, daß schon im Leben selbst der leiblich verfaßte Selbstvollzug des Menschen in Welt, Geschichte und Gesellschaft eine andere Gestalt von „Materie" hervorbringt als die, welche uns aus der sinnenhaften Objektwelt oder von der eigenen Körperlichkeit her bekannt ist. In diesem Selbstvollzug wird „Materie" gleichsam „verinnerlicht", sie wird „ein begrenztes Moment am Vollzug des Geistes selbst" [297], indem sie ihn bleibend prägt und damit auch ein Moment am Ertrag des menschlichen Lebens wird. Die Dimension des Materiellen wird somit – vermittelt durch die leibverfaßte menschliche Freiheit – zur verwandelten, befreiten, entgrenzten „Materie", die in der Vollendung des menschlichen Subjekts selbst auch zu ihrer Verklärung und Vollendung kommt. Deshalb spricht nichts gegen die Formulierung: *Im Tod* geschieht Auferstehung des Leibes [298]. Behält man dagegen die Bezeichnung resurrectio allein

[297] K. Rahner, Die Einheit von Geist und Materie im christlichen Glaubensverständnis: Schr. VI, 213.

[298] Dagegen erhebt J. Ratzinger, Zwischen Tod und Auferstehung: IkZ 9 (1980), 218, Widerspruch, wenn er bemerkt, daß nach diesem Verständnis „die Verkündigung ihre Sprache verloren" habe. Er fügt erläuternd hinzu: „Man kann dem Gläubigen zwar schließlich beibringen, daß es eine Unsterblichkeit der Seele nicht gebe. Daß aber sein toter Freund soeben auferstanden sei, das kann ihm keine Sprache der Verkündigung einsichtig machen, weil diese Verwendung von ‚Auferstehung' typische *lingua docta,* historische Gelehrtensprache, aber kein möglicher Ausdruck gemeinsamen und gemeinsam verstandenen Glaubens ist. ... Abgesehen davon, daß die hermeneutischen Windungen, die als Hintergrund zur Verständlichkeit der Formel nötig sind, niemals in die Verkündigung eingehen können, begibt sich der Theologe damit auch als Gelehrter in ein theologisches Sprach- und Denkgetto, in dem niemand mit ihm sprachlich und denkerisch kommuniziert." In diesen Ausführungen zeigt sich, wie „physizistisch" Ratzinger Auferstehung versteht, nämlich im Grunde doch als Hinwegnahme des Leibes, so daß angesichts des Leichnams nach ihm nicht

einem besonderen Geschehen am Jüngsten Tag vor mit dem Argument, der Leichnam bleibe doch faktisch im Grabe liegen und sei eben nicht auferstanden, so kann nur schwer der Eindruck vermieden werden, die christliche Auferstehungshoffnung richte sich im Grunde doch „nur" auf ein zweites Moment am individuellen Menschen, nämlich auf seinen (individuellen) Leib. Demgegenüber will die Redeweise von der Auferstehung im Tod zum Ausdruck bringen, daß das postmortale Leben „Auferstehungsstand" ist, Sein in verklärter Leiblichkeit (und darin freilich zugleich Wartestand auf das endgültige Bei-Gott-Sein aller in der Vollendung des corpus Christi totius).

Dagegen spricht keineswegs der katholische Glaubenssatz von der „leiblichen Aufnahme Marias in den Himmel" (DS 3900f.). Im Gegenteil! Gibt man den allzuleicht ins Mythologische abgleitenden Gedanken einer Privilegien-Mariologie auf, nach welcher Maria vor den übrigen Menschen u. a. das Privileg hatte, auch mit ihrem Leib vollendet zu sein (während die anderen „nur" mit ihrer Seele bei Gott sind), und sieht man statt dessen – ganz auf der Linie frühchristlicher Theologie – Maria als Realsymbol der Kirche, so bestätigt das Dogma nur die von uns vorgetragene Verstehensweise. Das schließt im übrigen nicht aus, daß der Gottesmutter als einzigartigem Realsymbol von Kirche die Wirklichkeit der leiblichen Vollendung auch in besonderer Weise zukommt: ihre „Relationen" zur übrigen Menschheit sind nach katholischem Verständnis nicht durch Sünde und

---

von Auferstehung gesprochen werden kann. Daß die Polemik Ratzingers sich damit auch gegen die frühchristliche Sprache der Märtyrereschatologie richtet, die den Märtyrer sterben sieht und zugleich als leiblich auferstanden glaubt, sei nur am Rande vermerkt. Und was die „hermeneutischen Windungen" angeht, bleibt noch sehr die Frage, wo diese wirklich anzutreffen sind. Denn – so bemerkt A. R. van de Walle, Bis zum Anbruch der Morgenröte. Grundriß einer christlichen Eschatologie, dt. Düsseldorf 1983, 207 – „die Frömmigkeit und das Empfinden des gläubigen Volkes haben sich eigentlich nie mit dieser theologischen Position [scil. einer anima separata] einverstanden erklärt. Keinem Menschen, der eine persönliche Verehrung für einen bestimmten Heiligen hat, kommt es auch nur einen Augenblick in den Sinn, dieser Heilige sei nicht absolut glücklich und sehne sich noch nach der Auferstehung seines Leibes. Heilige haben übrigens die Gewohnheit, in der Volksfrömmigkeit als *Menschen* zu erscheinen. Man stellt sie normal und problemlos als verherrlichte Menschen im Himmel dar. Man denkt sie auch nie als Seelen!" Ähnlich schon vorher Ariès (Anm. 2 II), 317f.: Es ist „der homo totus, der mit Leib und Seele zum Himmel auffährt". Nach Ariès geschieht in den volkstümlichen Vorstellungen erst im 17. Jahrhundert ein Umbruch (s. ebd. 580).

Schuld getrübt und darum bedarf *ihre* „Leiblichkeit" nicht der Reinigung; sie kann deshalb in höherem Maß „verklärte", „verherrlichte" Leiblichkeit sein[299]. So wird durchaus auch ein *spezifisch* mariologischer Sinn dieses Dogmas gewahrt[300].

Noch ein Weiteres ist gegen mögliche Einwände von vornherein klarzustellen: Auch die Denkweise von einer Auferstehung im Tod kommt, wenn sie sich reflektiert zu rechtfertigen hat, nicht ohne einen Seelenbegriff aus. Denn der vorhandene Leib kann nicht das Prinzip der Identität zwischen irdischer und postmortaler Existenz sein. Soll aber Auferstehung den ein-

299 So bemerkt O. Schilling, Geist und Materie in biblischer Sicht, Stuttgart 1967, 33: „Angesichts der üblichen Überbetonung der Seele hat die Kirche [im Dogma von der assumptio Mariae] ihren biblischen Instinkt bewiesen und die heilseschatologische Ganzheit des Menschen gewahrt. ... Könnte die Definition ihren vollen Sinn nicht darin haben, die individuelle Eschatologie für alle zu klären? Sie würde damit aus ihrer mariologischen Isolierung herausgehoben, wäre echter Teil der Heilseschatologie überhaupt und würde sich fruchtbar erweisen für die Wahrheitsfindung auf dem Wege von den biblischen Anfängen der Lehre über die letzten Dinge bis zur Abrundung des Bildes." In ähnlicher Weise auch O. Karrer: Neue Zürcher Zeitung vom 26. 11. 1950, zit. nach O. Betz, Die Eschatologie in der Glaubensunterweisung, Würzburg 1965, 58, sowie Gutwenger (Anm. 59), 48; Rahner (Anm. 288), 239–252. – D. Flanagan, Eschatologie und Aufnahme Marias in den Himmel: Conc. 5 (1969), 60–66, hält diese Deutung sogar als in der formell definierten Lehre „nahegelegt".

Das Urteil von H. Vorgrimler, Karl Rahner verstehen, Freiburg–Basel–Wien 1985, 111f., wonach K. Rahner im Zusammenhang mit seinem Manuskript ›Probleme heutiger Mariologie‹ (abgeschlossen am 13. 6. 1951) der Urheber des Gedankens einer „Auferstehung im Tod" sein soll, dürfte kaum zutreffen. Mindestens die Äußerungen Karrers dürften Rahner vorausliegen. Tatsächlich aber ist die Überzeugung von einer Auferstehung des Leibes sofort nach dem Tod des einzelnen und nicht erst am Ende der Welt noch sehr viel älter. So vertrat der englische Theologe J. (?) Priestley, Versuch eines Beweises, daß die Auferstehung unmittelbar nach dem Tod erfolgte: Britisches Magazin T. IV, St. 2 (Hl 1773), 291, zit. nach Kunz (Anm. 245), 104, diese Auffassung. Kunz schreibt weiter: „Auch unter den Neologen wird diese Hypothese als ein ernsthafter Versuch gewürdigt, bestehende Schwierigkeiten der Lehre von einer allgemeinen Totenauferweckung am Ende der Zeiten zu überwinden ...": 104.

300 Insofern verstehe ich die kritische Bemerkung von Kasper (Anm. 274), 9[26], gegen die These einer Auferstehung im Tod nicht, zumal nach frühkirchlichen Überzeugungen die leibliche resurrectio nicht wegen des „besonderen heilsgeschichtlichen Ortes Marias" erfolgt ist, sondern als Vollendungsstatus des Märtyrers und *vieler* anderer besonderer Personen (Johannes ...) geglaubt wird.

zelnen in seiner unverwechselbaren Identität betreffen und nicht die Neuschaffung eines anderen sein, so muß es ein Prinzip geben, das irdisches und postmortales Sein miteinander verbindet, ein Prinzip, das in der abendländischen Tradition Seele heißt. So gesehen, kommt keine denkerisch verantwortliche Eschatologie ohne einen gewissen anthropologischen „Dualismus“ aus („bleibendes Selbst“ – „wesenhaft und geschichtlich variierende Leiblichkeit“), was immer auch im einzelnen denkerisch darunter zu verstehen ist.

(3) Das Verstehensmodell „Auferstehung im Tod“ hebt hervor, daß das todüberwindende Handeln Gottes den ganzen Menschen, d. h. in gleicher Weise Seele und Leib, betrifft. Die traditionelle Idee der „Unzerstörbarkeit“ der Seele liegt also nicht „außerhalb“ des „eigentlichen“ Auferweckungsgeschehens, sondern ist ein Moment an diesem. Wenn unter „Seele“ des Menschen jene Wirklichkeit zu verstehen ist, die ihn konstitutiv in Relation zu Gott setzt, so bedeutet Unzerstörbarkeit der Seele, daß Gott – wie G. Scherer sehr treffend sagt – „die Seele auch über den Abgrund des von ihr her möglichen Nichtseins fortträgt . . . Unsterblichkeit und Auferstehung stehen sich dann nicht mehr als zwei verschiedene Modelle der Hoffnung des Menschen auf Todestranszendenz gegenüber, nämlich auf der einen Seite eine mehr biblische und auf der anderen eine mehr griechisch-philosophisch begründete, vielmehr schlagen nun beide in eins . . . Wenn Gott die Seele als ein Du will, aber als ein Du, das als solches leiblich verfaßt ist, dann ist es schwer vorzustellen, daß die Wiedervereinigung mit dem Leib, also die Vollendung des allerpersönlichsten Seins der Geistseele als des leibhaftigen Du Gottes, eine spätere Hinzufügung zu der in Gott seligen Seele bedeutet“ [301].

(4) Das Vorstellungsmodell einer Auferstehung im Tod ist – keineswegs zuletzt! – auch das Erfordernis einer angemessenen Glaubens- und Verkündigungssprache. Nach biblischer Ausdrucksweise ist für die Bezeichnung Auferstehung eine vielfältige Polysemie ge-

[301] Scherer (Anm. 187), 78f. Siehe auch ders. (Anm. 198) 217. Im übrigen darf man nicht übersehen, daß da, wo die Unvergänglichkeit der Seele nicht als Moment des Auferstehungsgeschehens betrachtet wird, mindestens umgangssprachlich „hinter der Rede von der ‚unsterblichen Seele‘ . . . oft eine perfide Gottlosigkeit, ein Atheismus [steckt], sofern wir uns im Ja zum Nichts des Todes nicht eingestehen wollen, daß uns *alles* geschenkt ist; daß unser Tun und Vollbringen aus einem Empfangen lebt und nur durch das Ja zum Empfangen*haben* einen ‚ewigen Sinn‘ gewinnt“: F. Ulrich, Leben in der Einheit von Leben und Tod, Frankfurt 1973, 39.

radezu konstitutiv (vgl. S. 8ff.). So kann z. B. die Taufe wie auch umfassend das christliche Leben und Sterben als Leben, Sterben und Auferstehen mit Christus verstanden werden (vgl. S. 137ff.). Auferstehung ist geradezu ein durchlaufendes Existenzial des ganzen Glaubensweges. Das Mitsterben mit Christus in der Taufe und das neue Leben heißt Auferstehung, genauso wie die Verwirklichung von Glaube und Liebe im johanneischen Schrifttum Auferstehung bedeutet. Und schließlich scheint auch das individuelle Mit-Christus-Sein nach dem Tod zumindest in 2Kor 5, 8 als Auferstehungsstand verstanden zu sein[302]. Nun dürfte es ausgesprochen fatal sein, daß man der „Innenseite" des Todesgeschehens – jenem exponierten Augenblick, in dem der Mensch leibhaftig in das Mitsterben mit Christus gestellt ist und sich aufgefordert sieht, seine Selbstbehauptungsversuche aufzugeben und sich gleich Christus glaubend, hoffend und liebend in die Hände des Vaters fallen zu lassen – die Bezeichnung „Auferstehung" abspricht. Wenn der Tod die äußerste Ratifizierung der Taufe ist, geschieht hier auch auf zugespitzteste Weise Auferstehung und nicht nur Trennung und Weiterexistenz einer von Schöpfung her ohnehin unvergänglichen Seele und ihre Einweisung in einen „Stand", der zwar seliges Mit-Christus-Sein, nicht aber Auferstanden-Sein, Teilhabe an seiner Auferstehung bedeutet.

Freilich hat theologisches Sprechen immer auch den Charakter einer Sprachregelung. Dekretiert man die Definition: Unter Auferstehung soll allein das universale Vollendungsgeschehen am Ende der Geschichte verstanden werden, so ist per *talem* definitionem das individuelle – freilich ja nie *nur* individuelle! – Geschehen im Tod nicht Auferstehung. Allerdings könnte dann, strenggenommen, auch nicht von einer Auferstehung Jesu gesprochen werden. Ist diese aber gerade resurrectio als Antizipation der universalen Auferstehung am Ende, warum dann nicht – mutatis permultis mutandis – auch unsere eigene als Teilhabe an der Seinigen?

[302] Vgl. die sich an P. Hoffmann, Die Toten in Christus, Münster 1966, anschließende, ihn aber weiterführende Analyse von 2 Kor 4, 16ff. (und Phil 1,21ff.) in meiner Arbeit ›Auferstehung der Toten‹ (Anm. 30), 291–301. Siehe ferner S. 119ff. Auch Ratzinger (Anm. 269 II), 294, versteht Phil 1,23 als „begonnenes Auferstehungsleben". – Zur Auferstehung als durchlaufendes Existenzial christlichen Lebens siehe aus exegetischer Sicht Dumais (Anm. 270), 86f. (Lit.).

2. Zur theologiegeschichtlichen Einordnung und zum systematischen Gewicht einer „Auferstehung im Tod"

Die Konzeption einer Auferstehung im Tod ist kein Neologismus. Sie knüpft an viele Traditionsströme an, die aus unterschiedlichen Gründen in der Geschichte vergessen oder nicht weitergeführt wurden. So wächst sie – wie bereits am Anfang vermerkt – gleichsam als Frucht aus der bisher verlaufenen Theologie- und Glaubensgeschichte heraus:

(1) Der Gedanke einer Auferstehung im Tod kann sich berufen auf frühjüdische und frühchristliche Vorstellungen einer leiblichen Seele im Zwischenzustand, wobei Leiblichkeit hier ganz wörtlich zu nehmen ist, nämlich als ein zwar verminderter, noch nicht zur Vollendung gekommener, aber eben doch leiblicher Zustand. Dieser Gedanke wurde über das Gleichnis vom armen Lazarus von fast allen Schriftstellern des zweiten bis vierten Jahrhunderts aufgegriffen und durch stoische Ideen philosophisch abgesichert.

(2) Einen weiteren Anknüpfungspunkt bilden die zwischentestamentlichen Vorstellungen über das Schicksal der Patriarchen wie auch die frühchristliche Märtyrer-Eschatologie: Im Tod steht der Blutzeuge leibhaftig auf. Die Ausweitung des Märtyrergeschicks auf alle Gläubigen geschieht zwar nicht unter dem spezifischen Gesichtspunkt der leiblichen Auferstehung, aber doch in genereller Form in der Westkirche mindestens ab Cyprian.

(3) Die Konzeption einer Auferstehung im Tod zieht die letzten Folgerungen aus der seit Augustinus durchgehenden Überzeugung des Abendlandes von der Wesensbeziehung der vollendeten Seele zu Leib und Welt, ja, sie ist im Grunde die radikale Konsequenz der „anima-unica-forma-corporis-Lehre". Auf dieser Linie verstand auch K. Rahner die postmortale Seele zunächst so, daß er auf ihren „allkosmischen Weltbezug" hinwies, auf ihr tieferes „In-Beziehung-Bleiben" und „-treten mit allem"[303]. Diese Bestimmungen hat Rahner in der Folgezeit selbst auf eine „Auferstehung im Tod" hin konsequent weitergeführt: Früher postulierte ich (= Rahner) „einen kosmischen Bezug des endlichen Menschengeistes auf die Materie ... Doch wird man zugeben, daß sich das ganze Problem

[303] K. Rahner, Zur Theologie des Todes, Freiburg–Basel–Wien ²1958, 23, 25f. – Vgl. dazu auch L. Boros, Mysterium Mortis, Olten–Freiburg 1962, 187f. Boros verweist hier 187[135] auf die philosophische Nähe zu H. Conrad-Martius.

wesentlich vereinfacht, wenn man diese bleibende Bezogenheit der Geistseele auf die Materie scholastisch ausgedrückt als bleibende Informiertheit des verklärten Leibes durch die vollendete Geistseele denkt ... Darum kann auch die empirische Erfahrung des Leichnams im Grab gar kein Argument mehr abgeben, daß die ‚Auferstehung' noch nicht stattgefunden habe. Warum sollten wir sie da nicht in *dem* Augenblick ansetzen, wo sich die Freiheitsgeschichte des Menschen vollendet, in seinem Tod nämlich?" [304]

(4) Die Konzeption einer Auferstehung im Tod knüpft an die alexandrinische Eschatologie, insbesondere an die des Klemens von Alexandrien an, die eine progressive Auferstehung kennt: angefangen von der Taufe über den Tod bis hin zur universalen Vollendung.

(5) Umgekehrt bedienen sich Kritiker des neuen Paradigmas oft einer durchaus neologistischen Sprache, so z. B. das Römische Dekret ›Über einige Fragen der Eschatologie‹ (Nr. 3), wenn es sagt, daß der Ausdruck „Seele" das „Ich des Menschen" bezeichnet, das nach dem Tode weiterbesteht, oder wenn J. Ratzinger behauptet, daß der Seelenbegriff „nichts anderes" als eine „vom Leib getrennte Eigenwirklichkeit der Person behaupten" wolle [305]. Beide Aussagen sind von der philosophischen und theologischen Tradition der kirchlichen Theologie nicht abgedeckt [306]. Auch die gelegentlich geäußerte Kritik, die Redeweise von der Auferstehung im Tod verwechsle zwei „Sprachspiele" miteinander, nämlich das der apokalyptischen Sprache, welches im Blick auf die resurrectio die Vollendung des Ganzen im Auge habe, und das einer eher individuell geprägten „Erhöhungs-Eschatologie", trifft *so* nicht zu. Die Kritik übersieht *erstens* die biblische Polysemie des Auferstehungsbegriffs (vgl. S. 8ff.) und *zweitens* die Vermittlung beider Sprachspiele, wie sie bereits in der frühesten christlichen Theologie stattfand [307].

[304] K. Rahner, Über den „Zwischenzustand": Schr. XII, 461f.

[305] Ratzinger (Anm. 92), 96.

[306] So lehrt Thomas ausdrücklich: „Anima mea non est ego; unde licet anima mea consequatur salutem in alia vita, non tamen ego vel quilibet homo": In ep. I ad Cor. 15,2. Ebenso: „Anima separata ... non est persona": De pot. 9,2 ad 14. Siehe auch STh I, 29,1 ad 5; 75,4 ad 2.

[307] Und wohl schon vorher in der zwischentestamentlichen Literatur! Siehe dazu die Zusammenfassung bei H. Kessler, Sucht den Lebenden nicht bei den Toten, Düsseldorf 1985, 77f. Und für das NT bemerkt H. Schlier, Über die Auferstehung Jesu Christi, Einsiedeln 1968, 26 (in bezug auf die resurrectio Christi), daß „Auferstehen im Zuge der Erhöhung zu Gott und Erhöhung in der Kraft der Auferstehung geschieht".

Auch wenn somit zahlreiche Argumente für das Paradigma „Auferstehung im Tod" sprechen und faktisch in den letzten Jahren bei nicht wenigen katholischen Theologen die Idee einer unsterblichen Seele und ihrer postmortalen Existenz zurückgetreten ist und diese Zurückhaltung sich ebenso bereits in der liturgischen Sprache niedergeschlagen hat[308], muß doch die traditionelle Redeweise von einer postmortalen Seele nicht einfach eliminiert werden. Denn das Wort Seele als ein Pol der spannungsreichen Formel „Leib und Seele" ist nicht nur tief in die Geschichte des Abendlandes eingeschrieben, sondern darüber hinaus auch der Menschheit, zumal im Zusammenhang der Vorstellungen über das Geschick nach dem Tod. Solche „Urworte"[309] haben – wie H. R. Schlette bemerkt – „bis auf den heutigen Tag eine nicht zu unterschätzende vor-reflektorische Plausibilität". Darum gilt es, „den Worten Leib und Seele, die wir nicht einfach beseitigen können, wieder einen annehmbaren Sinn zu verleihen"[310].

Darüber hinaus ist das Anliegen, das im abendländischen Denken mit dem Begriff Seele signalisiert ist, nämlich den Menschen zu verstehen als dasjenige Seiende, das von seiner schöpfungsmäßigen (philosophisch gesagt: von seiner wesensmäßigen) Situation her Raum und Zeit übersteigt und „vor Gott" steht, für die Theologie unaufgebbar; nicht zuletzt auch für die Begegnung der Theologie mit der Philosophie.

Allerdings ist durch die faktische Begriffsgeschichte ein ursprünglich komplexerer Begriff von Seele verkürzt worden auf die Bedeutung eines „Teiles" des Menschen, dessen „Gegen-Teil" der Leib ist – mit allen Folgen für die Eschatologie, wie wir sie dargestellt und diskutiert haben. Deshalb dürfte ein simples, unreflektiertes Weitersagen und Weitergebrauchen des Wortes Seele in eschatologischem Kontext mißverständlich und gefährlich sein, soll vorstellungsmäßig nicht doch wieder die anima separata assoziiert werden[311]. Deshalb gilt es erst einmal – nach einem Wort von Kon-

[308] Vgl. dazu J. Kremer, Was heißt „Seele"? Past.Bl. 23 (1971), 322, 326[15].

[309] So: Schulte (Anm. 25), 11, 13. Auch Sonnemans (Anm. 4), 466, spricht von „Grundworten", die „unverzichtbar" sind (470ff.).

[310] Schlette (Anm. 160), 166.

[311] Das war auch der Grund, warum ich in meinen bisherigen Veröffentlichungen den Begriff Seele vermied und statt dessen andere, nicht so belastete Begriffe verwendete. Wenn Sonnemans (Anm. 4), 417f., kritisch fragt: „Was aber ist damit gewonnen, statt ‚Seele' nun ‚geistige Subjektivi-

futse –, „den Sprachgebrauch zu verbessern ... Denn wenn die Sprache nicht stimmt, so ist das, was gesagt wird, nicht das, was gemeint ist“ [312].

Wenn es gelingt, wiederum einem umfassenderen Verständnis von Seele Raum zu brechen in dem Sinn, daß sie Leiblichkeit mit einschließt, so spricht nichts dagegen, von einer postmortalen Seele zu sprechen und damit den *ganzen* Menschen zu meinen, der in seliger Vollendung bei Gott ist, aber noch auf die Vollendung des „Leibes Jesu Christi“, dessen Glied er ist, zu warten hat.

Daß die Wirklichkeit nur in komplementären Modellen zu erfassen ist, ist den heutigen Naturwissenschaften ein selbstverständlicher Gedanke. Und lange vor den Naturwissenschaften war es gerade die Theologie, die faktisch diesen komplementären Zugang zur Glaubenswirklichkeit immer geübt hat und üben mußte, da sie vor dem, ihren Begriffen letztlich entzogenen Geheimnis Gottes steht. Vielleicht könnten auch bezüglich der anthropologischen, kosmologischen und chronologischen Implikationen der resurrectio komplementäre Modelle deutlicher als bisher in die Verkündigungs- und Reflexionssprache eingehen, so daß es letztlich kein Gegensatz ist, zu sagen: Im Tod kommt die Seele des Menschen zu Gott (wobei Seele integral als der eine und ganze leiblich verfaßte Mensch verstanden wird) und: Im Tod wird der ganze Mensch auferweckt (wobei zu assoziieren ist, daß diese Auferweckung erst zu ihrer letzten Vollendung gelangt, wenn die ganze σάρξ zu Gott heimgekehrt ist). „Im übrigen“ – so bemerkt H. v. Campenhau-

tät‘ [u. a.] zu sagen? Ist dies wirklich eine neue Vermittlung des mit ‚Seele‘ Gemeinten? ...“, so ist zu antworten: Gewonnen ist damit zunächst einmal eine „Unterbrechung“ gewohnter Assoziationen. Und dies scheint mir angesichts der Last der Geschichte von nicht geringer Bedeutung zu sein.

312 Das oben angeführte Zitat ist die Antwort Konfutses auf die Frage, was er als erstes tun würde, wenn er ein Land zu regieren hätte. Er antwortete: „Ich würde den Sprachgebrauch verbessern!“ Und als Begründung fügt er obiges Zitat an, das folgende Fortsetzung hat: „Ist das, was gesagt wird, nicht das, was gemeint ist, so kommen die Werke nicht zustande; kommen die Werke nicht zustande, so gedeihen Moral und Kunst nicht; gedeihen Moral und Kunst nicht, so trifft die Justiz nicht; trifft die Justiz nicht, so weiß die Nation nicht, wohin Hand und Fuß setzen. Also dulde man keine Willkürlichkeit in den Worten. Das ist es, worauf alles ankommt“: zit. nach S. Calvelli-Adorno, Über die religiöse Sprache, Frankfurt 1965, 9.

sen[313] – „ist es auch sonst so, daß der Mensch nirgends so verschiedenartige und einander widerstreitende Vorstellungen nebeneinander ertragen kann, wie gerade im Bereich der Jenseitshoffnungen und der Ewigkeit. Das hat vielleicht seinen guten Sinn, und jedenfalls haben auch die Christen von diesem allgemeinen Gesetz – soweit wir sehen – nie eine Ausnahme gebildet."

Entscheidend ist jedenfalls, daß auch im neuen Verstehensmodus einer Auferstehung im Tod das seit der Zeit der frühchristlichen Apologeten hinter der Redeweise einer Auferstehung des Fleisches stehende Anliegen gewahrt bleibt: Nicht nur einem Teil des Menschen gelten die Verheißungen Gottes, sondern ihm ganz und gar in der Gesamtheit seiner Bestimmungen. Und nicht durch Weltflucht, Verdächtigung des Leiblich-Materiellen oder Rückzug in Innerlichkeit geht der menschliche Geist seiner Vollendung entgegen, sondern dadurch, daß er seine Beziehung zu Gott auf „verleiblichte", „verweltlichte", „vergesellschaftlichte" Weise lebt in der Erwartung einer ewigen Zukunft des in Leib, Welt und Gesellschaft Getanen. Gerade die Hoffnung auf Auferstehung des Fleisches hat im Christentum eine neue Anthropologie entstehen lassen. Da, wo nicht nur der Geist, ein Teil des Menschen, sondern der ganze Mensch das Heil erwartet, ist eine neue Sicht der Wirklichkeit eröffnet, die keine Dimension unbetroffen läßt. Statt Verdächtigung oder Geringschätzung des Leibes und der sichtbar-materiellen Welt sowie der gesellschaftlichen Verfaßtheit des Lebens zu üben, weiß derjenige, der auf Auferstehung hofft, daß er seine letzte Vollendung nur erreicht im Miteinander mit der übrigen Schöpfung und daß die bleibende „Ernte seines Lebens" nur der Ertrag eines Lebens sein kann, das sich bewußt in die leiblichen, welthaften und gesellschaftlichen Dimensionen der Wirklichkeit hineingestellt und darin engagiert hat. Wie immer darum im einzelnen die Glaubenswahrheit von der resurrectio mortuorum im Spannungsfeld von Unvergänglichkeit der Seele und Auferstehung des Leibes verstanden werden mag: diese Sinnspitze hat ihre bleibende Signatur zu sein.

[313] (Anm. 54), 308.

Zweites Kapitel

RESURRECTIO MORTUORUM IM SPANNUNGSFELD VON GLAUBE UND VERNUNFT

> Wenn es keine Auferstehung gibt, wie unterscheiden wir uns dann vom vernunftlosen Vieh?
>
> Wenn es keine Auferstehung gibt, laßt uns die Tiere glücklich preisen, die ein Leben ohne Trauer führen!
>
> Wenn es keine Auferstehung gibt, gibt es auch keinen Gott und keine Vorsehung: reiner Zufall ist alles, was geschieht und getan wird.
>
> (Johannes Damascenus, De fide orth. IV, 27)

Die Erwartung der resurrectio mortuorum ist Gegenstand des Glaubens; im Hebräerbrief wird sie sogar zu den *Fundamenten* des christlichen Glaubens gezählt (6, 1f.; s. S. 43). Sie ist aber nicht nur Grund des Glaubens, sondern sie stellt als Abschluß und Höhepunkt des Symbolums auch das Ziel des ganzen Glaubensweges dar.

Dennoch galt von Anfang an und gilt bis heute: Wie der Glaube insgesamt nicht ohne Vernunft ist, so hat auch der Glaubenssatz von der Auferstehung seine eigene „Rationalität", kraft derer er – ohne sich je in ratio aufzulösen – sich doch mit vernünftigen Argumenten Glaubenden wie Unglaubenden gegenüber plausibel machen, in einen vernünftigen Diskurs treten und Gegengründen auf rationale Weise Paroli bieten kann. Wenn die Christen aufgefordert sind: „Seid stets bereit, jedem Rede und Antwort zu stehen, der nach der Hoffnung fragt, die euch erfüllt" (1 Petr 3, 15), so betrifft dies in erster Linie die Auferstehung der Toten, *den* Inhalt christlicher Hoffnung schlechthin. Entsprechend finden sich auch, angefangen von der ältesten frühchristlichen Literatur (I Clem) bis in die Gegenwart hinein Versuche, den Glauben an die Auferstehung einsichtig zu machen und mit dem Fragen und Denken der Gegenwart zu vermitteln. Dazu muß er an das jeweilige „Vorverständnis" einer Zeit anknüpfen, freilich dieses dann auch „aufheben", d. h. hinter sich lassen und auf eine neue Verstehensebene, eben die des Glaubens stellen. In dieser Begegnung von Glaube und Vernunft, Theologie und Philosophie, überkommener Glaubenslehre und

Auslegung auf die Fragen der Gegenwart bleibt keiner der Dialogpartner wie er war. Im variationsreichen geschichtlichen Prozeß gegenseitigen Gebens und Nehmens, Dissenses und Konsenses, werden – wie schon im ersten Kapitel bezüglich der anthropologischen Fragen dargelegt – auch in diesem Punkt Implikationen, „Potenzen" der ursprünglich schlichten Glaubenswahrheit von der resurrectio mortuorum freigelegt und entfaltet. Es werden aber auch Züge und Dimensionen verengt und verdunkelt. Denn wenn die Glaubensverkündigung – zu Recht! – je dort beginnt, wo das Vorverständnis einen Zugang bietet, so geschieht eben dadurch auch eine gewisse Perspektivenwahl und „Filterung" der Glaubenswahrheit selbst, insofern Ansatz und Perspektive einer Theologie immer auch das Ganze des Verstehensprozesses bleibend bestimmen. Im Spannungsfeld von Glaube und Vernunft kommt die Glaubenswahrheit der resurrectio selbst in Bewegung.

Diese Bewegung soll zunächst wiederum an einigen geschichtlichen Knotenpunkten bis hin zur Gegenwart nachgezeichnet und damit die Fragestellung, wie sie sich hier und jetzt darstellt, bestimmt werden. Die geschichtliche Skizze kann dabei ungleich knapper als die im ersten Kapitel sein. Denn viele der hier zu erörternden historischen Brennpunkte sind aus dem ersten Kapitel bereits bekannt, und die Problemstellung ist in mancher Hinsicht ähnlich, so daß wir vielfach auf das erste Kapitel verweisen können.

I. Geschichtliche Brennpunkte

1. Argumentationsfiguren in der Frühen Kirche

Es scheint zu den unausrottbaren Meinungen zu gehören, in der heidnischen Umwelt des Frühen Christentums, zumal in der Philosophie, sei die (platonische) Überzeugung von einer unsterblichen Seele vorherrschend gewesen, ihr habe das Christentum den Glauben an die Auferstehung entgegengehalten[314]. Auch wenn dieses

[314] Diese Fehlmeinung dient auch zur Abstützung der neuzeitlichen Kontrastierung von Sokrates und Jesus, von philosophisch begründbarer Seelenunsterblichkeit und allein im Glauben zu erhoffender Auferstehung. Siehe dazu S. 248f. Dagegen wenden sich u. a. H.-G. Gadamer, Die Unsterblichkeitsbeweise in Platons „Phaidon": H. Fahrenbach (Hrsg.), Wirklichkeit und Reflexion, FS W. Schulz, Pfullingen 1973, 145–161 und Sonnemans (Anm. 4), 356–392. Beide weisen zu Recht darauf hin, daß die plato-

Klischee nicht ohne jedes granum salis ist, geht es aufs Ganze gesehen an der Sachlage vorbei. Mindestens vom ersten vorchristlichen bis zum beginnenden dritten nachchristlichen Jahrhundert herrschte in der Antike bezüglich des postmortalen Geschicks eine verwirrende Vielzahl dunkler Antworten, radikale Skepsis oder Hoffnungslosigkeit[315]. Im Volksglauben war neben einem durch und durch uneinheitlichen Gewirr phantastischer Jenseitsbilder und trister Hades-Vorstellungen ein populärer Epikureismus anzutreffen, dessen Grund-Satz von Paulus zitiert wird: „Laßt uns essen und trinken, denn morgen sind wir tot!" (1 Kor 15,32). Die gebildete „philosophische" Welt, die – sieht man vom Epikureismus ab – zumeist irgendeine Form des Weiterlebens nach dem Tod vertrat, war in ihren Seelen- und Todesvorstellungen ebenfalls zutiefst widersprüchlich und kaum noch von den großen Entwürfen Platons bestimmt[316]. So schreibt z. B. Cicero in seinen Tusculanen: „Es gibt Leute, die der Meinung sind, der Tod sei die Trennung der Seele vom Leib. Es gibt aber auch welche, nach deren Ansicht keine Trennung stattfindet, sondern Seele und Leib gemeinsam zugrunde gehen und die Seele im Leib erlischt. Von denen, die der Ansicht sind, daß die Seele sich trenne, sagen die einen, sie zerfließe sofort, andere, sie halte sich lange, wiederum andere, sie halte sich immer.

nische Unsterblichkeitslehre nicht einfach auf rationalen Argumenten beruht. Die platonischen „Beweise" wollen angesichts der wachsenden „wissenschaftlichen Aufklärung und Naturerkenntnis" den „Zweifel widerlegen", nicht „den Glauben begründen" (Gadamer 159). Sie wollen zeigen: Einsicht in den Lauf des Naturgeschehens „vermag das denkende Hinausfragen über das Hiesige nicht zu desavouieren und ist keine Instanz gegen die religiöse Zuversicht" (ebd.). Zu den platonischen Unsterblichkeits-„Beweisen" vgl. ferner Huber (Anm. 7), 69–113; Loraux (Anm. 6), 19–46 (Lit.).

[315] Erst im dritten Jahrhundert hob eine neue Welle heidnischer Religiosität an, die ihren Höhepunkt unter Diokletian erreichte. Hier findet man gegen Skepsis und Defaitismus eine tiefgreifende Wiederbelebung des Jenseitsgedankens.

[316] Vgl. zu diesem Problemkreis Fischer (Anm. 22), 234; Courcelles (Anm. 39), 149 ff.; Cornélis (Anm. 105), 174 ff.; Hoffmann (Anm. 302), 211, mit Verweis auf F. Guntermann. – Über die Vielfalt römischer Vorstellungen informiert Cumont (Anm. 2) (wobei zu diesen Studien einschränkend festzuhalten ist, daß die Vorstellungen über das Weiterleben, die in der Grabkunst zutage treten, die Überzeugungen gebildeter, elitärer Kreise sind).

Was weiter die Seele selbst sei und wo sie sei und woher sie stamme, darüber herrscht eine große Meinungsverschiedenheit"[317]. Und nach einer langen Aufzählung unterschiedlichster Positionen schließt Cicero mit dem Ausruf: „Welche nun von diesen Meinungen die wahre ist, sieht vielleicht ein Gott; welche die wahrscheinlichste ist, bleibt eine große Frage"[318].

Angesichts dieser Skepsis und mehr noch angesichts einer verbreiteten Hoffnungslosigkeit zeigte sich das Christentum als die Religion, „die von der Vergänglichkeit und dem Tode befreit"[319]. So war die von ihm verkündigte Hoffnung auf ein ewiges Leben für viele Menschen das entscheidende Motiv, den christlichen Glauben anzunehmen[320].

Dennoch – gerade um diese Hoffnung einsichtig zu machen – knüpften bereits die Apologeten des 2. Jahrhunderts und dann ebenso die großen Theologen des 3. und 4. Jahrhunderts an jene philosophischen Unsterblichkeits-„Erweise" an, die sie vor allem bei Platon und in den platonischen Schulen fanden[321]. Es ging ih-

[317] Tusc. I, 19ff. (= ed. Orellii 214f.).

[318] Diese Passagen von Cicero werden später verschiedentlich aufgegriffen. So weist z. B. Tertullian, Apol. 47,8 (= CSEL 69, 111) im Anschluß an Cicero auf die diametralen Gegensätze im philosophischen Denken bezüglich der Vergänglichkeit der Seele hin. Später greifen Nemesius v. Emesa und Macrobius die Ausführungen Ciceros auf.

[319] Harnack (Anm. 71), Bd. II, 59.

[320] Als Beispiel sei Arnobius angeführt, der in Adv. nationes II, 10 (= CSEL 4, 55) bekennt, daß er die Gewißheit von einer unvergänglichen Seele bei Platon und den übrigen Philosophen nicht habe finden können; wegen der vielen Widersprüche unter ihnen hätten diese „alles nur unsicher gemacht". Die Überzeugung von einem ewigen Leben habe er „von einem Mächtigeren gehört und geglaubt": ebd. II, 35 (= ebd. 76).

[321] Gerade weil die Unsterblichkeit der Seele in den platonischen und platonisierenden Schulen gelehrt wurde, orientierten sich die Theologen der Frühen Kirche weitgehend an der platonischen Philosophie. Siehe dazu: W. Schmid, Frühe Apologetik und Platonismus: Hermeneia, FS O. Regenbogen, Heidelberg 1952, 163–182; speziell für Justin: C. Andresen, Justin und der mittlere Platonismus: ZNW 44 (1952/53), 157–195; für Origenes: Crouzel (Anm. 105 II).

Das reichhaltige Material ist in wesentlichen Zügen zusammengestellt bei Götzmann (Anm. 141), so daß es hier nicht wiederholt zu werden braucht. Dabei dürfte Tertullian der erste christliche Schriftsteller gewesen ein, der nicht nur in einem allgemeinen Sinn an Unsterblichkeitsüberzeugungen anknüpfte, sondern der im Anschluß an die platonischen Unsterb-

nen bei ihrem Diskurs über die Unsterblichkeit nicht darum, einen „Ersatz" für die Auferstehungslehre vorzutragen oder diese in die hellenistische Welt hinein zu übersetzen, sondern „überhaupt eine Position zu schaffen, von der aus die Auferstehungslehre vorgetragen werden konnte"[322]. Platon wird ihnen gleichsam zum Verbündeten im Kampf gegen diejenigen Zeitgenossen, die sich in der Immanenz des irdischen Lebens skeptisch oder verzweifelt eingerichtet hatten.

Doch gleichzeitig wird diese Anknüpfung an eine philosophische Unsterblichkeitslehre in zweierlei Hinsicht korrigierend überstiegen: *Erstens* ist die Überzeugung von einer unsterblichen Seele nicht die ganze, sondern nur eine vorletzte Wahrheit, die im Bekenntnis zur Auferstehung des Leibes überboten wird. (Zur Problematik und Konsequenz dieser apologetischen Figur vgl. S. 187.) *Zweitens* kommt die – von seiten der Philosophie – der Seele zuerkannte Unsterblichkeit dieser nicht *von Natur* her zu.

Ist also die Seele von Natur aus sterblich? Wir stoßen hier auf das Problem des sogenannten frühchristlichen *Thnetopsychismus*[323], über den H. v. Campenhausen behauptet: „Bis auf ihn [Origenes] sind mehr oder weniger alle griechischen Väter Gegner der Unsterblichkeitslehre"[324]. Dies ist eine außerordentlich kühne Aussage, die nur deshalb nicht einfach falsch ist, weil sich hinter dem Schlagwort Thnetopsychismus, wie auch hinter der Formulierung „Gegner der Unsterblichkeitslehre" ein sehr vieldeutiges Phänomen verbirgt:

(1) Die Überzeugung, daß die Seele tatsächlich mit dem Leib

lichkeits-„Beweise" – ausgehend von der Einfachheit, Unauflöslichkeit, Selbstbewegung der Seele sowie im Blick auf die Grundlegung der Ethik – selbst eine am Wesen der Seele orientierte Unsterblichkeitslehre grundlegt. Von den westlichen Theologen der Frühen Kirche sind für die gleiche Problemstellung Lactanz und der frühe Augustinus besonders hervorzuheben. – Zur Sache vgl. ferner: Fabro (Anm. 86), 71–90.

322 Stuiber (Anm. 32), 101.

323 Siehe dazu: Karpp (Anm. 38); Fischer (Anm. 22); v. Campenhausen (Anm. 54), 308f.; H. A. Wolfson, Immortality and resurrection in the philosophy of the Church Fathers: K. Stendahl (Hrsg.), Immortality and resurrection, New York 1965, 56–60; P. Bissels, Die frühchristliche Lehre von der Sterblichkeit der Seele: TrThZ 76 (1967), 322–329. Speziell zu Tatian: E. Buonaiuti, Wiedergeburt, Unsterblichkeit und Auferstehung im Urchristentum: ErJb 1939, 311 ff.

324 v. Campenhausen (Anm. 54), 309.

stirbt bzw. nach dem Tode empfindungslos im Grab ist. Diese Meinung wurde offenbar nur von einer verschwindenden Minderheit und überdies aus vermutlich ganz unterschiedlichen Motiven vertreten[325].

(2) Die Überzeugung – und diese finden wir in der Tat bei sehr vielen frühchristlichen Theologen –, daß der Seele Unsterblichkeit nicht von Natur, sondern von Gnaden her zukommt. Die geradezu polemische Formel „*Gabe* der Unsterblichkeit contra *wesenhaft-naturaler* Unsterblichkeit" hat dabei ihre (glaubensmäßige) Evidenz im Kontext jener bereits angeführten Grundüberzeugung: „Wer unter Griechen unsterblich sagt, sagt Gott" (s. S. 170). Gott und Unsterblichkeit sind austauschbare Begriffe. Wer demnach eine der Seele wesenhaft zukommende Unsterblichkeit behauptet, macht sie Gott gleich, ursprungslos, sündenlos; sie wäre – wie Justin bemerkt[326] – ungeschaffen und ungezeugt, hätte das Leben in sich selbst und könnte anderen Anteil am Leben geben. Demgegenüber bekennt die Heilige Schrift Gott wesenhaft als denjenigen, „qui *solus* habet immortalitatem" (1 Tim 6, 16), ein Vers, der in die-

[325] Namentlich bekannt ist m. W. nur Tatian, der – in peripatetischer Tradition – die Verbindung von Seele und Leib so eng dachte, daß mit dem Verfall des Leibes auch die Seele sterben mußte. Siehe dazu Götzmann (Anm. 141), 37ff.

Anders *können* die Motive der Männer gewesen sein, von denen Eusebius berichtet: In den Tagen des Origenes seien in Arabien Männer aufgetreten, die behaupteten, „daß die menschliche Seele in der gegenwärtigen Zeit mit dem Leib in der Todesstunde sterbe und verwese, bei der Auferstehung aber mit dem Leib wieder zum Leben erwache": KG VI, 37 (= GCS 9, 2, 592). Der Hintergrund dieser Behauptung *kann* 1. *jüdisch* sein (die Seele hat kein Eigenleben, sondern ist mit dem „Leib" aufs allerengste als „Blut", Leben, Bewegung verbunden); 2. sie kann *mittelplatonisch* oder *gnostisch* verstanden werden (nach einigen dieser Schulen ist nur die pneuma-Seele unsterblich, die niedere Seele aber gehört dem nichtgöttlichen Bereich an und stirbt); 3. sie ist möglich als *philosophische* Sentenz (im peripatetischen Kontext, wie ihn Tatian vertritt) oder sie ist 4. eine *theologische* Überzeugung (auf dem Hintergrund einer Ablehnung des nichtgöttlichen Charakters der Seele, s. o.).

Daß der von Eusebius berichtete Thnetopsychismus ein *Ausnahme*phänomen war, geht daraus hervor, daß Origenes über ihn auf dem sog. ›Entretien d'Origène avec Héraclide et les évêques ses collègues sur le Père, le Fils, et l'âme‹ (hrsg. v. J. Scherer, Le Claire 1949, 144, 4) bemerkt: „Es ist mir zu Ohren gekommen, daß es so etwas gibt."

[326] Dial. 5, 1 (= CA 2, 22ff.).

sem Zusammenhang oft angeführt wird[327]. Die Seele ist *aus sich heraus* sterblich, ganz einfach deshalb, weil sie nicht Gott ist, sondern geschaffen wurde. Die Formel „Gabe contra Wesensnatur" betont mithin die Geschöpflichkeit des Menschen[328].

(3) Die Überzeugung, daß „die Seele des Sünders stirbt" (Ez 18,4)[329], das heißt: der Sünder verwirkt sein wahres, ihm von Gott zugedachtes Leben, ohne daß damit jedwede Form einer postmortalen Existenz geleugnet wird.

Noch in anderer Weise wird die philosophische Unsterblichkeitslehre – vor allem in den antignostischen Auseinandersetzungen – modifiziert. Die Unsterblichkeit ist nicht eine Gabe Gottes, die sich über die Freiheit des Menschen hinwegsetzt, sondern sie ist eine Gabe, die zur Aufgabe für den Menschen wird und erst darin zum Ziel kommt. „Der Gehorsam gegen Gott bedeutet Fortdauer und Unvergänglichkeit", bemerkt Irenäus[330]. Nur wer also dem Tun Gottes ent-spricht, darf wahre Unvergänglichkeit erhoffen.

In ganz verschiedenen Kontexten wird also von einer „Sterblichkeit" der Seele gesprochen, so daß die Behauptung von einem durchgehenden Thnetopsychismus der frühchristlichen Theologie nur mit großen Einschränkungen aufgestellt werden kann. Die Überzeugung von der Sterblichkeit der Seele bedeutet zumeist nicht die Annahme, daß die Seele faktisch vernichtet wird, sondern ist Ausdruck der tiefgreifenden Korrektur der philosophischen Unsterblichkeitslehre vom christlichen Glauben her. Ja, diese Korrektur ist sogar ein Musterbeispiel für die Art und Weise, wie der christliche Glaube einerseits an ein bestimmtes (philosophisches) Vorverständnis anknüpft, dieses andererseits aber zugleich „aufhebt" (im dreifachen Hegelschen Sinn). Der christliche Glaube ent-naturalisiert gleichsam die philosophische Unsterblichkeits-

327 Noch bei Augustin spielt dieser Vers eine wichtige Rolle: „Anima hominis immortalis est secundum quendam modum suum; non enim omni modo sicut deus, de quo dictum est, qui solus habeat immortalitatem": ep. 166 (= CSEL 44, 548).

328 Dies wird auch bei einigen Theologen ausdrücklich herausgestellt, so z. B. bei Irenäus, Adv. h. II, 56,1 (= Harvey I, 382): „Wie er [Gott] ihnen [den Seelen] die Existenz verliehen hat, so verleiht er ihnen auch hernach die Fortdauer".

329 So z. B. bei Origenes: Entretien d'Origène (Anm. 325), 168.

330 Adv. h. IV, 63,2 (= Harvey II, 296). Ähnlich schon vorher Theophilus, Ad Autolyc. II, 27 (= SChr. 20, 27).

lehre und stellt sie in den Gnadendialog Gottes mit dem Menschen hinein.

Indem eine Reihe von frühchristlichen Theologen zur Vermittlung der Hoffnung auf resurrectio bei der Unsterblichkeit der Seele ansetzt, diese Unsterblichkeit aber pointiert als Gabe Gottes versteht, ist sichergestellt, daß Unsterblichkeit der Seele und Auferstehung des Leibes sich nicht dadurch unterscheiden, daß das eine der Wesensnatur Mensch zukommt, das andere dagegen einem besonderen, nur dem Glauben zugänglichen Gnadenhandeln Gottes entspringt[331]. Vielmehr läuft beides auf der Ebene des Handelns Gottes in eins. Seelenunsterblichkeit und resurrectio carnis unterscheiden sich für die frühchristliche Theologie allein in der *Reichweite* des postmortalen Gnadenhandelns Gottes am Menschen: Gelten nur dem menschlichen Geist oder auch dem „Fleisch" Gottes Verheißungen?

Auch das „weiterreichende" Handeln Gottes, die erhoffte Auferstehung des Fleisches, sucht die frühchristliche Theologie durch Argumente plausibel zu machen.

Schon in I Clem wird die künftige Auferstehung durch Schöpfungsanalogien einsichtig gemacht: „Tag und Nacht zeigen uns die Auferstehung an; die Nacht entschläft, der Tag steht auf; der Tag zieht ab, die Nacht kommt herbei. Nehmen wir die Früchte; wie und auf welche Weise geschieht die Aussaat? Es ging der Sämann aus und warf jedes der Samenkörner auf die Erde: diese fallen trokken und nackt auf die Erde und lösen sich auf; aus der Auflösung läßt sie dann die großartige Fürsorge des Herrn auferstehen ..." (24, 3f.). Ebenso wird hier (c. 25), wohl in Anknüpfung an die griechische Baruch-Apokalypse (6f.), der Phönix-Mythos angeführt, durch welchen Gott gleichfalls „seine erhabene Verheißung veranschaulicht" (26, 1).

Gewiß, beide Argumentationsreihen wollen keine strikt rationale Vermittlung der Auferstehungshoffnung sein. Sie richten sich an den Glaubenden und wollen ihm verständlich machen, daß der Schöpfer durch sein wunderbares Wirken in und an der Schöpfung diese auch zur Vollendung führen wird. Der Verfasser will sagen: „Die Auferstehung wird mit der Notwendigkeit eines Naturgeset-

[331] Dies ist die spätere neuscholastische Position, welche die Unsterblichkeit der Seele zu den Wahrheiten der natürlichen Ordnung rechnet, die Auferstehung des Leibes hingegen zu den Wahrheiten der übernatürlichen Ordnung (vgl. dazu S. 339f.).

zes kommen, sie ist das (notwendige) Resultat des Schöpfungsablaufes auf seine Vollendung hin, ein Prozeß, der durch den Willen Gottes auf sein Ende hingelenkt wird"[332]. Daß diese Überzeugung nicht ohne Vernunft ist, zeigt der Verfasser gerade mit Begriffen und Bildern der stoischen Philosophie. Denn das Bild vom Tag- und Nachtwechsel wird bei den Stoikern gebraucht, um einsichtig zu machen, daß das Leben nie völlig durch den Tod zerstört wird, und das heißt im Rahmen der kosmischen Dimension stoischen Denkens, daß die Welt bzw. die Abfolge der Welten unzerstörbar ist. So wird also die christliche Hoffnung auf Auferstehung durch ein Argument untermauert, das ursprünglich für die zyklische Palingenese des Kosmos gebraucht wird. Das gleiche gilt vom Mythos des Phönix: seine Aussageabsicht zielt ebenfalls auf eine durch den Tod nicht abzubrechende Zyklik des Alls. Und schließlich zeigt auch der spezifisch stoische Begriff der πρόνοια, in den das – an sich jüdisch-rabbinische und neutestamentliche – Bild vom Samenkorn einmündet, daß der Verfasser sich im Kontext eines philosophischen Diskurses bewegt. Zwar werden von I Clem stoisch-philosophische Argumente schöpfungstheologisch gewendet und erhalten damit eine neue Pointe. Dennoch wird durch einen solchen Diskurs das Verständnis von resurrectio selbst in einen ganz neuen Kontext gestellt. Sie ist nicht am Christusgeschehen und damit an der Errettung aus der Macht von Sünde und Tod orientiert – Christus ist in I Clem nur der Anfang und als solcher Beweis, nicht aber Grund der Auferstehung – noch am Geschick des einzelnen, sondern an der Vollendung des Schöpfungsprozesses. Dadurch wird die Auferstehung ein Stück weit „naturalisiert"; sie kommt in die Gefahr, als eine Art von kosmischer Palingenese verstanden zu werden.

Die der stoischen Philosophie entstammenden Argumente und Analogien von I Clem werden nahezu alle von den meisten frühchristlichen Theologen wie Theophilus, Athenagoras, Justin, Tertullian, Origenes[333] usw. aufgegriffen. Bezeichnend für den theologischen Hintergrund ist die Bemerkung von Tertullian: Gott hat, bevor er die Auferstehung in Schriften bezeugte, sie durch seine

[332] v. Eijk (Anm. 22), 49. – Siehe für das Folgende auch die Seiten 49–55.

[333] Die Belege dazu siehe bei v. Eijk (Anm. 22), 158 ff.; Wolfson (Anm. 322), 61 f.; Vitores (Anm. 105), 119 f.; R. M. Grant, The resurrection of the body: JR 28 (1948), 193 ff.; Marrou (Anm. 39), 83–92.

Schöpfungswerke erwiesen und die Natur als Lehrerin vorausgesandt, bevor er die Propheten schickte[334]. Ergänzt werden die Argumente noch durch Rückgriff auf die pythagoräisch-platonische Idee der Seelenwanderung. Zwar war allen christlichen Theologen klar, daß zwischen Metempsychose und Auferstehung die Unähnlichkeit größer ist als die Ähnlichkeit[335], aber gerade diese Lehre bot einen Verstehensansatz dafür, daß es der Seele *möglich* ist, auch nach dem Tod einen neuen Leib zu gewinnen.

Eine andere Art von Argumenten geht im Anschluß an die peripatetische Anthropologie davon aus, daß der Mensch mehr ist als nur „Seele" und daß mithin auch die postmortale Zukunft seine integrale, Seele und Leib umfassende Natur betreffen muß. Insofern wird die Auferstehung geradezu als vernunftgemäß gefordert[336]. Dabei bleibt diese Argumentationsfigur meist nicht bei einer theoretischen Reflexion auf die anthropologische Konstitution des Menschen stehen, sondern sie wird entweder *schöpfungstheologisch*

[334] Vgl. De res. 12 (= CSEL 47,40f.). – Tertullian greift hier auch den verbreiteten Mythos vom Phönix noch einmal auf, während Origenes diesem gegenüber äußerst skeptisch ist.

[335] Dennoch ist die Einschätzung der Unähnlichkeit bei den verschiedenen Theologen nicht einhellig. Sie schwankt etwa zwischen den von Minucius Felix und Gregor v. Nyssa vertretenen Positionen. Bei Minucius Felix, Oct. 34 (= CSEL 2,48) heißt es: „So haben wirklich hervorragende Philosophen, zuerst Pythagoras und dann besonders Platon, auch den Status der Wiedergeburt als entstellte und halbierte Wahrheit weitergegeben; sie lassen nämlich die Leiber aufgelöst werden und nur die Seelen ewig bestehen und öfter in andere neue Leiber eingehen ... Diese Ansicht ist wirklich nicht der Bemühung eines Philosophen, sondern dem Geschrei eines Schauspielers angemessen. Doch genügt es für unseren Zusammenhang, daß auch hierin eure Philosophen irgendwie mit uns übereinstimmen." Dagegen bemerkt Gregor nach einem Hinweis auf die Seelenwanderungslehre: „Ihre Ansicht, die Seele verbinde sich nach ihrer Trennung von diesem Leib wieder mit anderen Leibern, weicht nicht weit ab von unserer Hoffnung auf Auferstehung." Und er fügt an, daß es nach christlicher Lehre eben nur derselbe Leib sei: De an. et res. 231A–232A (ed. J. G. Krabinger, Leipzig 1837, 102). – Wie nahe für das damalige heidnische Bewußtsein die Lehre von der Auferstehung und die von einer Seelenwanderung beieinanderlagen, zeigt auch die Bemerkung des Origenes gegen Celsus: „Unsere Lehre von der Auferstehung ist nicht, wie sich Celsus das einbildet, aus einem Mißverständnis der Meinung von der Seelenwanderung hervorgegangen": C. Cels. VII, 32 (= GCS 2, 182).

[336] Siehe bes. Athenagoras, De res. 14 (= TU 4, 64).

qualifiziert (Gott hat „dieses Fleisch" in wunderbarer Weise geschaffen, und als „Wunderwerk" ist es Unterpfand des kommenden größeren Heils in Christus[337]) oder *eschatologisch* ausgeprägt (da der Mensch mit Seele und Leib zum Guten oder Schlechten gehandelt hat, muß auch die eschatologische Vergeltung Seele *und Leib* betreffen).

Der umfangmäßig größte Teil der rationalen Argumentation versucht nicht auf positive Weise die Auferstehung rational zu vermitteln, sondern diese gegen kritische Einwürfe zu verteidigen. Gegen die mit der Auferstehungslehre verbundene Identitätsproblematik werden von den heidnischen Denkern drei Arten von Schwierigkeiten geltend gemacht, die den Glauben an die resurrectio in die Enge treiben bzw. lächerlich machen wollen; es sind die gleichen Schwierigkeiten, die aber auch von den Gläubigen selbst empfunden und namhaft gemacht wurden[338]:

(1) Wie steht es mit der Auferstehung derjenigen Leibesmaterie, auf die verschiedene Menschen Anspruch haben (so, wenn jemand durch einen Kannibalen oder auch durch ein Tier, das dann seinerseits zur Speise diente, verzehrt wurde und sein Fleisch mithin von verschiedenen Menschen rezipiert worden ist)?[339]

(2) Was bedeutet Auferstehung des Leibes angesichts dessen, daß der Mensch vom Säuglings- bis zum Greisenalter verschiedene Stadien durchläuft? Werden alle Stadien auferstehen? Wenn ja, wie soll man sich das vorstellen? Wenn aber nicht, so wird nicht alle Wirklichkeit dem Tod entrissen. Der Leib vieler Menschen ist krank, behindert, verstümmelt. Wird er als solcher auferstehen? Wenn ja,

[337] Siehe dazu Athenagoras, De res. 10 (= TU 4, 58f.); Tertullian, De res. 6,5 (= CSEL 47, 33ff.).

[338] Diese Schwierigkeiten werden von nahezu allen frühchristlichen Theologen, angefangen von Irenäus, Adv. h. V, 3,2 (= Harvey II, 325f.) und Tertullian bis hin zu Augustinus aufgegriffen. Eine kurze Zusammenstellung der Einwürfe, wie sie Gregor von Nyssa bietet und beantwortet, findet sich bei Daniélou (Anm. 122), 162ff. Für Augustinus siehe: Courcelle (Anm. 39), 163–170.

[339] Man empfand dieses Argument, das bereits Athenagoras, De res. 5 (= TU 14, 52f.) behandelt und mit einem Gegenargument aus der damaligen Medizin widerlegt, als besonders schwierig. Siehe dazu Barnard (Anm. 39), 11ff., 24. Noch Ambrosius, De fid. res. 58 (= ed. Caillau VIII,54) bemerkt, daß es die Gläubigen verwirrt. Und auch Augustinus gibt mehrfach zu, z. B. in De civ. D. 22,20 (= BAug 37, 636), daß es eine der schwierigsten Fragen sei.

wie kann dann von einer „Verklärung“ die Rede sein? Wenn nicht, wie kann da die Identität gewahrt bleiben?

(3) Die Organe des Leibes dienen bestimmten Funktionen und stehen im Zusammenhang mit bestimmten Funktionen, die aber im Auferstehungsstand nicht mehr ausgeübt werden (Essen, Vermehrung ...). Was soll ihre Wiederherstellung bedeuten?

Die kirchlichen Theologen stellten sich diesen kritischen Einwürfen. Dabei ist eine gewisse Entwicklung festzustellen. Während man anfangs – mit Ausnahme von Origenes[340] – die Schwierigkeiten mit dem pauschalen Argument zurückwies, daß Gott, der mächtig war, alles zu erschaffen, auch mächtig sei, alles neu zu erschaffen und in seiner Allmacht auch die vorgetragenen Aporien zu lösen vermöchte, so versuchen die Theologen ab dem 4./5. Jahrhundert spezifische Gegenargumente vorzutragen[341].

Dieser Diskurs über die Möglichkeit der Identität von Erden- und Auferstehungsleib, der den Theologen vor allem von außen aufgezwungen war, trug nun freilich wieder dazu bei, den Glaubenssatz von der Auferstehung noch einmal mehr im Sinne einer „Rückgabe“ des gleichen Leibes an die Seele zu pointieren (vgl. S. 189f.).

2. Augustinus und die Scholastik

Wie schon auf S. 217 vermerkt, war Augustinus die große Brücke zwischen Väterzeit und mittelalterlicher Scholastik. Von ihm „erbte“ diese das Identitätsproblem als primäres Auferstehungsproblem, von ihm erbte sie aber auch – zunächst jedenfalls! – ihr Verständnis einer philosophischen Unsterblichkeitslehre. Denn während Augustinus in seiner Frühzeit die Unsterblichkeit der Seele ganz auf der Linie platonischer Argumente rational zu beweisen suchte, setzt er sich davon später dezidiert ab. In seinen Retraktationen übt er heftige Kritik am Platonismus seiner Katechumenatszeit[342]. Die in den platonischen „Beweisen“ implizierte Präexistenz der Seele, ihre Fähigkeit zur Wiedererinnerung und vor allem

[340] Origenes lehnt es gerade ab, den einfachen Weg des Rekurses auf Gottes Allmacht zu gehen, und bemüht sich um eine denkerisch einleuchtende Lösung. Vgl. S. 203ff. Siehe dazu bes. Chadwick (Anm. 39), 83–102.

[341] Siehe für Gregor v. Nyssa: Daniélou (Anm. 122), 154–170; für Augustinus: Surmund (Anm. 126), 453–463; Börresen (Anm. 126), 141–155.

[342] Vgl. z. B. retr. I, 3–5 (= BAug 12, 278f.).

die behauptete Unveränderlichkeit, die sie auf die gleiche Ebene wie Gott stellen würde, wird entschieden aufgegeben. Den Grund dafür gibt H. Dörrie folgendermaßen an: „Wenn der Seele grundsätzlich ewiges unveränderliches Wesen zugestanden wird, wenn sich in ihr die Substanz des Göttlichen abbildhaft realisiert, ... dann braucht kein Heil verheißen zu werden, das sich in Zukunft verwirklichen wird, sondern das Heil ist der Welt von Anfang an widerfahren; dieses Heil ist in der Seele ... von Anfang an enthalten. Darum braucht der Platoniker keine Rechtfertigung anzustreben; seine Seele ist ja Hypostase, also Verwirklichung des Einen und des Guten. ... Denn die ewige Gerechtigkeit ist so vollkommen, daß sie ihr unumstößliches Urteil nicht durch Gnadenakte zu revidieren braucht ..."[343]. Auf Grund dieser Haltung des „Gesichertseins" und des daraus entspringenden unerträglichen Hochmuts, den der Platoniker aufzeigt – „immanissimus tyfus", wie Augustinus sagt[344] –, besteht für Augustinus zwischen Platonismus und christlichem Glauben mit seiner Anerkennung des Geschaffenseins, des Sünderseins und der Verwiesenheit auf die göttliche Gnade ein unüberbrückbarer Abgrund. Deshalb findet sich beim Christen Augustinus auch kein Unsterblichkeitsbeweis mehr. Ja, die Seele kann sogar sterblich genannt werden, weil die wahre Unsterblichkeit Gott allein zukommt, von dem die Schrift sagt: „Qui solus habet immortalitatem". „Dem Christ gewordenen Augustinus [erscheint] jedes Geschöpf bei seiner Veränderlichkeit gegenüber dem allein unveränderlichen und einfachen Gott in solcher Abhängigkeit, daß er keinen natürlichen Grund zu einem metaphysischen Beweis für die Unsterblichkeit in der Seele findet. Die Glaubensgründe treten an die Stelle von Vernunftgründen"[345].

Diese augustinische Position wurde von der Frühscholastik übernommen. Auch hier ist die Unsterblichkeit der Seele keine philosophisch-rationale Wahrheit, sie zählt vielmehr „zu den Offenbarungswahrheiten, an die der Christ glauben muß, wenn er gerettet werden will"[346]. Allenfalls werden Ansätze, ja „Splitter" überkom-

343 H. Dörrie, Seele bei Platon und im Neuplatonismus: Kremer (Anm. 6), 43.

344 Conf. VII, 9, 13 (= Bernhart 328).

345 Götzmann (Anm. 141), 104.

346 Heinzmann (Anm. 158), 246. – Siehe auch Götzmann (Anm. 141), 140f. (bezüglich Petrus Lombardus).

mener philosophischer Begründungszusammenhänge angeführt. Ganz auf der Linie Augustins betont man auch, daß Unsterblichkeit an sich nur Gott zukommt, daß also die Unveränderlichkeit der Seele nicht in sich steht – in sich ist die Seele „naturaliter corruptibilis", wie etwa die Porretaner sagen –, sondern vom Willen Gottes abhängt, der ihr das einmal zugesprochene Sein nicht entzieht. Aber eben dies weiß man allein auf Grund des Glaubens. Weil demnach die Unsterblichkeit der Seele nicht eine philosophische Wahrheit ist, welcher die Auferstehung des Leibes als theologische Glaubenswahrheit überbietend gegenübersteht, sondern weil beides Glaubenswahrheiten sind, rücken Unsterblichkeit der Seele und Auferstehung des Leibes ganz eng aneinander. Beides gehört zusammen, das eine erfordert das andere.

Der Ausfall einer allein auf rationaler Einsicht beruhenden Unsterblichkeitsbegründung hat seinen Grund nicht nur im augustinischen Erbe, sondern auch im geistes- und sozialgeschichtlichen Kontext: Philosophie und Theologie, Wahrheit der Vernunft und Wahrheit des Glaubens waren (noch) nicht analytisch differenziert, und darüber hinaus fehlte den Frühscholastikern ein vergleichbarer „Gegner", wie ihn die altchristliche Theologie im Heidentum hatte.

Dies änderte sich zur Zeit der beginnenden Hochscholastik. Es differenzierten sich nicht nur Philosophie und Theologie mehr und mehr – freilich noch nicht endgültig! –, im averroistischen Aristotelismus, für den die individuelle Seele im Tod zugrunde geht, stand auch ein neuer Gegner der christlichen Hoffnung auf. Angesichts dessen werden nun Unsterblichkeitsbeweise entwickelt, die im wesentlichen auf dem Werk ›De immortalitate animae‹ von Dominicus Gundissalinus († ca. 1146), einem bekannten Übersetzer arabischer Werke, beruhen. Mit ihm „beginnt die Ära der metaphysischen Beweise", wie W. Götzmann[347] bemerkt. Denn die Schrift des Gundissalinus gewinnt durch die Vermittlung von Wilhelm von Auvergne († 1249) beträchtlichen Einfluß auf die Hochscholastik, die auf dieser Basis eine durchreflektierte Unsterblichkeitslehre entwickelt. Aus der Einfachheit und Immaterialität der Seele schließt man auf ihre incorruptibilitas[348]. Aber auch der moralische Beweis fehlt

[347] (Anm. 141), 164. – Siehe dazu auch D. Bendfeld, Grundlegung und Beweisführung der Unsterblichkeitslehre, Emsdetten 1940. Zu Dominicus Gundissalinus siehe Götzmann (Anm. 141), 153–165.

[348] Siehe etwa bei Thomas v. Aquin vor allem In II sent. 19, 1, das zweite Buch der ScG sowie STh I, 75, 1–3.6.

nicht: Ohne Verletzung der Gerechtigkeit – ein undenkbarer Gedanke! – kann Gott die Bösen nicht ohne Strafe und die Guten nicht ohne Lohn lassen, was aber in diesem Leben nicht realisiert wird und deshalb eine postmortale Existenz erfordert.

Doch trotz aller rationaler Unsterblichkeitsbeweise bleibt auch in der Hochscholastik in unterschiedlicher Weise stets die Glaubenseinsicht leitend, welche durch die philosophische Reflexion nur bestätigt wird. Bezeichnend ist die Bemerkung von Bonaventura: „Dicendum est, quod anima rationalis est immortalis, secundum quod dicit fides catholica, cui concordat philosophia et omnis ratio recta“ (In II sent. 19,1,1)[349]. Erst recht ist man in den Franziskanerschulen (Duns Scotus) und Augustinerschulen (Aegidius Romanus u. a.) skeptisch allen Beweisen gegenüber und akzeptiert sie allenfalls als Konvenienzargumente, welche den Glauben unterstützen. Selbst Thomas von Aquin bemerkt: „Unzählbar sind die Stellen der Heiligen Schrift [!], welche die Unsterblichkeit der Seele verkünden“ (ScG II,79 in fine).

Zeigt die Unsterblichkeitslehre in grundsätzlicher Weise, daß der Tod nicht das letzte Wort hat, so wird daraufhin, gleichsam in einem zweiten Schritt, weiter einsichtig gemacht, daß allein die Auferstehung des Leibes der postmortalen Existenz letztlich entspricht: Die anima incorruptibilis separata ist auf eine neue Verbindung mit ihrem Leib hingeordnet. Denn – um die diesbezüglichen Argumente des Thomas anzuführen –:

(1) Die unnatürliche postmortale Situation der anima separata kann nicht ewig dauern[350].

(2) Das natürliche Verlangen des Menschen ist auf das vollkommene Glück gerichtet. Dieses aber kann nur erlangt werden, wenn die Unvollkommenheit der anima separata durch Auferweckung des Leibes beseitigt wird[351].

[349] Siehe dazu M. Schmaus, Die Unsterblichkeit der Seele und die Auferstehung des Leibes nach Bonaventura: L'homme et son destin d'après les penseurs du moyen âge. Louvain–Paris 1960, 505–519.

[350] „Nihil autem quod est contra naturam, potest esse perpetuum. Non igitur perpetuo erit anima absque corpore. Cum igitur perpetuo maneat, oportet eam corpori iterato coniungi: quod est resurgere. Immortalitas igitur animarum exigere videtur resurrectionem corporum futuram“: Comp. theol. 151.

[351] „Naturale hominis desiderium ad felicitatem tendere. Felicitas autem ultima est felicis perfectio . . . Anima autem a corpore separata est aliquo modo imperfecta . . . Non igitur potest homo ultimam felicitatem consequi, nisi anima iterato corpori coniungatur“: ScG IV, 79.

(3) Da der Mensch mit Seele und Leib gehandelt hat, muß auch der Leib in die Vergeltung mit einbezogen werden[352].

So fordert die Unsterblichkeit der Seele die Auferstehung des Leibes, weshalb auch umgekehrt die Leugnung der Auferstehung die Unsterblichkeit der Seele in Frage stellen würde. „Si negetur resurrectio corporis, non de facili, immo difficile est sustinere immortalitatem animae"[353]. Beides ist und bleibt – selbst noch in der Hochscholastik – aufs allerengste einander zugeordnet.

Wenn aber die anima separata die Auferstehung des Leibes erfordert, so stellt sich die Frage, ob die Auferstehung des Leibes damit nicht zu etwas Natürlichem werde, zu etwas, was von der natürlichen Situation der Seele geradezu gefordert ist. Durch das Netzwerk der vielen Antworten auf dieses Problem zieht sich als roter Faden die These: Die Auferstehung ist natürlich in bezug auf das „Resultat", nämlich auf die Einheit von Leib und Seele, aber nicht in bezug auf die Ursache, da trotz der Hinordnung der Seele auf den Leib weder diese selbst noch ein anderes Geschöpf die integrale menschliche Natur wiederherstellen kann. Deshalb ist eine übernatürliche Ursache für das „natürliche Ergebnis" erforderlich[354].

Die hochscholastischen Beweise für die Auferstehung wie auch für die Unsterblichkeit sind letztlich Konvenienz- und nicht notwendige Beweisgründe. Von ihnen gilt, was Thomas ganz allgemein so formuliert: „Fides nostra necessariis rationibus ... probari non potest, quia humanam mentem excedit"[355]. Diese Aussage scheint

[352] ScG IV, 79. – Ein weiterer Argumentationsgang, den Thomas nicht anführt, findet sich bei einigen Franziskanertheologen: „Wenn schon andere Körper des Universums und das ganze Universum ... inkorruptibel sind, dann muß dem nobilissimum corpus [des Menschen] dies auch widerfahren, nämlich inkorruptibles Leben des Leibes, und somit des Menschen, zu haben": Weber (Anm. 158), 183. Und Weber bemerkt dazu: „Die Schwäche dieses Aufweises und die anderen anthropologischen Voraussetzungen ... dürften wohl die Ursache sein, daß dieser Gedanke bei Thomas und seinen Schülern nicht erwähnt wird": ebd.

[353] Thomas v. Aquin, In ep. I ad Cor. 15,2.

[354] Für die Frühscholastik vgl. dazu Heinzmann (Anm. 158), ab 172 passim; für die Hochscholastik: Weber (Anm. 158), 276f. – Siehe auch S. 334.

[355] De rat. fid. 2. – Vgl. auch Albert d. Gr., In IV sent. 43,3 ad 12: „Amentes sunt qui reprehendunt Philosophos non loquentes de resurrectione, quia per philosophiam non potest probari resurrectio, sed potius per principia fidei." Und Bonaventura, Hex. VII, 6 (= Opera Omnia V, ed.

den Formulierungen mancher Beweisgänge, wie sie auch zuvor stichwortartig angeführt wurden, zu widersprechen, da hier eher eine logische Schlüssigkeit thematisiert wird. Doch dieser Widerspruch kann – so führt H. J. Weber aus[356] – als ein scheinbarer entlarvt werden. „Die Zurückweisung [einer strikt rationalen Argumentation] trifft die ungläubige Philosophie, nicht den philosophisch argumentierenden Christen und Theologen ... Die Philosophie, die also hier zurückgewiesen wird, ist die außerhalb der christlichen Lehre. Wird aber die durch die Sünde verdunkelte und geschwächte Vernunft durch den Glauben erleuchtet und geläutert, dann muß eine rationale Bewältigung des Glaubens durch den denkenden Menschen stattfinden, die zu Einsichten und Aufweisen führen kann, denen der heidnische Philosoph nicht zu folgen vermag und wodurch er auch nicht überzeugt werden kann ... Damit wird verständlich, daß beim Aufkommen einer selbständigeren und unabhängigeren Philosophie in der zweiten Hälfte des 13. Jahrhunderts auch die Möglichkeitsbeweise in den Vordergrund rücken. Die neu sich ausformende Philosophie ... gewinnt ... in ihrer Methode eine solche Eigenständigkeit, daß schließlich dieser neuen Situation auch in der Theologie Rechnung getragen werden muß"[357]. Zumal Duns Scotus ist nicht nur äußerst skeptisch gegen Unsterblichkeitsbeweise, sondern auch gegen jegliche Art von Argumentation, die für eine Auferstehung des Leibes namhaft gemacht wird[358].

Quaracci 366) bemerkt: „Ratio nostra non potest ad hoc pervenire, ut corpora resurgant."

[356] (Anm. 158), 200.

[357] Weber (Anm. 158), 200f.

[358] So formuliert Duns Scotus: „Istud autem Judicium [scil. generale] probari non potest, sicut *nec resurrectio*, per rationales naturales, sed est articulus fidei, *et ideo* non est demonstrabilis. Attamen sunt rationes congruae ...": Rep. IV, 47,1 (n. 4). Gegen das traditionelle Argument, die inclinatio naturalis der Seele auf den Leib hin müsse Erfüllung finden, bemerkt er, daß diese inclinatio sich bereits in der Zeit des irdischen Lebens erfüllt *habe* und damit nicht „leer" geblieben sei, die Erwartung einer *weiteren* Erfüllung könne nicht erwiesen werden. Siehe dazu Weber (Anm. 158), 178f.

3. Neuzeit

Im Spätmittelalter und zu Beginn der Neuzeit erwies sich infolge der zunehmenden Ausdifferenzierung von Philosophie und Theologie sowie vor allem infolge des Vordringens nominalistischen Denkens ein stringenter Beweis für die Unsterblichkeit und erst recht für die Auferstehung als immer schwieriger, wenn nicht gar als unmöglich. Es kam hinzu, daß es in Humanismus und Renaissance eine deutliche Hinwendung zur empirischen Betrachtung der Seele gab. So fordert z. B. Pomponazzi dazu auf, sich auch für die Seele am Experiment, an der genauen Beschreibung der Phänomene zu orientieren. Dieses aristotelisch gestimmte Programm verband sich nicht selten mit der averroistischen These von der Sterblichkeit der individuellen Seele. Unsterblichkeit kann – *philosophisch* gesehen – nur dem „allgemeinen", sich mit der individuellen Seele je nur extrinsezistisch verbindenden νοῦς zukommen. Hoffnung auf individuelle Unsterblichkeit ist allein Gegenstand des *Glaubens*. Dagegen erhob das V. Laterankonzil energischen Widerspruch (siehe DS 1440f.). Indem es aber die These von der Sterblichkeit der Seele – auch nur als philosophische Wahrheit behauptet – verwarf, lehnte es die Idee einer „doppelten Wahrheit" in Sachen Unsterblichkeit ab und schien damit gleichzeitig die philosophische Beweisbarkeit der Seelenunsterblichkeit mindestens zu insinuieren. Da sich aber ein strikter Beweis als kaum möglich erwies, führte die konziliäre Lehre *faktisch* zu einem noch größeren Bruch zwischen Theologie/Glauben und Philosophie/Denken und damit letztlich zur Haltung philosophischer Skepsis.[359a] Eine ähnliche Skepsis war auch Folge des im Humanismus neu aufkommenden Epikureismus, der sich nicht selten mit einer neo-aristotelischen Seelenlehre verband. Die Haltung der Skepsis oder gar die dezidierte Ablehnung einer philosophisch begründeten Seelenunsterblichkeit ging dann weiter im empiristisch-„materialistischen" Strang abendländischen Denkens (s. S. 240)[359].

Die Folgen dieser durch Neoaristotelismus und Nominalismus geschaffenen Situation machen ein Stück weit die Einstellung *Martin Luthers* zur Frage der Unsterblichkeit verständlich. Luther hält

[359] Siehe dazu die kurze Übersicht bei A. Resch, Unsterblichkeit: Geschichte und Forschung: ders. (Hrsg.), Imago Mundi. Fortleben nach dem Tod, Innsbruck 1980, 58f.

[359a] Siehe dazu die allerdings unzuverlässige Studie von O. Pluta, Kritiker der Unsterblichkeitsdoktrin in Mittelalter und Renaissance, Amsterdam 1986.

zwar einerseits an der Unsterblichkeit der Seele fest (s. S. 244f.), leugnet aber – darin nachweislich von Scotus beeinflußt – ihre philosophische Beweisbarkeit. Deswegen gießt er offenen Spott und beißende Kritik über das V. Laterankonzil aus, das sich, statt den selbstverständlichen Glauben zu bezeugen, in völlig nutzloser Weise auf eine philosophische Problemstellung eingelassen hat. „Wo bliebe meine Seele dieweile, so sie noch nicht sollt wissen, und allererst von den Concilia gewarten, was sie gläuben sollt; wo mir doch der Glaube hier not täte“ [360]. Denn nach Luther gründet die Unsterblichkeit der Seele nicht in dem ihr zu eigenen Wesen (Immaterialität, Einfachheit usw.), sondern in dem ihr von Gott gewährten – und darum auch nur im Glauben erkennbaren – Gottesbezug: im Odem des Schöpfers, kraft dessen der Mensch vor Gott leben darf, und im Willen Gottes, für immer mit ihm ein Gespräch zu führen: „Ubi igitur et cum quocunque loquitur Deus, sive in ira, sive in gratia loquitur, is certo est immortalis. Persona Dei loquentis et verbum significant nos tales creaturas esse, cum quibus velit loqui Deus usque in aeternum et immortaliter“ [361].

In dieser relationalen Sicht der Unsterblichkeit und infolge des schon früher (S. 246) erörterten ungeklärten Verhältnissen von Unsterblichkeit und Auferstehung rücken bei Luther beide Hoffnungsbilder ganz eng aneinander und ineinander. Beide Wirklichkeiten sind Gegenstand des Glaubens, der zwar die Skepsis überwindet, sich aber einer denkerischen philosophischen Vermittlung versagt.

Anders sieht es im Gefolge des zweiten Stranges neuzeitlichen Denkens aus, das sich nicht an Aristoteles, sondern eher an Platon orientiert. Hier finden sich von Marsilius Ficinus über Descartes, Leibniz, Moses Mendelssohn bis hin zu Fichte philosophische Beweise für die Unzerstörbarkeit der Seele [362]. Ihre Unsterblichkeit ist an den spezifisch geistigen Vollzügen (Selbstbewußtsein, Selbstgewißheit . . .) ablesbar. Diese zeigen, daß – so Descartes – „unsere Seele ihrer Natur nach vollkommen unabhängig vom Körper und also der Notwendigkeit nicht unterworfen ist, mit ihm zu sterben; und da man weiter keine Ursachen sieht, welche die Seele zerstören könnten, so kommt man natürlicherweise zu dem Urteile, sie sei unsterblich“ [363].

[360] An die Herren deutschen Ordens (1523) = WA 12, 236.
[361] Vorlesungen über 1 Mose = WA 43, 481.
[362] Eine kurze Übersicht findet sich bei Resch (Anm. 359), 56ff.
[363] Discours V, 12.

Diese Form des philosophischen Arguments, das gerade auf der „vollkommenen Unabhängigkeit“ der Seele vom Leib basiert, bringt es mit sich, daß die Auferstehung (des Leibes) als Thema der Philosophie mehr und mehr verschwindet[364]. Nimmt man noch hinzu, daß sich innertheologisch die Größen „Natur“ und „Übernatur“ – d. h. das, was dem Menschen vom Wesen her zukommt *und* das, was er nur als Gnadengeschenk Gottes im Glauben entgegennehmen kann – zunehmend ausdifferenzieren, so konvergieren sowohl die philosophische als auch die theologische Entwicklung dahin, daß Unsterblichkeit der Seele eine philosophische „natürliche“ Wahrheit[365], die Auferstehung des Leibes dagegen eine theologische „übernatürliche“ Glaubenswahrheit ist (s. dazu Näheres S. 339f.).

Der Kritizismus Kants bedeutet zunächst das Ende der traditionellen Unsterblichkeitsbeweise der Geistmetaphysik (weil nach Kant der theoretische Vernunftgebrauch auf den Bereich der Erscheinungen einzuschränken ist). Doch greift Kant im Rahmen der praktischen Vernunft einen Beweisgang auf, der ähnlich schon in der Scholastik als einer unter anderen Geltung hatte (s. S. 292) und dann im Humanismus (Marsilius Ficinus) und vor allem seit Reimarus in der Aufklärung eine bedeutende Rolle spielte: Die Idee der ausgleichenden Gerechtigkeit sowie das auf Erden sich nicht erfüllende Vollkommenheits- und Glückseligkeitsstreben des Menschen erfordern die postmortale Existenz der Seele. Auf dieser Linie sieht auch Kant ihre Unzerstörbarkeit begründet. Seine „neuen“ Beweise sind Postulate, die ihre Basis im praktischen Selbstvollzug des Subjekts haben:

1. Der Mensch steht – will er sich nicht als Mensch aufgeben – unter unbedingtem sittlichem Anspruch; sein Ziel ist die vollendete Sittlichkeit, von Kant Heiligkeit genannt. Diese ist jedoch „eine Vollkommenheit, deren kein vernünftiges Wesen der Sinnenwelt, in

[364] Wenn Lessing (und andere Zeitgenossen) eine Reinkarnation des einzelnen in die vollendete eschatologische Welt erwägen, um zu begründen, wie das *Individuum* Anteil an der Seligkeit der *Menschheit* haben könnte, so läßt sich darin noch ein letzter Aufschein jenes Anliegens erblicken, das hinter dem Glauben an eine Auferstehung des Fleisches steht.

[365] Genauer: Eine philosophische Wahrheit ist die Unsterblichkeit, insofern sie lediglich „postmortale Existenz“ besagt; insofern die den Tod überdauernde Seele in die selige Gottesschau aufgenommen wird, ist die so qualifizierte Unsterblichkeit natürlich eine theologische Glaubenswahrheit.

keinem Zeitpunkte seines Daseins fähig ist". Ihre Verwirklichung erfordert darum einen ins Unendliche gehenden Progressus, d. h. ein unendliches Weitergeben, das nur „unter Voraussetzung einer ins *Unendliche* fortdaurenden *Existenz* und Persönlichkeit des selben vernünftigen Wesens (welche man die Unsterblichkeit der Seele nennt) möglich" ist[366].

2. Der Mensch soll das Gute und Wahre tun, weil es das Gute und Wahre ist, nicht weil es Nutzen und Vorteile bringt. Und doch muß es eine letzte Konvergenz zwischen sittlichem Handeln und Glückseligkeit geben. Denn so wie der Mensch als Mensch vom Sittengesetz in Beschlag genommen ist, so ist er auch des Glückes bedürftig und auf Glückseligkeit angelegt. Mag darum in diesem Leben auch sittliches Handeln und eigenes Glück oft auseinanderklaffen, ja im Gegensatz zueinander stehen – es ist ja nicht zu leugnen, daß es dem bösen Menschen oft gut, dem guten aber übel ergeht –, so wäre es letztlich zutiefst widersprüchlich, wenn der Mensch selbst bei unbedingter Erfüllung des Sittengesetzes dazu verurteilt bliebe, „der Glückseligkeit bedürftig, ihrer auch würdig, dennoch aber derselben nicht teilhaftig zu sein" [367]. Sittlichkeit und Glückseligkeit müssen also letztlich konvergieren. Dafür aber ist Unsterblichkeit gefordert und ein existierender Gott als derjenige, der das Unsterblichkeitspostulat zu erfüllen und den notwendigen Zusammenhang von Sittlichkeit und Glückseligkeit zu realisieren vermag. Nur dann ist menschliche Existenz nicht absurd.

Ein unsterbliches Leben ist somit zwar ein Postulat bzw. Gegenstand postulatorischer Hoffnung und nicht theoretischer Erkenntnis, doch ist der Unsterblichkeitsaufweis deshalb nicht einfach eine irrationale Behauptung oder eine bloße Hypothese. Denn unter „Postulat" versteht Kant „einen *theoretischen,* als solchen aber nicht erweislichen Satz, . . . so fern er einem a priori unbedingt geltenden *praktischen* Gesetz unzertrennlich anhängt" [368]. Das sich selbst als sittliches Wesen vollziehende, ja „setzende" Subjekt muß sprechen: „Ich *will,* daß ein Gott . . ., endlich auch daß meine Dauer endlos sei, ich beharre darauf und lasse mir diesen Glauben nicht nehmen; denn dieses ist das einzige, wo mein Interesse, weil ich von demselben nicht nachlassen *darf,* mein Urteil unvermeid-

[366] I. Kant, Kritik der praktischen Vernunft: WW VI, hrsg. v. W. Weischedel, Darmstadt 1968, 252.
[367] Ebd. 238.
[368] Ebd. 253.

lich bestimmt, ohne auf Vernünfteleien zu achten, so wenig ich auch darauf zu antworten oder ihnen scheinbarere entgegenzustellen im Stande sein möchte“ [369]. Was nach dem Tod kommt, ist zwar dem Erkenntnisvermögen des Menschen entzogen, es ist das schlechthin Dunkle und Abgründige. Aber diesem Abgrund gegenüber darf sich der Mensch hoffend verhalten. Und eben diese Haltung postulatorischer Hoffnung findet im (sittlichen) Selbstvollzug des Subjekts Anhalt und Grund.

Der postkritische Argumentationsgang Kants und der Argumentationsgang der neuzeitlichen Geistmetaphysik sind *im tiefsten Wesenskern* nicht so verschieden, wie es auf den ersten Blick scheinen mag. Denn bei allen Unterschieden liegt in beiden Fällen dem „Beweis“ letztlich das Interesse an der Selbstvergewisserung und Selbstsetzung des *Subjekts* zugrunde. Sowohl das im „cogito“ sich selbst sicherstellende Subjekt Descartes' als auch der sich als ethisches Subjekt anerkennende und damit konstituierende kantische Mensch erfährt sich in der Zuwendung zur eigenen „Idealität“ als unsterblich. Nur durch die Annahme einer persönlichen Unzerstörbarkeit können die Aporien der faktischen Existenz überwunden werden. In diesem Sinn ist Unsterblichkeit letztlich eine Exigenz des sich „monologisch“, d. h. des sich selbst vollziehenden Subjekts.

Man mag gegen diese Qualifizierungen „monologisch“ und „sich selbst vollziehend“ einwenden, daß doch zum Erweis der Unsterblichkeit die Geistmetaphysik von der Vor-Gegebenheit eben dieses Geistes und seiner Bedingungen (wozu auch die Wirklichkeit Gottes zählt) ausgeht und daß für Kant die Vor-Gegebenheit des den Menschen in Anspruch nehmenden Sittengesetzes konstitutiv ist. Damit sei die „Monologie“ des Subjekts immer schon gesprengt und der Mensch auf das ihm „begegnende Andere“ verwiesen, an dem ihm die eigene Unsterblichkeit – mithin eine „dialogisch“ begründete Unsterblichkeit – aufgehe [370]. Der Einwand ist ernst zu nehmen. Doch liegt genau an diesem Punkt die Ambivalenz der neuzeitlichen Subjektphilosophie, auf die z. B.

369 Ebd. 277f.

370 So fragt z. B. H. Verweyen in seinem kundigen Übersichtsartikel „Eschatologie heute“: ThRv 79 (1983), 9, ob „nicht auch Kants Unsterblichkeitspostulat aus dem unbedingten *Anspruch* des Sittengesetzes, daß der Mensch heilig werde, als dialogische Begründung charakterisiert werden“ könne.

Walter Schulz eindringlich hingewiesen hat[371]: Wenn die sich selbst begreifen- und ergreifenwollende Subjektivität auf ihre Grenzen und damit – so W. Schulz – auf „die Transzendenz als das der endlichen Subjektivität mit innerer Notwendigkeit zugehörende Andere ihrer selbst" stößt[372], so stellt sich dieses als etwas ungemein Zweideutiges dar: Ist das in der Selbstreflexion und -konstituierung des Subjekts erscheinende „Andere", an dem der Mensch seine Unsterblichkeit erfährt, seinerseits freies und befreiendes Subjekt, oder ist es nur ein „dialektisches Anderes", d. h. ein dialektisches Moment am und im Selbstvollzug des Subjekts? Wenn das Urteil Carl Stanges über die neuzeitliche Philosophie richtig ist – und es dürfte weithin zutreffen –: „Der Gottesgedanke nimmt gegenüber der Idee der Unsterblichkeit eine untergeordnete Stellung ein. Die Gottesidee ist nur deshalb notwendig, weil sie die Idee der Unsterblichkeit verbürgt" [373], so ist Gott im Grunde nur Funktion des Subjekts und seines Unsterblichkeitsdranges, nicht aber das begründende „extra nos" menschlicher Unsterblichkeit. Erscheint dann aber die Unsterblichkeit (wie auch die Gottesidee) gar nur als eine Projektion des Menschen?

Es ist nicht von ungefähr, daß die neuzeitliche Unsterblichkeitsbegründung, für die Kant exemplarisch stehen kann, geradewegs in den „Feuer-Bach" der Religionskritik geführt hat. Der postulatorische Charakter der Unsterblichkeitsidee mußte fast zwangsläufig die Gegenthese herausfordern: Unsterblichkeit sei nur eine Wunschprojektion des Menschen, der im Vollzug seines sittlichen Wesens die eigene Unvollkommenheit und Begrenztheit nicht ertragen und sich nicht damit abfinden könne, daß weder die Sittlichkeit jemals vollkommen noch der eigenen Glückseligkeit proportional sei.

Die „Religionskritiker" aber waren nicht die einzigen, welche die Annahme einer Sprengung der Todesgrenze in Frage stellten. Ihr Einspruch fügt sich insgesamt in den größeren Zusammenhang der neuzeitlichen Metaphysikkritik ein, welche gegenüber allen Formen idealistischer Unsterblichkeitsauffassung auf der Endlichkeit des Menschen insistierte[374]. Hand in Hand damit – überdies noch nachhaltig durch das Vordringen eines rein empirisch-natur-

371 W. Schulz, Der Gott der neuzeitlichen Metaphysik, Pfullingen 1957.

372 Ebd. 28.

373 Stange (Anm. 239), 11. – Siehe auch S. 242f. dieser Studie.

374 Vgl. dazu P. Hünermann, Glaube an die Auferstehung von den Toten: ders. (Hrsg.), Sterben, Tod und Auferstehung, Düsseldorf 1984, 62ff.

wissenschaftlichen Denkstils unterstützt – wurde eine ontologische Eigenwirklichkeit von Seele, der traditionellen „Trägerin“ der Unsterblichkeit, überhaupt in Frage gestellt. „Die Seele ist nur noch das Wort für eine Funktion“, so faßt F. Mauthner kurz und bündig diese neue Sicht zusammen[375]. Oder etwas ausführlicher M. Horkheimer: „Der Mensch, sein Herz und Hirn und alle Äußerungen eingeschlossen, gilt als ein Inbegriff von Prozessen, deren Bedingungen durch naturwissenschaftliche Disziplinen prinzipiell erforschbar sind. Die Konstruktion von Apparaten, deren Leistungen gewisse Denkprozesse nicht allein ersetzen, sondern an Tempo und Exaktheit übertreffen, die Automation, bildet eine weitere Bürgschaft für die wissenschaftliche Durchdringung empirisch-menschlicher Aktionen, ohne eine substantielle, da unsterbliche Seele als Erklärung heranzuziehen“[376]. Diese Eliminierung eines ontologischen Seelenbegriffs führte eo ipso zur Eliminierung der traditionellen Unsterblichkeitsargumente.

Schließlich stimmte auch die neuere protestantische Theologie in das Unisono der Ablehnung jeden rationalen Aufweises ein. Hatten noch die altprotestantische Orthodoxie und die Aufklärungstheologie einen rationalen Zugang, wenn auch nicht strikt schlüssigen Beweis, für ein postmortales Leben entwickelt[377], so gab die nach dem Ersten Weltkrieg einsetzende Dialektische Theologie der Religionskritik *gegen* die neuzeitliche philosophische Unsterblichkeitslehre *sachlich* durchaus recht: Die Ewigkeitsträume haben Projektionscharakter, sie entspringen der Sünde des Menschen, der sein Sünder-Sein und damit Im-Tode-Sein nicht anerkennen will. Demgegenüber zeigt die Dialektische Theologie die Nichtigkeit des Geschöpfs auf und verweist es einzig und allein auf Gott und auf sein dem Menschen unableitbares lebenspendendes Handeln (s. S. 248f.). Der „Preis“ dieser theologischen Position ist nun freilich der Verzicht darauf, die christliche Hoffnung auf Sprengung der Todesgrenze rational zu vermitteln.

[375] F. Mauthner, Der Atheismus und seine Geschichte im Abendlande, Bd. I, Stuttgart 1922, 42.

[376] M. Horkheimer, De anima: Zur Kritik der instrumentellen Vernunft, Frankfurt ^{2}1974, 244ff. – Horkheimer selbst stellt sich dezidiert gegen ein solches funktionales Verständnis von Seele. Siehe M. Horkheimer. Zur Idee der Seele: Was weiß man von der Seele?, hrsg. v. H. J. Schultz, Stuttgart 1967, 11–19. – Zum heutigen funktionalen Seelenverständnis vgl. ferner Kl. Kremer, Zur Einführung: ders. (Anm. 6), 6–17.

[377] Siehe dazu Kunz (Anm. 245), 48–51, 55, 97–99.

Die katholische Theologie hat – insgesamt gesehen – diesen Verzicht des Denkens nie mitvollzogen. Für sie ist der Glaube überhaupt nicht ein nackter Sprung in das „ganz Andere“, in das vom Denken überhaupt nicht Erreichbare, sondern er ist letztlich und endlich *auch* das, worauf der Mensch von Schöpfung her angelegt ist und wohin er durch das Wirken des Geistes in der Heilsgeschichte immer schon angetrieben wird. Schließlich sind Welt und Mensch durch Christus geworden und auf ihn hin geschaffen. Darum wirft auch die christliche Offenbarung ihren Vorschein in den – rationaler Erfahrung zugänglichen – Strukturen des Menschseins voraus, und der Mensch vermag – wenigstens grundsätzlich – Entsprechungen zwischen der Botschaft des Glaubens und seiner Wesenserfahrung zu entdecken.

Diese Überzeugung durchzog, bei allen Unterschieden im einzelnen, die ganze Geschichte der Christenheit und motivierte seit der frühesten Zeit der Kirche dazu, die Botschaft von der Auferstehung der Toten denkerisch zu vermitteln. Nur so konnte und kann sich die christliche Hoffnung auch als die wahre Erfüllung menschlichen Lebens vorstellen. Gesetzt, sie hätte keine Entsprechung, sozusagen keinen „Brückenkopf“ im menschlichen Sein und Erkennen, so bliebe ihre Verheißung dem Menschen fremd und befremdlich und würde ihm nicht als faszinierende Einladung zu Glaube und Hoffnung begegnen können. Demgegenüber ist die rational reflektierbare Hinordnung des Menschen auf die resurrectio der Kontext, in dem diese Glaubenswahrheit glaubwürdig, plausibel und akzeptabel wird (ohne daß sie deswegen schon als Glaubenswahrheit in eine philosophische Wahrheit aufgelöst wird).

Die unterschiedlichen rationalen Zugänge zur resurrectio sowohl von seiten der (christlichen) Philosophie wie auch der katholischen Theologie sollen im folgenden in systematischer Form skizziert werden, ohne daß die Skizze den Anspruch auf Vollständigkeit der Gesichtspunkte erhebt oder gar die verschiedenen denkerischen Ansätze inhaltlich auch nur ansatzweise entfalten kann.

II. Denkerische Vermittlung der Totenauferstehung heute

1. Hermeneutische Voraussetzungen: Grundgestalt, Reichweite und Vorbedingungen der Unsterblichkeitsbegründung

Die Unsterblichkeitsbeweise[378] der Frühen Kirche und des Mittelalters knüpfen – generell gesagt – an Platon an. Dieser macht Gründe verschiedenster Art für die Unsterblichkeit geltend. Und nicht alle haben für ihn das gleiche Gewicht[379]. Die unterschiedlichen Gesichtspunkte sind jedoch getragen *von* und konvergieren *in* einem einzigen Argument: Die Seele ist deshalb unsterblich, weil sie fähig ist, Erkenntnisse zu gewinnen, die unvergänglich sind, weil sie – anders gesagt – das Ewige erkennen kann. Da aber Gleiches nur durch Gleiches erkannt wird, partizipiert sie selbst am Ewigen und Unvergänglichen. Die Seele ist also nicht deshalb unsterblich, weil sie eine „in sich" unzerstörbare Substanz ist, sondern weil sie dem Ewigen und Göttlichen *ent-„spricht"*. Diese Argumentationsweise wird besonders vom frühen Augustinus aufgegriffen. Obwohl Augustinus immer wieder die Geistnatur der Seele hervorhebt, wird nicht diese Wesenseigenschaft Grundlage für einen Unsterblichkeitsbeweis. Vielmehr geht er davon aus, daß die Seele Träger unvergänglicher Wahrheiten ist und *darum* unvergänglich sein muß. Also nicht auf Grund substantieller Eigenschaften und „monologischer" Eigenmacht, sondern auf Grund ihrer „dialogischen" Beziehung zum Unvergänglichen besitzt sie selbst Unvergänglichkeit. Dieser Begründungszusammenhang findet sich auch im scholastischen Denken – allerdings *neben* anderen Argumenten, die von den spezifischen Eigenschaften des Geistes ausgehen und die dann in der Neuzeit weiter ausgezogen werden. Jedenfalls ist deutlich: Die große christliche Tradition begründet die Unsterblichkeit nicht dadurch, daß sie auf den Menschen „in sich"

[378] Der Begriff „Beweis" ist hier wie im folgenden stets gleichsam in Anführungszeichen gesetzt zu verstehen. Natürlich handelt es sich nicht um einen stringenten Beweis unbestreitbarer Evidenz, sondern eher um einen „Aufweis" oder „Erweis", der sich mit einer gewissen rationalen Plausibilität als einladender Anruf an die Freiheit des Menschen richtet.

[379] Wenn Platon z. B. dem sterbenden Sokrates die Argumentation in den Mund legt: „Wenn schon die ägyptischen Mumien fast unverwüstlich sind, um wieviel mehr muß es dann unsere Seele sein?" (Phaid. 80c), so war dies gewiß auch für ihn nur eine kuriose argumentatio ad hominem.

blickt, sondern daß sie ihn in seiner Beziehung, in seinem „Dialog" mit Gott betrachtet.

Gegen diese These läßt sich nicht einwenden, daß in der mittelalterlichen christlichen Philosophie die Unsterblichkeit der Seele doch als eine *„natürliche"* und mithin als eine ihr *wesenhaft* zukommende bezeichnet wird. Der scholastische Begriff „immortalitas naturalis" darf nicht von einer abstrakten Wesensmetaphysik her verstanden werden. „Natura" – „naturaliter" meint in der Scholastik immer „von Schöpfung her", wie Josef Pieper näher gezeigt hat[380]. Deshalb ist mit dem Begriff „natürliche Unsterblichkeit" nicht eine Eigenmacht der Seele gemeint, sondern das bestimmende Merkmal des von Schöpfung her begonnenen Dialogs Gottes mit dem Menschen. Der Mensch *ist* genau jenes Wesen, das *im* Dialog und *zum* Dialog mit Gott geschaffen wurde. In-Beziehung-zu-Gott-Stehen ist also nicht „Zutat" zu einem gleichsam zunächst „in sich", ohne Relation auf Gott hin konzipierten Wesen Mensch, sondern die Relation zu Gott macht das Wesen menschlichen Seins aus. Der Mensch ist das unrücknehmbar auf Gott verwiesene Geschöpf, das freilich – und dies ist für das biblisch-christliche Schöpfungsverständnis wichtig – unwiderruflich ins Eigene und in die Selbständigkeit gesetzt ist. Doch auch dieser Selbstand ist relationaler Selbstand; der Mensch ist und bleibt das unausweichlich „coram Deo" lebende Wesen. So gesehen, kann der Tod nicht die Macht haben, das göttliche Wort der Liebe: „Du bist mein! Du sollst leben!" zunichte zu machen, wofern Gott zum einmal eingegangenen Dialog mit dem Menschen steht. Die Bedingung der Möglichkeit dafür aber, daß der Mensch Gott unwiderruflich gegenübergestellt, auf ihn verwiesen und von ihm in Anspruch genommen ist, ist die Unwiderruflichkeit menschlichen Seins als menschlichem Sein.

Somit finden wir in der großen christlichen Tradition eine Begründung der Unsterblichkeit, die „dialogisch", nicht „monologisch" verläuft. Sie geht weder aus von einer *isolierten* Betrachtung des Menschen und seiner geistigen Fähigkeiten, noch artikuliert sie *allein* das neuschaffende Handeln Gottes aus dem Nichts des Todes, sondern sie betrachtet die *Beziehung* zwischen Gott und Mensch, in welcher der ewige Gott sich in unrücknehmbarer Treue für immer als Gott der Menschen „definiert" hat und in welcher der Mensch unausweichlich vor dem lebendigen Gott steht. Nega-

380 Pieper (Anm. 11), 169ff. – Siehe auch das Augustinus-Wort in Anm. 382.

tiv bedeutet dies: Unsterblichkeit hat *nicht allein* darin ihren Grund, daß der Mensch ein geistig-sittliches Wesen ist, das als solches Unsterblichkeit für sich reklamieren kann[381]. Unsterblich ist der Mensch vielmehr, weil er auf Gott bezogen ist. Diese dem Menschen wesentliche Beziehung kann man *Seele* nennen, wenn klargestellt ist, daß Seele in diesem Kontext nicht einen Teil des Menschen korrelativ zum Leib als dem anderen Teil bezeichnet. Seele ist dann vielmehr jener innerste, den Menschen konstituierende Seinsgrund, kraft dessen er in dialogischer Beziehung zu Gott steht[382], einer Beziehung, die auch da durchhält, wo alle anderen Beziehungen des Menschen, die man „Leib" nennen mag, im Tod abgebrochen werden.

In dieser Sicht geht auch der Einwurf einiger protestantischer Theologen ins Leere, wonach die Lehre von der Unsterblichkeit der Seele den katastrophalen Charakter des Todes nicht ernst nähme, da sich der Mensch kraft der ihm zu eigenen Unsterblichkeit gleichsam durch die Krise des Todes „hindurchmogeln" könne. Wenn nämlich der Mensch den Tod nur auf Grund seiner Relation zu Gott überwindet, so ist die Unsterblichkeit nicht begründet im monologischen Selbstbesitz und Selbstverfügen, sondern sie ist Gegenstand des Vertrauens und der Hoffnung, daß Gott *auch* und *gerade* in der Krise des Todes den Dialog nicht abbricht, sondern das Geschöpf in dem ihm einmal zugesprochenen relationalen Sein erhält. Deswegen stellt auch der Tod – Abbruch

[381] Allerdings ließe sich – vor allem im Blick auf ein trinitarisches Personverständnis – ein Begriff von „geistigem Wesen" erarbeiten, worin das Spezifische des Geistes gerade „Relationalität" ist. Wenn oben im Text vom „geistig-sittlichen Wesen Mensch" die Rede ist, so ist dies im neuzeitlichen Sinn einer geistigen Substanz bzw. eines geistigen Subjekts (kantischer oder fichtescher Ausprägung) gemeint.

[382] Es wäre also falsch, das relationale „coram-Deo-Sein" des Menschen seiner substanzhaften „Wesensnatur" gegenüberzustellen, wie dies nicht selten von seiten evangelischer Theologen geschieht. Vgl. z. B. Ebeling (Anm. 259), 459: Wenn die Unsterblichkeit der Seele allein „zum Ausdruck bringen soll, daß der Mensch in seinem Sein vor Gott der Ewigkeit ausgesetzt ist und ihr nicht entrinnen kann, dann wäre es am angemessensten, nicht im substanzhaften An-sich-Sein der Seele, sondern im Angesprochen-Sein durch Gott den Grund einer Unsterblichkeit zu sehen . . ." Denn das An-sich-Sein der Seele = ihre Wesensnatur *ist identisch* mit dem personalen Von-Gott-gewollt-Sein. So sagt schon Augustinus : „Voluntas tanti utique conditoris [est] conditae rei cuiusque natura": De civ. D. XXI, 8 (= BAug 37, 412).

aller anderen Relationen, ja scheinbarer Abbruch des ganzen Lebens – am schärfsten die Frage, ob der Mensch auch angesichts des äußersten Abgrundes sich in den Dialog des Vertrauens und der Hoffnung zu Gott hineinbirgt und darin trotz aller Verzagtheit und Angst Zuversicht und Sicherheit findet.

Wenn die Unsterblichkeit in der Beziehung Gottes zum Geschöpf und des Geschöpfes zu Gott gründet, hat jeder schlüssige Unsterblichkeitsaufweis von der Selbsterfahrung des Menschen als eines auf Gott verwiesenen Wesens bzw. von der Selbstoffenbarung Gottes als des „Gottes der Menschen" auszugehen. Wird dieser dialogische Bezug von Gott und Mensch nicht als Prämisse gesetzt, läßt sich Unsterblichkeit nicht schlüssig begründen. Das aber besagt: Alle hermeneutischen Voraussetzungen und Rahmenbedingungen, die für den Gottes-„Beweis" gelten, gelten analog auch für den Erweis der menschlichen Unvergänglichkeit. Ohne Annahme der Existenz eines dem Menschen zugewandten Gottes stehen alle Unsterblichkeitsbeweise notwendig unter Projektionsverdacht. Aus der Geistnatur des Menschen in sich betrachtet oder aus seinem In-Anspruch-genommen-Sein durch das Sittengesetz läßt sich allenfalls die denkerische Möglichkeit (und vage Hoffnung), aber nicht die Wirklichkeit von Unsterblichkeit „beweisen". Denn im Wesen Mensch „in sich" betrachtet liegt weder die Macht, dem Tod zu trotzen, noch ein zureichender Grund, warum der Tod nicht die äußerste Grenze des Lebens sein soll.

Jedoch lassen sich andererseits, auch ohne ausdrückliche Annahme der Existenz eines dem Menschen zugewandten Gottes, Transzendenzphänomene im menschlichen Leben wahrnehmen (vgl. S. 312 ff.), die zwar von sich her nicht stringent die Unvergänglichkeit des Menschen beweisen, die aber ohne eine solche Annahme dunkel, sinnlos und absurd sind, so daß sich die These von der menschlichen Unsterblichkeit darin *indirekt* bewahrheitet, daß sie die ratio befähigt, die sonst aporetisch und unverständlich bleibende menschliche Erfahrung zu begreifen, zu integrieren und auf ein sinnvolles Ziel hin zu stimulieren.

Trotz der genannten Rahmenbedingungen und der eingeschränkten Reichweite eines Unsterblichkeitsaufweises ist manchem Zeitgenossen die Hoffnung auf Unvergänglichkeit mit denkerischen Argumenten nicht nahezubringen. Offenbar hängt ihre Überzeugungskraft noch von weiteren Bedingungen ab. Auf eine wichtige hat in diesem Jahrhundert besonders Max Scheler hingewiesen. Er geht zu Recht davon aus, daß philosophische Beweise da, wo sie

Urphänomene des Menschseins, wie z. B. die Frage nach der Überwindung des Todes, berühren, „nur *nachträgliche* Rechtfertigungen eines Gehaltes unmittelbarer Intuition und unreflektierter Lebenserfahrung“ [383] sind, die als solche an sich keines Beweises bedarf. In der Tat: Solange menschliches Leben zurückverfolgt werden kann, kommt uns als „selbstverständliches“ Faktum entgegen, daß der Leichnam nicht wie ein verendetes Tier liegengelassen, sondern (kultisch) bestattet wurde, und daß der Tod nicht als endgültiger Zustand, sondern als „Übergangsphase“ zu einem neuen Leben angesehen wurde[384]. E. Cassirer[385] bemerkt mit Hinweis auf eine Fülle von kulturgeschichtlichem Material: „Wenn ... auf der Stufe des *Denkens*, auf der Stufe der Metaphysik, der Gedanke sich abmühen muß, ‘Beweise’ für die Fortdauer der Seele nach dem Tod zu erbringen, so wirkt im natürlichen Fortgang der menschlichen Geistesgeschichte vielmehr das umgekehrte Verhältnis. Nicht die Unsterblichkeit, sondern die Sterblichkeit ist dasjenige, was jetzt allmählich durch Trennungslinien, die die fortschreitende Reflexion in den Inhalt der unmittelbaren Erfahrung hineinlegt, herausgestellt und sichergestellt werden muß“. Selbst Sigmund Freud[386] glaubte, auf empirischem Wege das Faktum gefunden zu haben, „im Unbewußten sei jeder von uns von seiner Unsterblichkeit überzeugt“, wobei er freilich hinzufügt, daß dies kein Beweis für die Unsterblichkeit sei.

Wenn also die Sprengung der Todesgrenze eine ursprünglich intuitive und unreflektierte Wahrheit ist, der gegenüber jede Art von Beweis nur eine nachträgliche Rationalisierung bedeutet, so stellt sich um so drängender die Frage, warum dann die Argumente, die für die Unsterblichkeit des Menschen sprechen, weithin nicht akzeptiert werden. Hierauf gibt Scheler folgende einleuchtende Antwort: „Der moderne Mensch glaubt in dem Maße und so weit nicht mehr an ein Fortleben und an eine Überwindung des Todes im Fortleben, als er seinen Tod nicht mehr anschaulich vor sich sieht –

383 M. Scheler, Tod und Fortleben: Schriften aus dem Nachlaß Bd. I, Bern ²1957, 13.

384 Vgl. dazu z. B. J. Ozols, Über die Jenseitsvorstellungen des vorgeschichtlichen Menschen: Tod und Jenseits im Glauben der Völker, hrsg. v. H.-J. Klimkeit, Wiesbaden 1978, 32 ff.

385 Philosophie der symbolischen Formen, II. Teil, Darmstadt ²1964, 50.

386 Zeitgemäßes über Krieg und Tod: Ges. WW X, Hamburg ⁴1967, 341.

als er nicht mehr ‘angesichts des Todes’ lebt; oder schärfer gesagt, daß er die fortwährend in unserem Bewußtsein gegenwärtige *intuitive Tatsache*, daß uns der Tod gewiß ist, durch seine Lebensweise und Beschäftigungsart aus der klaren Zone seines Bewußtseins *zurückdrängt*, bis nur ein bloßes urteilsmäßiges Wissen, er werde sterben, zurückbleibt. Wo aber der Tod selbst in dieser unmittelbaren Form nicht gegeben ist, wo sein Herankommen nur als ein dann und wann auftauchendes urteilsmäßiges Wissen gegeben ist, *da muß auch die Idee einer Überwindung des Todes im Fortleben verblassen.* Der Typus ‚moderner Mensch‘ hält vom Fortleben vor allem darum nicht viel, da er den Kern und das Wesen des Todes im Grunde *leugnet*“ [387]. Wo aber wirkliche Todeserfahrung verdrängt wird, ist auch die Antwort auf die Frage, die der Tod unausweichlich stellt – Gibt es ein Danach? –, weder existentiell drängend noch plausibel. „Der Sturz in den Strudel der Geschäfte um der Geschäftigkeit selbst willen, das ist, wie schon Blaise Pascal sagt, die neue fragwürdige Medizin, die dem modernen Menschentypus die klare und leuchtende Idee des Todes verdrängt und die Illusion eines endlosen Fortganges des Lebens zur unmittelbaren Grundhaltung seiner Existenz werden läßt“ [388]. Der Tod steht hiernach – gut epikureisch – gleichsam außerhalb des so verstandenen und vollzogenen Lebens, „er ist für das Erleben nicht da“ [389] und wird nicht als das verstanden, was er wirklich ist, „ein notwendiger und evidenter Bestandteil in jeder möglichen inneren Erfahrung des Lebensprozesses“ [390]. Denn Leben ist stets „Leben in der Einheit von Leben und Tod“ (F. Ulrich) [391]. Wo dies übersehen oder verdrängt wird [392], sind die Argumente, die für die menschliche Unvergänglichkeit sprechen, faktisch wirkungslos. „Ein Glaube an das Fortleben ist erst möglich, wenn die – trotz dem Lebenstriebe – mögliche geistige Ergebung in den Tod, wenn jene geistige Versöhnung mit ihm stattgefunden hat, die den konstitutiv gewordenen Illusionismus des

[387] Scheler (Anm. 383), 15.

[388] Ebd. 30.

[389] Ebd. 30.

[390] Ebd. 23.

[391] Vgl. dazu G. Greshake, Stärker als der Tod, Mainz [9]1986, 52–55; ders., Tod und Auferstehung: CGG 5, 81–85.

[392] Auf der Grundeinstellung, den Tod aus dem Leben hinauszudrängen und ihn nicht als stets gegenwärtigen Faktor des Lebens selbst zu erfahren, beruhen die meisten gegenwärtigen Verstehensfiguren des Todes. Siehe dazu Greshake (Anm. 391 II), 70–81.

modernen Menschen gegen den Tod aufzuheben vermag: wenn der übernormal verdrängte Tod *wiedererscheint*“ [393].

Noch eine letzte Bedingung für die Überzeugungsmächtigkeit der Unsterblichkeitserweise muß genannt werden. Wo das Gut des Lebens selbst nicht mehr als Wert erscheint, wo die faszinierende Erfahrung von Leben verflacht, ja wo das Leben und die im Lebensvollzug implizierten Hoffnungen weggeworfen werden, da fehlt jede Voraussetzung dafür, überhaupt auf ein Leben jenseits der Todesgrenze zu blicken und den Glauben an die resurrectio mortuorum als letzte alles übersteigende, erfüllende Lebensmöglichkeit zu ergreifen. Um das Verlangen nach einer Sprengung der Todesgrenze allererst zu wecken, muß man darum – nach einem Wort von Reinhold Schneider – „den Willen zum Diesseits stärken“. „Nur einem heftigen Willen zum Diesseits entkeimt . . . der Glaube an das Jenseits“. „Der Glaube an Auferstehung setzt den Wunsch nach Auferstehung voraus“ [394].

Somit ist die rationale Vermittlung des Unsterblichkeits- und Auferstehungsglaubens an Bedingungen geknüpft, die z. T. dem Denken vorausliegen und die existentielle und/oder gesellschaftliche Grundeinstellung zum Phänomen Tod betreffen. Erst da, wo die Einsicht in die dura mortis sors den Menschen zutiefst getroffen und betroffen hat, vermögen auch die Argumente, die für die fides resurrectionis sprechen und diese als obsequium *rationale* ein-„leuchtend“ machen können, zu überzeugen. Und zwar in *jenen Grenzen,* die bereits Blaise Pascal (im Hinblick auf die Überzeugungskraft von Wundern) folgendermaßen umschrieben hat: Sie „sind nicht solcher Art, daß man sagen kann, sie seien vollkommen überzeugend, aber sie sind auch nicht solcher Art, daß man sagen kann, man müsse ohne Vernunft sein, um sie zu glauben. Also gibt es Klarheit und Dunkelheit . . . Aber die Klarheit ist derart, daß sie die Augenscheinlichkeit des Gegenteils übertrifft oder ihr zum mindesten gleichkommt; derart, daß es keine Vernunftgründe gibt, die uns bestimmen können, ihr nicht zu folgen, was also nur die Konkupiszenz und die Bosheit des Herzens bewirken kann. Und da das so ist, ist einmal genug Klarheit vorhanden, um zu verdammen, und nicht genug, um zu überzeugen; damit deutlich ist, daß es in denen, die ihr folgen, die Gnade und nicht die Vernunft

[393] Scheler (Anm. 383), 36.

[394] R. Schneider, Winter in Wien, Freiburg–Basel–Wien 1963, 179, 178, 67.

bewirkt, daß sie ihr folgen, und daß es in denen, die sie fliehen, die Konkupiszenz und nicht die Vernunft bewirkt, daß sie sie fliehen“ [395].

Nicht zuletzt aber dienen rationale Argumente der Selbstvergewisserung des Glaubenden über die Fundamente seines Glaubens.

2. Die Rationalität der resurrectio mortuorum in wissenschaftstheoretischem Kontext

Eine erste Weise rationaler Vermittlung der resurrectio eröffnet sich im Rahmen wissenschaftstheoretischer Überlegungen. Ganz allgemein formuliert, können im Kontext moderner Wissenschaftstheorien der Theologie und ihren Grundprinzipien – wie R. Schaeffler näher zeigt [396] – zwei verschiedene Aufgabenfelder zufallen, von denen eines „am Anfang“ und das andere „am Ende“ der wissenschaftlichen Erkenntnisbewegung steht. Es liegt *am Anfang,* „wenn die Theologie diejenigen Bedingungen ausdrücklich und thematisch zu ihrem Gegenstande macht, die den Gegenstandsbezug und Sachgehalt anderer Wissenschaften möglich machen und deshalb von ihnen nicht angemessen thematisiert werden können. Dann entsteht ein wie immer geartetes transzendentales Verständnis der Theologie ...“ [397]. Das heißt: eine erste spezifische Aufgabe der Theologie kann und soll es sein, ihre zentralen Glaubenssätze als Möglichkeitsbedingungen für Welterfahrung und Wirklichkeitserschließung zu verstehen, sie als solche in den wissenschaftstheoretischen Diskurs einzubringen und gerade so in der Fähigkeit, die „Welt der Wissenschaften“ transzendental zu begründen, ihre spezifische Rationalität zu erweisen.

Im Kontext dieser ersten wissenschaftstheoretischen Funktion der Theologie hat für Wolfhart Pannenberg der Glaubenssatz von der „Auferstehung der Toten“ eine entscheidende Bedeutung. Jede wissenschaftliche (Einzel-)Aussage ist nämlich letztlich auf ein

[395] B. Pascal, Über die Religion (›Pensées‹), hrsg. v. E. Wasmuth, Heidelberg [6]1963, 256f., Fr. 564.

[396] R. Schaeffler, Wissenschaftstheorie und Theologie: CGG 20, 5–83 (Lit.). Siehe ferner auch: G. Greshake, Theologie eine Wissenschaft?: ders., Gottes Heil – Glück des Menschen, Freiburg–Basel–Wien 1983, bes. 380–387.

[397] Schaeffler (Anm. 396), 13.

geschichtlich offenes Sinn- und Bedeutungsganzes bezogen, ja, „wegen der Abhängigkeit jeder Einzelbedeutung von dieser Sinntotalität, wird letztere in jedem einzelnen Bedeutungserlebnis implizit mitbeansprucht“ [398]. Zwar wird in den Einzelwissenschaften nicht selten „durch die Beschränkung auf eine formalisierte Sprache“ und „durch Ausgrenzung von Teilaspekten aus den umfassenden Sinnzusammenhängen der Phänomene“ dieser unbedingte Bezug des einzelnen auf das Ganze abgeschnitten oder vernachlässigt. Dennoch „vollzieht jeder Behauptungssatz und in entsprechend höherem Maße jeder Entwurf von systematischen Sinnzusammenhängen, der erfahrene Bedeutung integriert und interpersonale Übereinstimmung ermöglicht, eine Antezipation der Wahrheit“ [399], nämlich jener Wahrheit, die letztlich nur „das Ganze“ sein kann, „Totalität der Wahrheit“.

Genau diese Sinntotalität der Wirklichkeit, auf die *implizit* jedes wissenschaftliche Bemühen (und menschliche Tun und Streben) aus ist, machen Glaube und Theologie *thematisch* mit ihrer Rede vom *Reich Gottes* (als Inbegriff des Ganzen der geschichtlich werdenden und gewordenen Wirklichkeit) *und* von der *Auferstehung der Toten* (als Inbegriff der Teilhabe *aller* Individuen am verwirklichten Ganzen), so daß erst im Lichte des Auferstehungsglaubens *explizit* die Idee der Einheit des Universums und die Totalität der Wahrheit erscheint und denkbar wird. „Für die in ihrer offenen Geschichtlichkeit gedachte Vernunft ist der Vorgriff auf eine letzte Zukunft konstitutiv, weil erst aus dem nur eschatologisch (weil zeitlich) konstituierten Ganzen die definitive Bedeutung alles Einzelnen sich ergibt . . . Umgekehrt eröffnet diese eschatologische Struktur der Vernunft den Raum für ein Reden des Glaubens von einer eschatologischen Zukunft des einzelnen, der Menschheit und der Welt im ganzen. Solches Reden kann nun nicht mehr als vernunftwidrig abgewiesen werden“ [400]. Im Gegenteil: Der Glaubenssatz von der Auferstehung der Toten erscheint, so gesehen, gerade als transzendentale Bedingung der Möglichkeit der in jeder Einzeler-

[398] W. Pannenberg, Wissenschaftstheorie und Theologie, Frankfurt 1973, 216.

[399] Ebd. 220f.

[400] W. Pannenberg, Glaube und Vernunft: ders., Grundfragen systematischer Theologie, Bd. I, Göttingen ^{2}1971, 250. – Zum oben nur kurz skizzierten Gedankengang siehe Genaueres in: W. Pannenberg, Grundfragen Bd. I, 91–251: ders. (Anm. 398), 206–224; ders., Anthropologie in theologischer Perspektive, Göttingen 1983, 501–517.

kenntnis antezipierten Einheit des Sinnganzen und erweist so seine rationale Plausibilität.

Wie R. Schaeffler bemerkt (s. S. 309), gibt es für die Theologie neben der transzendentalen Aufgabe „am Anfang" der Wissenschaft noch eine zweite Weise, Glaubenssätze in den Kontext heutiger Wissenschaftstheorien einzuführen, nämlich die, daß Theologie „am Ende" eine Lösung von Problemknoten anbietet, „wenn die Erkenntnisbemühungen der Wissenschaft überhaupt oder bestimmter Wissenschaftszweige notwendig in Aporien führen, die innerhalb dieser Wissenschaften nicht mehr auflösbar sind" [401].

Die Überzeugung von der resurrectio mortuorum kann als ein Antwortangebot auf eine solche Aporie verstanden werden. Dies zeigt z. B. Helmut Peukert in seinem an K.-O. Apel und J. Habermas orientierten wissenschaftstheoretischen Entwurf [402]. Ausgehend von einer Theorie kommunikativen Handelns (als Basistheorie von Wissenschaft überhaupt), zeigt er, daß das vorauszusetzende Ideal der Kommunikationsgemeinschaft „Freiheit in universaler, geschichtlich zu realisierender Solidarität" besagen muß [403]. Solche Freiheit aber kann in letzter radikaler Konsequenz nicht ohne den christlichen Gott, der vom Tod errettet, gedacht und – vor allem – praktiziert werden. Denn wer aus den Theorien kommunikativen Handelns die Solidarität mit den Toten ausschließt, begibt sich in einen Selbstwiderspruch, weil sich die eigene Existenz und die gegenwärtige Gesellschaft gerade der Solidarität mit den Vorangehenden verdanken und sie sich deshalb durch das „Abschreiben" und „Vergessen" der Toten selbst „abschreiben" und „ins Vergessen bringen" und ipso facto das Gelingen kommunikativen Handelns dementieren würden. Zur Praxis universaler Solidarität gehört somit die Überzeugung von der resurrectio mortuorum. Insofern sie im Kontext heutiger Wissenschaftstheorien handlungstheoretisch „notwendig" ist, zeigt sie ihre spezifische Rationalität.

Beiden Entwürfen, dem von W. Pannenberg wie dem von H. Peukert, geht es nicht darum, die Auferstehung der Toten stringent zu beweisen, wohl aber ihre rationale Sinnhaftigkeit und

[401] Schaeffler (Anm. 396), 13.

[402] H. Peukert, Wissenschaftstheorie – Handlungstheorie – Fundamentale Theologie. Analysen zu Ansatz und Status theologischer Theoriebildung, Düsseldorf 1976. – Zustimmend dazu und weiter ausgreifend: Kessler (Anm. 307), 36 ff.

[403] Peukert (Anm. 402), 273.

Bedeutung sowie ihre die theoretische und praktische Vernunft erhellende Kraft aufzuzeigen.

3. Die Rationalität der resurrectio im Rahmen einer philosophischen Anthropologie

Von ganz anderer Art rationaler Vermittlung sind jene Argumente für die Unvergänglichkeit des Menschen, die an die verschiedensten Phänomene der den Menschen auszeichnenden Transzendenzbewegung und -erfahrung anknüpfen.

a) Ein erster, eher auf der Linie der traditionellen Metaphysik liegender Ansatz[404] geht aus von der Eigenständigkeit geistiger Lebensvollzüge und ihrer (relativen) Unabhängigkeit von materiellen Bedingungen. Von hier aus läßt sich auf eine Eigenwirklichkeit der Seele schließen, die als eigenständige Wirklichkeit nicht eo ipso vom Tod des materiell-organischen Lebens betroffen werden kann.

Die spezifisch geistigen Phänomene, die hier als Ansatz in Frage kommen, sind vor allem: Selbstdurchlichtetheit, Selbstbewußtsein (besonders dessen Einheit und Individualität), Abstraktions- und Universalisierungsfähigkeit[405], Wahrnehmungsfähigkeit für Gestalten (Schönheitserfahrung), spezifische Formen personalen Erlebens (wie Freude, Liebe, Haß) und – nicht zuletzt! – die Fähigkeit, sich in Freiheit zum je Vorgegebenen zu verhalten.

An all diesen Phänomenen lassen sich qualitative Merkmale auf-

[404] Siehe dazu A. Wenzel, Unsterblichkeit. Ihre metaphysische und anthropologische Bedeutung, Bern 1951; Q. Huonder, Das Unsterblichkeitsproblem in der abendländischen Philosophie, Stuttgart u. a. 1970; G. Verbeke, Methode einer philosophischen Beweisführung: Die Unsterblichkeit der Seele, in: Methoden der Wissenschaften 7 (1970), 23–49; J. de Vries, Materie und Geist, München–Salzburg 1970, bes. 109–131; G. v. Bredow, Über die personale Existenz des Menschen und ihr Fortleben nach dem Tod: SJP 28/29 (1983/84), 7–38.

[405] Besonders ist hier auf die Fähigkeit des Menschen, den Gottesgedanken zu fassen, hinzuweisen. „Ein Wesen, das das Ewige, das rein Geistige (letztlich Gott) zu erkennen vermag, kann nicht schlechthin ein vergänglicher Teil der materiellen Welt sein", bemerkt im Anschluß an Platon G. Haeffner, Vom Unzerstörbaren im Menschen, erscheint Ende 1986 in: Seele, Problembegriff christlicher Eschatologie, hrsg. v. W. Breuning, Freiburg–Basel–Wien 1986.

weisen, die sich von den Charakteristika materieller Wirklichkeit unterscheiden und somit plausibel machen, daß Geist/Seele nicht einfach ein Sammelbegriff für bestimmte hochkomplizierte organische Funktionen ist oder ein Epiphänomen bzw. Produkt materieller Bedingungen, sondern eine Eigenwirklichkeit, die bei allen *faktischen* Bindungen an materiell-organische Funktionen (als ihre conditio sine qua non) doch „darüber hinaus“ ist und deshalb auch nicht einfach ins Nichts zerfällt, wenn das materielle suppositum den Tod erfährt.

Für eine genaue methodisch und inhaltlich durchreflektierte Analyse dieses „eigenwirklichen“ Phänomens Seele und eine Auseinandersetzung mit anderslautenden Positionen (im Kontext heutigen Denkens) sei auf so unterschiedliche Denker wie H. Bergson[406], H.-E. Hengstenberg[407], J. Seifert[408] und G. Haeffner[409] verwiesen. Von nicht geringem Gewicht ist auch, daß eine Reihe moderner Naturwissenschaftler auf Grund empirischer Forschungen einer Eigenwirklichkeit Seele durchaus positiv gegenüberstehen[410].

406 H. Bergson, Die seelische Energie. Aufsätze und Vorträge, Jena 1928, 27–54.

407 Hengstenberg (Anm. 278). Ferner den auf S. 321, Anm. 430 angegebenen Artikel.

408 Seifert (Anm. 282); ders., Das Unsterblichkeitsproblem aus der Sicht der philosophischen Ethik und Anthropologie: Franzisk. Studien 59 (1977), 289–310; ders. (Anm. 189).

409 Haeffner (Anm. 405).

410 Zu nennen ist hier vor allem der Gehirnforscher J. C. Eccles: K. R. Popper/J. C. Eccles, Das Ich und sein Gehirn, dt. München–Zürich ²1982. Eccles glaubt, auf Grund seiner Analyse der Gehirntätigkeit eine eigenständige Geistwirklichkeit annehmen zu sollen: „Der selbstbewußte Geist ist aktiv damit beschäftigt, aus der Vielzahl aktiver Zentren auf der höchsten Ebene der Hirnaktivität herauszulesen ... Der selbstbewußte Geist selektiert aus diesen Zentren gemäß der Aufmerksamkeit und integriert von Augenblick zu Augenblick seiner Wahl, um auch den flüchtigsten Erfahrungen eine Einheit zu verleihen ... So schlagen wir vor, daß der selbstbewußte Geist eine überlegene interpretierende und kontrollierende Rolle auf die neuralen Ereignisse ausübt ... Eine Analogie stellt ein Scheinwerfer dar ... Eine bessere Analogie wäre vielleicht eine multiple Antast- und Sondierungsvorrichtung, die aus den ungeheuren und vielfältigen Aktivitätsmustern in der Großhirnrinde herausliest und selektiert und diese selektierten Komponenten integriert, sie so zu der Einheit bewußter Erfahrung organisiert“ (436f.).

b) Anders verläuft der auf der Linie Kants basierende *postulatorische Beweis*: Wenn – freilich: *wenn!* – der Mensch, will er sich nicht als Mensch aufgeben, dem Anspruch entsprechen muß, das Gute *unbedingt*, und das heißt nicht nur ohne Vorbedingungen, sondern unter allen denkbaren Bedingungen, zu tun, so wäre es absurd und „ein ‚Skandal' der sittlichen Vernunft"[411], wenn dieses unbedingte Tun des Guten womöglich (z. B. im Fall drohenden Martyriums) zugleich in die hoffnungslose, nichtrevidierbare Vernichtung führen würde. Dieser Widerspruch kann nur durch das – im kantischen Sinne verstandene – „Postulat" einer postmortalen Existenz gelöst werden.

Denn es genügt nicht – gut (neo-)marxistisch – zu sagen, daß die Transzendenz des Individuums auf Gesellschaft hin den Widerspruch zwischen unbedingter Forderung des Guten und Vernichtung des einzelnen zu lösen vermag. Die Gesellschaft kann nicht letzter Zielpunkt der Transzendenzbewegung des Individuums sein, da ja auch sie selbst dem Tod geweiht ist. Damit ist nicht nur gemeint, daß die Individuen, welche je konkret die Gesellschaft ausmachen, sterben werden (dieser Einwand könnte noch durch die – freilich fragwürdige – Hypostasierung eines gesellschaftlichen Subjekts widerlegt werden), sondern vor allem, daß auch der menschlichen Gesellschaft angesichts der entropischen Struktur des Kosmos keine bleibend-gültige Dauer zukommt. Welchen Sinn hat es aber, aus der eigenen Kontingenz und Endlichkeit auf etwas hin zu transzendieren, das nicht weniger kontingent und endlich ist als das Individuum selbst? So wird nur die Sinnfrage vom Individuum weg auf die Gesellschaft verschoben, nicht aber gelöst. Mag also auch der „rote Held" sein Leben hingeben in der Hoffnung, der Vernichtung durch das „Eingeschreintsein im Herzen der Arbeiterklasse"[412] zu entkommen, genauer betrachtet läuft solche Hoffnung ins Leere.

Der postulatorische Argumentationsgang ist schlüssig, wenn seine Grundvoraussetzung bejaht wird, und diese lautet: All das, was im Menschen angelegt ist und worauf der Mensch angelegt ist, ist nicht absurd, sinnlos und widersprüchlich, sondern stimmig, sinnvoll, zielführend. Von dieser Voraussetzung her läßt sich der soeben skizzierte, auf der ethischen Erfahrung gründende postulatorische Beweis noch in zweifacher Hinsicht weiterführen:

(1) Im Blick auf die anthropologische Sinnfrage und Sinnerfahrung[413]. – Es gehört zur spezifisch menschlichen Erfahrung, unbe-

[411] R. Schaeffler, Was dürfen wir hoffen?, Darmstadt 1979, 15.
[412] E. Bloch, Das Prinzip Hoffnung, Frankfurt 1967, 1383.
[413] Siehe dazu aus letzter Zeit z. B. K. Rahner, Grundkurs des Glau-

dingt und notwendig nach Sinn zu fragen und im Handeln Sinn zu verwirklichen. Mehr noch: im Menschen steckt ein unendlicher Drang nach Freiheit, Glück, Leben, Zukunft. Wie sind diese Phänomene mit der ihnen widersprechenden Tatsache des Todes zu vereinbaren? „Wer Freiheit verwirklichen will, muß sagen können, wie sich jene totale Negation der Freiheit, welche uns in der Leiche eines Menschen vor Augen geführt wird . . ., mit der Idee von der Freiheit vereinbaren läßt", bemerkt zu Recht G. Scherer[414]. Und was Scherer in bezug auf die Freiheit formuliert, ließe sich genauso auch im Blick auf den Drang nach Sinn, Glück, Leben, Zukunft formulieren. Als Weiteres kommt hinzu, daß die genannten „Sinnphänomene" einen zureichenden Grund fordern. Entweder sind sie nur unausrottbare Epiphänomene unglücklich machender materieller Komplexe (Gehirnstrukturen o. dgl.) bzw./und Folgen bestimmter gesellschaftlicher Determinationen – dann ist der Mensch eine Verunglückung und seine Existenz ist unaufhebbar widersprüchlich und sinnlos, so daß das Leben im Grunde nicht wert ist, überhaupt gelebt zu werden –, *oder* die Phänomene sind eine Folge dessen, daß der Mensch von der Unendlichkeit selbst „berührt" ist, daß in ihm etwas ist, was die Endlichkeit sprengt und somit auch die Grenzen des Todes überwindet. Wer Grenzen erfährt und sie schmerzvoll als Grenzen erfährt, der ist im Grunde schon über sie hinaus. Darum ist – im Sinne Kants – postulatorische Hoffnung vernünftig begründet[415].

(2) Im Blick auf interpersonal-gesellschaftliche Erfahrungen. – Die ursprünglichste Weise, in welcher der Tod begegnet, ist nicht der eigene Tod, sondern der Tod als „Trennung von dem, den wir lieben", wie F. Wiplinger[416] im Anschluß an Gabriel Marcel formuliert[417]. Wie aber können Liebe und Tod widerspruchslos zu-

bens, Freiburg–Basel–Wien 1976, 264f., 268f., 290f.; Kessler (Anm. 307), 32ff.; kurz auch: G. Scherer, Der Tod ist nicht das Ende. Philosophische Argumente = Antwort des Glaubens 29, Freiburg 1983; ders. (Anm. 198).

[414] G. Scherer, Der Tod als Frage an die Freiheit, Essen 1971, 8. Ähnlich auch H. Marcuse, Die Ideologie des Todes, dt.: Der Tod in der Moderne, hrsg. v. H. Ebeling, Königstein 1979, 114.

[415] Siehe zu diesem Argumentationsgang G. Scherer, Leben, Tod und Todestranszendenz: IKZ 9 (1980), 204f.

[416] F. Wiplinger, Der personal verstandene Tod, Freiburg–München 1970, 45.

[417] „Was zählt, ist weder mein Tod noch der Ihre, sondern der Tod des-

sammengedacht werden? Die Liebe spricht zum andern das unbedingte und nicht auf Zeit gemeinte: „Ja – Du sollst sein!“, der Tod dagegen scheint dieses Wort zu konterkarieren. Wenn es dennoch wahre Liebe gibt, so ist der Akt eben dieser Liebe selbst ein Protest gegen den Tod; sie ist eine Tat der Hoffnung, die dem anderen Unzerstörbarkeit zuspricht. „Einen Menschen lieben, heißt sagen: Du wirst nicht sterben“[418]. In den Tod des Geliebten einwilligen, hieße Verrat an der Liebe und damit am anderen selbst zu üben. So weist der Akt der Liebe über sich hinaus und wird zum Zeichen für die Vorläufigkeit des Todes. Auf dieser Linie kann Marcel sagen, er sei unerschütterlich gewiß, „daß eine Welt, die von der Liebe verlassen ist, im Tod versinken muß, daß aber dort, wo die Liebe fortdauert . . ., der Tod endgültig besiegt wird“[419].

Die gleiche Überlegung verschärft sich noch, wenn nicht das eher private Ich-Du-Verhältnis in den Blick genommen wird, sondern die gesellschaftliche Existenz des Menschen überhaupt. Geht man davon aus, daß die vorangehenden Generationen ihren Beitrag für das Glück der gegenwärtigen Menschheit zu leisten versuchten, so scheint sich zu ergeben: „Das Glück der Lebenden besteht in der Expropriation der Toten. Ist Glück unter diesen Voraussetzungen überhaupt denkbar? Ist für das Glück nicht Voraussetzung, daß das Unglück der Vorausgegangenen vergessen wird? Ist Amnesie, und zwar ein umfassender Verlust des geschichtlichen Gedächtnisses,

sen, den wir lieben“: G. Marcel, Gegenwart und Unsterblichkeit, dt. Frankfurt 1961, 287.

[418] G. Marcel, Geheimnis des Seins, dt. Wien 1952, 472. – Dieser Gedanke wird von Bachl (Anm. 270), 59f., sowie von Scherer (Anm. 198), 179ff., noch weiter begründet und entfaltet.

[419] Marcel (Anm. 417), 287. – Siehe dazu auch H. Sonnemans, Bekenntnis zur Hoffnung. Ein Beitrag zur Philosophie G. Marcels: FZPhTh 17 (1970), 161–185. – Ähnliche Gedanken finden sich bereits bei F. M. Dostojewski, Die Brüder Karamasow, München 1925, 92f. Hier spricht ein Starez zu einer am ewigen Leben zweifelnden Frau: „‚Beweisen läßt sich nichts‘. – ‚Wieso? Wodurch?‘ – ‚Durch die Erfahrung der werktätigen Liebe. Bemühen Sie sich, Ihre Nächsten tätig und unermüdlich zu lieben. In dem Maße, wie Sie in der Liebe fortschreiten, werden Sie sich auch vom Dasein Gottes und von der Unsterblichkeit Ihrer Seele überzeugen. Wenn Sie aber in Ihrer Liebe zum Nächsten bis zur vollen Selbstverleugnung gekommen sind, dann werden Sie auch den vollen Glauben errungen haben, und dann wird sich kein Zweifel mehr in Ihre Seele einschleichen können. Das ist eine alterprobte Wahrheit‘.“

Voraussetzung für geschichtliches Bewußtsein? Wenn aber welthistorische Bewußtlosigkeit die Voraussetzung dafür ist, daß man glücklich leben kann, ist das Leben dieser Menschen dann nicht unmenschlich?" Wenn „die unbedingte und universale Solidarität mit den anderen ... die konstitutive Bedingung der Möglichkeit des eigenen Menschseins" ist, wie kann man dann „die endgültige, nicht revidierbare Verlorenheit der Opfer des geschichtlichen Vorgangs, dem man sich selbst verdankt, überhaupt in der Erinnerung behalten und dabei glücklich sein, seine Identität finden? Wenn man aber um des eigenen Glücks und der eigenen Identität willen diese Erinnerung aus dem Bewußtsein verbannt, verrät man dann nicht eben die Solidarität, aus der heraus man sich nur selbst finden konnte?"[420]. Und zudem: Wo die vorangehenden Generationen zum „Abfallprodukt" auf dem Weg der Menschheit in eine glückhafte Zukunft degradiert werden, wird auch den jetzt zwar lebenden, aber doch gleichfalls auf den Tod zugehenden Menschen der humane Lebensraum genommen, da ihr Dasein ebenso entwertet wird angesichts einer letzten Sinnlosigkeit, welche die Glücks- und Freiheitssehnsucht des einzelnen je neu überrennt[421]. Das bedeutet aber: Wenn der Tod wirklich das letzte Wort hat, so *war* nicht nur das Leben der Väter sinnlos, dann ist auch das gegenwärtige ohne Sinn, absurd, banal, dann ist die für das Menschsein konstitutive Idee der Solidarität illusorisch. Deshalb „fordert" authentisches Menschsein eine Sprengung der Todesgrenze.

Die Weisen des metaphysischen Beweisganges (a) und die des postulatorischen (b) ergänzen einander. Liegt die Stärke des postulatorischen Arguments darin, daß es von konkreten, oft sehr unmittelbaren Erfahrungen ausgeht (und die „Schwäche" des metaphysischen Arguments, daß es, um schlüssig zu sein, eines hohen Grades von Reflexion bedarf), so besteht die Schwäche des postulatorischen Arguments darin, „daß es nicht aus einer Einsicht in das Wesen der Seele, sondern aus einer *Sinn*-Forderung entwickelt wurde, durch die allein die Möglichkeit eines absurden Daseins nicht ausgeschlossen werden kann. Dieser Schwäche wird z. T.

420 H. Marcuse, Die Idee des Fortschritts im Licht der Psychoanalyse: ders., Psychoanalyse und Politik, Frankfurt–Wien 1968, 40.

421 Siehe dazu das Synodenpapier „Unsere Hoffnung" der Gemeinsamen Synode der Bistümer in der Bundesrepublik Deutschland: Offizielle Gesamtausgabe I, Freiburg–Basel–Wien [4]1978, 91.

durch das metaphysische Argument abgeholfen; gibt dieses doch einen Einblick in die immaterielle Welt des suchenden Geistes und geht damit von einer Erfahrung, nicht nur einer Forderung, der Welttranszendenz aus"[422]. Wie immer auch: die verschiedenen Argumentationsgänge reißen *mindestens* die verantwortliche Frage nach einer postmortalen Existenz des Menschen auf, mehr noch, unter den genannten Voraussetzungen und Bedingungen (S. 302ff.) bilden sie einen rational verantworteten Hinweis auf die Wirklichkeit einer Sprengung der Todesgrenze. Jedoch, *mehr* als die Hoffnung auf eine gewisse Unzerstörbarkeit *im* Menschen – das, was traditionell Seele heißt – eröffnen sie zunächst nicht; sie lassen das postmortale Geschick des Leibes (direkt) außer Betracht. Was ist also mit der resurrectio mortuorum im Sinne der Auferstehung *auch* des Leibes (bzw. Fleisches)?

4. Rationale Zugänge zur Auferstehung des *Leibes*

Bereits die Scholastik vertrat eine inclinatio naturalis der Seele auf den Leib, so daß mit dem Erweis der Unvergänglichkeit der Seele eine begründete Hoffnung auf Überschreiten der Todesschwelle auch durch den Leib mitgegeben war, freilich derart, daß dieses Überschreiten als ein zweites, eigenes Geschehen über das Geschick der Seele hinaus verstanden wurde.

Erst seit den letzten Jahrzehnten gibt es erneut Versuche, das postmortale Geschick von Seele und Leib in eins zu sehen. So gilt es z. B. für Max Scheler als eine „Wesenseinsicht", daß zum Personsein ein Leib gehört. „Und darum wissen wir: *Wenn* unsere geistige Person den Tod überdauert, dann ist ihr auch ein ‚Leib' gewiß"[423]. Und deshalb sind auch für ihn – wie für Leibniz, auf den

[422] Haeffner (Anm. 405).

[423] Scheler (Anm. 383), 49. – Siehe dazu B. Lorscheid, Das Leibphänomen. Schelers Wesensontologie des Leiblichen, Bonn 1962. – Ähnlich wie Scheler bemerkt E. Heintel, Über Unsterblichkeit und Auferstehung: Radius 1978, 39f.: Ein Leben nach dem Tod „muß der individuellen Identität und dem Zusammenhang zwischen hier und jenseits entsprechen und der Totalbetroffenheit vom Tode gerecht werden. Diesen Kriterien aber genügt zuletzt nur der Begriff einer individuell-leiblichen Auferstehung. Dieser Begriff scheint mir durchaus gedanklich vermittelt zu sein". Insofern kann also die Philosophie „Kriterien angeben, ohne die der Sinn von Unsterblichkeit überhaupt nicht denkbar ist". Von einem ganz anderen

sich Scheler hier bezieht – „selbst die bildhaften Ideen der christlichen Kirche von ‚der Auferstehung des Fleisches' ... unendlich tiefer und sinnvoller als jene modernen Lehren von den leiblosen ‚Seelenpunktsubstanzen' und ihre sog. ‚Beweise' für sie"[424]. Gewiß, für Scheler ist über das Wie einer solchen postmortalen leibhaftigen Existenz nichts auszumachen. Doch wenn nach ihm der Person „auch ein ‚Leib' gewiß" ist, so muß es mindestens möglich sein, einen Begriff von Leiblichkeit zu konzipieren, der nicht identisch ist mit dem des Geistes (bzw. der Seele), aber auch nicht mit dem Begriff der, unserer gegenwärtigen Erfahrung allein bekannten, unter Raum-Zeit-Bedingung stehenden Materialität und Körperlichkeit.

Ein solcher Begriff läßt sich von zwei Seiten her anvisieren:

(1) Seitens der Naturphilosophie. – Hier gibt es die verschiedensten Versuche, das physikalisch-empirische Phänomen der Materie auf ein „transzendentales" geistiges bzw. dem Geist verwandtes Phänomen hin zu hinterfragen. Wenigstens zu nennen sind hier sowohl der Systementwurf P. Teilhard de Chardins, wonach (geschaffener) Geist und Materie wie „zwei Zustände, wie zwei Seiten ein und desselben kosmischen Stoffes" zu verstehen sind[425], wie auch

Ansatz her und auch – wie der Schluß zeigt – in völlig anderer Intention kommt Th. W. Adorno, Negative Dialektik, Frankfurt 1970, 391, zu folgenden Aussagen: Eine Unsterblichkeit, relegiert „zu der von Geistern, verliehe ihr ein Gespenstisches und Unwirkliches, das ihren eigenen Begriff verhöhnt. Die christliche Dogmatik, welche die Erweckung der Seelen mit der Auferstehung des Fleisches zusammendachte, war metaphysisch folgerechter, wenn man will: aufgeklärter als die spekulative Metaphysik; so wie Hoffnung leibhafte Auferstehung meint und durch deren Vergeistung ums Beste sich gebracht weiß. Damit indessen wachsen die Zumutungen metaphysischer Spekulation unerträglich an. Erkenntnis neigt sich tief auf die Seite der absoluten Sterblichkeit ..."

424 (Anm. 382), 49.

425 P. Teilhard de Chardin, Le cœur de la Matière (15. 8. 1950) = unveröffentl. Manuskr., zit. nach Broch (Anm. 285), 38. – Aus der Fülle der Teilhard-Literatur siehe dazu aus theologischer Sicht: H. Riedlinger, Geist und Materie bei Teilhard de Chardin: Wie entsteht der Geist? = Herrenalber Texte 23, hrsg. v. W. Böhme, Karlsruhe 1980, 73–90; Hengstenberg (Anm. 278 I), bes. 42ff. – An die oben genannte Grund-Einsicht Teilhards scheint auch Rahner (Anm. 297), 204, 213, anzuknüpfen, wenn hier Materie als „gewissermaßen gefrorener Geist [bezeichnet wird], deren einziger Sinn die Ermöglichung wirklichen Geistes ist".

der viel zitierte Gedanke von Carl Friedrich von Weizsäcker, „daß die Materie, welche wir nur noch als dasjenige definieren können, was den Gesetzen der Physik genügt, vielleicht der Geist ist, insofern er sich der Objektivierung fügt"[426]. Richtiger und präziser wäre es allerdings wohl zu sagen, daß die Materie – wird sie nicht von vornherein auf ihren empirisch-objektivierbaren Aspekt begrenzt – als „Ausdruck" und „Offenbarung" von etwas, was „dahinter" liegt, von *Geist*, verstanden werden kann[427]. Gerade die „Metamorphosenfreundlichkeit der Materie"[428] ist ein Hinweis auf ein unerschöpfliches Potential, das nicht einfach in dem, was sich unserer gegenständlichen Erfahrung zeigt, ausgeschöpft ist.

G. Eder verweist vor allem auf folgendes Phänomen: In einer seiner Höchstformen, nämlich als „genetischer Code" in Lebewesen, kann etwas Materielles sogar in „jede andere formale Sprache und jede andere Art der Informationsspeicherung" transponiert werden. Das bedeutet, daß die genetische Information etwas Geistiges und nicht etwas Materielles bezeichnet. Denn sie kann zwar nur in der einen oder anderen materiellen Form realisiert werden, doch die Vielfalt der Transponierbarkeit kettet die Information weder an bestimmte materielle Formen, noch an einen speziellen Materietransport bei der Informationsübertragung . . . Somit kann die genetische Information auch in einer anderen, uns noch unbekannten Form von Materie realisiert werden. Jedenfalls ist die genetische Information nicht etwas, das mit dem Zerfall des Körpers sinnlos, unlesbar und unrealisierbar geworden ist"[429].

Auf andere Weise zeigen die eingehenden Analysen von H.-E. Hengstenberg, daß die Materie *nicht wesensnotwendig* allein in der

[426] C. F. v. Weizsäcker, Die Einheit der Natur, München ^{2}1971, 289. – Siehe dazu auch H. v. Ditfurth, An den Grenzen unserer Ratio: Conturen 5 (1984), 35f.

[427] Siehe dazu Hengstenberg (Anm. 278 I), 50.

[428] G. Eder, Gibt es ein Danach?: Hünermann (Anm. 374), 19.

[429] Eder, ebd. 20f. – Und Eder fügt illustrierend hinzu: „Bezüglich ihres geistigen Gehalts kann die genetische Information mit einer Melodie verglichen werden, die sich in verschiedenen Tonarten oder mit unterschiedlicher Instrumentierung spielen läßt . . . Sie wird zwar als lebende Musik stets materiell, mechanisch und akustisch realisiert. Sie ist aber nach ihrem Inhalt geistiger Natur, weil es sich um eine Folge von Proportionen, von Zeitintervallverhältnissen, Frequenzverhältnissen, Lautstärkeverhältnissen und Beimischungsverhältnissen für die Obertöne handelt, die sich zahlenmäßig verschlüsseln lassen": ebd. 22.

unserer Erfahrung zugänglichen körperlichen Erscheinungsform zu begreifen ist[430].

An Überlegungen von Hengstenberg knüpft auch L. Scheffczyk an, der mit Verweis auf viele andere Autoren zusammenfassend formuliert, „daß die Materie nicht nur für die massehaft-körperliche Bindungsform bestimmt ist, sondern daß sie als Ausdrucksmedium dem Geist geöffnet ist und von ihm zur höheren Gestaltung geführt werden kann, die die empirische Erscheinungsform der Massehaftigkeit, der Körperlichkeit, der zwanghaften Ausdehnung im Raum und in der bloß quantitativ-summativen ‚Und-Verbindung' der Teile weit überschreitet. Schon die konstitutive Bindung der Materie in einem physischen oder lebendigen Ganzen bedeutet eine Befreiung ihres rein körperhaften Ausgeliefertseins an Raum und Zeit, insofern in einem solchen Ganzen räumliche und zeitliche Veränderungen kompensiert werden können und eine gewisse Überhobenheit über Raum und Zeit eintritt. Sie zeigt sich besonders in der Einbeziehung der Materie in die Konstitution des menschlichen Leibes, in dem Materie nicht mehr nur körperhaft als Gewicht, Masse und Ausdehnung fungiert, sondern als Medium und Spiegel des Geistes . . . Hier zeigt sich an der Materie die Fähigkeit zur Aufgabe ihrer Resistenz gegenüber dem Geist. So vermag sie sein Instrument zu sein, aus dem er in einem Wechselspiel gleichsam ‚übermaterielle' Wirkungen hervorholt. Diese anfanghafte ‚Vergeistigung' der Materie, die sie schon im Leibe erfährt, erlaubt nun den Schluß, daß die Materie in dieser Schöpfung auf einem Vollendungsweg begriffen ist, der sie immer mehr der Verhaftung an Körperlichkeit, Massigkeit und Starre entzieht . . ." [431].

(2) Seitens einer transzendentalen Anthropologie. – Bereits S. 258ff. wurde ein transzendentaler Begriff von Leib/Leiblichkeit erarbeitet, der nicht mit dem der materiellen Körperlichkeit identisch ist (aber auch nicht mit dem traditionellen Begriff von Seele).

Leib konstituiert den Menschen als In-der-Welt-Sein, d. h. als ein Wesen, das zum kreatorischen Dasein und Da-„Wirken" für die anderen bestimmt ist und dessen je eigener Lebensvollzug wie auch je eigene Vollendung an die der mitmenschlichen Gemeinschaft gebunden ist. Dieser „transzendentale Sinn" von Leiblichkeit verwirklicht sich unter den Bedingungen von Raum und Zeit in der uns empirisch bekannten Körperlichkeit. Aber der „transzendentale Sinn" muß als solcher nicht daran gebunden sein. Jedenfalls ist

[430] Vgl. Hengstenberg (Anm. 278 II), 58. – Siehe auch ders., Unser Glaube an die Auferstehung des Fleisches: Anima 11 (1956), 358–365; ders. (Anm. 278 I), 204f.

[431] Scheffczyk (Anm. 253), 290f.

ein Begriff von *leiblicher Vollendung* („verklärte Leiblichkeit") denkbar, der drei Momente in sich birgt:
a) Menschliche Vollendung ist Frucht des leiblichen In-der-Welt-Seins und -Wirkens;
b) Vollendung ist so sehr „gemeinsame Frucht", Ergebnis des Mit-Seins mit den anderen, daß sie selbst nur als kommuniales Geschehen gedacht werden kann;
c) Vollendung besagt Ans-Ziel-Kommen der leiblichen Expressivität, d. h. des Leibes als des „Ausdrucksmediums", wodurch der Mensch in seinem Leben mit „dem anderen" und an „das andere" verbunden war. „Vollendeter Ausdruck", der in diesem Leben unerfüllbar ist[432], bedeutet die perfekte Entsprechung von Innen und Außen, von Selbstgegebensein und Bestimmtwerden durch „das andere", von Individualität und „Kommunialität".

Diese drei Elemente des Begriffs von leiblicher Vollendung sind rational einsichtig zu machen. Wenn – freilich: wenn! – es eine denkerisch verantwortbare Hoffnung auf Überwindung der Todesgrenze gibt, so muß diese Hoffnung, soll wirklich der Mensch und nicht eine Chimäre betroffen sein, auch den Leib mit einbeziehen.

So läßt sich über eine phänomenologische und transzendentale Reflexion auf Leiblichkeit durchaus ein formaler Begriff von Auferstehung (des Leibes/Fleisches) gewinnen, der über den Begriff eines geistig Unzerstörbaren im Menschen hinausgeht und die christliche Hoffnungsfigur von der resurrectio mortuorum zumindest als nicht unvernünftig erweist.

5. Ergebnis

Die vielgestaltigen Reflexionen über die Rationalität der resurrectio werden bis in die Gegenwart hinein sehr unterschiedlich eingeschätzt. Die Qualifikationen reichen vom Spott, daß hier nur Wunschträume des Menschen auf schlechte Weise rationalisiert werden, über den Vorwurf der Grenzüberschreitung zwischen Philosophie und Theologie, bis hin zu der Überzeugung (der katholischen Theologie), daß grundsätzlich ein rationaler Zugang – nicht strikter Beweis! – zu den Glaubenswahrheiten, auch zu der von der resurrectio mortuorum, möglich ist. Mehr als denkerische Wahrscheinlichkeit ist allerdings schon für Platon in der Frage nach einer

432 Siehe dazu Welte (Anm. 278), 86–104.

todüberlegenen Weiterexistenz nicht zu gewinnen, „falls man nicht sicherer und gefahrloser auf einem festeren Fahrzeug, etwa mit einem göttlichen Wort, fahren kann" (Phaidon 85cd). Dieses „göttliche Wort" ist – nach christlichem Verständnis – in der *Offenbarungsbotschaft* von der Auferstehung der Toten gegeben, dem sich das folgende Kapitel wiederum explizit zuwenden wird.

Doch blieben und bleiben die Bemühungen um eine rationale Vermittlung der resurrectio auch für die Offenbarungsbotschaft nicht ohne Folgen. Indem sich erwies, daß die Überzeugung von der Auferstehung der Toten, geradezu der „Spitzensatz" christlichen Glaubens, in der Lage ist, sich im rationalen Diskurs zu behaupten, zeigte der Glaube *insgesamt* seine rationale Plausibilität und seine Fähigkeit, den tiefsten und letzten Fragen des Menschen zu ent-sprechen. Die Bemühungen um eine rationale Beweisführung für die resurrectio „trieben" gleichsam jene Potentialitäten des Glaubens „heraus", kraft deren er eine sinnvolle Antwort auf das – ohne ihn aporetisch bleibende – Humanum ist.

Dieser positiven Entwicklung steht allerdings auch eine eher negative gegenüber. Indem schon die frühchristlichen Apologeten gegen die heidnische Hoffnungslosigkeit und Skepsis die christliche Hoffnung auf Überwindung des Todes, ja auf Auferstehung durch Argumente zu begründen suchten, wurde der ursprüngliche biblische Bedeutungsreichtum dieser Glaubenswahrheit (siehe vor allem S. 8–14) ungemein verkürzt. Denn im rationalen Diskurs ging es *erstens* zunächst und primär um die Frage, ob der Tod das letzte Wort hat und ob es (irgend-)ein Leben nach dem Tod gibt. In den Hintergrund geriet also die spezifische Art und Weise des christlich erhofften postmortalen Lebens (Teilnahme am Leben Gottes selbst – vermittelt durch Jesus Christus – in der Gemeinschaft mit den vielen Brüdern und Schwestern). *Zweitens* wurde in diesem Zuge auch die Bedeutungsbreite von Tod eingeschränkt. Der physisch-biologische Tod, nicht der Tod als universale Macht der Sünde, war der Anknüpfungspunkt des Diskurses. Und *drittens* trat auch die präsentische Dimension der Auferstehung bzw. Unvergänglichkeit zurück. Man argumentierte über das, was *nach* dem Tod zu erwarten sei.

Diese von der apologetischen Intention der rationalen Vermittlung her *legitime* Verkürzung der Wahrheit von der resurrectio schlug nun aber auf das Verstehen dieser Wahrheit selbst im Raum des Glaubens zurück. Es gab im Lauf der Geschichte (und es gibt wohl auch heute noch) Christen und Theologen, die unter der resurrectio mortuorum nur mehr die christliche Antwort auf die Frage verstehen, die der *biologische* Tod auslöst. Aus einem ursprünglich weit gefächerten Heilsbegriff wurde so aus dem Bekenntnis zur Auferstehung der Toten eine „Auskunft" über die pure Sprengung der Todesgrenze. Mithin ist „im Spannungsfeld von Glaube und Vernunft" das Verstehen der Offenbarungswahrheit nicht unverändert geblieben. Hier gilt es, sich von apologetischen Engführungen zu lösen und eine Neuorientierung für das Verstehen dieser Glaubenswahrheit am ursprünglichen biblischen Bedeutungsreichtum zu suchen, ohne die oben genannte positive Entwicklung, die in der – buchstäblichen! – Ratio-nalisierung dieser Glaubenswahrheit liegt, zurückzunehmen.

Drittes Kapitel

RESURRECTIO MORTUORUM IM SPANNUNGSFELD VON UNIVERSALITÄT UND CHRISTOLOGISCHER VERMITTLUNG

Getrennt von Christus
erhalten wir das wahre Leben nicht.
(IgnTr 9, 2)

Wenn sich, wie das zweite Kapitel zeigte, die Erwartung der Totenauferstehung – unter bestimmten Bedingungen – wenigstens im Ansatz als postmortale Zukunft des Menschen und der Menschheit denkerisch vermitteln läßt, so steht dieses Ergebnis zunächst einmal in äußerster Spannung zum Neuen Testament, das die Auferstehung grundlegend an Jesus Christus als den „Ersterstandenen" und an das gläubige Nachgehen seines Weges bindet. Wie aber können dann von der ratio her im Blick auf das Wesen des Menschen und folglich – nach einer Formulierung Anselms von Canterbury – „remoto Christo" überhaupt Idee und Tatsächlichkeit von so etwas wie Auferstehung erscheinen? Und weiter: Wie kann es dann eine Auferstehung „vor" der Auferstehung Christi geben, ohne daß Menschen zu „Jüngern" und „Nachfolgern" werden, die in Glaube, Hoffnung und Liebe die Vollendung der Verheißungen Christi erwarten? Schließen sich nicht philosophisch-„universale" Vermittlung von Auferstehung und deren heilsgeschichtlich-partikuläre Bindung an Jesus Christus aus?

Diese Fragen sind untrennbar mit einem weiteren grundlegenden Problem verbunden, das unterschwellig schon im bisherigen Gang der Untersuchung gegenwärtig war, aber erst auf S. 323 ansatzweise thematisiert wurde: Was meint eigentlich „Auferstehungsleben", „Leben über den Tod hinaus", „Unsterblichkeit", „postmortale Existenz", „Sprengung der Todesgrenze" oder was immer bisher an synonymen Formulierungen verwendet wurde? Ist damit eine „nackte" unbestimmt-unbestimmbare Weiterexistenz gemeint oder – im Sinne neutestamentlicher Aussagen – weit mehr, nämlich „Teilhabe an der Christusherrlichkeit", „Aufnahme des Geschöpfes in das Leben des Schöpfers", „Einbezogensein in die Seligkeit des trinitarischen Gottes"?

Damit ist die Problemstellung dieses Kapitels gegeben. Es stellen sich hier zwar auf den ersten Blick sehr unterschiedliche Fragen: *Erstens* die Frage nach der ontologischen und qualitativen Bindung des Auferstehungslebens an Christus (Gibt es ein postmortales „Leben", das nicht Teilhabe an seiner Auferstehung ist?); *zweitens* die Frage nach der existenziellen Bindung der Auferstehung an Christus (Was ist mit den Nichtglaubenden, mit denen also, die nicht zur Jüngerschaft Christi gehören?); *drittens* die Frage nach der zeitlichen Bindung der Auferstehung an die Jesu Christi (Was ist mit den Menschen, die vor Christus gelebt haben und gestorben sind?). Doch sind alle drei Fragen zentriert um die Bedeutung von Person und Werk Christi für die resurrectio mortuorum.

Die Problemstellung dieses Kapitels soll wiederum mit einem – allerdings sehr fragmentarischen – Blick auf die Geschichte angegangen werden.

I. Geschichtliche Orientierungspunkte

1. Frühe Kirche

Schon im frühesten nach-neutestamentlichen Schrifttum wird von der Auferstehung – ganz entsprechend einer ähnlichen Polysemie in der Heiligen Schrift (vgl. S. 8f.) – in doppelter Weise gesprochen:

(1) Die Auferstehung ist eine dezidiert *christologische Wirklichkeit,* gleichsam ein Übergreifen dessen, was an Jesus Christus geschehen ist, auf seine Jüngerschaft. Folgerichtig betrifft die Auferstehung nur die Glaubenden und die Gerechten[433]: sie beginnt mit der Taufe und findet bei der Parusie ihre Vollendung (wobei der Märtyrer sie schon zuvor in seinem Zeugentod erfährt, und im Falle millennaristischer Voraussetzungen eine „erste Auferstehung" der endgültigen vorangeht)[434]. Doch erstreckt sich die Wirksam-

[433] Diese Konzeption findet sich bei Ignatius. Christus wird „uns, die an ihn Glaubenden, auferwecken" (IgnTrall 9,2). In IgnSm 7,1 fordert er die Häretiker zur Liebe auf, „damit sie auferstünden". Ebenso gibt es nach Polyc 2,2 nur eine Auferstehung der Gerechten. Did 16,6 scheint Ähnliches zu meinen, wenn sie in bezug auf die Auferstehung formuliert: „Nicht alle jedoch, sondern wie gesagt worden ist: Kommen wird der Herr und alle Heiligen (!) mit ihm". Zum höchst komplexen Hintergrund dieser Stelle vgl. v. Eijk (Anm. 22), 20ff.

[434] Entsprechend beziehen sich auch die Begriffe „Unsterblichkeit", „Unvergänglichkeit" u. dgl. (sowie die korrespondierenden Adjektive)

keit Christi nicht nur auf die Gegenwart und auf die Zukunft, sondern sie reicht auch in die Vergangenheit. „Christus ist die Tür zum Vater, durch die Abraham, Isaak, Jakob und die Propheten, die Apostel und die Kirche eintreten" (IgnPhld 9,1). Wie dies bei den alttestamentlichen Gerechten konkret geschah, wird bei Ignatius nicht näher ausgeführt, es sei denn durch einen deutlichen Hinweis in IgnM 9,2: Die Gerechten, die ihn als „Jünger im Geiste" und als „Lehrer" erwartet haben, „hat er von den Toten auferweckt"[435].

(2) Die Auferstehung ist ein *„neutrales" Geschehen*, das zunächst nur in einem allgemeinen Sinn eine postmortale Weiterexistenz thematisiert und das ohne Ausnahme alle Menschen betrifft. Die Existenz über den Tod hinaus wird erst durch das Gericht qualifiziert zur Auferstehung „zum Leben" (Mit-Christus-Sein) oder „zum Tode" (ewige Strafe).

Gelegentlich können auch beide Verstehensweisen von Auferstehung miteinander vermischt werden[436].

Infolge der Herausforderung durch die Gnosis wurde die zweite Verstehensweise theologiegeschichtlich wirksam. Denn für die Gnosis war die Auferstehung *das* eindeutige Heilsereignis schlechthin, das dem „Pneumatiker" geradezu geschuldet war. Als Pneu-

auf ein gegenwärtiges (Did, I Clem, Ign) oder erst künftiges (II Clem, MartPol 14,2) Gnadengeschenk Gottes bzw. Christi *an den Glaubenden* und bezeichnen nicht einfach eine allen geltende Existenz.

435 Auch II Clem 19,4 läßt sich von den alttestamentlichen Frommen verstehen, die bereits auferstanden sind. Siehe dazu Wengst (Anm. 30), 279[191]. – Ob damit in Ign und II Clem eine erlösende Tätigkeit Christi im Hades vorausgesetzt wird, kann kaum entschieden werden. Doch während bei Ignatius Christus selbst diejenigen, die ihn gläubig erwarteten, von den Toten auferweckt, sind es nach Herm. sim. 9, 16,5 die Apostel, also die Kirche, welche den alttestamentlichen Gerechten das Evangelium predigt und somit die erlösende Wirksamkeit Christi „nach hinten" ausweitet. Siehe dazu v. Eijk (Anm. 22), 96f., 181f.

436 So begreift I Clem die Auferstehung als Vollendung des universalen Schöpfungsplanes Gottes und findet sie darum auch schon in den Strukturen der Schöpfung und im Alten Testament angekündigt. Christus ist nur Erweis und entscheidender Anfang der Auferstehung (vgl. I. Clem 24,1). Dennoch werden auch nach I Clem nur die Gerechten auferstehen, wobei dieser Gedanke unter einer theologischen und nicht christozentrischen Sicht steht. Stehen bei Paulus diejenigen auf, „die zu Christus gehören" (1 Kor 15,23), so nach I Clem 26,1 diejenigen, die „Gott in Heiligkeit und in Zuversicht eines vollkommenen Glaubens gedient haben".

matiker ist er „φύσει σωζόμενος" (von Natur aus erlöst) und verfällt nicht dem Gericht. Demgegenüber mußte die kirchliche Theologie den Gerichtsgedanken herausstellen und das durch Christus vermittelte Heil an den Durchgang durch die eschatologische Krisis binden, was zugleich bedeutet, daß die Auferstehung „neutralisiert" und als allen ohne Ausnahme geltendes Endereignis verstanden wurde. Zwar kann auch in solchem Kontext Christus als handelndes Subjekt der Auferstehung und Inhaber der Gerichtsgewalt vorgestellt werden, doch wird im allgemeinen die durch die Auferstehung erreichte Sprengung der Todesgrenze als eine noch offene Größe betrachtet. Nur dort, wo ausdrücklich oder unausdrücklich der positive Gerichtsausgang mit assoziiert wird, stellt sich die resurrectio als ein positives, durch Christus vermitteltes Heilsereignis dar.

Ähnliches zeigt sich im übrigen auch hinsichtlich der Auffassung von der Unsterblichkeit (der Seele): Auf der einen Seite ist sie *Gabe* Gottes, die *nur dem Jünger* zuteil wird (vgl. S. 282), auf der anderen Seite ist sie dort, wo der Gerichtsgedanke im Vordergrund steht, unumgängliches Geschick, das jeden Menschen „zum Lohn" *oder* „zur Strafe" ereilt. Gelegentlich stehen beide Gesichtspunkte bei ein und demselben Autor nebeneinander (Justin, Irenäus)[437].

Mithin wird bei vielen Autoren des 2. und 3. Jahrhunderts *implizit* und bei einigen wenigen – wie z. B. bei Origenes[438] – auch *explizit* eine Differenzierung faßbar zwischen einer Unsterblichkeit/resurrectio, die allen Menschen gemeinsam ist und als solche nur Sprengung der Todesgrenze *dieses* Lebens besagt, *und* einer allein dem Glaubenden vorbehaltenen Unsterblichkeit/resurrectio zum wahren ewigen Leben, für welche die Auferstehung Christi Ursache, Grund und Beispiel ist. Diese „qualifizierte" Auferstehung entwirft sich jetzt schon vorweg in der seit der Taufe bestehenden, in der Eucharistie je neu lebendig werdenden Gemeinschaft mit Christus und im Besitz seines Geistes[439].

Im Verlauf der Väterzeit schält sich diese Differenzierung eines

[437] Siehe dazu Fischer (Anm. 22), 156f., 164ff.

[438] Siehe z. B. C. Cels. III, 81 (= CGS I, 271).

[439] Dennoch wird diese Differenzierung nicht immer klar durchgehalten. Denn auch für die, welche „zum Tod" auferstehen, ist die Auferstehung Christi insofern das Maß, als ihre „allgemeinen Strukturen" (z. B. Auferstehung im *Fleisch*, *Umwandlung* des Fleisches, Zeitpunkt *nach* dem Hadesaufenthalt usw.) für jede Art von Auferstehung gelten.

„Lebens aus dem Tod“ immer deutlicher heraus. So wie es einen zweifachen Tod gibt: den Tod als „Sold der Sünde“, welcher die Seele des Menschen erstickt und jeglicher Hoffnung auf Vollendung beraubt, *und* den Tod, welcher dem befristeten irdischen Leben in der Trennung von Leib und Seele ein Ende setzt, so gilt es auch, ein zweifaches Leben zu unterscheiden[440]: *erstens* (auf der Linie des NT, s. S. 83ff.) das durch Christus vermittelte göttliche Leben, das wahrhaft und wirklich vom (ewigen) Tod errettet und Anteil am Leben Gottes bedeutet, und *zweitens* ein bloßes Weiterleben nach dem physischen Tod, wie es auch griechische Philosophen und heidnische Mysterien vertreten. Solches „Leben“ im zweiten Sinn ohne das erstgenannte wahre Leben ist aber für die frühchristlichen Theologen durch und durch trügerisch. Denn wenn auch der sündige Mensch nach dem Tod weiterexistiert, so bedeutet dies „nur einen Ortswechsel innerhalb des einen und selben Kerkers“[441], nämlich heraus aus der Perspektiven- und Hoffnungslosigkeit dieses Lebens, hinein in den Kerker der ebenso perspektiven- und hoffnungslosen Unterwelt. Hier bleibt der Mensch *im Grunde* tot, weil er nicht Teil gewinnt an jenem Leben, das ihn allein zur Vollendung bringt: am Leben Gottes. Wer nicht vom wahren Tod erlöst wird, bleibt – wie Athanasius sagt – auch *nach* seinem Tod „*im* Tode und in der Verwesung“[442]. Sein Zustand ist „ein Zustand der Auflösung, an der Grenze von Nicht-Sein und Sein“[443]. Diese „Herrschaft des Todes“, die selbst dort andauert, wo der Mensch nach seinem physischen Tod weiterexistiert, wird erst durch Christus gebrochen. Da er, der Lebende und Lebenspendende, in die todgeweihte σάρξ eingegangen ist, wurde der Tod entmachtet und die Herrschaft des Lebens neu aufgerichtet. „Er (Christus) nähert sich dem Tode, so weit wie es nötig war, um mit dem Totsein in Berührung zu kommen, damit er der Natur durch seinen eigenen Leib den Ausgangspunkt zur Auferstehung schenke

[440] Einige Väter sprechen von einem dreifachen Tod und dreifachen Leben, indem sie den beiden oben genannten Todes- bzw. Lebensgestalten noch das mystische Mitsterben und Mitauferstehen mit Christus hinzufügen. Vgl. z. B. Ambrosius, De bono mortis 2 (= PL 14, 567f.).

[441] So J. Daniélou, Die Lehre vom Tod bei den Kirchenvätern: Das Mysterium des Todes, dt. Frankfurt 1955, 130. Vgl. für das Folgende den ganzen Beitrag: 127–148.

[442] Athanasius, De inc. 5 (= SChr 199, 278).

[443] Daniélou (Anm. 441), 131.

und den ganzen Menschen durch seine Macht wiedererwecke"[444]. Nur von Christus her und durch ihn vermittelt und nur in seiner Jüngerschaft führt das postmortale „Leben" den Menschen nicht mehr lediglich in einen neuen „Kerker", sondern stellt ihn in die Erwartung der Auferstehung zum wahren Leben. Dieses bedeutet Teilhabe an der Christusherrlichkeit, Ausweitung seiner Auferstehung auf die, die ihm nachfolgen.

Diese Grundüberzeugung vom Überschwingen der resurrectio Christi auf die ganze Menschheit wird von den beiden größten Theologen der Frühen Kirche, Origenes und Augustinus, noch einmal in eine ganz bestimmte Richtung weitergetrieben.

Das Denken beider Theologen kreist – gut (neu-)platonisch – um die Idee der Einheit[445]. Durch den Sündenfall ging die Einheit von Gott und Mensch, aber auch die Einheit der Schöpfung verloren. Denn Sünde bedeutet Zersplitterung und Auseinanderfallen in das Viele[446]. Demgegenüber bedeutet Erlösung soviel wie Rückgewinnung, ja Überbietung der ursprünglichen Einheit. Prinzip der Einheit ist Jesus Christus, der gerade *als Auferstandener* Seele, Haupt, Bräutigam (die Bilder wechseln) eines Leibes ist, dessen viele Glieder neu zur Einheit verbunden werden. Solange aber auch nur ein Glied noch nicht zur Einheit mit Christus und mit den anderen zusammengefügt ist, ist der Auferstandene selbst nicht vollendet.

Das bedeutet: die resurrectio Christi ist von vornherein auf die Auferstehung des „totus Christus", des einen Leibes mit den vielen Gliedern, angelegt. Die resurrectio mortuorum *ist* das „Heranreifen" des Einen und der Vielen „‚in virum perfectum in mensuram aetatis plenitudinis Christi' (Eph 4, 13): Plenitudo ergo Christi: caput et membra"[447]. Die Auferstehung Christi ist selbst also so lange nicht an ihr inneres Ziel gekommen, als nicht alle in dieses einheits-

444 Gregor v. Nyssa, Die große katechetische Rede 32, 3, hrsg. v. J. Barbel = BGL I, Stuttgart 1971, 77.

445 Vgl. dazu de Lubac (Anm. 171); J. Ratzinger, Die Einheit der Nationen. Eine Vision der Kirchenväter, Salzburg–München 1971; Marrou (Anm. 62), bes. 114–123; Ballay (Anm. 126); van Bavel–Bruning (Anm. 126), 43–75.

446 Vgl. Origenes, In Ez. hom. 9, 1 (= PG 13, 732): „Der Grund aller Übel ist Vielheit, der Grund alles Guten hingegen der Zusammenschluß und die Rückführung der Vielheit zur Einheit."

447 In Joh XXI, 8 (= CC 36, 217). Augustinus bezieht die plenitudo Christi von Eph 4 ausdrücklich auf die Auferstehung: vgl. De civ. D. 22, 18 (= BAug 37, 624 f.).

stiftende Vollendungsgeschehen einbezogen sind[448]. Zwar ist die Menschheit in Christus bereits geheimnisvoll mitauferstanden, da er *in ihrem Fleisch* auferstanden ist. Aber für den Glaubenden verwirklicht sich diese schon geschehene Auferstehung in der Hoffnung: „Praecessit in capite, quod membra sperent“[449]. Und in eben dieser Hoffnung – wie auch in Glaube und Liebe – besteht die „erste Auferstehung“ der Glaubenden. Was zu erwarten bleibt, ist das Schauen dessen, was bereits unsichtbar gewirkt ist und vor allem die Auferstehung des *Leibes* als die gemeinsame Vollendung des Einen und der Vielen, kurz: die resurrectio Christi totius. Auf diese warten auch noch die bereits in Christus Verstorbenen, ja darauf „wartet“ auch noch Christus selbst.

Die eindringlichste Formulierung dafür hat Origenes gefunden: „Du wirst zwar Freude haben, wenn du als Heiliger aus diesem Lande scheidest; dann aber erst wird deine Freude voll sein, wenn dir kein Glied mehr fehlt. Warten wirst nämlich auch du, wie du selbst erwartet wirst. Wenn es aber dir, der du Glied bist, keine volle Freude scheint, solange ein Glied fehlt, um wieviel mehr muß unser Herr und Heiland, der das Haupt und der Urheber dieses Leibes ist, es für keine volle Freude ansehen, wenn er noch immer gewisse Glieder seines Leibes entbehrt? . . . Er will nicht ohne dich seine volle Glorie empfangen, das heißt, nicht ohne sein Volk, das ‚sein Leib‘ ist und ‚seine Glieder‘ . . .“[450]. Somit steht die Auferste-

448 Augustinus kann deshalb sogar fragen, warum der Herr überhaupt vor uns auferstanden ist und mit seiner eigenen Auferstehung nicht bis zur Auferstehung aller gewartet hat (En. in Ps. 34 II, 1 = CC 38, 312). Und er fügt als Antwort an, daß dies an sich möglich gewesen wäre, daß aber dann in uns nicht die Hoffnung erwacht wäre. „Non distulit resurrectionem suam, ne tu adhuc dubitares“: En. in Ps. 91, 8 (= CC 39, 1285). Die Auferstehung Christi fand also nur (?) deshalb vor der allgemeinen Auferstehung statt, um alle zuvor zu einem Leben der Hoffnung herauszufordern.

449 En. in Ps. 90 II, 4 (= CC 39, 1269). – Siehe auch Serm. 157, 3 (= PL 38, 860): Christus verwirklichte, was für uns noch Hoffnung ist. „Auch wenn wir es (noch) nicht erfahren, erhoffen wir es doch. Denn wir sind der Leib jenes Hauptes, in dem schon Wirklichkeit wurde, was wir noch erhoffen.“

450 Origenes, Hom. über Lev 7, 2, zit. nach de Lubac (Anm. 171), 373. Das ganze, oben nur auszugsweise angeführte Zitat findet sich ebd. 368–373. Weitere ähnliche Vätertexte bei de Lubac, ebd. 101–118. Den Gedanken des Wartens auf die letzte gemeinsame Vollendung in Jesus Christus hat in letzter Zeit H. Volk, Das christliche Verständnis des Todes, Münster 1957, 112, aufgegriffen, wenn er formuliert: „Darauf ‚warten‘ in ihrer

hung Christi in einer universalen Perspektive, sie will die *ganze* Menschheit und mithin auch die Menschheitsgeschichte *vor* Christus erfassen.

Die Konzepte und bildhaften Vorstellungen zum Verstehen dieses „Vorwegwirkens" Christi sind bei den frühchristlichen Theologen äußerst verschieden und können hier weder im einzelnen vorgestellt noch weiter entfaltet werden. Der Bogen spannt sich von I Clem, wo das Auferstehungsgeschehen in das Schöpfungs- und Vorsehungshandeln Gottes eingeordnet ist, über Irenäus, bei dem die alttestamentliche Heilsgeschichte nicht nur auf Christus hingeordnet, sondern auch von seinen Theophanien (Geschehnisse einer gleichsam vorweggenommenen Inkarnation) geprägt ist, bis hin zu Augustinus, für den von Anfang der Schöpfung an Christus geheimnisvoll seine Gnade austeilt, so daß stets Menschen auf unausdrückliche Weise an seine Inkarnation, sein Leiden und seine Auferstehung glauben konnten[451].

Im Rahmen der meisten Konzeptionen wird auf Grund von 1 Petr 3, 19 und zahlreicher apokrypher Texte ein besonderer „Wartestand" (Hadesaufenthalt) der ante Christum Gerechten angenommen, da erst ab dem Zeitpunkt seiner Auferstehung und seines erlösenden Hades-Abstiegs die Teilhabe an seinem Auferstehungsleben möglich zu sein schien[452].

Die zu Anfang dieses Kapitels skizzierte Problemstellung, ob die

Weise auch die Seligen, selbst die Mutter Gottes, die mit dem Leib schon in die Seligkeit eingegangen ist; darauf ‚wartet' Christus, darauf ‚wartet' selbst der Vater unseres Herrn Jesus Christus, um dem menschgewordenen Sohn noch eine weitere Form der Verherrlichung zuteil werden zu lassen. Das ist freilich nicht das Warten des Pilgerstandes. Hier ist Warten keine Minderung, aber was kommt, ist noch eine Steigerung. Für Gott sind immer noch Steigerungen des Vollkommenen möglich . . ."

[451] Eine Übersicht über die verschiedenen Konzeptionen im Rahmen der Frage nach dem Wirken der Gnade Christi im Alten Testament findet sich bei G. Philips, La grace des justes de l'Ancien Testament. Position du problème – Documents Patristiques: EThL 23 (1947), 521–556. Reiches patristisches Material zur Frage nach dem „Heil der Heiden" und ihrer Verbindung zu Christus auch bei de Lubac (Anm. 171), 190–221.

[452] Zum altkirchlichen Befund vgl. vor allem Klemens v. A., strom. II, 9,44; VI, 6,46 (= GCS 52, 136, 454f.); EvPetr 41f. (= ed. Hennecke 62); EpApost 27 (= ed. Schmidt 86). Zur Sache siehe C. Schmidt, Der Descensus ad inferos in der alten Kirche: ders., Gespräche Jesu mit seinen Jüngern nach der Auferstehung = TU 43, Leipzig 1919, 453–576; A. Grillmeier, Der Gottessohn im Totenreich: Mit ihm und in ihm, Freiburg–Basel–

resurrectio eine universale „natürliche" Wirklichkeit oder die Frucht des kontingenten geschichtlichen Heilswirkens Christi ist, erfordert mithin im Kontext patristischen Denkens eine differenzierte Antwort auf die verschiedenen Detailfragen.

(1) Da die Auferstehung vom Tod unmittelbar und unzertrennlich mit dem Gerichtsgedanken verbunden ist, gibt es letztlich keine „neutrale" postmortale Existenz, also kein „Leben", das seine Qualifikation nicht durch Christus und von seiner Auferstehung her empfängt. Denn entweder ist das Leben nach dem Tod positive Teilhabe an seiner Auferstehung, oder aber es ist verweigerte, negierte Teilhabe. Infolgedessen wird solches Leben gekennzeichnet durch die Negation aller positiven Merkmale des Christus-Lebens: Einsamkeit statt Gemeinschaft, Dunkel statt Licht, Verzweiflung statt Seligkeit, Zerrissenheit statt vollendeter Identität. Im Modus der Negation verweist es damit noch einmal auf das wahre Auferstehungsleben Christi. Mithin bedeutet postmortale Existenz nie ein nur „neutrales" Weiterexistieren, sondern ein Leben, das als Frucht des Glaubens Gemeinschaft mit Christus bedeutet oder das – als Ergebnis des Unglaubens – an dieser Gemeinschaft gescheitert ist.

(2) Glaube oder Nichtglaube sind nicht erst auf Grund eines *ausdrücklichen* Verhältnisses zu Christus möglich. Denn es gibt „Antezipationen" der Christus-Offenbarung in Schöpfung und alttestamentlicher Heilsgeschichte, ja ein geheimnisvolles Gnadenwirken Christi vor seiner historischen Existenz. Auf Grund dessen steht der Mensch immer in einem unausdrücklichen Verhältnis zu ihm und erhält von ihm die Qualifikationen seines gegenwärtigen und kommenden Lebens.

(3) Wenn es auch Auferstehung (im Sinne von „Teilhabe an der *Christusherrlichkeit*") erst *nach* der resurrectio Christi geben kann, ja, wenn diese Teilhabe erst ihre Vollendung findet, wenn der „Christus totus" verherrlicht ist, so greift doch das erlösende Wirken Christi derart voraus, daß der Tod auch schon *vor* seiner Auferstehung nicht das letzte Wort hat, sondern durch das Leben überwunden wird, welches freilich auf seine Christus-Fülle noch zu „warten" hat. Auch hier wird ein prozeßhaftes Verständnis von Auferstehung, auf das wir schon in einem anderen Zusammenhang stießen (S. 265f.), der Sachlage am besten gerecht.

Wien 1975, 76–174 (Lit.); W. Maas, Gott und die Hölle. Studien zum descensus Christi, Einsiedeln 1979 (Lit.).

2. Mittelalter

Da die Scholastiker viele eschatologische Probleme in neuer Weise von der Anthropologie her angingen (vgl. S. 217), stellte sich ihnen spätestens ab Simon von Tournai die Frage, ob die resurrectio mortuorum nicht von der anthropologischen Konstitution des Menschen her gefordert und mithin ein natürlicher Vorgang sei? („Utrum resurrectio sit naturalis"). Diese Frage *konnte* in der Frühscholastik positiv beantwortet werden[453]. So vertrat z. B. Petrus von Capua die Ansicht, „daß die Auferstehung ein rein natürlicher Vorgang sei, so daß, auch wenn Christus nicht auferstanden wäre, nichtsdestoweniger die Menschen auferstehen würden ..., da es in dem allen Fragen voranliegenden Sein des Menschen begründet ist, daß er, nachdem er einmal sterben muß, auch auferstehen wird, weil Gott ihn als solchen geschaffen hat, der nur in der Verbindung von Leib und Seele seine eigentliche Existenz besitzt"[454]. Differenzierter urteilt Gaufried von Poitiers, wenn er sagt: „*Daß* es eine Auferstehung gibt, ist natürlich, aber daß sie *so beschaffen* sein wird [scil. daß sie Teilhabe an der Auferstehungsherrlichkeit Christi ist], ist ein Wunder"[455]. Doch gibt es in der Frühscholastik auch andere Stimmen, die darauf hinweisen, daß es in der Natur von Seele und Leib keinen hinreichenden Grund gibt, daß sich beide nach der Todestrennung wieder zum Menschen zusammenfügen. Diese Linie wird in der Hochscholastik[456] weitergeführt: Zwar entspricht die Auferstehung dem Wesen des Menschen und ist somit natürlich, so wie umgekehrt die Trennung von Seele und Leib wider die Natur ist, aber von Natur her gibt es kein „Prinzip", das Seele und Leib wieder vereinigen kann[457]. Darum ist ein *Wunder*, eine übernatürliche Ursache von Gott her erforderlich, um den Menschen vom Tod zu erwecken. Dies wird durch ein zweites Argument bestätigt: Es geht bei der resurrectio mortuorum nicht um *irgendein* Leben, sondern um die Teilhabe auch des Lei-

[453] Zu den diesbezüglichen Auffassungen der Frühscholastik siehe Heinzmann (Anm. 158), ab 172 passim.

[454] Heinzmann (Anm. 158), 208.

[455] Zit. nach Heinzmann (Anm. 158), 237.

[456] Siehe dazu Weber (Anm. 158), 268–342.

[457] Vgl. z. B. Thomas v. Aquin, In sent. IV, 43, 1, 1, 3: „Nullum autem principium activum resurrectionis est in natura neque respectu coniunctionis animae ad corpus, neque respectu dispositionis quae est necessitas ad talem coniunctionem."

bes an der Seligkeit und Glorie Gottes, die wesenhaft Gabe sein muß und nicht naturhafte Notwendigkeit sein kann. Aus diesen zwei Gründen ergibt sich: „Fatendum est simpliciter redditionem animarum ad corpora et mortuorum resurrectionem non esse naturalem, sed supernaturalem“[458]. Die „Übernatürlichkeit“ der Auferstehung aber gründet in der Gnadenhaftigkeit des Christus-Geschehens, zumal in seiner auf Universalität hin ausgerichteten Auferstehung.

Da es eine Eigenart scholastischen Denkens ist, den Zusammenhang, der zwischen verschiedenen Wirklichkeiten besteht, durch die Kategorie der sie verknüpfenden causae zu ergründen, sucht man die Verbindung zwischen der resurrectio Christi und der resurrectio mortuorum gleichfalls durch eine Analyse der in Frage kommenden causalitas zu klären[459]: Die Auferstehung Christi ist für die allgemeine Totenauferstehung sowohl causa efficiens wie auch causa formalis vel exemplaris. Das heißt: Christus *bewirkt* unsere resurrectio, und er bewirkt sie *nach dem Maß und Vorbild* seiner eigenen[460]. Gerade bei den Reflexionen über die causalitas formalis vel exemplaris steht oft im Hintergrund der augustinische Gedanke von der Einheit des Auferstehungsgeschehens in der resurrectio des „Christus totus“.

Gleichwohl ist der durch die efficientia Christi gewirkte *status* resurrectionis für die Scholastiker etwas Natürliches, d. h. etwas dem von Schöpfung her gegebenen Wesen des Menschen Entsprechendes, weshalb auch *mindestens* Konvenienzgründe für die Auferstehung angeführt werden können. Nimmt man noch hinzu, daß es ebenfalls eine Auferstehung der Bösen gibt, so wiederholt und verstärkt sich in der Scholastik die Tendenz, die sich schon im antignostischen Kampf der Frühen Kirche durchsetzte: die Auferstehung selbst nicht so sehr – wie etwa bei Paulus – als Heilsereignis

[458] Aegidius Romanus, De res. 2, zit. nach Weber (Anm. 158), 276.

[459] Siehe dazu Weber (Anm. 158), 276–300 (Lit.). Für Thomas v. Aquin vgl. bes. F. Holtz, La valeur sotériologique de la rèsurrection du Christ selon S. Thomas: EThL 29 (1953), 609–645.

[460] Die Differenzierung von causalitas efficiens und causalitas formalis vel exemplaris gibt dabei die Möglichkeit, die Verschiedenheit der christologischen Vermittlung in bezug auf die Auferstehung der Guten und der Bösen begrifflich zu fassen: „Licet autem efficientia resurrectionis Christi se extendat ad resurrectionem tam bonorum quam malorum, exemplaritas tamen eius se extendit proprie solum ad bonos, qui sunt facti conformes filiationis ipsius . . .“: STh III, 56, 1 ad 3.

zu betrachten, sondern als ein, durch die causa supernaturalis resurrectionis Christi gewirktes „natürliches" und – *vor* dem Gericht – noch ambivalentes Geschehen. Um demgegenüber eine Balance zu schaffen, wurde seit etwa 1200 die sogenannte „dotes"-Lehre entwickelt, in welcher der Geschenk- und Gnadencharakter der Auferstehung ausdrücklicher zum Tragen kommt[461]. Die Gerechten und Heiligen erhalten von Christus „dotes" – Brautgeschenke, auf Grund deren sie die Auferstehung gemäß Phil 3, 21 als äußerste Angleichung ihres Lebens an Christus empfangen. Auf Grund dieses damals gängigen matrimonialrechtlichen Begriffes „dos"[462] erhält die Auferstehung ihren Ort in der *Brautmystik*: Christus schenkt seiner geliebten Braut, der Kirche, die äußerste Einheit und Ähnlichkeit mit ihm, indem er Seele und Leib mit allen denkbaren Vorzügen ausstattet. „Der Liebende . . . möchte dem Geliebten in allem und jedem gleichen. In diesem Bereich bewegt sich die Verähnlichungslehre, die in kindlicher Realistik des Denkens alles in den Angleichungsprozeß der Liebe mit einbezieht, soweit es nicht der Natürlichkeit des eigenen Leibes (seiner Identität) entgegensteht"[463].

Im Kontext der dotes-Lehre kommt bei den Scholastikern auch der ekklesiale Charakter der Auferstehung voll zur Auswirkung. Denn die Kirche als Braut Christi ist die eigentliche Empfängerin der dotes. Damit wird das sonst eher an der je einzelnen Seele und ihrer Seligkeit orientierte scholastische Auferstehungsverständnis erheblich modifiziert. Gewiß, die Individualisierung des Auferstehungsverständnisses ist vom damaligen geistesgeschichtlichen Kon-

[461] Siehe dazu Wicki (Anm. 158), 40–56; 202–237; Weber (Anm. 158), 314–342. – Allerdings hat die dotes-Lehre auch noch eine andere als die o. a. Funktion: Die Porretaner hatten angefangen, die Tugenden insgesamt als „habitus" zu verstehen, d. h. ein den Tugendakten vorausliegendes und sie begründendes habituelles Prinzip zu fordern. Entsprechend wird jetzt auch nach einem solchen habituellen Prinzip für die Akte der Seligen im Jenseits gefragt: die „dotes". So: Wicki, ebd. 40f. Siehe auch 70f., 219ff.

[462] Siehe dazu Wicki (Anm. 158), 208f., 219ff. – Allerdings ist im Matrimonialrecht der dos eine Vermögenszuwendung an den Mann als Beitrag zum Unterhalt der Frau, so daß diese den dos im Lauf ihrer Ehe gleichsam zurückempfängt. Insofern ist der Begriff „dos" für den theologischen Sachverhalt an sich nicht so zutreffend wie der der „donatio propter nuptias", womit eine Schenkung des Bräutigams an die Braut gemeint ist. Näheres siehe Wicki, ebd. 220[5].

[463] Weber (Anm. 158), 107.

text her als Reaktion gegen den Averroismus, der die individuelle Unsterblichkeit leugnete, gefordert. Nun wird diese eher individual-eschatologische Sicht durch die dotes-Lehre ekklesial ausgeglichen. Der einzelne „besitzt das Recht auf sie [die dotes] nicht in seiner Vereinzelung, sondern kraft seiner Zugehörigkeit zur Kirche: Wie die Berechtigung auf die dotes in der Zugehörigkeit zur kirchlichen Gemeinschaft grundgelegt ist, scheint auch die tatsächliche Verleihung über die Kirche zu gehen . . . [Kurz:] Die dotes-Lehre stellt . . . die menschliche Vollendung als Sache der Gemeinschaft dar“ [464]. Durch die Verleihung der dotes bereitet Christus sich einen Leib, der, ihm in allem gleich, an seinem Auferstehungsleben teilhat.

Da die resurrectio mortuorum nach scholastischem Verständnis am Ende der Zeit stattfindet und sich bis dahin die Seelen aller Menschen in einem Wartestand auf die resurrectio (die Seelen der *vor* Christus Entschlafenen *bis* zu seiner Auferstehung in einem *besonderen* Wartestand) befinden, so bietet die Überzeugung von einer universalen Wirksamkeit Christi in bezug auf die Auferstehung aller Menschen keine Verstehensschwierigkeiten: die resurrectio mortuorum ist eine durch die Auferstehung Christi vermittelte und – für die Gerechten – nach seinem Gleichbild sich vollziehende Wirklichkeit, für die der Mensch von seinem Wesen her offen ist, ja wonach er mit einem desiderium naturale strebt. Da auch die Unsterblichkeit der Seele von vornherein auf die Auferstehung des Leibes und damit auf die Neukonstituierung des *Menschen* angelegt und nur im Blick auf sie sinnvoll ist (s. S. 222), kann auch die prinzipielle Sprengung der Todesgrenze (die ja mit der Überzeugung von einer unvergänglichen Seele gemeint ist) als Werk Christi bzw. als auf das Wirken Christi hin angelegt verstanden werden. Universale und christologische Vermittlung widersprechen sich nicht, sondern laufen in eins [465].

3. Neuzeit

Dies ändert sich im Laufe der Neuzeit. Vordergründig betrachtet, differenzieren sich Theologie und Philosophie weiter und nun-

[464] Wicki (Anm. 158), 218.

[465] Siehe dazu auch den schönen Aufsatz von M. Seckler, Das Haupt aller Menschen. Zur Auslegung eines Thomastextes: Virtus politica, FS A. Hufnagel, Stuttgart-Bad Cannstatt 1974, 107–125.

mehr endgültig aus. Dies hat allgemeine geistesgeschichtliche, aber auch spezifische innertheologische Gründe. Zu den letzteren zählt ein neues Verständnis des Verhältnisses von Natur und Gnade[466]. Für Thomas von Aquin ist die Natur des Menschen „definiert" durch „Undefiniertheit", d. h. durch ein Über-sich-hinaus-Sein auf Gott hin. Zu diesem Wesensbezug auf Gott hin gehört das „desiderium naturale in visionem beatificam" – das natürliche Verlangen nach engster Gottesgemeinschaft, die sich in der Teilhabe an der Auferstehungsherrlichkeit Christi erfüllt. Damit ist die Natur des Menschen für Thomas hingeordnet auf etwas, das sie sich selbst nicht geben kann, das sie aber von der durch Christus vermittelten Gnade Gottes erwarten darf.

Das in und durch Christus gewirkte Heil ist hiernach kein zusätzliches, der Natur äußerlich bleibendes Ornament oder ein „zweites Stockwerk" über dem ersten der Natur, vielmehr bringt „das Übernatürliche" die menschliche Natur erst zur letzten und eigentlichen Vollendung, die sie in sich selbst nicht finden kann. Sinnerfüllung des Menschen ist nur durch die Gnade Christi, und das heißt letztlich durch das Geschenk der Auferstehung möglich. Daraus folgt nicht etwa, daß eine „in sich" stehende Natur gleichsam die Gnade „fordert", vielmehr verläuft die Bewegung umgekehrt: die Gnade, besser: Gott, der sich dem Geschöpf in freier Güte restlos mitteilen will, setzt sich die Natur und ihr Sehnen und Verlangen *voraus,* um sie zu beschenken.

Die Lösung, die Thomas dem Verhältnis Natur – Gnade gab, geriet in der Neuzeit in eine tiefgreifende Krise. Es bildet sich ein neuer Naturbegriff heraus: Natur wird nicht mehr – wie noch bei Thomas – von Gott her, d. h. als Voraussetzung seines Gnadenwirkens gedacht, sondern als eine in sich stehende, selbständige, mit bestimmten Fähigkeiten und Sinnzielen ausgestattete Wirklichkeit, die der Mensch zu eigen besitzt. Wenn aber die Natur des Menschen als ein in sich geschlossenes Sinngefüge betrachtet wird und nicht mehr als Voraus-Setzung des über sich selbst hinausweisen-

[466] Für die folgenden Seiten sind Belege, ausführlichere Darlegungen und Analysen sowie weitere Literatur zu finden bei: B. Stoeckle, „Gratia supponit naturam". Geschichte und Analyse eines theologischen Axioms, Rom 1962; H. de Lubac, Die Freiheit der Gnade («Surnaturel»), Bd. I u. II, dt. Einsiedeln 1971; G. Muschalek, Gott als Gott erfahren I, Frankfurt 1974, 87–127; G. Greshake, Geschenkte Freiheit, Freiburg–Basel–Wien ^{2}1981, 61–70; L. Weimer, Die Lust an Gott und seiner Sache, Freiburg–Basel–Wien 1981, bes. 323–332.

den Gnadenwirkens Gottes, kommt die Gnade und d. h. konkret für unser Thema: die in der Teilhabe an der Auferstehungsherrlichkeit Christi sich vollendende Gnade in die Gefahr, zu einer Art „Überwelt“ zu werden, zu einem „superadditum“, das einer in sich selbst konsistenten Natur gleichsam aufgepfropft wird.

Die thomanische Lösung geriet aber auch noch von einer anderen Richtung her in die Krise: Gegen Humanismus und Aufklärung, neuzeitliche Bewegungen, die je auf ihre Weise den Menschen und sein Können in den Vordergrund stellten, suchten christliche Theologen verschiedener Provenienz die Ohnmacht und Verlorenheit des sich selbst zu verwirklichen trachtenden Menschen hervorzuheben: Alles, was im Menschen richtig, gelungen und zielführend ist, verdankt sich allein der Gnade; aus sich heraus ist der Mensch total ohnmächtig, korrupt, verloren.

Nach dieser Konzeption bedarf der Mensch *wesensnotwendig* der Gnade, um überhaupt als Mensch existieren zu können; Gnade wird zur conditio sine qua non für Menschsein. So aber ist sie ihm „geschuldet“ und scheint – als menschliches Wesensbedürfnis – geradezu „naturalisiert“ zu werden. Wie kann dann noch von der *Freiheit* des gnädigen Gottes und dem Geschenkcharakter seines Handelns die Rede sein? Deshalb hat sich das katholische kirchliche Lehramt gegen solche theologische Meinungen ausgesprochen, wie sie – je verschieden akzentuiert – von den Reformatoren sowie von einer Reihe Löwener Theologen des 16. Jahrhunderts und dem sog. Jansenismus des 17. Jahrhunderts vertreten wurden. Leitmotiv der Zurückweisung war die Überzeugung von der Freiheit und völligen Ungeschuldetheit der Gnade[467].

Indem man aber die theologischen Gegenmeinungen zurückwies, griff man nicht, konnte man wohl auch nicht auf die thomanische Lösung des Natur-Gnade-Verständnisses zurückgreifen, sondern entwickelte, leise beginnend in der Spätscholastik, ausdrücklich dann in der Barockscholastik, ausgehend vom neuzeitlichen Naturverständnis, die Lehre von einer zweifachen Ordnung: Auf der einen Seite – so lehrte man – gibt es die „reine“ menschliche Natur (natura pura). In ihr sind dem Geschöpf bestimmte Fähigkeiten gegeben, mit welchen es als Mensch zu leben vermag. Kraft dieser Natur ist es auch auf ein rein natürliches Ziel, auf eine „natürliche Glückseligkeit“ hingeordnet. *Daneben* und *darüber hinaus* kennt

[467] Siehe dazu von der in Anm. 466 genannten Literatur bes. Lubac, I, 20–268, und – sehr kurz – Greshake, 64–68.

der Glaube eine von Gott her frei und ungeschuldet geschenkte Ordnung der Gnade, in welcher der Mensch auf ein übernatürliches Ziel, nämlich die beseligende Gottes- und Christusgemeinschaft, ausgerichtet ist und auf dem Weg dahin gnadenhafte Befähigungen erhält.

Für unseren speziellen Problemkreis hat diese Konzeption folgende Konsequenzen: Postmortale Existenz im Sinne von Unsterblichkeit der Seele gehört zur „Natur" des Menschen. Sie hat *als solche* mit dem Heilswerk Christi nichts zu tun. Deshalb kann sie auch Gegenstand der Philosophie sein; sie läßt sich als ein dem Selbstvollzug des Subjekts notwendig innewohnendes constitutivum und als ein wesentliches Element jeder „natürlichen Religion" beweisen. Nur insofern Unsterblichkeit „darüber hinaus" selige Lebensgemeinschaft mit Gott und Auferweckung des Leibes nach dem Vorbild Christi bedeutet, hat sie mit dem Heilswerk Christi zu tun; nur so ist sie reine übernatürliche Gnade, welche die „natürliche Ordnung" des Menschen übersteigt[468].

In dieser Konzeption wird aber nicht mehr klar, daß – wie die Gnade Christi insgesamt – auch die resurrectio mortuorum die Erfüllung des tiefsten Verlangens ist, auf das der Mensch von Natur her angelegt ist und das durch die Gnade zum Ziel kommt. Die durch Christus vermittelte Auferstehung – wie die Gnade überhaupt – scheint ein überhöhendes Dekor des Menschseins darzustellen, das sich prinzipiell auch ohne Gnade verwirklichen kann[469].

Auf dem Hintergrund dieser Entwicklung wird verständlich, warum sich schon Martin Luther gegen den neuzeitlichen Naturbegriff und gegen eine Unsterblichkeitskonzeption wehrte, die sich

[468] Siehe dazu Ph. Schäfer, Eschatologie. Trient und Gegenreformation = HDG IV, 7c/2, Freiburg–Basel–Wien 1984, 74ff.

[469] Es sei nur kurz darauf aufmerksam gemacht, daß die geistesgeschichtlichen Folgen dieser Konzeption beträchtlich waren. Es zeigte sich: ein Gnaden- und Auferstehungsverständnis, das nicht mehr deutlich machen kann, daß dadurch der Mensch zu sich selbst befreit und zur Vollendung gebracht wird, steht Pate zu seiner eigenen Aufhebung. So ist es wohl kein Zufall, daß indirekt diese barockscholastische Konzeption an der modernen Säkularisation des Menschen mit Schuld trägt. Für die säkularisierte Welt, die inzwischen weithin auch den Gedanken einer Unsterblichkeit schon nicht mehr verantworten zu können meint, bedeutet die Rede von einer Auferstehung meist die Zumutung, zu einer „Überwelt" Zuflucht zu nehmen.

„philosophisch", d. h. ohne Hinblick auf die Gnade Gottes, begründete. Doch vermochte auch er nicht mehr eine „Synthese" von Natur und Gnade zu konzipieren: für ihn war *beides* – Unsterblichkeit und Auferstehung – reine Gnade, die das korrupte Menschsein allererst zu sich selbst bringt.

In der Folgezeit drang eine „natürliche" philosophische Unsterblichkeitslehre „remoto Christo" in weite Bezirke der neuzeitlichen Theologie ein[470]. „Mehr und mehr wird nach einer natürlichen Seligkeit und nach einem natürlichen Ziel des Menschen gefragt"[471]. Dabei diente diese Unsterblichkeitslehre meist der Motivation moralischen Handelns und der Sinngebung des sinnlosen Todes. Die christologische Vermittlung der Unsterblichkeit wird nicht auf die nackte postmortale Existenz, sondern auf die postmortale Seligkeit des Menschen bezogen, auf die der Glaubende jetzt schon in der Gnade ausgerichtet ist. Demgegenüber trat die Botschaft von der Auferstehung der Toten als Teilnahme am Leben Christi und als Vollendungsziel der Menschheit zurück. Sie „wird fast nur im Zusammenhang mit der Seligkeit behandelt"[472].

Von diesen geschichtlichen Voraussetzungen her wird noch einmal mehr der Neuansatz der evangelischen Theologie (s. S. 247ff.) verständlich, die gegen alle („philosophischen") Unsterblichkeitslehren die reine unableitbare Gnadenhaftigkeit einer in Christus begründeten Auferstehungshoffnung setzte, dabei aber die Universalität dieser christologisch vermittelten Gabe außer Betracht ließ: Nur der an Christus Glaubende wird zum Leben erweckt; nur im Glauben (und in keiner Weise durch die Vermittlung des Denkens) gibt es einen Zugang zur Auferstehung. Alle Unsterblichkeitskonzepte „ante Christum" und „remoto Christo" sind sinnlos-nichtige

[470] Dies geschah in unterschiedlichen „Schüben" und mit unterschiedlicher Intensität; am meisten in der sog. Aufklärungstheologie. Siehe dazu Müller-Goldkuhle (Anm. 240), 16, 25–88. Frei von dieser Art des Denkens war dagegen – pauschal gesagt – der protestantische Pietismus sowie die katholische Theologie der Restauration und der Tübinger Schule. Letztere vor allem betonte wieder die Auferstehung als Ziel menschlichen Lebens, stellte sie in eine gesamtgeschichtliche Perspektive und urgierte ihre christozentrische Basis. Vgl. Müller-Goldkuhle, ebd. 143–172. Die neuscholastische Eschatologie dagegen knüpfte im wesentlichen wieder an die Barockscholastik an und „teilte" dementsprechend die Eschata auf die Natur- bzw. Gnadenordnung auf.

[471] Schäfer (Anm. 468), 76.

[472] Ebd. 73.

Projektionen des Menschen. Universalität und christologische Vermittlung der Auferstehung sind auseinandergebrochen.

II. Systematische Hinweise

Die Frage nach dem Zueinander von Universalität und christologischer Vermittlung der Auferstehung ist in systematischer Sicht nur ein Sonderfall des christologischen Grundproblems überhaupt: Wie kann eine historische, darum kontingent-einmalige und heute längst vergangene Gestalt dieser Geschichte für das Ganze des Weltprozesses die alles entscheidende, eschatologisch-endgültige, universale Bedeutung haben, so daß alle Zeiten bekennen müssen: „In keinem anderen Namen ist Heil" (Apg 4, 12)? Dieses Grundbekenntnis des christlichen Glaubens läßt sich in unserem Zusammenhang weder begründen noch diskutieren. Nur auf folgendes sei hingewiesen: Letztlich ist die Überzeugung von Christus als dem „universale concretum" (H. U. v. Balthasar) nur begründbar, wenn er in Wahrheit Gottes Sohn, Gott ist. Ein Mensch, und mag dieser auch die höchste Sendung und Stellung von Gott her haben, kann weder das Ganze der Schöpfung zeitlich umgreifen noch für diese so konstitutiv sein, daß von ihm das ewige Heil aller Menschen schlechthin abhängt. Geht man aber davon aus, daß Jesus Christus „gleichwesenhafter Gott" ist, wie das Symbolum sagt, daß „in ihm" und „durch ihn und auf ihn hin alles geschaffen ist" (Kol 1, 16), so ist es nur folgerichtig, daß in ihm auch alles seine Vollendung findet, *wenn* er – was der Glaube bekennt – die ganze Menschheit als seine Brüder und Schwestern annehmen und nicht ohne sie „Gott" sein will. *Daß* dieses geschieht auch trotz des Nein menschlicher Sünde, ist das Wunder der Gnade, die Frucht des besonderen geschichtlichen Heilswirkens Christi, das Ergebnis von Kreuz und Auferstehung, woraufhin die Menschheit selbst *nach* und *in* ihrer Sünde von Gott im Sein bewahrt wurde.

Daß Gott auch dann die Treue hält, wenn der Mensch sündigend die ihn konstituierende Relation zu Gott dementiert, ist ein dem Menschen unableitbares Paradox: Gerade dort, wo die Menschheit am radikalsten ihr Nein gegen Gott spricht, indem sie das letzte Wort seiner Liebe, den eigenen Sohn kreuzigt, richtet der Schöpfer sein endgültiges Ja zum Menschen auf. Denn die Auferweckung des Sohnes – Antwort des Vaters auf dessen Kreuzestod – betrifft nicht nur diesen selbst. So wie Christus „für uns starb" und uns in seine Todeshingabe an den Vater hineinnahm, so ist er auch „für uns auferstanden" und hat uns – durch den Heiligen Geist – in sein Leben hineingenommen. Damit ist er „der erste der Entschlafenen", durch ihn „werden alle lebendig gemacht werden" (1 Kor 15, 20f.). *Insofern* ist die Auferstehung Jesu proleptisch schon „die Vollendung des Heilshandeln Gottes an der Welt und am Menschen"[473].

Alles, was noch aussteht, ist die Durchführung dessen, was in der Auferstehung Jesu prinzipiell schon grundgelegt ist: Gott hat hier gezeigt, daß er in Treue zum Menschen steht, daß also auch der sündige Mensch für immer „im Dialog" mit ihm bleiben darf und zur seligen Gemeinschaft mit ihm berufen ist. Was aber Gott verheißen hat, das setzt er auch in die Tat um.

Auf diesem Hintergrund ist die resurrectio mortuorum jener Prozeß, in welchem der Dreifaltige Gott die in Sünde und Tod gefallene Schöpfung durch Jesus Christus und das Wirken des Geistes in sein Leben zurückholt. Tod meint dabei nicht einfach die zeitliche Befristung des Lebens, die zu den Strukturen der Schöpfung gehört[474], sondern die mit der Sünde gegebene Sinn- und Aussichtslosigkeit einer Existenz, die, von Gott, der Quelle des wahren Lebens getrennt, allein sich selbst sucht und dabei erfahren muß, daß sie so nur in sich selbst erstickt und ihr tiefstes Glücks- und Identitätsverlangen nicht erfüllt bekommt.

Resurrectio mortuorum besagt somit *in einem sowohl*, daß es über die zeitlich befristete Existenz des Erdenlebens hinaus eine Vollendung gibt (weil die Schöpfung *in Christus* von vornherein auf eine den Tod übergreifende Vollendung hin angelegt ist), *als auch* daß Gott trotz der vom sündigen Menschen freiwillig gewählten „Todesexistenz" zum Angebot seines Lebens steht und dieses durch das *Heilswerk Christi* in Kraft setzt. Aus beiden Gründen gibt es kein anderes postmortales Leben als das durch Christus vermittelte. Wenn es also Schöpfungsanalogien für die Auferstehung gibt, wenn eine Ahnung, ja ein Wissen von Unvergänglichkeit auch „ante Christum" und „remoto Christo" besteht, wenn es möglich ist, eine philosophische Unsterblichkeitslehre auf Grund von Einsicht in menschliche Wesensphänomene zu formulieren, so hat dies alles nicht sein Wesen „ohne" oder „neben" Christus, sondern es ist

[473] K. Rahner, Auferstehung Jesu: SM I, 420.

[474] Siehe dazu Rahner (Anm. 303), 15–30; kurz: Greshake (Anm. 390), 56ff.

Bestätigung und Ausdruck dafür, daß Schöpfung und „vor"-christliche Geschichte („Natur") von vornherein auf ihre „übernatürliche" Vollendung in Christus unterwegs sind. Das, was „natürlich" zu sein scheint, ist im Grunde immer schon mehr als nur (eine in sich stehende Wesens-)Natur.

Daß aber diese „Vollendung" – ein noch sehr formaler Begriff! – *so* beschaffen ist, wie sie der christliche Glaube bekennt, nämlich daß sie „resurrectio" ist: Befreiung von Sünde und Tod, Mit- und Nachgehen des Weges Christi, Eingefügtwerden mit den vielen Brüdern und Schwestern in seinen „Leib", Teilhabe an seiner Herrlichkeit, Hineingenommensein in das Leben des Dreifaltigen Gottes – all das wird erst möglich und geht erst auf „post, quia per resurrectionem Christi". Somit zeigt sich auch hier noch einmal die Prozeßhaftigkeit der resurrectio: Grundgelegt in den Schöpfungsstrukturen, aufblitzend in der Heilsgeschichte vor Christus, auch trotz der Sünde bestätigt und zum vollen Glanz kommend in seinem Leben und Wirken und sich schließlich „in den letzten Tagen" verwirklichend bis hin zum eschatologischen „Gott alles in allem": dieser eine universale Prozeß ist auf allen Stufen vermittelt durch Christus, der in seiner Auferstehung – wie P. Teilhard de Chardin sagt[475] – „Besitz ergreift von seinen Funktionen als universales Zentrum" aller Wirklichkeit.

[475] P. Teilhard de Chardin, Mon univers = Œuvres IX, Paris 1965, 92.

Viertes Kapitel

DIE RESURRECTIO IM SPANNUNGSFELD VON GEGENWART UND ZUKUNFT

Manchmal stehen wir auf
stehen wir zur Auferstehung auf
mitten am Tage
mit unserem lebendigen Haar
mit unserer atmenden Haut.
Nur das Gewohnte ist um uns,
keine Fata Morgana von Palmen
mit weidenden Löwen
und sanften Wölfen.
Die Weckuhren hören nicht auf zu ticken
ihre Leuchtzeiger löschen nicht aus.
Und dennoch leicht
und dennoch unverwundbar
geordnet in geheimnisvoller Ordnung
vorweggenommen in ein Haus aus Licht.

M. L. Kaschnitz, Auferstehung

Als vor einigen Jahren in einer deutschen Stadt der Vortrag eines Theologieprofessors mit dem Titel ›Leben nach dem Tod‹ plakatiert war, wurde nachts vor der Veranstaltung von unbekannter Hand auf vielen Plakaten mit Filzstift das „nach" in ein „vor" umformuliert. In dieser kleinen Begebenheit erscheint etwas von der heutigen Allergie mancher Kreise, welche mit dem christlichen Glauben an die Auferstehung der Toten den Gedanken der Vertröstung auf ein „später einmal" und damit die Flucht aus dem Glück und aus der Verantwortung des Hier und Jetzt assoziieren. „Leben vor dem Tod", ja!, aber „ein Leben danach"? Bedeutet es nicht ein Nicht-Ernst-Nehmen der Gegenwart? Trifft der Vorwurf L. Feuerbachs zu: „Der Glaube an das Jenseits gibt die Welt auf" [476]? Ist mit der Botschaft von der Auferstehung das „sursum corda" so sehr verbunden, daß das Jetzt dem Blick entschwindet und deshalb der Appell Friedrich Nietzsches gilt: „Ich beschwöre euch, meine Brüder, *bleibt der Erde treu* und glaubt denen nicht, welche euch von über-

[476] L. Feuerbach, Das Wesen des Christenthums, Sämtl. Werke VI, hrsg. v. W. Bohlein und F. Jodl, Stuttgart [2]1960, 220.

irdischen Hoffnungen reden! Giftmischer sind es, ob sie es wissen oder nicht!“[477].

Wie verhält sich angesichts dieser Kritik die Zukunft der Auferstehung zur Gegenwart? Gibt es überhaupt eine Gegenwart der Auferstehung?

Im exegetischen Teil wurde bereits herausgestellt, daß die biblische Rede von der Auferstehung immer auch das Präsens meint und betrifft. Wieso konnte diese Dimension im Bewußtsein der Gläubigen und in den Reflexionen der Theologie zurücktreten?

I. Geschichtliche Hinweise

1. Frühe Kirche und scholastische Theologie

In den Schriften der Apostolischen Väter fällt auf, daß das paulinisch-deuteropaulinische Thema einer schon in der Taufe geschehenen „Auferstehung“ ganz zurückgetreten ist[478]. Jedoch erscheint in einigen Schriften der vergleichbare, eher an johanneischen Ideen orientierte Gedanke einer dem Glaubenden jetzt schon geschenkten „Unsterblichkeit“ (Ign.passim), eines „Lebens in Unsterblichkeit“ (I Clem 35,2) oder auch einer jetzt schon verkosteten „unsterblichen Erkenntnis“ (I Clem 36,2). Diese Formeln haben vielleicht ihren „Sitz im Leben“ in der Liturgie, sei es in der Taufe[479] und/oder in der Eucharistie[480]. Das letztere dürfte wahrscheinlicher sein. Denn ähnlichen Formeln begegnet man sowohl in Did 9,2 und 10,3 wie auch in IgnEph 20,2 im Zusammenhang mit der Eucharistie, die nach IgnSm 7,1f. ganz eng auf die Auferstehung bezogen ist[481]. Wer glaubt und sakramental mit Christus in Verbin-

[477] Fr. Nietzsche, Also sprach Zarathustra: WW II, hrsg. v. K. Schlechta, München 1966, 280.

[478] Wie überhaupt zentrale paulinische Themen in der frühchristlichen Theologie zunächst nicht weitergeführt wurden. Siehe dazu E. Dassmann, Der Stachel im Fleisch. Paulus in der frühchristlichen Literatur bis Irenäus, Münster 1979.

[479] A. Benoit, Le baptême chrétien au second siècle, Paris 1953, 84f.

[480] So bezüglich II Clem 36,2: Knoch (Anm. 22), 331f.

[481] Anders ist es in Herm. sim. IX, 16,3f., wo mit Sicherheit die Taufe gemeint ist: „Bevor der Mensch den Namen Gotteskind trägt, ist er tot, wenn er aber das Siegel erhält, legt er das Sterbliche ab und erhält das Leben zurück.“

dung steht, hat bereits die Gabe (unsterblichen) Lebens empfangen, für ihn ist Christus das „wahrhafte Leben" (IgnSm 4, 1), „das immerwährende Leben" (IgnM 1, 2). Die (noch ausstehende) resurrectio ist *jetzt schon* in der Gabe der Unsterblichkeit als Bürgschaft da[482]. So ist Auferstehung nicht einfach *nur* ausständig, ihre Zukunft ragt in die Gegenwart hinein.

Diese Überzeugung wird in einigen Schriften der Apostolischen Väter in einen ethischen Kontext gestellt, ja bisweilen geradezu moralisierend umgeformt[483]: Weil das Fleisch aufersteht und gerichtet wird, gilt der Imperativ, dieses als Tempel Gottes heilig und rein zu bewahren (vgl. z. B. IgnPhld 7, 2; Herm 5, 7; II Clem 9, 1). Man könnte eine solche Paränese oberflächlich im Sinne einer puren Leistungs-Vergeltungs-Relation verstehen. Auch dann würde die künftige Auferstehung *als Motiv* des sittlichen Handelns in die Gegenwart hineinragen. Doch geht es hier um mehr als eine rein äußerliche Handlungsmotivation. Selbst in der extrem moralisierenden Theologie von II Clem wird ein *innerer* Zusammenhang zwischen dem Verhalten hier und heute und der künftigen Auferstehung formuliert: Wie das „heiliggehaltene Fleisch", d. h. das gesamte sittlich-rechte Leben[484], in die Auferstehung und in das Gericht *eingebracht* wird (vgl. II Clem 9, 4) und demnach eine „ewige Zukunft" hat, so entwirft sich umgekehrt das eschatologische Leben im rechten Verhalten vorweg, insofern dieses Konsequenz der empfangenen Erlösung ist, die in II Clem 1, 4 ff. geradezu in Termini der Neuschöpfung aus dem Nichts beschrieben wird. Kurz: das jetzige Leben hat Bedeutung für die künftige Auferstehung, und die künftige Auferstehung qualifiziert das jetzige Leben. Präsens und Futurum durchdringen sich und bestimmen sich gegenseitig.

Auf andere Weise tritt dieser Zusammenhang hervor in der *Freiheit*, welche die Auferstehungshoffnung *dem Tod gegenüber* ge-

482 Vgl. Knoch (Anm. 22), 332: Die Unsterblichkeit ist schon „real gegenwärtiger Heilsbesitz der Christen, nimmt die eschatologische Vollendung in der Gemeinschaft des Auferstandenen mit Gott vorweg und wird – was nicht unwahrscheinlich ist – in der Eucharistiefeier der Gemeinde als eschatologischem Geschehen immer wieder aktualisiert und vermittelt . . . Das eschatologische Gut der Auferstehung ist also in der Unsterblichkeit, die dem Glaubenden geschenkt ist, bereits gegenwärtig".

483 Über genauere Bedeutung und Tragweite dieser Umpointierung vgl. Greshake (Anm. 30), 308–318.

484 Siehe dazu v. Eijk (Anm. 22), 180.

währt. „Christen haben Angst vor einem Sterben nach dem Tod, fürchten aber inzwischen den Tod nicht", sagt kurz und prägnant Minucius Felix[485]. Gerade in den frühchristlichen Märtyrerakten und bei den Apologeten wird diese Freiheit dem (irdischen) Tod gegenüber herausgestellt. Diese Linie wird seit der Mitte des 4. Jahrhunderts vor allem von den Mönchen als den „Nachfolgern" der Märtyrer weitergeführt. Die Hoffnung auf Auferstehung ist das Hauptmotiv der frühchristlichen Askese. In der dezidierten Umkehr und Hinkehr zu Christus bricht sich die künftige Auferstehung schon Bahn. „Umkehr ist" – wie Klemens von Alexandrien sagt – „ein Siegeszeichen der sichtbaren Auferstehung"[486]. Auch die wunderbaren Taten einiger Asketen werden als Vor-Zeichen der Auferstehung verstanden[487]. Darüber hinaus spielt im weiten Rahmen der Katechumenatsunterweisung die Auferstehung als Stimulans für das christliche Verhalten eine entscheidende Rolle. Die Auferstehung „ist die Wurzel allen guten Handelns", bemerkt in diesem Zusammenhang Cyrill von Jerusalem[488]. Was all die verschiedenen Ausprägungen des Zusammenhangs von Gegenwart und Zukunft der Auferstehung zusammenhält, ist die Grundüberzeugung, daß durch die Verheißung des „Neuen" der Auferstehung jetzt schon etwas „Neues" in der Geschichte hervortritt, daß jetzt schon – wie Celsus richtig begriffen hat – angesichts der Verheißungen, die dem „Fleisch" gelten, die ganze, in sich gefügte Naturordnung umgestürzt wird (s. S. 191).

Von den antignostischen Theologen wird vornehmlich der schon bei den Apostolischen Vätern gegebene ethische Kontext für den Zusammenhang von Gegenwart und Zukunft der Auferstehung unterstrichen. Denn weil bei den Gnostikern die Leugnung der Auferstehung des Fleisches entweder ein enkratitisch-asketisches *oder* ein libertinistisches Verhalten zur Folge hatte – beide Verhaltensweisen stammen aus der gleichen Wurzel: der Geringschätzung des Leibes –, hämmerte umgekehrt die kirchliche Theologie im Blick

[485] Minucius Felix, Oct. 8,5 (= CSEL 2, 12).

[486] Klemens v. A., Quis dives 42,15 (= GCS 17, 190).

[487] So kann Abbas Spyridon die Bitte um die „Totenerweckung" eines soeben Verstorbenen mit dem Wunsch verbinden, „Gott möge vor der Zeit sichtbar werden lassen die verheißene Auferstehung": Apophthegmata (= PG 65, 419).

[488] Cyrill v. J., cat. 18,1 (= PG 33, 1018). Siehe auch Augustinus, De cat. rud. 46–49 (= CC 46, 169–173). Dazu: Staats (Anm. 1), 470.

auf die künftige Auferstehung des Fleisches die gegenwärtige sittliche Verantwortung „im Fleisch" ein.

Dadurch geschah etwas sehr Folgenreiches: Wenn auch die kirchliche Theologie niemals übersah, daß der Glaubende durch die Taufe jetzt schon von Sünde und Tod erlöst ist und den Heiligen Geist, das Unterpfand und den Spender des Auferstehungslebens, bereits besitzt[489], so wurde doch zur Bezeichnung des schon gegenwärtigen Heils nicht auf die neutestamentliche (paulinisch-deuteropaulinische, johanneische) Nomenklatur einer präsentischen geistlich-„mystischen" Auferstehung zurückgegriffen (vgl. S. 213f.). Denn eben diese Nomenklatur war ganz und gar von der Gnosis in Beschlag genommen[490]. Als Beispiel sei ein Spruch aus dem gnostischen Philippusevangelium angeführt: „Diejenigen, die sagen, man wird zuerst sterben und (danach) auferstehen, irren. Wenn man nicht zuerst, bei Lebzeiten, die Auferstehung erhält, wird man nichts erhalten, wenn man stirbt. So reden sie auch von der Taufe, wenn sie sagen: ‚Groß ist die Taufe. Wenn man sie empfängt, wird man leben'" (Spr 90.)[491]. Da die gnostisch-präsentische „Taufauferstehung" faktisch die Uminterpretierung, ja Eliminierung einer künftigen Auferstehung des Fleisches darstellte, „verschwand die Konzeption einer geistlichen Auferstehung völlig aus der kirchlichen Literatur nach Paulus"[492]. Resurrectio mortuorum wurde – sieht man von der alexandrinischen Theologie ab – ausschließlich als künftiges Ereignis verstanden und polemisch gegen eine schon geschehene bzw. geschehende Auferstehung gestellt[493]

489 Vgl. z. B. Irenäus, Adv. h. V, 13,4 (= Harvey II, 358): „Wenn also jetzt schon fleischliche Herzen fähig werden, den Geist zu empfangen, was Wunder, wenn sie in der Auferstehung das vom Geist kommende Leben empfangen?"

490 Nach H. v. Campenhausen, Die Entstehung der christlichen Bibel, Tübingen 1968, 171f., hat die Gnosis mit der Herausstellung einer präsentischen Auferstehung auch ein Gegengewicht geschaffen gegen die bereits in den Schriften der Apostolischen Väter anhebende Verkürzung von Auferstehung und Gericht zu einem paränetischen „Lock- und Drohmittel".

491 Dt. Übersetzung: C. Andresen (Hrsg.), Die Gnosis, Bd. II: Koptische und mandäische Quellen, Zürich–Stuttgart 1971, 113. – Siehe dazu J.-E. Ménard, Das Evangelium des Philippus und der Gnostizismus: Christenheit und Gnosis, Berlin 1969. Weitere ähnliche gnostische Texte und Literatur auch bei Dassmann (Anm. 478), 200–205.

492 v. Eijk (Anm. 95), 522.

493 Ein Vorgang, der schon in der spätkanonischen Literatur anhebt. Siehe vor allem 2 Tim 2,18.

oder auch bei Tertullian als bloße „dimidia resurrectio" der integralen Auferstehung am Ende entgegengehalten (s. S. 201).

Diese von der geschichtlichen Herausforderung her verständliche Umschichtung der Nomenklatur (und damit des Verstehens!), wonach die Auferstehung nur noch als künftiges endzeitliches Ereignis thematisiert, für die gegenwärtige Erlösung von Sünde und Tod jedoch andere Bezeichnungen gewählt wurden, führte aber zu alternativen Konsequenzen, die beide je verschieden ein integrales Auferstehungsverständnis verkürzten: *entweder* wurde der Zusammenhang zwischen gegenwärtiger und zukünftiger Auferstehung ethisch verdünnt, *oder* er wurde nur noch auf das unsichtbare Heil der Seele bezogen, damit aber *das gegenwärtige Heil des Leibes und der Welt* aus dem jetzt schon wirksamen Auferstehungsprozeß entlassen. So wird z. B. bei Augustinus das Präsens der Auferstehung so „spiritualisiert" und/oder „ekklesialisiert", daß die Antezipation der Auferstehung weite Bereiche der menschlichen Existenz und der sichtbaren Erfahrungswelt faktisch kaum betrifft[494]. Ähnliches gilt, generell gesagt, von der vornehmlich bei Augustinus anknüpfenden frühscholastischen Theologie.

Anders verhält es sich bei Thomas von Aquin: Zwar versteht auch er das Präsens der Auferstehung als etwas „Geistig-Geistliches", nämlich als „resurrectio spiritualis" (vgl. z. B. QD de ver. 27,3 ad 7) oder „resurrectio animarum" (z. B. STh II, 56,2) und meint damit konkret die „remissio culpae, et novitas vitae per gratiam" (STh III, 56,2 ad 4)[495]. Aber diese „resurrectio animae" erreicht über die Seele den Leib und wirkt sich darin aus[496]. Die „novitas vitae per gratiam" hat ihren Effekt nicht nur im strikt unsichtbar-geistlichen (persönlichen oder ekklesialen) Bereich, sondern auch in

[494] Vgl. zu diesem, oben nur sehr verkürzt dargelegten Sachverhalt G. Greshake, Gnade als konkrete Freiheit, Mainz 1972, 256ff.; ders., Glück oder Heil?: Gottes Heil – Glück des Menschen, Freiburg–Basel–Wien 1983, 170–174. In beiden Studien weitere Lit.

[495] Für beides, für die resurrectio corporis et animae, gilt, daß die resurrectio Christi „causa est resurrectionis nostrae et anima in praesenti, et corporis in futuro", wie Thomas mehrfach zustimmend zur „Glossa" des Lombarden Super Ps. XXIX, 6 erklärt, z. B. STh III, 56,2 sed contra; De ver. 27,3 obj. 7.

[496] Vgl. STh III, 56,2: „Resurrectio Christi agit in virtute divinitatis, quae quidem se extendit non solum ad resurrectionem corporum, sed etiam ad resurrectionem animarum; a Deo enim est et quod anima vivat per gratiam, et quod *corpus vivat per animam*."

neuen Weisen leibhaftig-sichtbarer Welterfahrung und Weltgestaltung. Denn auf Grund der gnadenhaft erwirkten „Tugenden" – die für Thomas im Grund nichts anderes sind als „Möglichkeiten glükkender Selbstverwirklichung" – entwirft sich sowohl in den aus den Tugenden hervorgehenden „operationes" wie auch in den durch sie realisierten „bona externa" die künftige perfecta beatitudo (zu der auch die Auferstehung des Leibes und die gemeinsame Vollendung des corpus mysticum gehören) *jetzt schon in allen Dimensionen der Welt* voraus[497]. Deshalb ist die Gegenwart und der gegenwärtige Weg des Menschen zu Gott nicht nur die „Vorbereitung auf den Empfang der [künftigen] Glückseligkeit, sondern der Prozeß eines Wachstums der jetzt schon empfangenen beatitudo aus ihrer unvollkommenen irdischen Gestalt zu ihrer eschatologischen Vollendung"[498], die – wie schon betont – die Auferstehung mit einschließt.

So erfaßt nach Thomas die präsentische resurrectio animae als Antezipation der futurischen resurrectio corporalis alle Bereiche der Wirklichkeit. Gegenwart und Zukunft der Auferstehung sind strikt miteinander verknüpft, viel enger, als dies die eher spiritualisierende Sicht der augustinischen Theologie fassen konnte.

2. Neuzeitliche Ausprägungen

Die Grundüberzeugung, daß sich in der präsentischen resurrectio animae, d. h. in der Erlösung und Begnadigung des inneren Menschen, die Auferstehung vorwegentwirft und daß diese umgekehrt auf die künftige Auferstehung bezogen ist, geriet *prinzipiell* in der Theologie nie gänzlich in Vergessenheit. Sie wurde auch von der reformatorischen Theologie und altprotestantischen Orthodoxie übernommen.

Doch bildeten sich in der katholischen und evangelischen Theologie zwei Modifikationen heraus, die bei aller Unterschiedlichkeit zu gleichen Konsequenzen führten:

(1) In der *katholischen Theologie* der Neuzeit wurde mehr und mehr die Differenzierung von Natur und Gnade herausgearbeitet (s. S. 338f.). Dies hatte zur Folge, die schon gegenwärtige Erlösung

[497] Näheres dazu, Belege und Literatur, siehe Greshake (Anm. 494 II), 174–179.

[498] P. Spaemann, Glück. Glückseligkeit: HWP III, 695.

und Begnadung auf die sogenannten „übernatürlichen" Tugenden: Glaube, Hoffnung, Liebe und damit auf die inneren geistlichen Vollzüge des Menschen einzugrenzen und diese überdies noch von dessen *„natürlicher"* Selbstverwirklichung in den verschiedenen Sachbereichen der vorfindlichen „natürlichen" Welt abzusetzen. Dadurch geriet die resurrectio mortuorum als Vollendung der *übernatürlichen* Gnadenwirklichkeit selbst in die Perspektive eines die „natürliche" Welt und ihre Ordnungen nicht berührenden „jenseitig-übernatürlichen" Geschehens, dessen Zusammenhang mit dem erfahrbaren Präsens der integralen menschlichen Existenz zumindestens verdeckt war. Die in der inneren Begnadung anhebende und in der Auferstehung sich erfüllende Vollendung des Menschen schien eine „übernatürliche" Vollendung aus der „natürlichen", d. h. konkret-erfahrbaren, vom Menschen zu gestaltenden Geschichte und Welt *heraus* zu sein[499]. Der christliche Glaube schien allein auf eine jenseitig-übernatürliche Zukunft der Auferstehung zu setzen und gegenüber der innerweltlich-natürlichen, menschlichem Einsatz anheimgestellten Zukunft gleichgültig, wenn nicht sogar mißtrauisch zu sein. Genau an diesem Punkt setzt die neuzeitliche Religionskritik und die damit gegebene Säkularisierung des Auferstehungsglaubens ein. Hier hat der Vorwurf Feuerbachs: „Der Glaube an das Jenseits gibt die Welt auf" seinen Anhalt.

(2) Etwas Vergleichbares geschah in der *evangelischen Theologie*, die kurz am Beispiel Luthers betrachtet werden soll. Auch für Luther ist die Auferstehung schon Gegenwart. „Nostra resurrectio mortuorum ist freilich mehr den helfft geschehen, quia caput nostrum da"[500]. Wer dem Evangelium glaubt, ist wiedergeboren „in

[499] Daß diese Aussage nicht absolut zu nehmen ist, sei ausdrücklich unterstrichen. Denn gerade die „übernatürliche" Liebe konnte und kann nur „konkret" werden in den „natürlichen" Bereichen der Welt. Auch die Überzeugung, daß das eschatologische Gericht nach den „Werken", die hier und jetzt in der Welt gesetzt werden, geschieht, verhinderte eine totale „Verjenseitigung" der Auferstehungswirklichkeit und eine radikale Trennung vom natürlichen Weltgeschehen. Andererseits bezog das Gegensatzpaar „irdisches Jammertal – himmlische Auferstehung" seit dem Beginn der Neuzeit seine Evidenz von den äußeren politischen und sozialen Verhältnissen, in denen der Auferstehungsglaube – per fas oder nefas – stärker in seiner „Trostfunktion" und weniger als „Befreiungsmotiv" zur Geltung kam. Siehe dazu die kurzen Bemerkungen von Wintzer (Anm. 267), 534, 537.

[500] Predigten des Jahres 1532 = WA 36, 548.

vitam aeternam vel potius in spem vitae aeternae" [501]; in ihm bewirkt Gottes Heiliger Geist fortschreitend die Heiligkeit des Menschen. Aber dieses neue Leben im Heiligen Geist ist – und darin zeigt sich das Erbe Augustins im Denken Luthers – wesenhaft verhüllt, unsichtbar, „sub contrario" verborgen und damit in der Welt nicht offenbar, es sei denn allein im Wort des Evangeliums. Das hat zur Konsequenz: „Weil es außer dem Wort der göttlichen Zusage und Verheißung und dem ganz aus diesem Wort lebenden Glauben keine andere Weise des Heilswirkens Gottes in unserer Welt gibt, kann dieses Wirken in der Welt nicht deutlicher werden, als es im Wort schon der Fall ist. Eine größere oder andersartige Manifestation Gottes ist in der Welt nicht möglich ..." [502]. Die Welt ist in den Prozeß der Gnade nicht hineingenommen, was gleichzeitig heißt, daß sie ihrer eigenen Ordnung, Vernünftigkeit und Finalität überlassen ist. Und deshalb ist auch die im Evangelium verheißene resurrectio vom Präsens der Welterfahrung und Weltgestaltung geschieden. So führt die Theologie Luthers im Grunde zum gleichen Ergebnis wie die katholische Differenzierung von Natur und Übernatur: zum Auseinanderdriften der gegenwärtigen und künftigen Dimension der Auferstehung.

Genau hier setzt im evangelischen Bereich die Reaktion des sogenannten *Pietismus* ein [503]. Den verschiedenen pietistischen Richtungen geht es wesentlich um das sichtbare Hervortreten und um die reale Auswirkung der künftigen eschatologischen Erneuerung in der Gegenwart des einzelnen, der Gemeinde und der Welt. Auferstehung, ewige Seligkeit, Reich Gottes – all das hebt in der gegenwärtigen realen Veränderung des Menschen und seiner Welt an, so daß die *künftige* Auferstehung ein Aus-der-Verborgenheit-Treten vom „Keim der Auferstehung" (F. Ch. Oetinger) bedeutet, der *jetzt schon* im Glaubenden anwesend und wirksam ist. Im Kontext dieser pietistischen Intention spielt der Begriff der resurrectio – oft in die deutsche Sprachform *„Erweckung"* übersetzt – eine bedeutende Rolle. Er wird „zu den gebräuchlichsten und verbreitetsten

501 Vorlesungen über 1 Mose (1535–45) = WA 42, 48.

502 Kunz (Anm. 245), 90. – Die obigen Ausführungen sind differenzierter und auf dem Hintergrund der Zwei-Reiche-Lehre ausführlicher dargestellt bei G. Greshake, Freiheit oder Gnade?: Gottes Heil – Glück des Menschen, Freiburg–Basel–Wien 1983, 114–123.

503 Siehe dazu kurz Kunz (Anm. 245), 70–92. Dort ist auch die wichtigste Literatur genannt, die hier nicht im einzelnen wiederholt werden soll.

Termini des Pietismus"[504]. Zwar ist damit *zunächst* die Erweckung der *Seele* zum wahrhaft geistlichen Leben gemeint, jedoch so, daß diese individuelle innere resurrectio sowohl in einer anschaulichen neuen Lebensgestalt und in neuen Lebenstaten wie auch in einem sichtbaren heilsgeschichtlichen Prozeß des Neuwerdens der Welt ihre Auswirkungen zeigt.

Diese Konzeption des Pietismus, dessen Bedeutung im übrigen weit über den engeren pietistischen Kreis hinaus auf die neuzeitliche Philosophie und Geisteshaltung nicht hoch genug einzuschätzen ist, kann zwei verschiedene Akzentuierungen erfahren, die seit dem Anfang des 19. Jahrhunderts zu verschiedenen säkularisierten Derivaten führten:

(1) Die Intention ist eher auf den individuellen inneren Menschen gerichtet. Der Anbruch des Reiches Gottes „ereignet sich nicht als äußeres, sondern als inneres Geschehen. Das Reich Gottes verwandelt die Welt, indem es aus Weltkindern Gotteskinder macht"[505].

Im Laufe des 18. Jahrhunderts bildet sich eine säkularisierte Fassung dieser Konzeption heraus in der Überzeugung vom erweckten Leben nicht nur der gottsuchenden Seele, sondern der Seele überhaupt, ihres Innern, ihres Gefühls, ihres Genies, u. dgl.[506].

[504] W. Eisenblätter, Erweckung: HWP II, 732 (Lit.). – Siehe besonders auch A. Langen, Der Wortschatz des deutschen Pietismus, Tübingen [2]1968, 32–34.

[505] M. Schmidt, Wiedergeburt und neuer Mensch. Ges. Studien zur Geschichte des Pietismus, Witten 1969, 225 (in einer Interpretation von A. H. Francke). Typisch für diese Richtung ist das Gebet Lavaters: „Ach, mein Gott! laß doch diesen Tag nicht vorbeygehen, ohne daß ich eine neue lebendige Erweckung zur wahren, innigsten Vereinigung mit dir empfinde; aber eine Erweckung, mein Gott! die nicht nur in der Einbildungskraft und im Geblüte, sondern tief in der Seele haftet": J. C. Lavater, Geheimes Tagebuch (1771), 229, zit. nach Eisenblätter (Anm. 504), 731.

[506] Eisenblätter (Anm. 504), 731, führt als Vertreter dieser Richtung u. a. F. H. Jacobi, Jung-Stilling, Schiller und Goethe an. Vgl. z. B. die Formulierungen im „Osterspaziergang" von Faust I:

Sie feiern die Auferstehung des Herrn,
denn *sie sind selber auferstanden*,
Aus niedriger Häuser dumpfen Gemächern,
Aus Handwerks- und Gewerbesbanden,
Aus dem Druck von Giebeln und Dächern,
Aus der Straßen quetschender Enge,

In der theologischen wie in der „säkularisierten" Verstehensweise ist die Beziehung der gegenwärtigen „geistlichen" Erweckung zur künftigen „leiblichen" Auferstehung eher gering, wenn nicht gar eliminiert.

(2) Diese Richtung ist eher daran interessiert, daß das geschichtliche Wirken des jetzt schon erweckten Menschen „die Ankunft des Reiches mit vorbereitet ... Deshalb ist im Wirken des Gläubigen Gott bereits in der Geschichte tätig, um die Geschichte im Reiche Gottes zu vollenden. Aufgrund dieses inneren Zusammenhanges mit dem Reiche Gottes empfängt der Gläubige für sein Tun ein neues Motiv, das die jenseitige Motivierung ergänzt. Zugleich erhält sein Tun eine inhaltliche Bestimmtheit: Die Gestalt des erwarteten Reiches Gottes soll möglichst jetzt schon das Handeln des Menschen prägen". Anders gesagt: Diese Richtung „rechnet also damit, daß Gottes Wirken in menschlicher, also geschöpflicher, weltlicher Wirklichkeit (in inneren Regungen und Affekten und von dort her in äußeren Werken) in Erscheinung tritt ..."[507]. Die präsentische resurrectio geht mithin strikt auf die futurische hin, und die futurische entwirft sich in der präsentischen vorweg.

Von dieser Form pietistischen Denkens geht eine direkte Linie zu den vielfältigen Arten der angelsächsischen Erweckungsbewegung[508], sodann zur sog. Gemeinschaftsbewegung[509] wie auch – wenigstens zum Teil – zur Richtung des "Social Gospel"[510]. Weiter ist von hier aus eine unmittelbare Brücke geschlagen zu gegenwärtigen theologischen Positionen, die bei allen oft tiefgreifenden Modifikationen ohne den Nährboden des Pietismus kaum denkbar sind. Für den deutschen Sprachraum ist hier etwa J. Moltmanns Hoffnungstheologie hervorzuheben. Hiernach ist die Auferstehung zwar grundsätzlich ein Prozeß der Neuschöpfung durch Gott, doch wird dieser Prozeß in der Gegenwart durch den glaubenden Menschen weitergetrieben. Der Glaubende greift in der Kraft des ihn erfüllenden Geistes Gottes der verheißenen eschato-

Aus der Kirchen ehrwürdiger Nacht
Sind sie alle ans Licht gebracht.

507 Kunz (Anm. 245), 89f., 91.

508 Siehe dazu: E. Beyreuther, Erweckung. I. Erweckungsbewegung im 19. Jh.: RGG II, 621–629 (Lit.).

509 Dazu: H. Brandenburg, Gemeinschaftsbewegung: RGG II, 1366–1374 (Lit.).

510 Dazu: A.-H. Schrey, Social Gospel: RGG VI, 112–113 (Lit.).

logischen Auferstehung in vielfachen „Vorstellungen und Realutopien“ voraus[511], so daß sich die Zukunft der Auferstehung „in der Erwartung und in der Hoffnungskraft schon hier verändernd zeigen und ihren Vorschein auf das beschädigte Leben werfen“ kann[512].

Diese Richtung des Pietismus und ihre Folgen führten gleichfalls zu säkularisierten Derivaten. Vermittelt über zahlreiche pietistisch gefärbte heilsgeschichtliche und föderaltheologische Entwürfe sowie über eine Reihe von neuzeitlichen Philosophen (Hegel, Schelling), trug pietistisches Denken zu nicht wenigen modernen „säkularisierten“ Handlungs-, ja Revolutionstheorien bei. Man wird sogar sagen müssen, daß diese Richtung des Pietismus für „Säkularisate“ besonders anfällig war und ist. Denn das weltumgestaltende „Auferstehungs“-Handeln hat in sich selbst eine eigene Evidenz, die keiner transzendenten Begründung – durch das Auferstehungshandeln Gottes – zu bedürfen *scheint*[513]. So ist es nicht verwunderlich, daß selbst die sog. Gott-ist-tot-Theologie der sechziger Jahre sich (auch) von pietistischen Wurzeln her ableitet[514]. In dieser säkularisierten Richtung kann Auferstehung ganz und gar als ein präsentischer, innergeschichtlicher, vom Menschen vorangetriebener Prozeß verstanden werden, der sein Ziel in einer humanen, heilen, friedvollen Welt findet, die dem Menschen „Heimat“ ist. Die Uminterpretation, die Dorothee Sölle in ihrer für das ›Politische Nachtgebet‹ in Köln[515] verfaßten „Übersetzung“ des Apostolischen Glaubensbekenntnisses vorgenommen hat, wo dem Be-

[511] J. Moltmann, Theologie der Hoffnung, München [5]1966, 108.

[512] J. Moltmann, Die Kategorie Novum in der christlichen Theologie: E. Bloch zu ehren, hrsg. v. S. Unseld, Frankfurt 1965, 258. – Zu J. Moltmanns Hoffnungstheologie vgl. Greshake (Anm. 30), 134–169.

[513] Deswegen kann auf dieser Linie von K. Marx der theologische Auferstehungsbegriff sogar auf den vollendeten Kommunismus angewendet werden: „Die Gesellschaft ist die vollendete Wesenseinheit des Menschen mit der Natur, die wahre Resurrektion der Natur, der durchgeführte Naturalismus des Menschen und der durchgeführte Humanismus der Natur“: Die Frühschriften, hrsg. v. S. Landshut, Stuttgart 1953, 237.

[514] Statt eine Überfülle von Literatur anzuführen, sei dazu nur auf den „Klassiker“ dieser Art von Säkularisierungstheologie verwiesen: G. Vahanian, The death of God, New York 1961, der bes. 20–37 auf solche geschichtlichen Zusammenhänge verweist.

[515] Siehe D. Sölle/F. Steffensky (Hrsg.), Politisches Nachtgebet in Köln, Stuttgart–Mainz 1969, 27.

kenntnissatz „Ich glaube an die Auferstehung der Toten" das „Ich glaube an den Frieden, der machbar ist" entspricht, mag dafür ein kleines, aber beredtes Beispiel sein[516].

Wie der Pietismus eine Reaktion gegen Tendenzen der reformatorischen Theologie war, die Gnade zu „entweltlichen", so fand in der katholischen Theologie eine vergleichbare Reaktion gegen das Auseinanderbrechen von „Natur" und „Gnade" statt. Man suchte nach einer neuen Zuordnung beider Größen. Hier sind vor allem die Versuche der Tübinger Schule im 19. Jahrhundert[517] zu nennen, die aber durch das Auftreten der Neuscholastik zunächst keine größere Wirkungsgeschichte hatten. Der eigentlich effiziente Neuansatz vollzog sich in der sog. Nouvelle Théologie (und ihrer Vorläufer[518]) um die Mitte dieses Jahrhunderts. Generell gesagt, knüpfte man wiederum an die thomanische Synthese von Natur und Gnade an: die Wesensnatur des Menschen und seiner Welt ist ausgerichtet *auf* und offen *für* eine Vollendung, die ihr gnadenhaft von Gott geschenkt wird und deren Namen biblisch Auferstehung, Neuschöpfung, ewiges Leben lauten. Weil die „Natur" ihrem „faktischen Apriori" nach im Prozeß dieser auf Vollendung drängenden Gnade steht, ist alles, was jetzt wahrhaft gut und wertvoll, gelingend und glücklich ist, auch eine Antezipation der künftigen universalen Auferstehung.

Die unterschiedlichen Varianten dieser prozessualen Vermittlung präsentischen und eschatologischen Heils und damit präsentischer und eschatologischer Auferstehung können hier nicht im einzelnen

516 Zum Auferstehungsverständnis von D. Sölle siehe vor allem: ds., Wählt das Leben, Stuttgart–Berlin 1980, 111–136. Einige bezeichnende Zitate: „‚Er [Christus] ist auferstanden', sagen wir und meinen, wir werden satt, wir lieben unsere Mutter, die Erde; wir bauen Frieden mit unserem ganzen Leben. Wir machen aus den Schwertern Pflugscharen" (119). „Wir bringen Auferstehung mit Befreiung zusammen, weil unser tiefstes Bedürfnis nicht persönliche Unsterblichkeit ist, sondern ein Leben vor dem Tode für alle Menschen ... Wo Solidarität geschieht, da ist Auferstehung" (124).

517 Siehe dazu J. R. Geiselmann, Die katholische Tübinger Schule, Freiburg–Basel–Wien 1964, bes. 426ff.

518 Vgl. dazu H. Mühlen, Gnadenlehre: Bilanz der Theologie im 20. Jahrhundert, hrsg. v. H. Vorgrimler u. R. van der Gucht, Bd. III, Freiburg–Basel–Wien 1970, 148–192, bes. 165ff. (Lit.); G. Greshake, Heilsverständnis heute: Gottes Heil – Glück des Menschen, Freiburg–Basel–Wien 1983, 23–26 (Lit.).

diskutiert werden. Es sei nur darauf hingewiesen, daß auch die verschiedenen Weisen der neueren „Politischen Theologie“ [519] und der „Befreiungstheologie“ [520] aus diesem theologischen Ansatz erwachsen.

Ein Beispiel aus dem Bereich der Befreiungstheologie: Über den Zusammenhang von präsentisch-politischer Befreiung und futurischer Vollendung des Gottesreiches schreibt G. Gutiérrez: „Befreiung des Menschen und Wachstum des Gottesreiches sind ausgerichtet auf die vollgültige Gemeinschaft der Menschen mit Gott und der Menschen untereinander. Beide haben ein und dasselbe Ziel. Ihre Wege jedoch verlaufen nicht parallel nebeneinander her, sondern aufeinander zu. Das Wachsen des Reiches ist ein Prozeß, der sich geschichtlich *in* der Befreiung vollzieht ... Das Reich nimmt Gestalt an in geschichtlichen Befreiungsversuchen, weist auf ihre Grenzen und Doppeldeutigkeiten hin, kündigt ihre letztgültige Vollendung an und treibt sie wirksam bis zur Schaffung der vollen Gemeinschaft. Wir identifizieren nichts. Dennoch wird ohne geschichtliche Befreiungsinitiativen das Gottesreich nicht wachsen können ... Man kann sagen, das politische und geschichtliche Befreiungsgeschehen *sei* Wachstum des Reiches, *sei* Heilsereignis. Jedoch ist es weder das *Kommen* des Reiches selbst noch die *ganze* Erlösung. In ihm realisiert sich historisch das Reich und, weil das so ist, kündigt es auch die Vollendung an“ [521]. Wichtig sind bei aller Zuordnung von Gegenwart und Zukunft die Diffe-

[519] Reiches Material dazu findet sich in H. Peukert (Hrsg.), Diskussion zur „politischen Theologie“, Mainz–München 1969; S. Wiedenhofer, Politische Theologie, Stuttgart u. a. 1976.

[520] Die Primär- und Sekundärliteratur zur Befreiungstheologie ist mittlerweile Legion. Eine bis 1977 erschöpfende Bibliographie findet sich in H. Schoepfer, Theologie der Gesellschaft. Interdisziplinäre Grundlagenbibliographie zur Einführung in die befreiungs- und polittheologische Problematik, Bern–Frankfurt–Las Vegas 1977. Danach siehe vor allem K. Rahner u. a. (Hrsg.), Befreiende Theologie, Stuttgart u. a. 1977; L. Boff, Erfahrung von Gnade, dt. Düsseldorf 1978; C. Boff, Theologie und Praxis. Die erkenntnistheoretischen Grundlagen der Theologie der Befreiung, München–Mainz 1983; R. Frieling, Befreiungstheologien, Göttingen 1985. – Zur kritischen Auseinandersetzung siehe bes.: Internationale Theologenkommission (K. Lehmann u. a.), Theologie der Befreiung, Einsiedeln 1977; M. Hofmann, Identifikation mit dem Anderen. Theologische Themen und ihr hermeneutischer Ort bei lateinamerikanischen Theologen der Befreiung, Stockholm–Göttingen 1978; J. Martin-Palma, Gnadenlehre. Von der Reformation bis zur Gegenwart = HDG III, 5b, Freiburg–Basel–Wien 1980, 196f.

[521] G. Gutiérrez, Theologie der Befreiung, dt. München–Mainz 1973, 171.

renzierungen, auf die Gutiérrez selbst hinweist. Zwar ist das gegenwärtige Befreiungshandeln auf die Vollendung des Reiches Gottes und damit der Auferstehung bezogen, doch schöpft dies nicht das ganze Heilshandeln Gottes aus. Denn das präsentische Tun ist wesentlich *begrenzt,* es kann zwar (manches) Tödliche in der Welt, aber nicht den Tod in seiner äußersten Wirklichkeit überwinden. Überdies ist menschliches Handeln von *Doppeldeutigkeiten* geprägt, die unter das Kriterium des endgültigen göttlichen Gerichtes gestellt werden müssen.

In all diesen Entwürfen wird, ähnlich wie in denen, die der pietistischen Tradition entstammen, Präsens und Adventus der Auferstehung in ihrer gegenseitigen Vermittlung und Zuordnung gesehen.

Bei dieser kleinen Skizze der geschichtlichen Entwicklung seit der Frühen Kirche wurde – um den Zusammenhang nicht zu komplizieren – der in der frühchristlichen Theologie hervorgehobene *ethisch-moralische* Zusammenhang von Gegenwart und Zukunft der Auferstehung außer acht gelassen. Um diesen Faden kurz weiter aufzunehmen, sei auf folgendes verwiesen: Auch in der mittelalterlichen Theologie wird die Überzeugung vom ethischen Zusammenhang zwischen Gegenwart und Zukunft der Auferstehung weitertradiert; nicht zuletzt wird so die Sinnhaftigkeit und Notwendigkeit einer Auferstehung einsichtig gemacht (vgl. S. 292). Erst in der Neuzeit gerät dieser Zusammenhang von verschiedenen Seiten her in eine Krise: *Erstens* lehnt die spezifisch reformatorische Theologie den Ausblick auf Lohn als Motiv des Handelns ab; *zweitens* findet um die Wende vom 18. zum 19. Jahrhundert eine heftige Reaktion gegen die Aufklärung statt. Das ganze vorhergehende Aufklärungsdenken war von stark moralischen Kategorien her bestimmt, die auch in die Theologie und die Frömmigkeit, vor allem aber in die Eschatologie eingedrungen waren. P. Müller-Goldkuhle[522] faßt die Eschatologie der Aufklärungszeit so zusammen: „Von der Gnadenlehre abgesehen, wurde keiner der dogmatischen Traktate durch das moralistische Denken der Zeit derart stark beeinflußt, wie gerade die Eschatologie: Das eschatologische Verständnis überhaupt, der Traktat als Ganzes, wie auch seine Einzelstücke, sie alle erhielten von dorther Sinngebung und Gestalt. Alles dreht sich um die Stellung des Menschen, die Möglichkeit zu seiner Veredlung, seiner Erleuchtung und Heiligung"[523]. Genau dieser „Individualeudaimonismus" (P. Müller-Gold-

[522] (Anm. 240), 42f.

[523] Deshalb geriet auch die Lehre von der Auferstehung der Toten ins Hintertreffen. Als Beispiel dafür sei nur aus der Einleitung zur Eschatologie von F. Oberthür, Biblische Anthropologie, Bd. 4/2, Münster–Leipzig 1810, 160, zitiert: „Der wichtigste Gegenstand ist hier wohl die Auferstehung der Todten. Welches Dunkel schwebt darüber! Und dem Buchstaben

kuhle) führte nun aber auch im Laufe des 19. Jahrhunderts mehr und mehr, vollends jedoch im 20. Jahrhundert zur pointierten Ablehnung dieser Sicht. Ein (womöglich noch am Individuum orientierter) Lohn-Strafe-Ausblick als *Motiv* sittlichen Handelns wurde zu Recht nicht nur als Zeichen sittlicher Heteronomie („Dienstbotenmoral"), sondern auch als eine unerträgliche Verengung der ursprünglichen biblischen Botschaft vom kommenden Ende beurteilt. So führte die Überakzentuierung eines rein moralistischen Zusammenhanges zwischen Gegenwart und Zukunft faktisch zum gegenwärtig noch andauernden Gegen-Pendelschlag. Man blickt heute eher auf die geschichtliche Kontinuität zwischen präsentischem Handeln und eschatologischer Vollendung: im wahrhaft gelingenden Handeln wirft die Zukunft der Auferstehung bereits ihren Vorschein voraus, so wie umgekehrt wahrhaft gelingendes Handeln in die Zukunft der Auferstehung „eingetragen" wird. Diese „neue" Verstehensweise ist aber im Grunde gar nicht so neu. Sie ist – genauer betrachtet – die „authentische Fassung" eines moralischen, d. h. über die *Praxis* vermittelten Zusammenhangs von Gegenwart und Zukunft.

II. Zur systematischen Vermittlung von Gegenwart und Zukunft der resurrectio

Der geschichtliche Überblick hat gezeigt, wie von Anfang an Auferstehung – ebenso wie ewiges Leben – nicht nur als futurische, sondern auch als präsentische Wirklichkeit verstanden wurde, wenngleich man den Zusammenhang von beiden unterschiedlich und nicht selten verkürzt thematisiert hat.

Eine systematische Vermittlung beider Dimensionen kann ausgehen von einer Reihe unterschiedlicher neutestamentlicher Aussagen (s. S. 137ff.), nach welchen der Glaubende das „Ewige Leben" bereits in sich trägt (Joh.passim). Zwar ist dieses Leben noch verborgen mit Christus in Gott (Kol 3, 3), aber es ist wirksam da und qualifiziert die gegenwärtige Existenz in ihrer ganzen Breite neu. Der gleiche Gottesgeist, der das eschatologische Geschehen der Auferstehung bewirken wird, ist jetzt schon „im Angeld" (2 Kor 1, 22) am Werk und befreit den Glaubenden vom hoffnungslos-unentrinnbaren Verfallensein an Sünde, Nichtigkeit und Tod. So ist das

nach und im gewöhnlichen Sinne für Vereinigung der Seelen mit den ehemals bewohnten, längst zerstörten Körpern genommen, hat sie wenig oder gar keinen Einfluß auf die Moralität der Menschen, oder auf sonst eine Angelegenheit der Menschheit."

„neue Leben“ nicht nur in einem „allgemeinen Sinn“, sondern gerade in der *Gestalt von Auferstehung* gegenwärtig. Das neue Leben ist ein Herausgeholtsein durch Gott aus dem Tod und allem „Tödlichen“. Aber es ist auch insofern in der spezifischen Gestalt von Auferstehung präsent, als es nicht nur den „inneren Menschen“, sondern den „Leib“ bzw. das „Fleisch“ betrifft, d. h. den ganzen wirklichen Menschen in allen seinen Bestimmungen und Beziehungen.

Wo aber wird dieses neue Leben der Auferstehung trotz der ihm eigenen Verborgenheit hier und heute wirksam und greifbar?

1. Die Antezipation der Auferstehung in der Kirche (bzw. Gemeinde)

Nach neutestamentlichen Aussagen ist die christliche Gemeinde eine Gemeinschaft, in der „vorweggenommen [wird], was es um die kommende Welt und das ewige Leben ist . . . [Die kommende] Seligkeit ist [in ihr] auf Erden bereits angebrochen. In der an der Liebe ausgerichteten Freiheit des Christenmenschen und der christlichen Gemeinde wird die Auferweckung von den Toten vorweggenommen, weil in ihr die Herrschaft Jesu erscheint, welche in der Überwindung des Todes ihre Vollendung findet“ [524]. An diese neutestamentlichen Bestimmungen anknüpfend, läßt sich – so zu Recht W. Pannenberg – „die gegenwärtige Wirkung der kommenden Gottesherrschaft und ihrer individuellen Zueignung in der Totenauferstehung . . . [als] die Bildung einer Gemeinschaft der Menschen im Geiste der Sendung Jesu, im Dienste an der künftigen Gemeinschaft aller Menschen im Reiche Gottes“ verstehen [525]. Denn wenn man sich vor Augen hält, daß die eschatologische Auferstehung die *kommuniale* Vollendung der Menschheit bedeutet: Versöhnung, Frieden, Einheit, Liebe mit Gott und untereinander, oder kurz: die Zusammenfassung aller zum corpus Christi totius,

[524] E. Käsemann, Der Ruf der Freiheit, Tübingen ^{3}1968, 108. – Zum neutestamentlichen Verständnis der christlichen Gemeinde siehe G. Lohfink, Wie hat Jesus Gemeinde gewollt?, Freiburg–Basel–Wien 1982. Ähnlich war das Gemeindeverständnis von Qumran; Eintritt in die Gemeinde bedeutete „Auferstehung“. Siehe S. 153.

[525] W. Pannenberg, Die Auferstehung Jesu und die Zukunft des Menschen: ders., Grundfragen systematischer Theologie, Bd. II, Göttingen 1980, 184.

so wird eben dieses *ansatzhaft* – oft in sehr leisem und sehr bruchstückhaftem Versuch, aber doch real – in der Kirche antezepiert. Sie *ist* schon der in der Feier des Herrenleibes und in der Praxis des dieser Feier entsprechenden Lebens je neu konstituierte und realisierte „Leib Christi". Durch die communio der *sancta,* d. h. durch die Teilhabe an der eucharistischen Anamnese des Heilshandelns Christi, werden die vielen – oft so heillos zertrennten, ja zerstrittenen Menschen – zur communio der *sancti,* zu einer versöhnten, geeinten und liebenden Gemeinschaft, zur „communio sanctorum"[526]. Auf dieser Linie hat auch das II. Vatikanische Konzil die Kirche definiert als jetzt schon wirksames „Zeichen und Werkzeug für die innigste Vereinigung mit Gott wie für die Einheit der ganzen Menschheit" (LG 1). Durch sie werden die voneinander abgesonderten Individuen zur Einheit zurückgeführt und ihre sozialen Beziehungen von gegenseitiger Versöhnung und Liebe geprägt. So ist gerade in der Kirche die künftige Auferstehung ein praesens reale.

[526] Weil der *bleibende* Grund der „Auferstehungsgemeinschaft" Kirche die communio an den *sancta* ist, hängt ihre Wirklichkeit nicht ab von enthusiastischen Gemeinschaftserlebnissen wie Einheit, Sympathie, menschliche Nähe und Zärtlichkeit. Kirche wird – so führt sehr nüchtern D. Bonhoeffer, Das Wesen der Kirche, München 1971, 53, aus – dort erfahrbar, „wo man weiß, daß die Gemeinschaft zwischen mir und den anderen zerbrochen ist, daß aber Christus in seinem stellvertretenden Handeln uns einander zuführt und beieinander erhält. Kirche tritt vielleicht am überzeugendsten in der Situation einer Abendmahlsgemeinde in der Großstadt in Erscheinung. Natürliche Verbundenheit spielt kaum eine Rolle. Die größten Gegensätze sind beieinander, die zwischen Militarist und Pazifist, Arbeitgeber und Arbeitnehmer und dergleichen. Es ist eine höchst paradoxe Einheit, die Gott hier in Christus gestiftet hat, eine, der man mit dem Begriff religiöser Gemeinschaft nicht beikommen kann. Mit religiösen Erlebnissen bleiben wir in der Adamsmenschheit. Armut an Glauben ist nicht zu ersetzen durch reiche Erlebnisse": zit. nach Kessler (Anm. 307), 386. – Zum Verständnis der „communio sanctorum" vgl. neuestens die Arbeit von G.-L. Müller, Gemeinschaft und Verehrung der Heiligen. Eine systematische und ökumenisch-theologische Studie, Habil.-Arbeit Freiburg 1985.

2. Die Antezipation der Auferstehung im Lebensvollzug des Christen

Das schon gegenwärtige Neuwerden des Menschen aus seiner die ganze Existenz erfassenden Todesverfallenheit und die bereits wirkmächtig an-wesende Auferstehung läßt sich auch in Anknüpfung an die traditionelle Lehre von den drei „theologischen Tugenden" näher bestimmen[527].

Der *Glaube* selbst ist die primäre Gegenwart der Auferstehung unter den Bedingungen der Geschichte. So wie der Glaube der Urzeugen die erste Wirkung der Auferstehung Jesu war[528], so ist der Glaube der Christen das erste Angeld der eschatologischen resurrectio: Im Glauben kommt der auferstandene Herr zu jedem einzelnen und stellt ihn in Sein Leben und damit in den universalen Prozeß der Auferstehung hinein. Wer glaubt, hat bereits einen neuen Grund, eine neue Sicherheit, einen neuen Bezugspunkt gefunden, der über den Tod und über alles Tödliche dieser irdischen Existenz hinausträgt und bleibendes Leben verheißt (vgl. Joh 11,25f.).

Erst recht gilt dies von der *Liebe*. „Wir wissen, daß wir aus dem Tod in das Leben hinübergegangen sind, weil wir die Brüder lieben. Wer nicht liebt, bleibt im Tod" (1 Joh 3,14). Wer dagegen liebt, gehört zum Leben. Denn in der Liebe zum Mitmenschen, gerade auch zum armen, geschundenen, leidenden Mitmenschen geschieht Begegnung mit dem auferstandenen Herrn und Teilhabe an seiner Auferstehung. Der Auferstandene selbst will nicht anders auferstanden sein als in unbedingter Solidarität mit dem „letzten" Menschenbruder[529]. Darum ist der „Arme" nicht nur in einem all-

[527] Das Folgende ist ausführlicher entfaltet bei Greshake (Anm. 494 II), 198–205.

[528] Vgl. G. Ebeling, Historischer Jesus und Christologie: Wort und Glaube, Bd. I, Tübingen ³1967, 314.

[529] Von daher nehmen die Ausführungen (S. 331) über das Noch-nicht-vollendet-Sein auch der Auferstehung Christi selbst nochmals eine neue Gestalt an. So sagt Augustinus: „Seht, Brüder, die Liebe unseres Hauptes. Schon ist es im Himmel, und doch leidet es hienieden, solange die ecclesia hier leidet. Hienieden hungert Christus, hienieden dürstet er, ist nackt, ist fremd, ist krank, ist im Kerker. Denn was immer sein Leib hier leidet, das – sagt er – leide auch er. ... So ist ja auch in unserem Leib das Haupt oben, während die Füße auf der Erde stehen: und doch, wenn dir jemand in einem Menschengedränge auf den Fuß tritt, ruft dann nicht das Haupt: Du

gemeinen Sinn Sakrament Christi[530], sondern er ist Sakrament der *Auferstehung* Christi, insofern die Liebe zum „Armen“ die Gemeinschaft mit dem auferstandenen Herrn und die Teilhabe an der verheißenen resurrectio vermittelt. Mehr noch: Was aus der „Auferstehungswirklichkeit Liebe“ heraus getan wird, geht in alle Ewigkeit nicht unter; es ist bleibendes Ingredienz auch der künftigen Auferstehung. Denn – so formuliert das II. Vatikanum – „die Liebe wird bleiben, wie das, was sie einst getan hat“[531]; sie wird in alle Ewigkeit bleiben als – so Rahner – die „wahre Essenz getaner Freiheit“[532].

In besonderer Weise aber ist die *Hoffnung* mit der Zukunft der Auferstehung verbunden. Dies ist nach den eher kargen und knappen Hinweisen auf die beiden anderen „theologischen Tugenden“ ein wenig ausführlicher zu betrachten.

Zunächst einmal meint die als Vor-Schein und Vorweg-Wirkung der Auferstehung virulente Hoffnung nicht eine unverbindliche Stimmung, etwa die Haltung der Lebensfreude oder den grundsätzlichen Optimismus einer Welt- und Existenzbejahung, sondern eine neue Prägung der ganzen Existenz. Die Hoffnung blickt und setzt darauf, daß durch die Verheißung der Totenauferstehung die ganze Wirklichkeit von der „Kategorie Novum“ (E. Bloch) her neu bestimmt ist[533]. Bereits Celsus hatte mit Zielsicherheit erkannt: Wenn Gott „Fleisch“ wird und damit das „Fleisch“ unter der Verheißung Gottes steht, dann ist der ganze durch gleichbleibende Strukturen ausgezeichnete und darum verläßliche Kosmos „revolutioniert“, dann kommt eine Unruhe in die Welt; dann ist die Zyklik der Welt und der Mythos des „Immer-schon“ und „Immer-so-Bleibenden“ aufgebrochen zugunsten einer geschichtlichen Sicht der

hast mich getreten? . . . So ruft auch das Haupt Christus, das niemand tritt: *Ich* hungerte, und ihr gabt *mir* zu essen“: Sermo 137, II, 2 (= PL 38, 755), Übersetzung nach Kessler (Anm. 307), 384f. – Siehe zum ganzen auch die schönen Ausführungen von Kessler, ebd. 377–390.

530 Siehe dazu H. U. v. Balthasar, Die Gottesfrage des heutigen Menschen, Wien 1956, 205, 216f.: Der Bruder wird „zum Träger der Anrede Gottes, zum Sakrament des Wortes Gottes an mich. Dieses Sakrament spendet sich im Alltag, nicht im Kirchenraum. Im Gespräch, nicht während der Predigt. Nicht in Gebet und Betrachtung, sondern dort, wo . . . es sich entscheidet, ob ich im Gebet wirklich Gottes Wort gehört habe“.

531 GS 39 mit Verweis auf 1 Kor 13, 8; 3, 14.

532 Siehe Anm. 543.

533 Siehe dazu auch Moltmann (Anm. 512), 243–263.

Wirklichkeit, in welcher aufleuchtet, daß Gott, der Ur-Neue und Neues Wirkende, die Welt in die Neuheit seines Seins einbezieht. Diese neue Sicht wirkt sich dann auch in allen Bereichen des Menschseins umgestaltend, motivierend, stimulierend aus.

Dabei lassen sich zwei Dimensionen der Hoffnung unterscheiden:

(1) *„Passiv"-wartende Hoffnung.* Sie hat zur Folge, daß der Hoffende sich weigert, die Erfahrung von Sünde und Nichtigkeit, Leid und Tod, Not und Unglück als letztbestimmende Wirklichkeiten hinzunehmen, aber auch, daß er in Geduld, tröstlicher Erwartung und freudiger Gelöstheit auf die neue Welt der kommenden Auferstehung setzt[534]. Schon diese Form der Hoffnung ist für eine glückhaft gelingende Lebens- und Weltgestaltung im Hier und Heute nicht folgenlos. Denn sie bewahrt vor Resignation und Verzweiflung und gibt damit erst die Freiheit zu einem unverkrampften und sachlichen, geduldigen und gelassenen Leben und Handeln in der Welt[535].

(2) *„Aktiv"-handelnde Hoffnung.* Wenn Paulus sein Heilsverständnis in der Kurzformel zusammenfaßt, daß wir „durch die Hoffnung gerettet sind" (Röm 8,24), so besagt dies, daß den Glaubenden „die Kraft der Hoffnung geschenkt [ist]. Sie tragen die zur Endvollendung drängende, schöpferische Dynamik Gottes in

534 Im folgenden werden einige Passagen wiedergegeben, die bereits in meiner Studie (Anm. 494 II), 201f., zu finden sind.

535 Diesen Zusammenhang zwischen eschatologischer Hoffnung und präsentischem Weltengagement erhellt sehr schön folgende Illustration, die während des Niederländischen Pastoralkonzils vorgetragen wurde: „Was würde ein Kind tun, wenn man ihm einen Ball gäbe – und dabei sagte: Das ist der einzige Ball, den du je erhältst? Was wird es tun? Nicht viel, glaube ich. Es würde ängstlich diesen Ball an sich drücken – der Ball könnte in einen Stacheldraht geraten oder in einen Graben fallen oder auf einem Dach landen – er ist nur ein ängstlicher Besitz. Aber wenn man einem Kind einen Ball gibt – und man sagt: Es ist ein sehr schöner Ball, du mußt gut damit zu spielen lernen, aber wenn er verlorengeht oder kaputtgeht, erhältst du einen viel schöneren, einen unverschleißbaren – was würde dann geschehen? Ein unausrottbares Mißverständnis will, daß dieses Kind dann den ersten Ball wegwirft, weil es sich hinsetzt und wartet – weil es nur Interesse hätte für jenen kommenden, unverschleißbaren Ball, den es noch nicht gibt. – Ich finde das nicht normal. Ich dachte eigentlich, es könnte jetzt zuerst richtig mit diesem Ball spielen. – Um etwas zu tun, um spielen zu können, um auf Erden leben zu können, braucht man ein wenig Perspektive, ein wenig Erwartung, ein wenig Hoffnung, eine Zukunft": zit. nach van de Walle (Anm. 218), 27.

sich"[536]. Es ist jene Kraft des göttlichen Geistes der Auferstehung, die jetzt schon alles Bestehende „verflüssigt" und in Richtung auf das Erhoffte in Bewegung setzt; es ist die Gegenwart des Auferstandenen selbst, der inmitten dieser Welt durch den Hoffenden seine Herrschaft aufrichten will. So ist Hoffnung nicht nur eine Hoffnung „*über* Tod und Unrecht hinaus (eine Hoffnung für die Verstorbenen [und Scheiternden]), sondern auch *gegen* Tod und Unrecht (eine Hoffnung für die Lebenden); und . . . entläßt aus sich eine dementsprechende Praxis der Auferstehung"[537]. Der vom Geist der Hoffnung Ergriffene findet sich nicht ab mit dem, was ist und wie es ist, sondern er setzt auf das, was Gott möglich ist; er löst gleichsam Prozesse aus, in denen er bereits jetzt der erwarteten neuen Welt Gottes entgegengeht. Hoffnung wird so zum Dienst am kommenden Reich Gottes im Hier und Heute der Welt. Sie wird zum ständigen Impetus, Zeichen des Reiches Gottes und des siegreichen neuen Lebens aufzurichten im Reich des Bösen und in den Machtsphären des Todes. So wie diese oft eine „brutale Konkretheit" aufweisen, so haben auch die Gegenzeichen der Hoffnung konkret zu sein. „Der auferweckte Herr und das Reich Gottes sind nun einmal nicht neutral gegenüber den Strukturen unseres Zusammenlebens (gegenüber Welthandelspreisen, Rüstungsproduktion, Naturzerstörung, technologischer Manipulation, materieller Verarmung und seelisch-sozialer Verelendung der Menschen). Schon in dieser Welt will der Auferstandene seine und Gottes Herrschaft vorweg entwerfen und die Schöpfung für Gott reklamieren. Er will auferstehen in unser Leben hinein"[538]. Dieser Ge-

[536] W. Thüsing, Der Gott der Hoffnung: W. Heinen/J. Schreiner (Hrsg.), Erwartung – Verheißung – Erfüllung, Würzburg 1969, 79.

[537] Kessler (Anm. 307), 369.

[538] Kessler (Anm. 307), 368. – Kessler bemerkt dazu ausdrücklich, daß diese Dimensionen der Auferstehung Jesu (und der universalen resurrectio) nicht das Ganze ausschöpfen und deshalb die resurrectio auch nicht auf diese reduziert werden darf. Auferstehung heißt auch und sogar primär: Jesus – er selbst – lebt, und auch wir – wir selbst – dürfen in alle Ewigkeit leben. Aber es muß auch gesprochen werden von einer Auferstehung Jesu in die Geschichte hinein (und von einer resurrectio mortuorum, die jetzt bereits im und durch das Handeln der Erlösten geschieht), „will man die Auferstehung Jesu nicht entscheidend verkürzen und um ihr intendiertes Ziel bringen. Und man sollte diejenigen nicht verdächtigen, die auf weite Strecken vielleicht nur von Jesu Auferstehung in Gemeinde und Leben hinein sprechen und damit gelebtes christliches Leben und gemachte Glaubenserfahrungen artikulieren": ebd. 368f.

sichtspunkt steht einigen Aussagen des II. Vatikanischen Konzils nicht fern. Das Konzil hebt hervor: Die Christen haben die Aufgabe, ihre Hoffnung „in den Strukturen des Weltlebens auszudrükken" (LG 35). Hier soll „die Erneuerung der Welt in gewisser Weise wirklich vorausgenommen" werden (LG 48). Irdische Existenz und Geschichte sind deshalb sowohl der „Vorraum", in dem es schon jetzt „eine umrißhafte Vorstellung von der künftigen Welt" geben kann wie auch das „Material", das der Mensch bereiten und in das kommende Reich einbringen soll (GS 38, 39). Zwar gibt es eine Differenz zwischen dem Wachsen des Reiches, das Gott allein heraufzuführen vermag und das die Dimensionen dieser Welt sprengt, *einerseits und* einer progressiven Gestaltung der Wirklichkeit, die dem Menschen möglich ist und durch die er die Welt seinem Glücksverlangen unterwirft, *andererseits*. Doch darf über der Unterscheidung die Zuordnung beider Dimensionen nicht übersehen werden[539]. In der Kraft des „*Geistes der Auferstehung*" vermag der Hoffende das „Vorletzte" seines Lebens und der Welt in Richtung auf das „letzte" Heil der Auferstehung hin in Bewegung zu setzen, so daß in den Gestaltungen von Gerechtigkeit und Frieden, Liebe und Einheit die künftige Auferstehung auf die Gegenwart ihren Vor-Schein wirft[540] und umgekehrt alles Gelungene als „Ernte der Zeit" in das universale Heil der Auferstehung eingebracht wird. Gegenwart und Zukunft durchdringen sich.

Somit gibt es auf vielfache Weise eine Zuordnung von präsentischer und futurischer Eschatologie; ihre beiderseitige Verschränkung spielt in nicht wenigen theologischen Neuansätzen der letzten

[539] Die entsprechenden Konzilstexte sind kurz zusammengestellt im Schlußdokument der Internationalen Theologenkommission vom Oktober 1976 in Rom, ›Zum Verhältnis zwischen menschlichem Wohl und christlichem Heil‹: Lehmann (Anm. 520), 187ff. Siehe dazu auch K. Rahner, Über die theologische Problematik der „Neuen Erde": Schr. VIII, 580–592; Greshake (Anm. 30), 379–399, und viele Beiträge der sog. Befreiungstheologie.

[540] „Dabei ist das Entscheidende nicht die Identifikation solchen Geschehens als die gegenwärtige Wirklichkeit der allgemeinen Totenauferstehung. Entscheidend ist die sich hier zeigende Wertverwirklichung, Verwirklichung von Freiheit, von Heilung, von Glück, gelingendem Leben inmitten einer Welt, die durch Haß, Unheil und Tod gezeichnet ist. Indem hier die zukünftige Welt Gottes gegenwärtig aufscheint, wird Auferstehung der Toten als Erfahrung antezipiert", bemerkt treffend F. Mildenberger, Auferstehung IV: TRE IV, 573.

Jahre eine bedeutsame Rolle. Damit wird auch der Glaubenssatz von der resurrectio mortuorum aus einer rein oder vorwiegend futurischen Sicht[541], die zudem noch in der Gefahr steht, zu einer „Information" über das, was nach dem Tod bzw. am Jüngsten Tag sein wird, zu verkommen, herausgenommen. Die „Auferstehung der Toten" wird damit wieder – schriftgemäß – zum durchlaufenden roten Faden des ganzen Erlösungs- und Heilsprozesses, der seine Vollendung am Ende dieser Weltzeit finden wird.

[541] Es ist bedauerlich, daß vom präsentischen Charakter der Auferstehung im neuen katholischen Erwachsenen-Katechismus praktisch nicht die Rede ist, ja, daß die Auferstehung der Toten ausdrücklich nur auf die Vollendung der Menschheit am Ende der Zeit bezogen wird (408) und der Zusammenhang von präsentischer und futurischer Eschatologie nur in zwei Sätzen angedeutet wird (407).

ANSTELLE EINES SCHLUSSWORTES

„Reductio in mysterium“

All das, was bisher dargelegt wurde, würde falsch verstanden, wenn nicht der Satz des II. Vatikanischen Konzils allerhöchste Beachtung findet: „Die Weise wissen wir nicht, wie das Universum umgestaltet werden soll“ (GS 39), genausowenig wie wir die Weise wissen, wie sich unsere eigene Existenz jenseits der Todesschwelle darstellt. Denn hier geht es um Wirklichkeiten, welche die realen und damit auch intentional-kognitiven Möglichkeiten dieser Welt schlechthin übersteigen. Auferstehung der Toten ist genau das, was allein Gott möglich ist. Wie deshalb jede Rede von Gott nur *analog* sein kann – und das heißt, daß ihre „Unähnlichkeit“ größer ist als ihre „Ähnlichkeit“ (vgl. DS 806) –, so sind auch die Vorstellungen, Begriffe und Ausdrücke, die sich auf die resurrectio mortuorum beziehen, analog: sie sind eher „ungleich“, haben nur metaphorischen Charakter, weisen ins unfaßbare Geheimnis hinein, das Gott selbst ist. Wäre die Auferstehung vorstellungsmäßig plausibel zu machen und begrifflich zu erfassen, so würde dies ein Zeichen dafür sein, daß sie den Kontext dieser unserer vorfindlichen Welt nicht sprengt, sondern nur ein relatives Novum, ein Novum unter den Bedingungen der „alten“ erfahrbaren Wirklichkeit wäre. So aber verweist die Unbegreiflichkeit der Auferstehung „auf eine qualitativ und radikal neue Art von Wirklichkeit, die nicht wie die Gegebenheiten dieser Welt Sein zum Ende und zum Tode hin ist, sondern – paradox genug – ein ‚Sein vom Tode her‘ und von jenseits des Todes her“ [542]. Darum kann auch das *letzte* „Wort“ der Theologie angesichts der verheißenen Auferstehung nur das Verstummen vor dem Geheimnis Gottes und seiner Verheißungen sein.

Gewiß, dieses Verstummen darf nicht „zu früh“ kommen. Theologia negativa insgesamt ist Ende, Horizont, gleichsam das „ceterum censeo“ der theologia positiva, aber nicht deren „Ersatz“, so daß man sich das positive theologische Bemühen ersparen und gleich mit dem „Schweigen“ beginnen könnte. Eine nicht-sagende

[542] Kessler (Anm. 307), 282f. mit Verweis auf Chr. Link.

Theologie wäre dann eine nichts-sagende Theologie. Der Mensch bedarf sinnenhafter Vorstellungen und Bilder, reflektierter Begriffe und sprachlicher Ausdrücke, die der gegenwärtigen endlichen Erfahrungswelt entnommen sind, gerade um innezuwerden und sich zu vergewissern, daß die verheißene Zukunft Gottes ihn und sein konkretes Leben betrifft. Wäre Vollendung nur das „ganz andere", vor dem man allein zu schweigen hätte, so würde gar nicht deutlich werden können, daß es um die Vollendung dieses jetzigen Lebens und dieser erfahrbaren Welt geht. Und dennoch muß alles notwendige Sagen, Sich-vorstellen- und Begreifen-Wollen einmünden in die schweigende Erwartung der alles übertreffenden Verheißung selbst.

Über dieses Verstummen vor dem „Mysterium" gibt es kaum eindringlichere Sätze als die folgenden von Karl Rahner, die er wenige Wochen vor seinem Tod verfaßt hat. So soll dieser Text nach den vielen „kataphatischen" Ausführungen der vorliegenden Studie gleichsam den „apophatischen" Ausklang bilden, nicht einfach nur als „Abgesang", sondern als qualifizierende Klammer und Horizont, die *alles zuvor Gesagte* in die rechte Perspektive stellen.

„Mir will scheinen, daß die Vorstellungsschemen, mit denen man sich das Ewige Leben zu verdeutlichen sucht, meist wenig zur radikalen Zäsur passen, die doch mit dem Tod gegeben ist. Man denkt sich das Ewige Leben, das man schon seltsam als ‚jenseitig' und ‚nach' dem Tod weitergehend bezeichnet, zu sehr ausstaffiert mit Wirklichkeiten, die uns hier vertraut sind als Weiterleben, als Begegnung mit denen, die uns hier nahe waren, als Freude und Friede, als Gastmahl und Jubel, und all das und ähnliches als nie aufhörend und weitergehend. Ich fürchte, die radikale Unbegreiflichkeit dessen, was mit Ewigem Leben wirklich gemeint ist, wird verharmlost, und was wir unmittelbare Gottesschau in diesem Ewigen Leben nennen, wird herabgestuft zu einer erfreulichen Beschäftigung neben anderen, die dieses Leben erfüllen; die unsagbare Ungeheuerlichkeit, daß die absolute Gottheit selber nackt und bloß in unsere enge Kreatürlichkeit hineinstürzt, wird nicht echt wahrgenommen. Ich gestehe, daß es mir eine quälende, nicht bewältigte Aufgabe des Theologen von heute zu sein scheint, ein besseres Vorstellungsmodell für dieses Ewige Leben zu entdecken, das diese genannten Verharmlosungen von vornherein ausschließt. Aber wie? Aber wie? Wenn die Engel des Todes all den nichtigen Müll, den wir unsere Geschichte nennen, aus den Räumen unseres Geistes hinausgeschafft haben (obwohl natürlich die wahre Essenz der getanen Freiheit bleiben wird), wenn alle Sterne unserer Ideale, mit denen wir selber aus eigener Anmaßung den Himmel unserer Existenz drapiert hatten, verglüht und erloschen sind, wenn der Tod eine ungeheuerlich schweigende Leere errichtet hat, und wir diese glaubend und hoffend als unser wahres Wesen schweigend angenommen haben, wenn dann unser bisheriges, noch so langes Leben nur als eine einzige kurze Explosion unserer Freiheit erscheint, die uns wie in Zeitlupe gedehnt vorkam, eine Explosion, in der sich Frage in Antwort, Möglichkeit in Wirklichkeit, Zeit in Ewigkeit, angebotene in getane Freiheit umsetzte, und wenn sich dann in einem ungeheuren Schrecken eines unsagbaren Jubels zeigt, daß diese ungeheure schweigende Leere, die wir als Tod empfinden, in Wahrheit erfüllt ist von dem Urgeheimnis, das wir Gott nennen, von seinem reinen Licht und seiner alles nehmenden und alles schenkenden Liebe, und wenn uns dann auch noch aus diesem weiselosen Geheimnis doch das Antlitz Jesu, des Gebenedeiten, erscheint und uns anblickt, und diese Konkretheit die *göttliche Überbietung* all unserer wahren Annahme der Unbegreiflichkeit des weiselosen Gottes ist, dann, dann so ungefähr möchte ich nicht eigentlich beschreiben, was kommt, aber doch stammelnd andeuten, wie einer vorläufig das Kommende erwarten kann, indem er den Untergang des Todes selber schon als Aufgang dessen erfährt, was kommt." Und Karl Rahner fährt angesichts der eigenen Feier des 80. Geburtstags fort: „80 sind eine lange Zeit. Für jeden aber ist die Lebenszeit, die ihm zugemessen ist, der kurze Augenblick, in dem wird, was sein soll"[543].

[543] K. Rahner, Erfahrungen eines katholischen Theologen: K. Lehmann (Hrsg.), Vor dem Geheimnis Gottes den Menschen verstehen. K. Rahner zum 80. Geburtstag, München–Zürich 1984, 118f.

NAMENREGISTER

STELLENREGISTER

A. Altes Testament

B. Neues Testament

C. Frühjüdische Schriften

D. Rabbinische Texte

E. Frühchristliche Texte